庐山地理调查

张根寿 林爱文 王新生 贺华中 编著

全国优秀出版社
武汉大学出版社

图书在版编目（CIP）数据

庐山地理调查/张根寿,林爱文,王新生等编著.—武汉：武汉大学出版社,2004.12
高等学校地图学与地理信息系统专业教材
ISBN 7-307-04245-2

Ⅰ.庐…　Ⅱ.①张…　②林…　③王…[等]　Ⅲ.庐山—地理—高等学校—教材　Ⅳ.K928.3

中国版本图书馆 CIP 数据核字(2004)第 047915 号

责任编辑：王金龙　　责任校对：王　建　　版式设计：支　笛

出版发行：**武汉大学出版社**　　（430072　武昌　珞珈山）
　　　　　（电子邮件：wdp4@whu.edu.cn　网址：www.wdp.whu.edu.cn）
印刷：武汉理工大印刷厂
开本：787×1092　1/16　　印张：15.75　　字数：380 千字
版次：2004 年 12 月第 1 版　　2004 年 12 月第 1 次印刷
ISBN 7-307-04245-2/K·258　　定价：23.00 元

前　言

　　庐山现在辟为国家森林公园、国家地质公园、国家旅游胜地"四十佳",被联合国科教文组织列入"世界自然与文化遗产"名录。

　　庐山是科学名山、政治名山、文化名山、风景名山。

　　庐山,雄踞于中国长江中游,鄱阳湖西岸与长江南岸三角形之处。行政地域位于江西省北部,九江市以南直线距离约 20km 处。庐山主体南北长约 25km,东西最宽约 10km;包括山前低丘南北长约 40km,东西最宽约 25km,面积约 1 000km² (图 1.1.1)。

　　古代地理著作《禹贡》称庐山为"敷浅原";《山海经》则名其为"南鄡山"。相传殷周之际,有匡俗者,结庐于山上求仙学道;后人称其所居为"神仙之庐",故名庐山,亦称匡山,也称匡庐 (在汉语里,庐即简陋的房屋)。

　　庐山属淮南弧形山系,约七千万年以前受燕山运动影响,地层褶皱隆起形成山体。受新构造运动影响,古老的庐山循东南侧和西北侧两大断裂强烈抬升,形成典型的断块山,挺拔于周围平原之上约 1 300m,主峰大汉阳峰海拔 1 473.8m,在山地形态类型划分上,属于中山。从周围平原看庐山,平地拔起,巍峨峻峭,引人入胜。

　　早在 20 世纪 30 年代,著名地质学家李四光首次在庐山发现第四纪古冰川遗迹,引起了国内外地学界的兴趣。从此,庐山成为在科学研究上具有一定意义的名山。

　　庐山是我国重要的旅游胜地,风景四季皆好:春色典雅,鲜花竞放;夏日凉爽,苍荫掩映;秋霞浓艳,万紫千红;冬换银装,玉树晶莹。可谓春游杜鹃红,夏览烟云飞,秋观丹枫美,冬赏雪压梅。庐山景貌,精凝为"春如梦,夏如翠,秋如火,冬如玉"。

　　庐山被江湖环绕,山光水色兼具,岚影波茫并收。俊美的自然风貌,悠久的文化历史吸引许多的文人骚客来山游览、读书和隐居,如王羲之、陶渊明、李白、颜真卿、柳公权、苏轼、朱熹、岳飞、康有为等。新中国成立以后,毛泽东等老一辈无产阶级革命家都曾来过这里,更加提高了庐山的声望。

　　从 20 世纪 60 年代开始,原武汉测绘科技大学地图学专业,武汉大学地理信息系统专业、资源环境与城乡规划管理专业、地理科学专业、计算机地图制图专业每年到庐山进行科学考察和教学实习,积累了一些教学资料,并且参考了南京大学、华东师范大学等兄弟高校的庐山野外实习指导书资料。编写此书的目的,其一,在于为教师和学生提供实践教学参考;其二,为辩证地、历史地了解庐山提供科学知识;其三,可供游旅者参阅。

　　国内高等院校每年去庐山进行地理实习的达数十所,学生数千人。国内外还未见有关庐山地理调查方面的教材,因此,需要有内容较为全面的、能够指导学生进行实习教学的教材。该书是迄今为止国内外第一本庐山地理教学及实习教材,具有创新性和开拓性。

　　我们在总结多年庐山地理野外调查教学的基础上,提供了全面和详尽的庐山地理教学实习内容，设计出了多条教学实习路线，目的在于使读者通过本书能对庐山有一概括的全面了解。本书涉及内容以庐山区域为主，其原理亦可用于其他地区。庐山，吸引了不少学者对它进行多方位的研究，因而成果较多，地学界主要集中在庐山"冰川"是否存在过这一问题上，无论结论如何，科学工作者的研究方法、探索精神和求是的科学态度是值得我们学习的。因此，书后附了几篇文章供读者参考。

全书共十章，由张根寿策划和拟定体系与内容，各章的主要编著者为：第一、二、三、五、九、十章、附录，张根寿；第四章，林爱文；第六章，贺华中；第七、八章，王新生。全书由张根寿统稿定稿。

由于编著者学识和对庐山地区地理研究浅显，不妥和错误之处，恳请读者不吝指教。

编著者
2004年2月于武汉

目　录

第一章　庐山地区地理概况

庐山具有得天独厚的自然条件和环境，气候独特、风景优美，拥有悠久的历史、灿烂的文化、驰名的宗教，也是近代中西文化交融、政治风云的舞台。

§1.1　地　理　位　置

庐山地区的范围界定为北至长江，南至星子县，东到我国最大淡水湖——鄱阳湖东岸湖口县，西至瑞昌县，包括庐山山体及以外的广大平原地区（图1.1.1 庐山地区卫星影像图和图1.1.2 庐山地区交通状况图）。

庐山地处东经115°30′～116°20′，北纬29°20′～29°50′。气候上属亚热带东南季风区；地势上属我国第一级阶梯；地貌上属长江中下游平原区，地势平缓，江河密布，湖泊众多，水资源丰富，植物葱郁，土壤肥沃，为富饶的鱼米之乡。

从九江西去可直达我国特大城市之一的武汉，东去可直达经济发达的沪、宁、杭，南可到福州、厦门、广州，北到济南、天津和北京。通江达海，交通十分便利，京九铁路、武沪铁路的贯通使东西畅通，南北直达。

九江古称"柴桑"、"浔阳"。三国时期，便是东吴的重镇，又是全国"四大米市"之一，南来北往的商贾多。沿江沿湖的经济发达，为庐山文化、宗教、教育等方面的兴盛提供了坚实的基础。九江是江西省第二大城市，工业力量强，经济基础好，尤其是昌（南昌）九（九江）工业走廊的建设，庐山火车站的启用，为庐山地区旅游资源的开发与利用，旅游业的发展，旅游市场的建立，旅游文化的增强提供了一定经济基础。

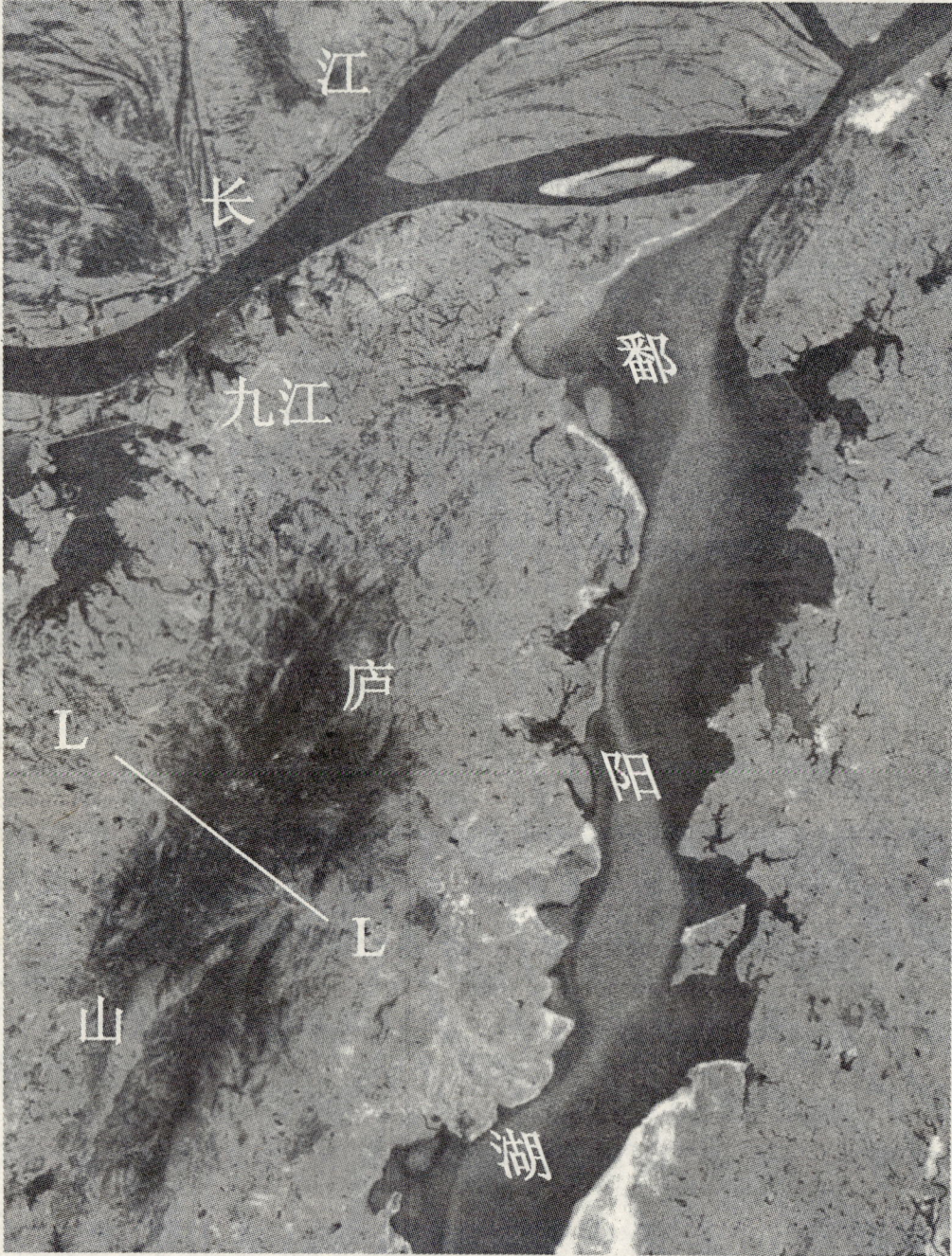

图 1.1.1 庐山地区卫星影像

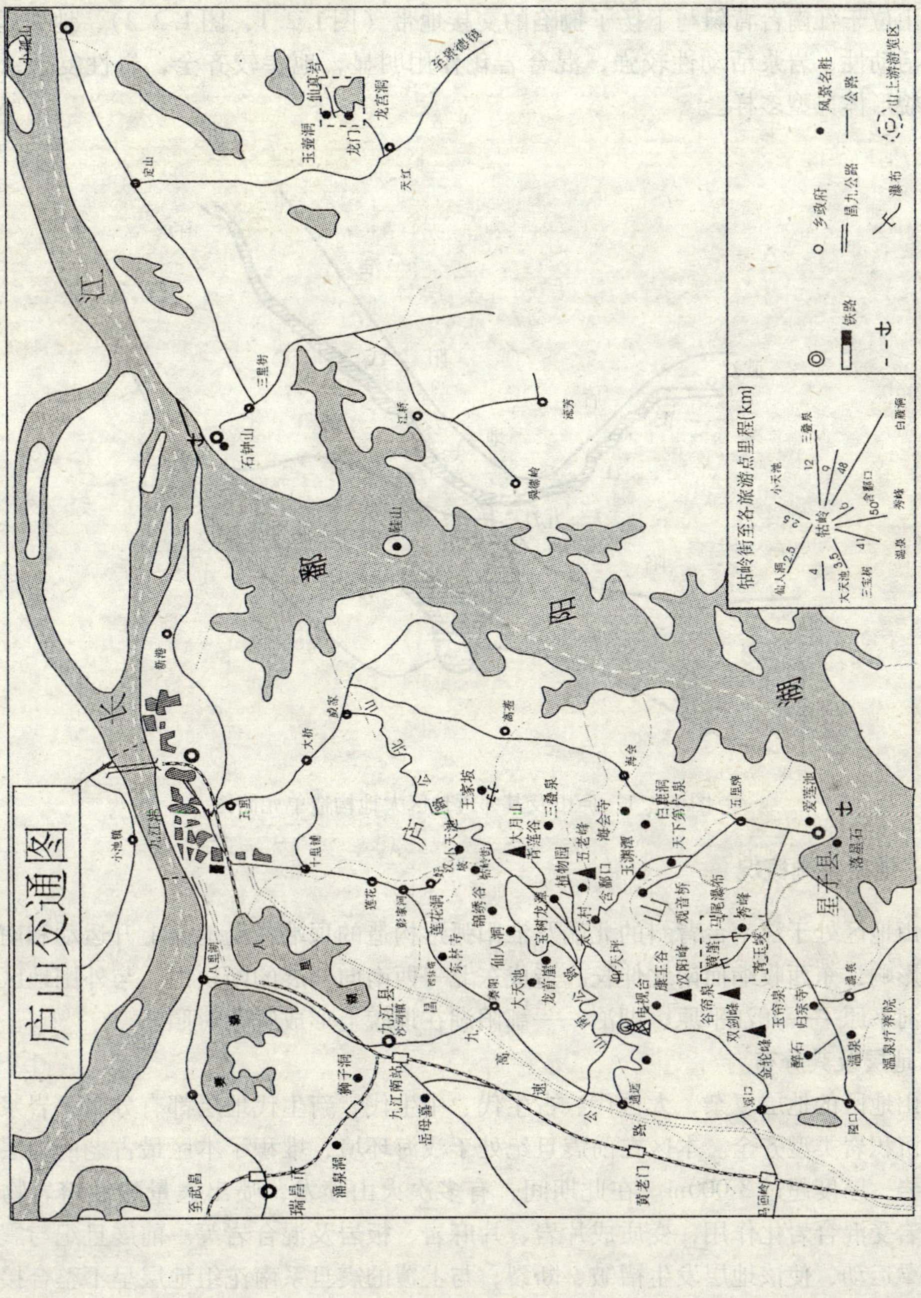

图 1.1.2 庐山地区交通状况

§1.2 地质与地貌概况

庐山位于江南台背斜与下扬子拗陷的交接地带（图1.2.1，图1.2.2），地壳运动具有较大的活动性，岩浆活动性较强，混合岩化作用明显，地层较齐全，岩性复杂，断裂发育，地貌形体典型多样。

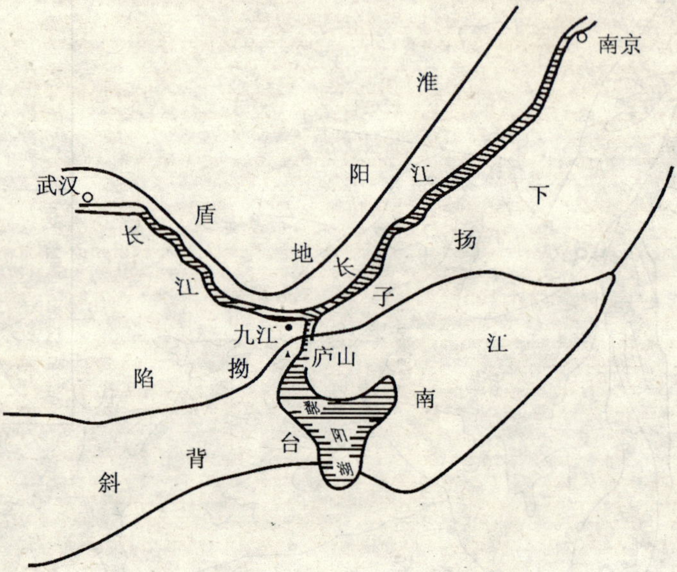

图1.2.1 庐山及其邻近地区大地构造单元简图

一、地质基础概况

庐山地区处于江南台背斜的北端及淮阳弧形构造的顶端，受地壳上升运动和南北水平运动的影响，东西收缩而南北伸长，造成东北—西南向伸展的断块山，与外围地区断裂下陷的江河平原——九江平原、湖泊——鄱阳湖在地貌上形成鲜明对照。

1. 地层及其分布

庐山地区的地层复杂，太古代、古生代、中生代、新生代地层都有分布，岩浆岩、变质岩、沉积岩类型齐全。本区在前震旦纪处于浅海环境，堆积了本区最古老的地层，为泥质碎屑岩，厚度超过3 000m。在此期间，有多次火山喷发，喷出大量酸性熔岩物质。泥质碎屑岩受混合岩化作用，变质成片岩、片麻岩、板岩及混合岩等。前震旦纪与震旦纪之间的吕梁运动，使该地层发生褶皱、断裂，与上覆的震旦系南沱组地层呈不整合接触，震旦纪沉积了滨海相南沱组砂岩和浅海相西峰寺组灰岩、硅质岩。寒武纪沉积了海湾-泻湖相炭质页岩，浅海相泥质灰岩和白云岩。奥陶纪沉积了浅海相灰岩和白云质灰岩。志留纪主要沉积了砂质页岩、页岩和长石石英砂岩。志留纪末，地壳上升，直到泥盆纪晚期，其后堆积了滨海相砂砾岩和砂岩。到石炭纪、二叠纪，地壳下沉，主要沉积了石灰岩。以后，因地壳上升，缺失二叠系至白垩系下统的地层。整个古生代堆积了总厚度约5 000m

的浅海相和滨海相沉积。

中生代燕山运动对本区地质地貌发展影响显著，使古生代地层受到强烈的褶皱和断裂变动，同时沿断裂有大规模的岩浆侵入，产生混合岩。至白垩纪晚期，山麓地带堆积了巨厚的砂岩、砂砾岩和砾岩，胶结物富含钙质和铁质，为陆相沉积。第三纪主要为一个剥蚀时期。第四系分布广泛，均为陆相沉积。

根据地质与地貌的差异，一般以九奇峰—仰天坪一带为界，将庐山山体分为南、北两部分（图1.1.1，图1.1.2）。

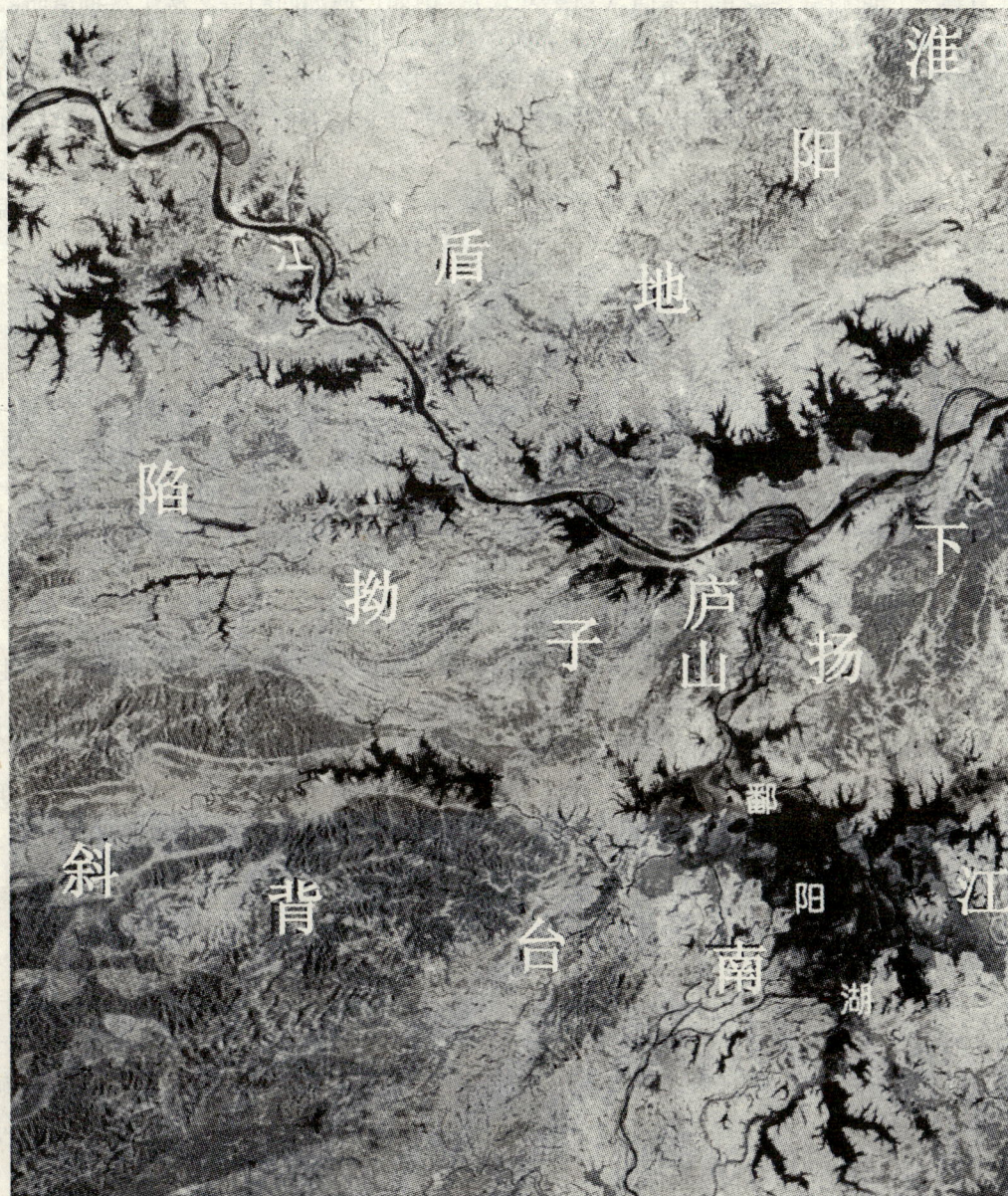

图1.2.2　庐山地区大地构造单元遥感影像

5

山体南部主要出露前震旦系双桥山群地层。

山体北部出露震旦系下统南沱组地层。

庐山山体东南侧和西北侧，在温泉和莲花洞大断裂线以外，地层呈条带状分布，有愈向外时代愈新的趋势。

2. 地质构造类型

地质构造复杂，形迹明显，主要有：

（1）褶皱构造　表现为两种构造方向：① 北东向（华夏式），如大月山背斜、三叠泉（青莲寺）向斜等；②北北东向（新华夏式），例如，通远向斜等。属于短轴褶曲。

（2）断裂构造　表现为北北东向（新华夏式）张性断裂，包括莲花洞正断层、大月山正断层、五老峰阶梯状正断层等；西北—东南向压性断裂，有九奇峰逆（冲）断层、天桥、汉口峡、剪刀峡、大坳里张扭性断裂等；东西向和南北向压扭性（X）断裂，如锦绣谷等。

（3）单斜构造　在庐山北部表现为北东向，分布于背斜（或者向斜）两翼。地貌表现为单面山、猪背岭、单斜谷，例如，牯牛岭、西谷等。

二、地貌概况

1. 构造地貌

庐山地貌形体在山体的北部和南部有明显差异。

（1）山体南部构造地貌特征

南部以断裂构造地貌为主，山体中谷地狭窄深邃，谷底尖锐。山体以独立山峰为主，山顶尖锐，山坡陡峭险峻。

（2）山体北部构造地貌特征

庐山北部以褶曲构造地貌为主，断层构造地貌亦很发育。

①褶曲构造地貌　在区域内属于静态构造地貌。本部表现为背斜山、向斜谷等原生地貌（顺地貌），如大月山、东谷等；次成地貌有单斜谷、单斜山，甚至存在倒置地貌，如莲花谷向斜山。有岭谷平行相间的地貌特征。

②断层构造地貌　属于动态构造地貌。第四纪以来，庐山主要沿东南侧的温泉大断层和西北侧的莲花洞大断层强烈抬升，下盘上升形成陡峭的断层崖，最高处达 1 000m 以上，阶梯状断层崖亦发育完好；压性断裂谷深窄一线令人窒息，悬崖绝壁，蔚为壮观。庐山仍然处于断裂上升运动中。

2. 流水地貌

庐山山体为流水侵蚀中山地貌，谷地地貌在 1 000m 上下有显著的形态差异，以上表现为宽谷或者谷中谷形态，说明曾经历过流水强烈的侧向侵蚀作用；以下是深切峡谷，沿途多见急流瀑布、壶穴深潭和岩槛裂点，说明正在经历流水的深向侵蚀作用，峡谷两侧分布有阶地，1 000m 高度左右，河流袭夺现象有多处存在，说明了向源侵蚀作用和深向侵蚀作用的强度。

庐山山体外围地区，谷地宽广，阶地、扇形地、河漫滩发育，说明流水搬移和沉积作用的盛行。

在庐山强烈抬升以前，曾经历外力长期剥蚀夷平过程。山体断块抬升，同一时期夷平面在"山上"、"山麓"并存。

3. 冰川地貌

根据我国著名地质学家李四光先生的观点，庐山地区在第四纪曾经发育过三次冰期，冰川发育最盛时，有山麓冰川存在。山上，角峰、刃脊、冰斗、悬谷、冰川谷、冰窖等侵蚀地貌分布普遍，谷地亦出现谷中谷、侧碛垅、终碛垅等堆积地貌。山麓有侧碛垅和终碛垅泥砾混杂堆积物及其地貌表现。

4. 湖岸地貌

庐山东麓紧邻鄱阳湖，为我国第一大淡水湖，湖面广阔，由平原、丘陵地貌环绕。因此，湖湾、沙嘴、泻湖、湖滩、湖蚀崖、湖蚀柱、湖岸阶地等地貌发育良好。

5. 岩溶地貌

庐山外围地区分布有震旦、奥陶、石炭系石灰岩，在亚热带湿热气候条件下，发育了地下岩溶洞穴、地上岩溶丘陵和岩溶谷地、洼地地貌。

§1.3　自然地理概况

区域内各自然因子既受到区域大环境的影响，又有区域各自然因子相互作用、相互影响，以各自不同的和共同体的形式形成独特的地理生态景观。

一、气候特征

庐山地处我国亚热带东部季风区域，基带气候受到大范围气候的制约，山体又具有山地气候特点。

1. 气温　庐山牯岭镇海拔 1 165m，其气温比同纬度平原地区低，与北京气温几乎相等，相当于纬度差 10℃ 的气温变化。庐山牯岭冬季气温比同纬度平原地区低 5℃，极端最低气温低至 −16.8℃；夏季约低 7℃，早晨最低气温常在 20℃ 上下，极端最高气温只有 32℃。

2. 风　我国东部广大地区，受东亚季风环流的影响十分显著。庐山冬季亦受蒙古冷高压控制，以偏北气流占优势，偏北风为主；夏季受北太平洋副热带高压影响，盛行偏南气流，以偏南风为主。

3. 云雾　受大范围天气系统的影响，我国东部广大地区，热带海洋气团在春末、夏季活跃，空气中水汽含量比较丰富，气流遇山地抬升，温度降低，有利于水汽凝结，因而多云雾，庐山全年雾日多年平均 188.1 天，最少为 158 天。

4. 四季　我国季节的划分，通常以气候平均温度大于 22℃ 为夏季，小于 10℃ 为冬季，介于两者之间为春、秋两季。按此标准，庐山春天有 17 候 85 天，夏有 10 候 50 天，秋有 13 候 65 天，冬有 32 候 160 天，因此，四季的分配状况是：夏短、冬长、春长于秋。

二、丰沛的降水

山地上部阴雨日比山下平原多。与同纬度地区相比，庐山牯岭年平均降水量为 1 833.5mm，雨日多年平均为 167.7 天，山下九江年均降水量为 1 300mm，雨日多年平均为 138 天左右，牯岭降水量比平原地区约多 500mm，这个数值相当于华北某些地区的年降水总量。由于庐山海拔较高，降水亦有垂直分布，随海拔高度的增高而增多，降水递增率为50mm/100m。庐山植物园、含鄱口一带是庐山降水量最丰沛的地方。

三、垂直气候带

气温与降水及其相互结合状况，表征一个地方气候特征。对山地来说，水热状况随高度的变化必然导致气候上的差异，从而形成垂直气候带。庐山亚热带上限在南部约为550~600m，北部约为500m，大约在1250m以上属于温带，其间为暖温带。

四、丰富的植物

按我国亚热带自然地理条件，结合庐山海拔高度，其自然植被应是森林，且主要是阔叶林。由于人类长期活动的影响，原始植被几乎被破坏殆尽。现存的植被状况，从各种群落类型比较分析，次生的灌丛、草丛面积大于森林面积，次生的针叶林面积大于阔叶林面积。从分布地点看，山上黄龙寺一带、山下白鹿洞等地留存有自然植被。山麓及平原地带为常绿阔叶林，可上升到高度600~800m，800~1000m为常绿阔叶林与落叶阔叶混交林，1000m以上为落叶阔叶林。庐山阔叶林被强烈破坏后，形成草丛和灌丛，类型多种多样，组成成分也较复杂。

五、多样的土壤类型

庐山地区在气候上基带属于中亚热带的北缘，这决定了本区山地土壤垂直地带谱的特征。本区受东亚季风环流的影响，具有鲜明的亚热带季风湿润气候的特色，同时，山地随着海拔高度增加，水热状况存在着垂直差异，并具有明显的山地气候的特征。因此，就山地土壤垂直带谱的类型而言，庐山属于湿润型。

庐山地区主要土壤类型为：A. 红壤，广泛分布于山麓地带、山体外围平原地区；B. 黄壤及山地黄壤，黄壤发育于山麓地形比较低平的部位，山地黄壤分布在900m以下的地带，局部地区可达1000m左右；C. 山地黄棕壤，分布于海拔800~1200m地带的各种母质上，植被为常绿阔叶与落叶阔叶混交林或灌木、草丛；D. 山地棕壤，分布于海拔1200m以上的山地，植被为落叶阔叶林，由于森林植被遭受破坏，目前大多成为灌丛草类；E. 山地沼泽土，主要分布于地势平坦、低洼、容易积水之处，例如仰天坪、大校场一带；F. 浅色草甸土，分布在江河、湖泊低平地段，母质为河流冲积物或湖积物，植被为草甸；G. 水稻土，在山麓、岗丘和江、湖平原有分布，它是由自然土壤经人工耕种而成。

§1.4　人文地理概况

庐山地区人口分布在山顶部和山麓地带，人类的政治活动、文化活动、生活、宗教信仰山上山下相互交融。山上常驻人口主体为当地居民，部分从山下九江等地迁移而来。流动人口大多为季节性，集中在夏季，以旅游者和小商业主为主体。山上居民住房大多建在谷地中或者平缓的山坡平台，以石质墙和铁皮瓦为特色，灰色的石墙，红色的铁皮瓦，掩映和点缀在奇峰之中、翠绿之间，构成独特的聚落景观。

庐山地区宗教文化在历史上颇有声誉。庐山南部山麓具有五大丛林——万杉寺、海会寺、秀峰寺、归宗寺、栖（七）贤寺（佛教理学的渊源之一）。庐山实为名不虚传的"宗教名山"。

庐山南部山麓平原有中国古代四大书院之一的"白鹿洞书院"及中国宋代（北宋）所建的中国四大古桥之一——观音桥。星子县的"金星砚"、"贡砚"闻名于国内外。历史上曾有李白、白居易、苏东坡、米芾、黄庭坚、王安石等历代名人书怀庐山，佳作名篇颇丰。庐山实为"文化名山"。

近代民国时期曾是国民政府的"夏都"，蒋介石和宋美龄居住在山上，处理当时的国家事务。新中国成立后，中国共产党在庐山召开过两次会议，如著名的"庐山会议"，毛泽东、周恩来、刘少奇、朱德等都曾在庐山留下足迹。庐山实为"政治名山"。

新中国成立后，庐山划为特区，曾属中央及其江西省直辖。现为九江市管辖，由庐山区、星子县、九江市区、庐山风景管理局分而治之。

§1.5　资源概况

能为人类提供物质和文化生活产品，为人类所能利用的自然和人文的客观存在都是资源。庐山由于其地理位置、气候、生物、地质地貌、土壤等自然因素的独特性，自古至今为众多人士所赞赏。人类借助自然构筑文化历史，自然因素又受益于文化，两者相互映衬，相互融合，造就了庐山丰富多彩的景观。

一、水资源与水景观

庐山多年平均降水量为 1 833.5mm（1961～1970 年平均），年蒸发量为 1 008.6mm，地表径流常流不枯。庐山水源来自大气降水，岩层节理发育，为地表水储存、排泄提供了良好的水文地质条件。山上植被相对保存完好，对水源的涵养、径流的调节有一定的作用。

庐山水质良好，接近自然状态，一些主要离子含量均在正常含量范围之内。水属中性水，水的矿化度低，硬度低，为洁净的天然水，宜于作为饮用水。

庐山水既是庐山的生活饮用水，又是风景名胜的重要组成部分。有些风景点主要由水环境构成，如三叠泉瀑布、芦林湖等。

由于庐山水体多数尚未受到污染，水生态环境平衡未受破坏，成为重要资源之一。

二、山体景观资源

"匡庐奇秀甲天下。"这是唐代大诗人白居易对庐山由衷的赞美。

庐山是断块作用形成的地垒式褶皱山体。岩层褶皱的同时，尤其受强烈抬升的影响，由于岩石坚硬，使得岩体破碎、节理发育、断层崖陡立，从而造就了高大峻险的悬崖峭壁，又由于流水等外力作用破坏，切断山岭，形成雄奇山峰，甚至在山顶之上怪石集聚，峰岭景观构成极富观赏性的旅游资源。正如苏东坡诗赞："横看成岭侧成峰，远近高低各不同，不识庐山真面目，只缘身在此山中。"又如李白诗曰："庐山东南五老峰，青天削出金芙蓉。九江秀色可揽结，吾将此地巢云松。"庐山名峰 93 座，座座形体各异。

三、人文景观资源

庐山的人文胜迹，遍布山上山下，并呈现出山上近代为主、山麓古代为主的特色。

自从这里有了鸡犬之声，便有了名人的踪迹与瑰丽的诗篇。庐山这片迷人的土地襟江带湖，它不仅孕育了陶渊明这样伟大的诗人，还使王羲之、李白、白居易、苏东坡、黄庭坚、周敦颐、朱熹、王阳明等一大批历代名流为其陶醉与倾倒，更使现代名人毛泽东等情有独钟。

大自然赋予了庐山千峰秀色，名流们的诗文与留题又增添了她的神韵。一千多年前的北宋年间，在山南星子古城设南康军（府）以来，这一带便成了政治、经济、文化的中心，庐山更成为佛、道、儒竞相争雄之地。

1895 年，英国人李德立强占庐山东谷，掀开了西方国家在庐山大建别墅的历史；1 000 多栋写照西方典型建筑风格的别墅以及近代和现代中西合璧的别墅，成为别墅宝库。它既是外国列强侵略中国的见证，又是世界难得的别墅建筑群博物馆。

开发庐山丰富的文化遗产和得天独厚的旅游资源，具有优越的条件。

思 考 题

1. 为什么全国数十所高等学校选定在庐山进行地理调查实习？
2. 与其他名山相比较，在庐山进行地理实习的优势体现在哪里？

第二章　庐山地区地理调查实习

庐山地区虽面积不大，但其地质因素复杂，地质史可追溯到震旦纪，地壳运动强烈，自然地理具备水平和垂直地带性，要素多样，地貌形态类型齐全，植物资源丰富，气候独特，人类活动历史悠久，名胜古迹众多。这些都为进行地理教学实习提供了得天独厚的条件。

§2.1　地理调查实习目的

地理调查实习是多学科的一次综合性教学活动。首先，它是一次理论联系实际的教学实习，是在学习了地理科学的基本理论、基本概念和基础知识的前提下，贯彻理论教学与实践相结合的教学方法，用所学到的理论知识去解释实际，增强感性知识。其次，是学生实际观察问题、分析问题、解决问题的能力以及独立工作能力的训练；理论来源于实践，对野外获取的第一手地理调查信息资料进行归纳总结、分析综合，从而深化地理理论。

一、实习内容

1. 将理论与实际地理实体和现象对照，用理论去解释实际，通过实践及调查以理解和丰富理论。

2. 通过对庐山地域的各种自然现象和人文现象的观察和分析，将地图与实际地理实体对照，研究区域地质、地貌、水文、生物、土壤、大气、地理环境及景观特征等，为以后借助地图、遥感影像以及空间数据库研究这些现象、虚拟现实、显示这些现象建立正确的科学观和思维方法、技术方法。

3. 通过庐山地域的航空遥感像片的判读及野外调绘，将航空遥感影像与实际地理现象对照判读，认识、了解和研究庐山地域自然要素、人文要素分布及其组合特征，相互联系，并掌握从航空遥感影像识别自然和人文现象的标志及技术方法。

4. 通过地图、航空影像、地理实体三者的相互对照、综合印证，学会利用不同资料及资料的综合应用解决实际问题的方法和原理。

5. 了解各自然要素在地图上表示的原理和方法、地图的地理信息特征、地理数据特征（空间数据库），学习利用地图分析和研究地理信息的技术方法。

6. 在野外的实际观察、地图及航空遥感像片的利用，亦是对庐山各种资源条件的调查和研究，对庐山资源的利用进行合理性和环境影响分析评价，为区域的可持续发展提出规划和建议。

二、实习过程组织

一般说来，地理学各分支学科——地貌学、气候学、水文学、土壤地理学、生物地理学、综合自然地理学、人文地理学、区域地理学、地质学、旅游资源学等，都需要进行一定的野外实习。然而，各门课程都分别安排实习，难免用时过多。因此，很多情况下可以组织多学科的联合实习或综合实习，即在同一个地区或同一条路线上，同时进行地理要素综合实习。

联合实习或综合实习，除训练学生掌握有关地理要素的调查方法外，还有利于学生对调查区地理现象进行综合分析，从而提高区域综合分析能力。

野外实习是学生接触大自然和接触社会的难得的机会，也是对学生集中进行德智体全面教育难得的机会。学生到野外，一方面开阔了视野，巩固了课堂上学到的知识；另一方面，面对大自然和人类社会的很多地理问题，促进学生去思考、探索，从而会使他们产生浓厚的兴趣，而这种兴趣又转化为进一步学好地理知识的动力。在野外期间，学生离开了校园，要乘车、搭船、走路，要跋山涉水，要进行紧张而繁重的调查活动，同时野外生活还会遇到各种各样的艰难，也是一种磨炼意志的活动。

地理野外（调查）实习过程可分为资料收集、踏勘、野外调查、实验室测定、室内整理、编写报告或论文。归纳为准备、野外调查、总结与综合研究3个阶段。庐山教学实习时间一般为2～4个星期。

（一）准备阶段

准备阶段也称为室内工作阶段。主要由教师讲授调查实习区概况、实习资料内容，组织学生学习实习指导书，明确实习目的；收集和指导学生制作野外调查所需的各种资料图件；进行实习地区地形图和航空遥感像片的阅读和解译；用品及设备准备；这一阶段是野外教学实习第一阶段，一般为2～3天，并进行以下工作。

1. 总动员

说明教学活动的目的、时间安排、教学要求、教学内容、教学方法、组织体制及教学实习纪律等。

2. 授课

介绍庐山的基本概况、自然和人文要素及其特征，使学生对庐山区域有整体的和基本的了解。

3. 地形图判读和制作验证性实习用地图

地形图含有多种地理信息，如海拔高程、地势起伏特征、地貌形态类型、岭谷分布、植物分布、交通、聚落等。以地形图为资料图，制作与庐山特定环境相关的与教学内容密切结合的多种图件，供第二阶段野外工作阶段使用，如地貌剖面图、坡度图、岭谷分布图、河系图等。这是地貌制图技术的训练，也是了解教学实习区地理概况的一种方法。

4. 航空遥感影像解译

航空遥感影像是地表的真实写照，能进行三维立体观察，是获取地理数据和地理信息的资料之一。按初定的野外调查线路、观察点，在立体镜下判译和认识庐山自然现象及其分布、社会经济现象及与自然现象的配合情况，对各条路线有一定的了解。

5. 仪器设备和用品准备

地理野外实习常用仪器和用品有：

地质罗盘仪：用于地理体测量。

地质锤：敲打岩石用。

放大镜：用于观察岩石、土壤、植物等。

气压高度表（海拔仪）：用于测量高度。

测尺：用于植物样方划定、测量剖面、测量距离。

铅笔和记录笔：用于记录、填图、素描。

纸张：透明纸、聚脂薄膜、坐标纸及其他类型的纸。

标本袋：根据实际需要，准备布袋、塑料袋或纸袋、小塑料盒（暗盒）等。

航空遥感像片夹：装载、使用、保护航片用。

野外记录表：用于野外记录各种观测资料，例如，土壤性态表、植物描述表等。

立体镜：用于观察航空影像。

望远镜：瞭望远处的地理物体。

GPS：定位观测点坐标。

照相机：拍摄地理实体特征。

pH试纸：简单测试水、土壤等的酸碱度。

其次还要准备：地质包、手电筒、雨具、水壶、食品袋、保健药品（感冒、中暑、蛇咬、痢疾、外伤药品、晕车船药品）。

6. 精神准备

野外调查是一项艰苦的工作，跋山涉水、穿越树灌林，即使是在交通和生活条件较好的旅游区，野外调查实习也完全不同于旅游，决不是游山玩水或旅游观光，而是教学的需要，也是培养人才的途径之一。必须教育学生端正学习态度，明确学习目的，以正确的心态和观念积极而认真地参与这一活动。

（二）野外调查及研究阶段

在野外，按照拟定的调查路线，沿途选择特殊点进行全面、详细、准确的地理调查以掌握自然和人文要素。采集土壤标本和植物标本，作记录，画草图，摄影摄像，并进行初步研究。结合地图应用、航空遥感影像调绘同时进行。

野外实习以小组为基本单位，一般每组 5~6 人，设组长 1 名，负责该组的一切事务，包括学习、生活、组织等工作。全班为一个实习队，设队长 1 名，一般由骨干专业教师担任，学生班级干部、课代表为队长助理，协助教师处理一切事务。

野外教学方式分两种。其一，以教师指导为主。教师带领实习学生完成实习路线及观察点的内容，教师讲解并组织讨论。主要是向学生传授野外考察的方法，解决问题的途径。其二，以小组为单位独立活动。教师向学生布置实习路线、实习内容、实习要求、重点解决的问题、时间及必达地点，由小组长组织该组学生独立进行工作，然后由教师检查是否按要求完成了任务或考查是否达到了实习要求。

（三）总结及综合研究阶段

对野外调查资料进行全面的综合性总结和分析研究，按照地图制图方法完成图件，按照各种标本要求整理标本和编写说明，撰写实习报告和研究报告等，得到最终的全部成果。

三、野外实习纪律要求

教学实习是整个教学活动中一个重要的环节，是教学过程的一部分，按教学计划及教学内容严格执行和组织教学。在形式上，教学实习与理论教学不同，但要求是一样的。理论教学以教师在课堂传授知识为主，以教师为主导。教学实习在教师带领和指导下，教师既要讲授和解释实际的地理物体和现象的外部表现、物质组成、发生发展过程、特征标志、学术研究成果、存在的问题，还要引导和启发学生观察、分析、综合地理现象和物体，激发学生的能动性、创造性、积极性，完成教学任务，达到教学目的。

为了保证地理调查教学质量及人身安全，野外实习必须在严明的组织纪律下进行。制定和不断完善组织纪律内容，随时提醒，细心观察，灵活处理。

1. 在准备阶段（校内）严格执行校内作息时间，学生不得旷课、迟到、早退。

2. 在野外调查阶段：

（1）一般早上 8 时准时出发，一切必需的生活及学习用品和其他材料、资料均在这之前准备完成，误时按迟到处理；晚上 19 时~21 时 30 分为整理笔记、标本、总结、讨论及考查时间，不得缺席，不得从事其他娱乐活动。

（2）学生应该认真聆听教学讲解，仔细做好野外教学记录，要善于思考、勤于动手，提出问题、积极主动。记录本不得缺页。

（3）在教学活动点，未经允许不得拍摄任何相片，即便是与教学内容有关的相片也不得拍摄，以免干扰正常的教学活动。

（4）严禁攀登悬崖峭壁，不得在水体内游泳、划船，严禁冒险性的一切行动，凡有违反，造成的人身伤亡事故后果自负。不得进行和参与不健康的娱乐活动，不进入酒吧、歌舞厅，一经发现可采取取消继续实习资格、遣送回校的处分措施。

（5）爱护风景区内公共财物，不准随意涂写、敲打、刻画、不随意采摘一草一木。

（6）车船停靠车站（码头），在码头、车站等车等船时，不得随便离开队伍，无论何事必须向领队教师请假，允许后方能离开，避免误车误船。严格遵守约定时间。

（7）讲文明礼貌，尊重兄弟院校同学、游客等，不得无事生非，嘲戏、挑拨、污辱他人，严禁发生吵架、打架事件（除见义勇为者）。应以文明的方式处理事情，树立良好的大学生形象。

（8）携带的一切个人的、国家的财物要妥善保管，不得损坏、丢失。

（9）同学之间和师生之间应团结友爱、互相帮助。

（10）做到四勤。

眼勤：在野外多观察、多搜寻，善于发现异常现象；

腿勤：多走一些路，尽可能多观察一些现象，发现更多的问题，自然界的现象是变化无穷的，多走路就能多观察到一些现象；

手勤：要动手摸、测、打、铲、挖、碾，从手的感觉可以获得许多关于地理物体的信息；

脑勤：要多想，善于把前后观察到的现象进行比较，从中提出问题或者形成某种观点，证实自己的设想和解决问题的过程，会引导你寻找更有意义的观察点。

野外教学活动对学生是一次难得的工作作风的培养与锻炼的良好机会，为素质教育提供了良好空间。在艰苦的条件下，要具有吃苦耐劳、艰苦奋斗、不畏困难、奋力拼搏的气概，培养良好的工作作风和生活作风、严谨求实的科学态度。

§2.2　地图在地理调查中的应用

地图是以图形的形式直观地表示自然的和人文的客观事物的一种媒介。按照地图表示事物的内容可将其分为普通地图和专题地图，前者全面地表示地表事物，包括境界、交通及通信、水文、聚落、植被、地形、土质等要素，我们阅读普通地图，可以全面地了解地面的事物及其相互关系，具有普遍的应用价值。专题地图意指以表示某专题地理要素为主的地图，它突出、详细地反映一种或几种专题事物。地图是应用测量技术、航空摄影技术、地图编绘技术生产出来的，供人们根据自己的需要使用。

在地理野外调查或实习中，普通地图具有普遍的意义，尤其是地形图。如果实习地区亦是风景旅游区，旅游地图、交通地图能够用于确定、组织和计划实习路线。地质图、构造体系图、植被图、土壤图、水文图、行政区划地图等都是重要的资料地图。

亦可根据地理实习内容，自己制作必要的草图。我们为庐山北部制作了用于教学实习的地形图和专用图册。

地理学的研究对象具有地域性的特点，其空间规模之大，常常是人们的肉眼所无法涉及的。正由于此，地图是地理工作者不可缺少的工具，地理调查和研究的成果也常常借助地图予以反映。

一、地形图的应用

在地理野外调查工作中，地形图是不可缺少的工具和参考资料。因此，地形图的应用是野外地理实习的一项重要内容。

（一）地形图的选择

1. 比例尺选择

目前野外工作最常采用的地形图比例尺为1∶1万～1∶10万，详查采用1∶1万～1∶5万的地形图。

2. 对地形图资料适用性的评价

应对选定比例尺的地形图上的各种要素的精确性、完备性和现势性等进行初步的分析评价，判断其是否符合地理野外调查的要求，分析的内容包括：出版时间、图面水系、地貌、植被、居民地、道路、境界和有关地物等要素的详细程度，比例尺、方里网等的完善程度。

应该说明的是，出版时间较久的地图，虽然现势性差，但用于分析地理事物的历史变化却常常是难得的资料。

3. 野外实习用图的携带

野外实习期间携带地图，常将地图加以折叠。折叠方法一般是，按外业背包或图夹的大小，将图折成手风琴式。为看图方便，可将不同的图面部分折向背面；有时也将图面部分全部折向里面，以免磨损图面。折叠时，要尽量减少折棱，注意折棱整齐、无破损，以便于野外填图。

（二）地形图用于选定实习路线、观察点：它是依地图上已有道路，结合实习内容而定

（三）地形图用于初步了解实习地区

地图是空间信息的载体，通过读图可以获得关于地理调查区的大量信息，了解该地区地理位置、所属行政区、范围大小、地理环境、山体、水系特征等，量测获得一些诸如距离、高度等数据。

（四）地形图在野外的使用

1. 野外定向

在野外使用地形图，首先要求地形图的方向与实地方向一致，常用的方法是借助地质罗盘或指南针或根据地物进行判断。

（1）依磁子午线定向。地形图的南北内廓线上，常注有 P′（磁北）和 P（磁南）两点，将罗盘的 NS（北南）线与 P′P 重合，再转动地图，当地质罗盘指北针指北（刻度为 0°或 360°）时，即已完成地图定向。

（2）依真子午线定向。将地质罗盘的南北线与东（或西）图廓线重合，再转动地图，依照南图廓线外三北方向图所标注磁偏角数值，使磁北针指向相应的分划。

（3）依坐标纵线定向。方法与前两种相似，依坐标纵线与磁子午线间的夹角确定磁北针的指向。

（4）根据地物、地貌定向。它是一种最简单最迅速的定向方法，首先是在实地找到与图上相对应的具有方位意义的明显地物（或地貌）；然后在站立点转动地图，当图上的两个或两个以上的地物与实地对应的地物的方位一致时，即完成了概略定向。

2. 野外定点

在地形图上确定自己站立的位置，是野外用图和填图的一个重要前提。最简单的概略定点的办法是根据图上和实地明显的地物或地貌的对应关系，确定位置。作业时掌握地物的距离最为重要。

3. 实地沿途对照

沿行进路线观察应手持地图，随时对照实地地貌、地物的变化，估算行进的方向、速度和距离，确定自己在实际的位置，判定自己在图上的位置，并标出自己行进的路线。

4. 野外填图

在野外把专题调查的内容，按规定的符号或文字标绘在图上，称为野外填图。在野外填图，可以直接绘在地形图上，也可以绘在蒙在地形图上面的透明纸上。

二、旅游交通图的应用

地理调查实习大多是在典型地理要素分布地区进行，这些地区由于自然景观上的独特性，往往亦是风景旅游区。为了配合旅游，都制作了旅游图或者旅游交通图，图中主要表示旅游交通，包括里程、名称、方向、旅游点、服务设施等。这些是地形图上不表示的，却对地理调查有一定的应用价值。它与地形图一起优势互补，是不可缺少的地图资料。

三、地质图、构造体系图的应用

构造体系图可以使调查者了解所在区域与大地构造和区域构造的关系、构造体系、构造基础，能够分析获得实习区的构造运动、构造性质等信息；地质图能够获得地层分布、

地质构造类型信息。它们能用于与调查区所存在的构造和地质现象对照比较，在调查中发现新的信息和地质体，更新地图内容，去除不真实的内容。

植被图用于对比植物现状与历史发展，土壤图反映了外力作用强度、过程及其与植被类型的相应性。用于大致了解调查区植物区系、族谱、类型与分布。

§2.3　航空遥感像片在地理调查中的应用

航空遥感像片应用于地理野外调查，可节省大量时间和费用，取得事半功倍的效果。庐山地理调查区所需要的航空遥感影像，可以在江西省测绘局查阅和购买。

一、遥感像片选择

（一）航空遥感像片的种类

1. 依航空摄影方式的不同划分

（1）水平遥感像片，指以垂直摄影和近似垂直摄影获取的遥感像片。

（2）倾斜遥感像片，指以倾斜摄影方式获得的遥感像片。其优点是所摄地面范围比同航高的水平遥感像片所摄地面范围大，遥感像片影像符合透视规律，易于辨认不同地物。

2. 按航摄仪和拍摄效果的种类划分

有全色黑白遥感像片、彩色遥感像片、黑白红外遥感像片、彩色红外遥感像片、红外扫描遥感像片、多光谱摄影遥感像片、多光谱扫描遥感像片等。而应用最广的是全色黑白航空遥感像片。这类遥感像片费用较低，但其分辨率一般能满足地理工作需要。近年来，真彩色航空遥感影像快速发展，相信用于地理野外调查的效果能够胜过黑白影像。

（二）航空遥感像片的选择

主要根据调查内容不同，选择适当时态摄影的遥感像片。以研究植被类型及其规律为主要目的，选用夏季和秋季摄影的大比例尺（一般1:10 000～1:20 000）遥感像片，因夏季植物生长茂盛，秋季落叶植物的叶片会变黄或者变红，有利于对植被的解译。若以地貌制图或地质研究为目的，可选用深秋、初冬、早春季节摄取的遥感像片，这个季节大部分植物已枯萎落叶，可减少植被覆盖的影响，而且冬季太阳高度角较低，阴影明显，图像立体感很强，微地貌、岩性和地质构造显示清楚，城镇和乡村的轮廓、街道分布、建筑物清晰可见。对土壤类型和土地利用类型进行研究时，应选用多时相成像的遥感像片，进行多季节的地理调查。

二、遥感影像的目视解译

（一）遥感影像的解译标志

遥感影像应用于识别各种地物的性质、特点及其相互关系。简单地讲，遥感影像之所以能够反映各种地物的特征，一个重要方面是由于地面诸物体的物质成分、结构、构造、理化性质和生成原因的不同，在一定的地理环境下，各自呈现出不同的外表形态特征。

不同的地物在遥感影像上呈现各自的形状、大小、花纹和色调等特征，这些统称为影像特征，因此，影像特征是在遥感影像上识别和区分各种物体的依据。

1. 直接解译标志

直接解译标志是物体自身的有关属性在影像上直接表现出来的影像特征，如物体的色调、阴影、图案（形状、大小、花纹）等。

（1）色调　色调是地物电磁辐射能量在影像上的反映，反映在黑白遥感像片上，就是黑白、深浅色调的差异。在黑白遥感像片上按色调的深浅排列成一个顺序，称为灰阶（或灰度）。在航空遥感像片上将灰阶分为白、灰白、淡灰、浅灰、灰、暗灰、深灰、淡黑、浅黑和黑 10 级。这 10 个等级如果摆排在一起，人眼可以辨别出它们之间的差异。但是，如果单独拿出一个灰阶，就很难准确地辨别出其级别。因此，在实际应用时，往往将它们归并为白、灰白、灰、深灰、黑 5 级，甚至更简略地分为浅色调、中等色调和深色调 3 级，应用时可以灵活掌握。解译的目的不在于确定色调的等级，而是通过色调的微小差别，区分不同地物并圈定它们的界线。色调的对比，只能在同一地区同一时期拍摄的影像上进行，因为在不同种类、不同时期、不同波段的影像上，同一物体其色调有很大的变化。

根据地物吸收、辐射及反射太阳光线的特征，可将地物分为消色（物）体和彩色（物）体，它们在全色黑白遥感像片上都有其相应的标准色调（表2.3.1）。

表 2.3.1　　　　　　　　　消色体原色和彩色体原色与影像色调的关系

消 色 体 原 色	彩 色 体 原 色	影 像 上 的 色 调	
		灰 阶	标准色调
1 白 2 灰白	2 淡黄	1　白 2　灰白	浅色调
3 淡灰 4 浅灰 5 灰	3 黄、黄褐、浅红 4 深黄、橙黄、浅黄、浅蓝 5 红色、蓝色、鲜红、鲜蓝、浅绿	3　淡灰 4　浅灰 5　灰	中等色调
6 暗灰 7 深灰 8 淡黑 9 浅黑 10 黑	6 深红、紫红、淡绿、深蓝 7 绿色、紫色 8 深绿色 9 墨绿色	6　暗灰 7　深灰 8　淡黑 9　浅黑 10　黑	深色调

一般来说，在全色黑白遥感像片上都有其相应特征。

（2）阴影　晴天时，高出地面的物体，或者物体本身起伏不平，背向太阳的一面阳光不能直接照射到而呈现阴暗，在遥感影像上则呈现深色调到黑色调。阴影具有不同的形状、大小和色调。阴影可分为本影和落影。

本影是物体未被阳光直接照射到的阴暗部分，当地面起伏不平时就会出现向阳坡和背阳坡。在山区，山体的向阳坡色调明亮，背阳坡色调昏暗，而且山越高，山顶越尖锐狭窄，山体两坡的坡度陡缓明显，尤其是背阳坡陡时，色调差异就越大，界线越分明。明暗色调的分界线就是山脊线、山谷线、沟谷边缘等地形分界的部位。由于地物有阴面和阳面的色调差别，就会使人产生视觉立体感。

落影是太阳光斜射时，地物投射在地面上的影子。根据太阳高度角，应用落影有助于判明和度量物体的高度，反映物体的真实形状。如树冠在图像上都呈圆点状。

（3）图案　它是地物整体形状在图像上的相似记录，是地物在图像中按一定比例缩小了的模型。

形状：指物体的外貌特征，任何地物都有一定的形状，形状是区分地理物体的标志，很多地物根据其独特的形状，不需要过多的分析就能直接判断出来。遥感影像上所看到的主要是地物外部形状或平面形状。

大小：图案大小是识别物体的重要标志之一。在同一比例尺遥感像片上，能够统计地理物体平面投影面积，面积相同或者不同其物体的性质可能不同。

影纹（或称纹理）图案：影纹图案是在一定范围内，由许多细小的地物重复出现组合而成的。它也包括地物在形状、大小、色调、阴影等方向的综合表现。水系格局、山体排列、地质体、不同种类的乔木以及其他地物等，均可形成特征性的影纹图案。

由于自然界的地物千差万别，它们的组合变化多端，因此，反映在图像上的影纹图案也是多种多样的，没有统一的划分标准。一般常用点状、斑状、块状、线状、条带状、环状、格状、链状、垅状等来描述。

2. 间接解译标志

指与地物的属性有内在联系，通过相关分析能够推断其性质的影像特征。

（1）位置　指物体的环境位置，如洪积扇总是位于山区谷地出口处，河漫滩和阶地多位于河谷两侧，滑坡、崩塌等灾害性地貌多分布在陡坡地段等。

（2）相关体　许多地物之间往往存在着依存关系，甚至由于一种物体存在可以指示另一种物体存在。如泉、火山锥等的定向排列，往往指示断裂构造的存在。地貌与岩性和构造的依存关系、断裂与两侧伴生构造的关系也很密切。再如一条道路在河边终止，而在对岸又有道路开始，表示这里河水不深，可以涉水而过。相关体在解译人工设施或自然地物时，都是常用标志，特别是在运用逻辑推理解译方法上更具有重要意义。

（3）排列、组合　人工建筑或自然地物往往有一定的排列和组合关系，有些单个物体因影像太小不易被发觉，而成群排列和组合的物体，往往构成特征影像。在新疆地区许多大型洪积扇已开垦为农田，其田埂都沿扇面呈放射状排列，与平地和山坡耕地的排列组合有明显差异。在地质解译中，通过各种各样的水系、山地的排列组合形式等，可以查明岩性和构造的性质。

（二）目视解译的一般程序

1. 准备工作

收集工作区不同比例尺和不同时相航空遥感像片、地形图、各自然地理专题图（集）及文字资料。另需要准备立体镜、放大镜、聚脂薄膜或透图纸以及各种绘图铅笔和色笔。

2. 建立解译标志

将所收集到的各专题图件和文字资料进行对比分析，或进行必要的野外路线考察，以建立不同地物标志解译标准，包括地物的色调、形态、阴影、影纹图案、排列组合关系等特征标志，并列成表格，作为进一步解译标志。

3. 详细解译

19

　　根据各地学专业的解译标志,运用相关分析法和证据汇聚法,采用从已知到未知,先易后难,先清楚后模糊,先整体后局部的方法逐项解译。同时将透图纸或聚脂薄膜蒙在遥感像片上,边解译边勾绘类型界线,并标上事先拟定的图例或数字编码,画出初步解译图件。

　　4. 野外检查验证阶段

　　利用遥感影像解译的初步成果图件,必须经过野外实地检查验证。野外验证的原则是：对那些图像清楚、界线分明、解译标志明显、把握性大的地物或地段,可采用抽样检查；对那些图像模糊、界线不清、解译标志不甚明显的地物地段,应进行重点检查、逐个验证,对勾绘的界线进行就地校正。在野外验证时,对不同的地物类型还要采集必要的标本或化验样品——岩石标本、土壤样品、第四纪松散沉积物样品、植被标本等,以备室内分析和编写文字说明时使用。

　　5. 转绘制图

　　把调查取得的全部资料,以及野外验证取得的资料和用其他方法取得的所有资料,按照制图单元等级,转绘在聚脂薄膜上,然后进行图面结构分析。如发现不合理的现象,应对有问题的影像区段重新解译或进行必要的野外检查验证,直至整个图面符合实际情况为止。

　　转绘的方法是采用相同比例尺的地形图作为转绘基础底图。以水系作为转绘的控制网,先把地形图上的水系转绘在聚脂薄膜上,然后将绘有水系的聚脂薄膜蒙在已解译的遥感像片上。地形图上的水系与遥感像片上的水系不能完全吻合,所以不能一次进行整幅转绘,可采取局部水系做控制,分片或分区进行地物界线的转绘。分区或分片转绘时,先从图幅中心开始,逐渐向外展开,这样可以把误差消除在图幅边缘上,在水系少或不清晰的地区或地段,也可用湖泊、沼泽作为控制基准。经反复研究核对以后,将证据可靠、图面结构合理的各类型界线,转绘在同比例尺的地形图上,经修饰后,成为最后定稿底图。

　　6. 图件的整理和编写报告

　　把最后定稿底图按图例将各种内容绘制完成,写出解译说明。

　　计算机硬软件技术的普及,航空影像的解译可以全自动、半自动地利用专业软件在计算机上进行,通过野外验证,修改判译标志,打印出彩色成果图。

§2.4　地理调查实习效果的考评

　　地理野外调查是一次综合性的教学活动,它不同于室内的实验教学,也不同于其他学科的野外实习,既有理论性、又有技术性,在一个特定地区,有特定的内容,既是理论联系实际,又是实际上升到理论。成绩的评定不能简单采用书面考试,平时成绩也不仅仅是作业或者实验报告,应该有一个适宜的成绩评定指标,较完善的考核内容、考核指标、方式方法体系。地理调查一开始,向学生全面介绍成绩评定的指导思想、内容实质,学生通过对成绩评定体系的熟悉,了解地理实习的要求和实质性内容、重点,鼓励什么？不提倡什么？实习要达到的目标,做到心中有数。

一、地理调查实习效果的考核

　　地理调查是沿路线进行,在各条路线上布有若干个观察点,通过在点上的观察、点的联结和比较完成该线的内容,线的联网就构成区域性概况,通过眼的实景观察、地形图及航片与实景对照、摄影、画景、远眺、推测、理论的应用、记录、画草图等多种形式实现全景观察和分析研究。野外的考核可以有如下的内容：

1. 地形图应用　在山顶和谷底的定位；高程判定；山顶和谷地形态判定；路线和观察点判定；填图。

2. 航空影像植物类型判定；急流瀑布判定；观察点定位。

3. 海拔仪、地质罗盘、风向仪等仪器使用。

4. 岩石类型和性态判定；构造类型和成因分析以及其与地貌的关系。

5. 土壤类型和性态。

6. 植物（典型乔、灌、草）识别。

二、成绩评定指标体系

考核是检验教学质量及效果的主要形式。野外教学的考核方式方法完全不同于课堂教学，它涉及的范围比较广，从纪律、素质、学习等多方面全面衡量和检查，综合评定。其依据为：

1. 依据在教学活动中提出问题的能力，解答问题的正确性——思维分析能力

野外是一个新的环境，多种要素复杂地交织在一起，如果善于思考就有许多难解之题，如果走马观花不动脑就似乎一切很简单，因此，这一考核内容在于调动学生学习的主动性、积极性，培养发现问题和解决问题的能力。也能识别出其参加实习的目的是否明确，如果他（她）从思想到行动上都是游山玩水的行为，自然在学习科学知识上是茫然的。

2. 组织纪律，思想作风表现

野外教学是将课堂搬进了大自然，搬进了社会。学生的行为代表大学生的风貌，代表一个学校的教育水平，也是对学生进行社会教育、优良品德培养、思想作风训练的好机会和环境。该项考核的宗旨在于，让学生的思想及行为处于国家法律、学校的规章制度、野外学习纪律约束之下。关心集体、团结互助、互敬互爱、爱护和保护环境、爱护风景名胜等是每个人应遵守的公德，大学生更应成为典范。如果发生吵架、打架、有意破坏公物等行为，可直接定为不及格。

3. 野外调查记录、标本采集

调查记录记录教师讲授的内容、自己观察的内容、讨论的心得，它们是第一手资料，是总结、归纳的依据和重要资料，详细、全面和认真的记录是优秀学生的本能。收集标本是野外工作重要内容之一，是研究的资料和论证的依据。该项考核目的在于检验学生是否善于记录，重视记录，记录的准确性和内容的全面性，学生的动手能力。

4. 独立完成实习任务——独立性和创造能力

这是以小组为单位完全独立的学习行动，目的在培养学生独立工作能力，独立发现问题，独立解决问题，独立思考能力，组织能力，自我管理能力，此项考核以面试为主。

5. 依据综合性总结报告——各种图件绘图质量，标本完整性等

总结报告是实践上升到理论的升华，与图（图2.4.1；图2.4.2；图2.4.3）和标本共同组成最终成果。考核的依据为：内容的完整全面性，资料的充实性，论据的准确性，结论是否符合科学原理、各要素相互关系分析研究的深度和广度以及正确性，文字、图形标本相配合印证性，字迹工整、文字流畅、逻辑清楚、层次分明。

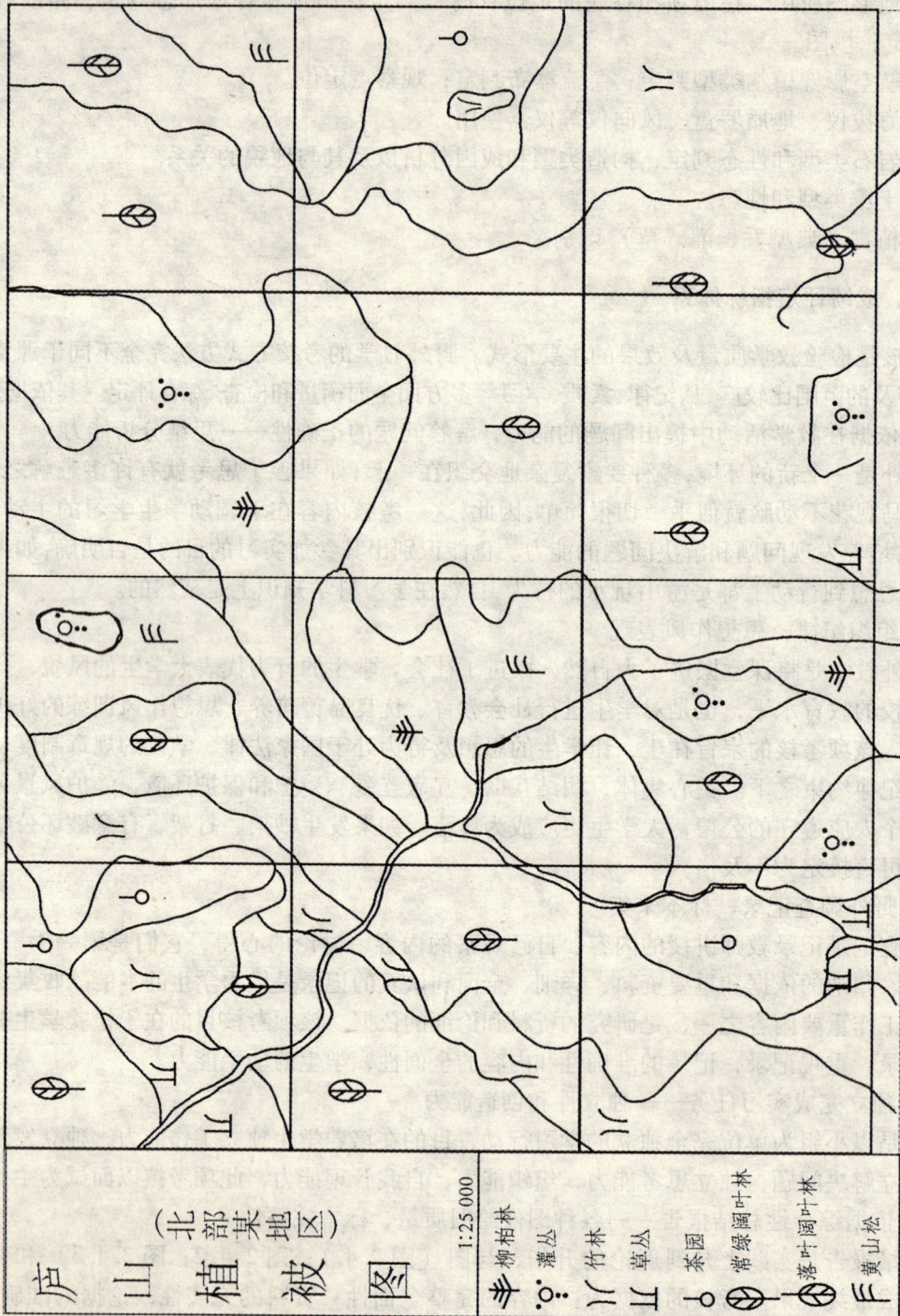

图 2.4.1 植物及植物类型分布图示例

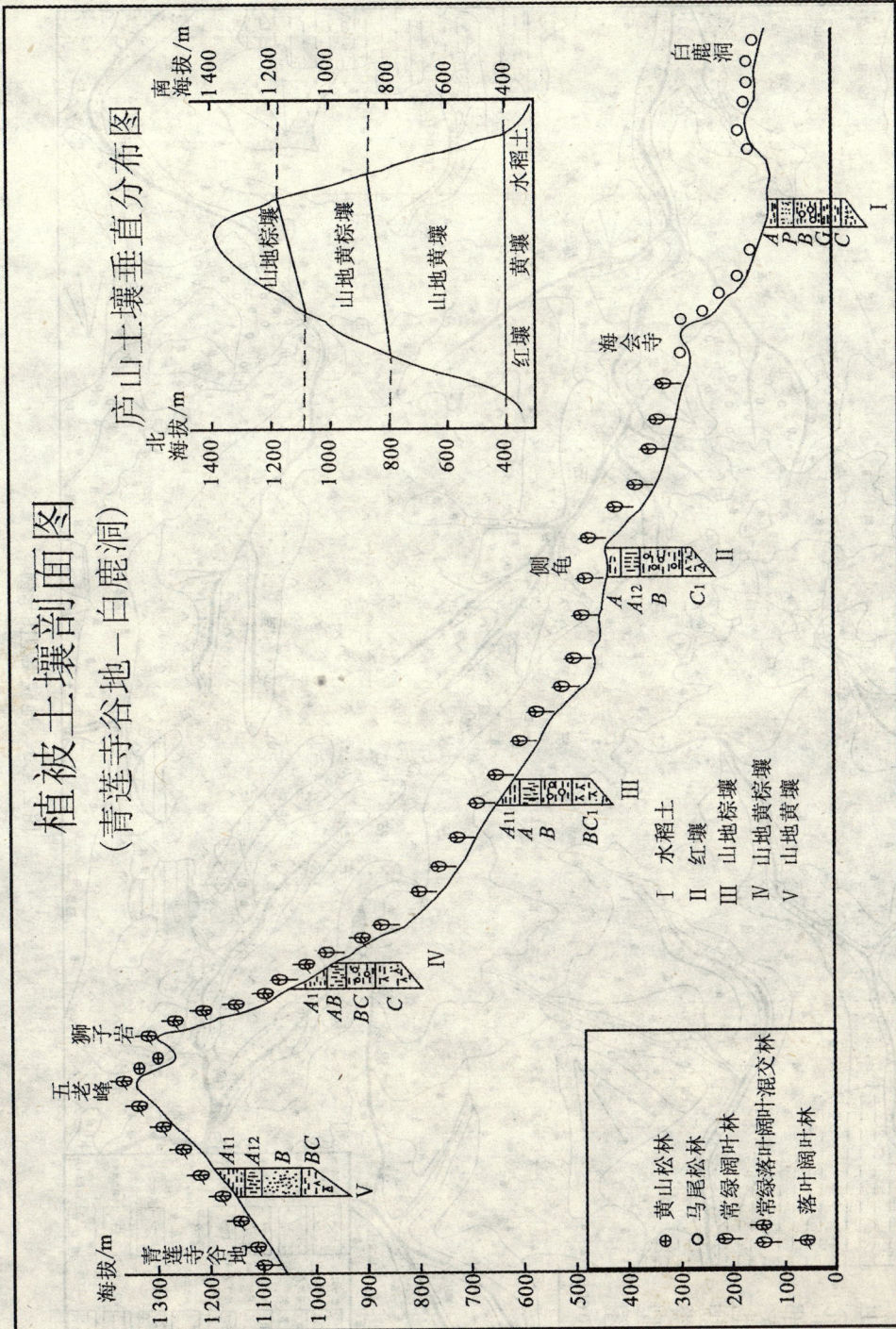

图2.4.2　植被、土壤综合剖面示例

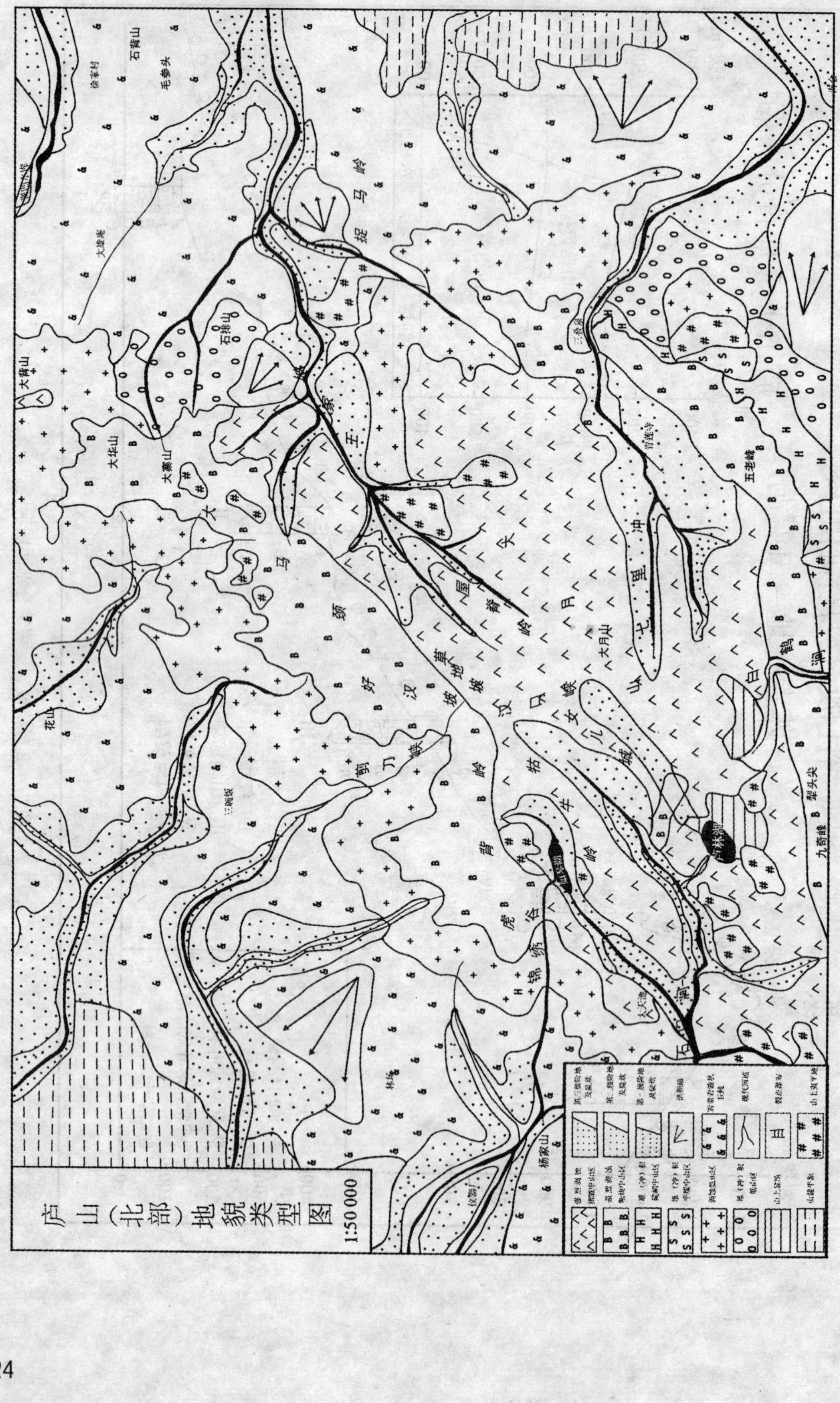

图 2.4.3 地貌类型图示例

最后的综合性总结报告，实际上是对教学内容及整个教学活动作深入的、全面的、系统的总结。应该说，这是由实践上升到理论高度的一个过程，这既是对实习内容的归纳和综合，也是工作小结。通过一次科学论文的写作锻炼，学生能得到全方位的提高。

6. 野外考察的成绩

根据学生在野外是否积极认真记录、观察、读图、读航片、使用仪器设备、采集标本、团结友爱等确定野外考察的成绩。必要时可采用现场口试、检查记录本、认识植物、认识岩石、工具是否会使用等。

最终成绩依据上述 6 个方面综合评定，按比例综合计算，严格按照教学质量标准衡量学生的学业，达到全面考核的目的（参见表 2.4.1）。

- 野外现场考核　　　　　占 15%
- 书面闭卷考试　　　　　占 30%
- 实习报告　　　　　　　占 30%
- 野外记录（原始）　　　占 9%
- 标本　　　　　　　　　占 6%（包括野外采集和室内整理）
- 参与性和纪律性　　　　占 10%（包括室内准备和野外考察）

表 2.4.1　　　　　　　　　　地理实习教学成绩评定详细参考指标

实习纪律占 5% ~90%		教学时间 占 5%	迟到 1 次	扣 1 分
			早退 1 次	扣 1 分
			病假 4 节课	扣 2 分
			事假 2 节课	扣 2 分
		规定的总结 或自习时间 占 10%	进酒吧	扣 3 分
			进歌舞厅	扣 3 分
			进影视厅	扣 3 分
			购物闲逛	扣 3 分
仪器设备保 管占 5%		损坏或者丢失仪器设备（原价赔偿）	保管人	扣 4 分
			该组组员（每位）	扣 2 分
野外考察 占 30%		考察内容的原始记录占 20%	不作记录（按次数记）	扣 10 分
			记录程序不规范	扣 2 分
			缺少实习各项目内容（例如缺少某一个考察点或者地理要素）	扣 2~5 分（有一处 扣 1 分）
			缺少在各项目标题下的具体和详细内容（按观察点和内容记）	扣 5~10 分 有一处扣 1 分

续表

野外考察 占30%		考察的主动性 （建议：每天作 记录和考核） 占10%	不自己采标本 （按观察点和内容记）	扣1分
			远离地理物体露头 或者剖面	扣1分
			不观察地理物体	扣1分
			离开小组活动	扣2分
书面考试 （闭卷） 占30%	1. 论述题 占20%～30% 2. 简答题 占30% 3. 名词填空题 占20% 4. 地理要素与知识填空 占30%～35% 5. 地形图应用题 占5% 6. 航空像片判读 占5%	地质内容	其他专业	10分 *
			资源环境、地理科学专业	20分
		地貌内容	其他专业	70分 *
			资源环境、地理科学专业	40分
		植被内容	其他专业	5分 *
			资源环境、地理科学专业	10分
		土壤内容	其他专业	5分 *
			资源环境、地理科学专业	10分
		水体内容	其他专业	5分 *
			资源环境、地理科学专业	10分
实习报告占 30%		地形图使用		2～5分
		航空像片使用		2～5分
		仪器设备使用		2～5分
	实物标本及其整理效果占20%	岩石标本 （岩块数量） （建议：个人为单位）	沉积岩	1分
			变质岩	3分
			岩浆岩	1分
		地带性土壤标本 （建议：以组为单位） 不同地点是否有标本	亚热带（红壤）	1分
			温带（黄壤、 黄棕壤、棕壤）	1分 1分 1分
			非地带（水稻土、沼泽图）	1分
		陆地植物生态系统代表性木本、草本标本 （建议：个人为单位）	亚热带常绿阔叶、 针叶林（乔木层）	2分
			亚热带常绿阔叶、 针叶（灌木层）	2分
			温带落叶阔叶、针叶 （乔木层）	2分
			落叶阔叶、针叶（灌木层）	2分
			亚热带、温带草本层	2分
	独立画地图（建议） 占20% （注意对图名、图例、符号、色彩、方向等内容的评定）	地貌图	构造地貌图	5分
			外动力地貌图	10分
		地质图	地层分布、地质构造图	3分
		植物群落分布图	植物群落分布图	3分

续表

		结构、逻辑性	结构、逻辑性（包括：封面、目录、摘要、正文、总结与建议、体会、参考文献）	10 分
实习报告占 30 %	文字论述 占60% ~80%	内容全面	内容全面、逻辑性好	20 分
		论据充分、分析准确	论据充分、分析准确	20 分
		结论准确	结论准确	15 分
		图文照片并茂	图形方向和内容正确，照片主题突出	5 分
		文字流畅、精练	文字流畅、精练	5 分
新的发现和观点加分	野外 总结		地理实体的新发现、新问题的提出	加 10 ~20 分
			地理理论的见解、地理现象的规律性	

§2.5　地理野外调查几种仪器使用简介

地理野外实习与调查所带的仪器设备，以轻便、实用为基本原则。

一、地质罗盘仪

1. 罗盘仪的结构

地质罗盘仪的外形有长方形、方形和八边形。主要构件有：磁针、顶针、制动器、方位刻度盘、水准器（圆盘形、柱形各一个）、倾斜度针（桃形针）、底盘（倾角刻度盘，0°~90°）等。方位刻度盘一般以全方位角标注，以 N 为0°，从 0°~360°逆时针刻制；也有以象限为方位角的（老式罗盘仪）。由于磁针始终指向南北方向，当罗盘仪顺时针旋转时，磁针相对作逆时针转动，因此罗盘仪上的东西方向与实际相反。刻度盘上的 N 表示北（为0°），E 表示东（为90°），S 表示南（为180°），W 表示西（为270°）。底盘刻度盘上与东西线（E-W）一致的为0°，与南北线（S-N）一致的为90°。底部刻度盘用来量测倾斜角。圆盘形水准器测方位角应保持水平（气泡居中），测倾角时柱形水准器应保持水平（气泡居中）。

另外，罗盘还带有几个照准器，长照准器、小照准器、反光平面镜（上有椭圆小孔）及镜面中心线，用以瞄准观测目标（图 2.5.1）。

我国处于北半球，在与地磁线平行时，南北两针不在一个平面上，故在南磁针上用铜丝加重，维持水平。制动器按下时，以制动顶针，使磁针固定便于读数；在不使用时制动器被罗盘仪盖压下也可使磁针固定，以延长罗盘仪的使用寿命。

2. 测量方向

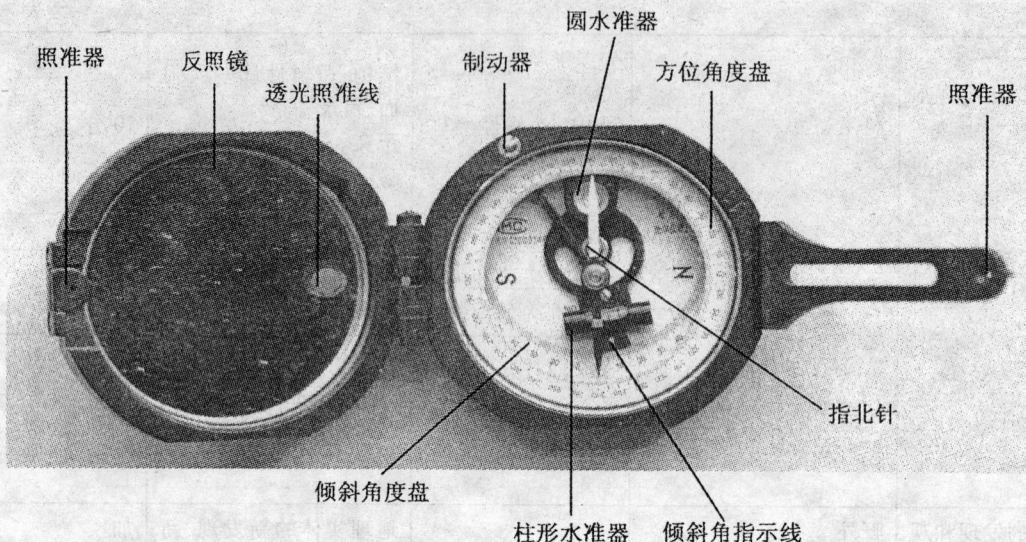

图 2.5.1 地质罗盘仪

以 N（0°）方向对准目标，圆水准气泡居中即罗盘仪水平，然后读北磁针所指方位刻度盘的读数，这时的读数为目标测点位于站立点的方位，如果读南磁针读数，则为站立点位于测点的方位。

3. 在地形图上确定站立点的位置

地形图定向：将罗盘打开，将罗盘平放在地形图上，使长边与地形图磁北线（或者竖图廓线）平行，转动地形图，磁北针与 N（360°或者 0°）重合，完成定向。

定向之后，还需找出站立点的位置，才能开始野外调查和填图工作。

如果地形图上有明显的地物，例如，建筑物、交叉路口、桥、山头等，观察者可根据明显地物点距离和方位确定自己的位置。当观察点附近无明显景物，在图上无法依靠相关景物找到站立点的具体位置时，可在地形图定向之后，首先在实地找到两个以上图上有具体方位意义的景物，然后根据这些景物与图上景物的对应关系，采用后方交会法在图上找到站立点的具体位置。如图，先用罗盘对准 a 点，读北针，站立点在 a 的方位为 150°（全方位角）或 SE30°（象限角），再读出站立点在 b 点方位角 220°或 SW40°，两线相交处即为站立点（图 2.5.2）。

4. 岩层（空间地物）产状测量

岩层产状三要素为走向、倾向和倾角。

测量走向：将罗盘仪长边与被量测物体（例如岩层层面、断层面、坡面等）的延伸趋势或者平行或者接触，使圆水准气泡居中，此时罗盘仪的南针或北针的指向即为岩层、山岭、谷地的走向。

测量倾斜方向简称倾向：将罗盘仪的北针指向岩层层面（空间地物斜面）的倾斜方向，或将罗盘仪上盖（带反光镜的一面）紧贴岩层层面，使圆水准器气泡居中，此时北针所指方向即为岩层、山坡、谷坡、断层面的倾向。

测量倾角：将罗盘的长边在与走向垂直的方向上竖直紧贴（趋势斜面）层面，并使

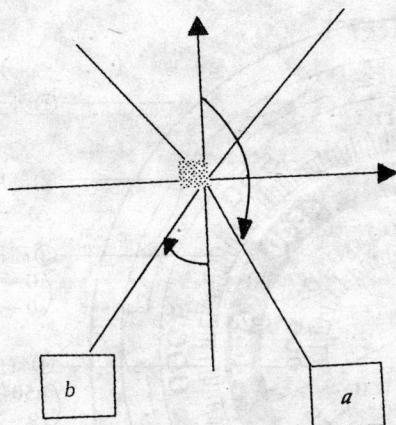

图2.5.2　后方交会法确定站立点的位置

底部刻度盘（底盘）的柱形水准器气泡居中，此时底部刻度盘上指针所指读数即为岩层的倾角。

由于走向和倾向互相垂直，并且走向线是一条直线，因此野外量测岩层（趋势斜面）产状时，只要读出倾向和倾角即可，将倾向加或减去90°，即为走向。岩层的倾向和倾角分别为220°和35°，则可记作：220°∠35°。

二、气压海拔仪

气压海拔仪是根据气压随海拔高度变化的理论研制的测高仪，有山地海拔仪（分为5 000m、10 000m）和平原海拔仪（1 000m）两种型号，为圆盘形，精度为10m。主要构件有：刻度盘，指针，指南针。5 000m气压海拔仪的刻度盘有两圈，外圈为0～2 500m，内圈为2 500～5 000m。使用时，在地形图上选择具有高程点的位置，将海拔仪指针调整到该高程处即可，或者将站立点处海拔仪指针所指高程数字与地形图上标注的高程调整为一致。此后，就可以随时随地知道任何一点的海拔高程（图2.5.3）。

三、etrex 系列 GPS

GPS是全球定位观测仪器的英文缩写，是现代测绘仪器设备之一，有便携式和支架式两种，定位精度有1″、2″、5″（或者15m、10m、5m、1m）多种，高程精度±3m，重量150g，可以用于地理野外调查，又称定位导航仪。在野外，可以快速定位，确定地物分布的位置、范围，随时做记录或者在地形图上标注。能够进行气压测高、精确测定目标方位、求面积、三维数据记录、自动换算坐标位置。全中文界面，手持式自动定位，灵活机动，方便快捷。在野外工作，无须携带罗盘、角规、测高仪等物件。图2.5.4所示为手持便携式GPS。

四、航空像片反光立体观察镜

1. 反光立体观察镜的构造

航空反光立体观察镜有两对两相平行的反光镜，各成45°角。经两次反光后，到达目

29

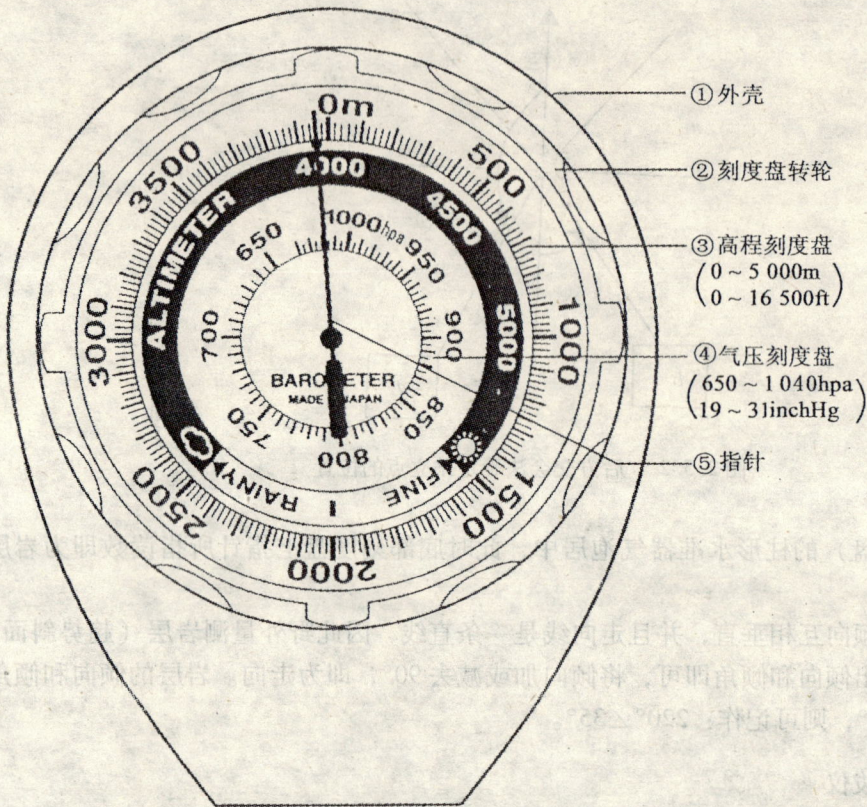

图 2.5.3　气压海拔仪

图中标注：
- ①外壳
- ②刻度盘转轮
- ③高程刻度盘
  (0～5 000m)
  (0～16 500ft)
- ④气压刻度盘
  (650～1 040hpa)
  (19～31inchHg)
- ⑤指针

镜（凸透镜）。在目镜上还可以安置两个放大镜，放大倍数依型号不同，一般为 1.5～4 倍。它的焦距等于凸透镜沿光路至像平面的距离。可以观察 18～30cm 边长的立体像对。反光立体观察镜另配有视差杆，用以量测像点间的相对高差（图 2.5.5）。

2. 反光立体观察镜使用方法

相邻的两个摄影站点（具有一定的视角）对同一物体所成的两张像片就构成了一个立体像对。两张像片的比例尺误差以不超过 15% 为宜。

在立体镜下使两张像片的基线在一条直线上，并与眼基线平行。然后慢慢移动像片，使两张像片的距离适中，直至影像重合，就会出现立体。在观察时，像片的阴影部分尽量对着观察者，这样可提高立体观察效果，因为人眼习惯适应光线从前方照射过来。

航空反光立体镜观察立体的基本要求是左右眼分视，即左眼看左边的像片，右眼看右边的像片。经过立体镜的观察后，可以接着用刚观察的结果，练习裸眼看立体，即不借助立体镜看立体。只要注意左右眼分视，大多数人都可以做到这一点，刚开始时可在两眼之间垂直于像片放一张白纸。裸眼分视的立体放大效果比立体镜观察更明显，观察速度也更快。

简易的航空像片立体观察镜不配有反光镜，观察者的左右眼通过目镜直接观察像片，产生立体效果（图 2.5.5）。观察方法与反光立体观察镜基本相同。

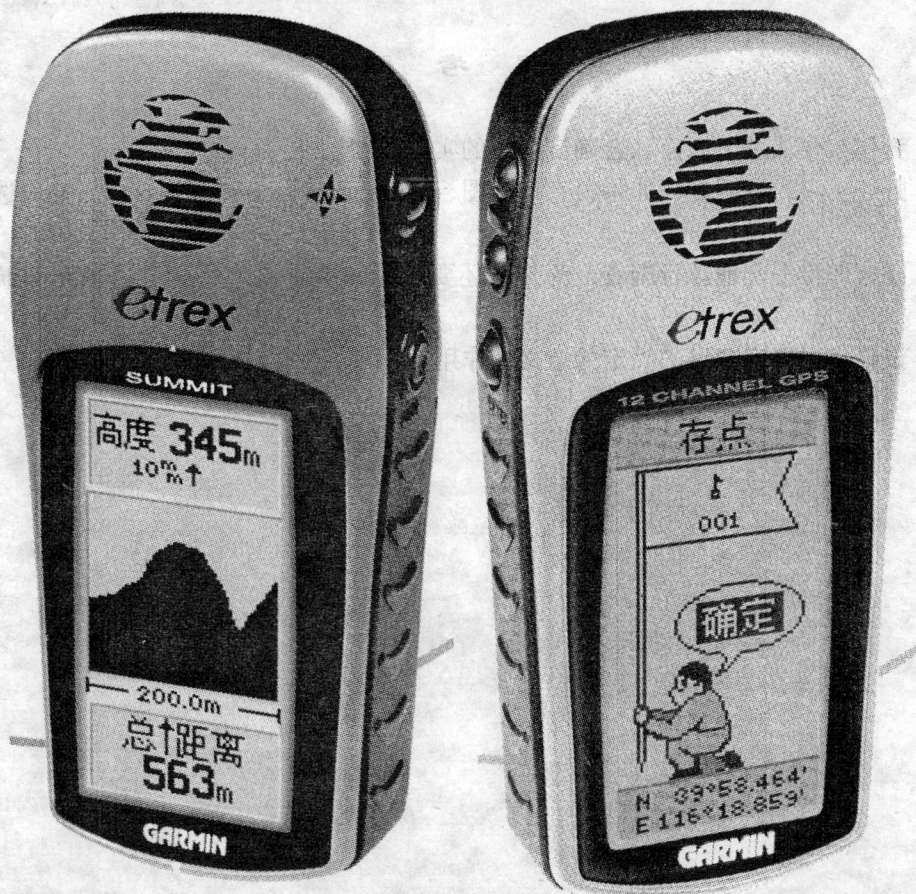

图 2.5.4 手持便携式 GPS

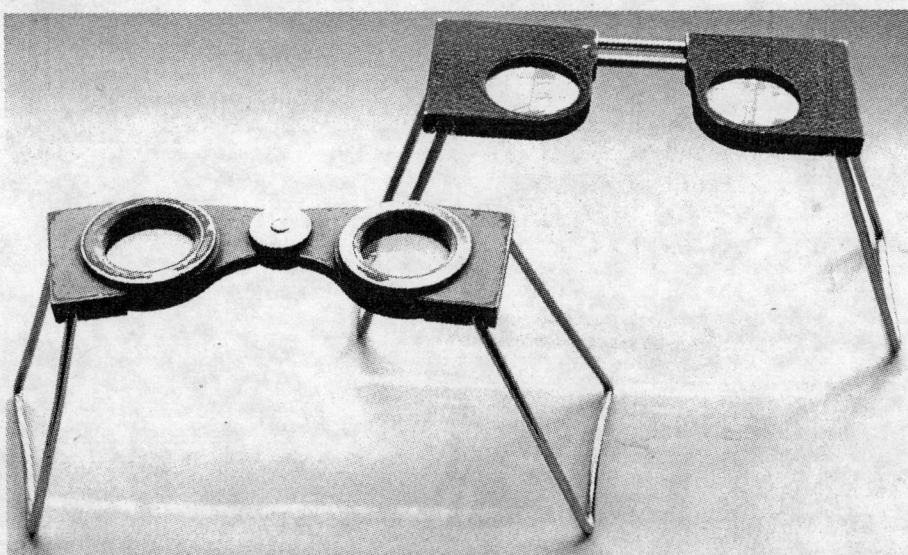

图 2.5.5 简易立体镜

思 考 题

1. 为什么要从多个方面综合确定学生的实习成绩？

2. 野外实习或者调查，如果没有地形图、GPS，调查路线和观察点应该如何选择和定位？

3. 既然即将去实地进行调查，为什么还要收集和携带该地区的各种地图和航空像片等资料？

4. 试论实习内容和目的确定的意义和作用。

第三章 地理野外调查方法

地理学是实践性很强的科学，学习地理学就要走出室内、进入实际、探究地学奥秘。进行地理野外实习，可使学生在野外找到地理概念的原型，从而加深对地理概念的理解，使抽象的地理理论具体化、形象化。

§3.1 地理调查区的选择

地理野外实习要求选择一个典型的地区，这个典型的地区应具有以下几个特征。

1. 地理各要素内容丰富多样

受各种因素影响，亦为了提高时效，地理实习大多为多学科的综合实习。因此，实习区应尽可能地选择地质、地貌、自然地理、生物地理、土壤、人文地理景观多样的区域，以满足多学科需要。并使学生既能看到丰富的地理现象，又能较容易掌握各种地理现象的典型特征及相互关系。

2. 范围紧凑

由于野外实习的时间有限，若想在较短的时间内跑遍较大区域，并考察实习区的多种地理现象，必须尽可能地选择一个面积适中的调查区。只有这样，才能在较短的时间内完成较为丰富的实习内容。

3. 内容应具有一定的典型性

所选择地区的地理现象应具有代表性。这样，当进行了一个区域的野外实习后，掌握了其地理考察的方法、对地理物体分析研究的过程、地图和遥感资料的应用、其他工具和仪器设备的使用方法后，可推广到其他地区。

4. 交通方便

对于野外教学实习，应选择交通形式多样、通信联系较为方便、而且在调查地区内各地之间的交通联系也较为方便的地区，步行和乘车有路可循。

5. 生活方便

地理教学实习不同于探险性地理考察，参与人数众多，要选择居住、饮食、生活日用品购买方便，有医疗条件，调查区环境相对安全的地域。

庐山地区地域范围大小比较适中，地理内容丰富多样（就地貌而言，除了风沙、黄土、现代冰川之外），交通通信方便，地理位置适中，是较理想的地区。

§3.2 地理野外调查内容的确定

地理野外实习一般划分为地质基础实习、普通地理实习、部门地理实习、专业课程设计、毕业设计等。大多数情况下，首先要根据教学内容和要求选定野外实习区；其次，根据选定的实习区的地理物体和现象组织野外实习内容。野外实习内容的深度和广度要与所选定地区直接相关，凡是选定地区具有的地理物体和现象都应作为野外实习内容，当然应该区分主要和次要。

1. 根据实习区地理现象而定

一般认为实习区的地理特征决定了进行实习的内容实质，但是，并不是实习区内全部地理现象都纳入实习范围，往往既要选择具有代表性的现象（如植被的典型代表，庐山有三千多种植物，不可能都是实习对象），又要有一定的广度，即代表面要广。

2. 根据教学要求选定

教学内容有一般内容与重点内容两种。一种情况是实习内容丰富而教学要求单一，这就要掌握好其主导方向；而另一种情况是，实习区内容虽然集中而丰富，但是仍有缺漏，或不完全与需求相对应，那么就采取一种借喻的方法，主要训练学生野外调查和分析研究的方法，如庐山无丹霞地貌，只要有类似的假丹霞地貌，就可以作为真丹霞地貌教学。庐山是否曾发育过冰川以及存在冰川地貌，在学术界尚有争议，这正是庐山的科学研究和教学实践的魅力所在。可以介绍各种学术观点，让学生在自由、开放、求实的学术氛围中探索。

§3.3　调查路线布置与观测点选择

对任何一个地区的地理调查，都是先设定纵向、横向纵横交错的多条路线，从各条路线的一个个观测点开始，由观测点连成调查路线，再由观测点和调查路线组成调查网络，最后延展为调查面，从而形成对调查地区地理事实的认识。因此，观测路线是控制调查网络的骨架，是确定观测点的前提。对一个实习地区来说，应该选择几条路线，它们的密度如何，先后顺序怎样，都应慎重考虑，做好安排。从某种意义上说，野外观测路线的确定，带有野外实习计划的性质。

一、调查路线布置

路线的布置一般有穿越法和追索法两种方法。如果是地理综合实习，路线和观察点的选择要顾及各地理学科的内容和要求，如果是分地理学科的实习，可依据各学科的内容和要求独立布置路线和观察点。

1. 穿越法

穿越法也称为横向布置法。所选择的路线要垂直区域构造线方向或地物延伸方向。沿着这样的路线进行野外调查，可以在较短的距离内，用较少的时间，比较完整地观测出露的岩层、各种典型构造现象、典型岭谷形态、土壤的类型变化、植被类型分布等。观测路线还应尽可能通过制高点或者低点，以便俯瞰瞭望，掌握全区的大势。

2. 追索法

追索法也称为纵向布置法。沿着客观地理实体的延伸方向，纵向布置观察路线。这种方法多适用于追索地层走向、层位、山岭谷地纵向变化及起伏，同一种土壤类型、植物的延续与间断特征和规律，确定分布界线和范围。

选择路线时，要根据实习区的具体情况，尽量选择岩层出露好、地貌形态典型、土壤及植被分布具有代表性、经过风口、气温差异大且交通条件便利的路线。

一个地区观测路线的密度取决于该区的地形状况、植被分布、土壤分布、地质构造的复杂程度及野外调查工作所要求的详细程度。

二、庐山地区调查路线

地理野外教学实习在一个特定的区域内进行，为了能全面掌握这一区域的地理信息，根据教学实习目的和内容（或需解决的问题），结合已经初步了解和掌握的该区地质、地形、气候、水文等特征，设定路线，在各条路线上设定众多观察点。从一个观察点出发研究周围的自然和人文现象，将各点连接成线就能获得沿某条路线及其沿线一定区域内的自然和人文现象。通过点与线、线与线的组合，我们就能掌握一个区域的自然和人类活动的发生、发展过程。

根据庐山地区的自然和人文环境特点及教学内容，设定路线及观察点。

以牯岭和九江市为中心，路线总安排如下：

(1) 牯岭气象台、清静亭 1天

(2) 牯岭—望江亭—大马颈（喇嘛塔）—王家坡谷—莲花谷 1天

(3) 牯岭—西谷—锦绣谷—龙首崖—石门涧瀑布—西谷 1天

(4) 牯岭—东谷—黄龙寺—乌龙潭—石门涧（电站大坝）—西谷 1天

(5) 牯岭—老虎峡—含鄱岭—梭子岗—五老峰 1天

(6) 牯岭—汉口峡—七里冲谷—青莲寺谷—三叠泉瀑布—大坳里谷—海会寺 1天

(7) 牯岭—云中宾馆—香山路—芦林湖—大校场谷口—大月山倾伏端—金竹萍（牧马场） 1天

(8) 牯岭—仰天坪—汉阳峰—康王谷 1天

(9) 牯岭—好汉坡—莲花洞—蛇头岭—狮子洞（涌泉洞） 1天

(10) 牯岭—含鄱口—太乙村—栖（七）贤谷（观音桥谷）—观音桥—星子县城西鄱阳湖岸 1天

(11) 九江（牯岭）—赛阳—石门涧谷口—东林寺—蛇头岭—莲花洞—新桥 1天

(12) 九江（牯岭）—白鹿洞—秀峰—观音桥 1天

(13) 九江（牯岭）—石钟山—龙宫洞（彭泽县境内） 1天

(14) 九江（牯岭）—海会—蛤蟆石—高垅—鞋山 1天

(15) 九江—八卦洲—新桥—金鸡坡 1天

(16) 九江—修水（鄱阳湖候鸟保护区） 2天

以上路线安排可根据具体情况选择和调整。

三、观测点的选择

观测路线确定之后，就要沿着所选定的路线进行地理现象的观测。沿观测路线选择合适的观测点是野外调查时随时都要留心的问题。

1. 选点的原则

观测点的布设以有效地观测和测度各种地质现象、地貌现象、土壤、植物和气象等现象为原则。一般选择的地点为地势较高或较低、具有典型特征、利于观察处。对观测点进行详细的观测和描述是地理野外调查的主要环节。观测点的疏密程度应根据工作要求、调查区复杂程度、工作规范等决定。

2. 观测点的标定

野外调查中，为了确定和勾绘各种地质界线、地貌界线、土壤和植被分布的范围线、地理要素的空间位置、风向风速测度点、气温和气压测度点、样品（植物、土壤、岩石、水）采集点等，需要将观察点的位置标定在地形图上。只有这样，我们所观察和记录的内容才具有空间性。

观测点的位置确定后，要对观测点按顺序编号。对观测点进行系统编号，可以使原始观测资料条理化，便于整理和查阅。

四、野外记录

野外记录是地理调查规范最基本的要求。野外调查主要是通过观测点上的工作来完成的，野外记录是宝贵的原始资料，是研究和解决地理问题的基础和依据，也是野外工作的重要成果。

（一）野外记录的要求

1. 内容要客观地反映实际，也可以对地理问题进行分析探讨，但应与实际观测到的地理现象分开；

2. 力求全面、详细、重点突出；

3. 整齐、清晰、文字通达；

4. 图文并载。

每天工作之后，可能会对当天观察到的内容形成某些认识，要及时记录下来，并加以总结。野外记录与实验室记录同等重要，要认真记录，但不允许在室内整理时为迎合自己的观点而修改记录的数据。

有人往往自信能把所看到的地理现象在头脑中记忆得十分清楚与牢固，于是，野外记录非常简单，甚至不记。室内总结时，便会发现忘记了许多内容，勉强记忆的内容似乎也不能肯定。这种经验教训是屡见不鲜的。

（二）记录的格式与方法

1. 在野外记录本上方记录日期和天气。

2. 工作地区名称。

3. 路线：由××经××、××……到××处。

4. 观测点的顺序号：以路线为单元，可以从 001 开始，依次 002，003，…，并标注与编号相对应的地名。

5. 观测点的位置：指位于某地物（明显标志）的方向和距离，以及所处的地质构造和地貌部位（如山顶、山麓、河谷、阳坡、阴坡等）、高程（绝对高程和相对高程），观测的位置要在地形图上标出，并顺序编号。

6. 观测目标，说明本观测点的观测对象。

7. 观测的内容：这是观测记录的实质部分，要详细记录观测点上所见到的全部内容，并记录相邻观测点之间沿途观测到的全部地理现象，使点与点之间连接起来。

8. 绘制图件：填地貌图、地质图、地质地貌剖面图、土壤分布和植物分布范围图、画土壤剖面图、画地质地貌素描图、画植物单个体的素描图、摄影、摄像。一般在记录本的左面或左页作图，右面或右页作文字记录。图要标明方向方位、比例尺度、地理位置。

9. 记录本不得缺页，页码要连续；原始记录不覆盖，对已记录却又认为不妥的，作上拟定的记号，应该重记。

思 考 题

1. 对未知区域进行地理考察，考察路线设计的依据是什么？如何布置路线？

2. 虽然处于现代高科技和数字时代，为什么仍然强调野外考察记录的详细性和内容的全面性？其他方法能否替代，为什么？

第四章　庐山地区地质调查

§4.1　庐山地区地层与分布

庐山地区地层分布具有一定的规律性，山体部分主要由震旦系地层组成，向两侧山麓逐渐变新，各时代地层以山体中部出露最宽，向两端有所收敛。区内地层分布，沉积岩除三叠系、侏罗系外，其他各系地层均有出露。前震旦系双桥山群组成本区古老褶皱基底，震旦系、寒武系分布于庐山北部与山麓地带，志留系广泛出露于山麓外围，泥盆系至白垩系发育不全，出露面积很小，第四系分布普遍（图4.1.1 地质构造体系图）。

岩浆岩主要分布于本区南部、东部山麓和平原地区，面积约占4%，以喷出岩为主。岩浆活动有前震旦纪和侏罗纪二期。前者以庐山汉阳峰酸性喷发变流纹岩为主，后者以中酸性花岗岩类侵入岩最为发育，呈岩株、岩墙或岩脉产出，主要分布在海会、秀峰寺、星子、狮子山等地。

本区的西南部，由于后期的岩浆作用，引起混合岩化，致使双桥山群的泥沙质岩石，夹有火山凝灰岩、流纹岩等，形成混合岩，主要沿晒谷石—大步尖、大垴坡—大垴包山岭，呈东北—西南向延伸，南山公路两侧的剖面有此类岩石出露。

由于岩浆活动和构造运动的影响，本区地层均有不同深度的变质。

一、地层与岩性

（一）前震旦系（An Z）

庐山地区在前震旦纪处于浅海环境，堆积本区最古老的双桥山群（An Zsh）。该地层为泥质碎屑岩，厚度超过3 000m。在此期间，有多次火山喷发，喷出大量酸性物质，呈熔岩流产出。双桥山群受混合岩化作用，变质为片岩、片麻岩、板岩、片岩及混合岩夹大理岩、砂砾岩、变流纹岩等，主要出露在庐山的南部。前震旦纪与震旦纪之间的吕梁运动，使该期地层发生褶皱、断裂，与上覆的震旦系南沱组地层呈不整合接触。

（二）震旦系（Z）

本系主要出露于庐山北部及山麓，可分为下统南沱组、冰碛岩组，上统西峰寺组。

1. 南沱组（Z_1n）

南沱组地层根据岩性特征划分为上、中、下部。

下部（$Z_1 n_1$）：片麻状含砾石英岩偶夹石英片岩，岩性坚硬。

中部（$Z_1 n_2$）：石英砂岩、长石石英砂岩偶夹石英片岩。本部又分为两层。

大校场层（$Z_1 n_2^1$）主要由长石石英岩组成，偶夹薄层石英砂岩，岩性软弱。

女儿城层（$Z_1 n_2^2$）主要由石英砂岩、砂砾岩组成，偶夹长石石英片岩和凝灰岩，岩

庐山地区地层与构造体系简图

1. 第四系
2. 白垩系
3. 三叠系
4. 石炭系
5. 泥盆系
6. 志留系
7. 奥陶系
8. 寒武系
9. 震旦系
10. 前震旦系
11. 侏罗纪花岗伟晶岩
12. 侏罗纪花岗闪长岩
13. 侏罗纪花岗闪长斑岩
14. 伟晶岩
15. 新华夏系背斜
16. 新华夏系向斜
17. 华夏系倒转背斜
18. 华夏系背斜
19. 华夏系向斜
20. 新华夏系张性断裂
21. 新华夏系张扭性断裂
22. 新华夏系压扭性断裂
23. 压性断裂
24. 性质不明断裂
25. 构造编号

图 4.1.1　庐山地区地层与构造体系简图

性坚硬。

上部（$Z_1 n_3$）：长石石英砂岩，凝灰岩夹砂砾岩，岩性软弱。

属浅海相沉积，轻度变质，部分岩石具片状、片麻状构造，厚 1 400m。

2. 冰碛岩组（Z_1p）

冰碛岩组地层仅出露于蔡家岭一带，主要由黄、浅灰色厚层状冰碛砾岩、凝灰质砂岩及页岩组成，厚 $0.6 \sim 28m$，与下伏南沱组呈假整合接触。

3. 西峰寺组（Z_2x）

西峰寺组地层出露于普泉山—大麦岭等地，主要由深灰色砂质灰岩、矽质岩及灰岩组成，局部地段含凝灰岩，下部偶夹灰质岩层，厚 $66 \sim 148m$，属浅海相沉积，与下伏冰碛岩组呈整合接触。

（三）寒武系（$\in$）

寒武系地层呈北东向条带状出露于庐山山麓地带，与下伏西峰寺组为连续沉积。

1. 下统王音铺组（$\in_1x$）及观音堂组

王音铺组（$\in_1x$）主要由炭质页岩组成，下部夹一层不稳定的高炭质页岩，属海湾及泻湖相沉积，厚度大于 $155m$。

观音堂组（$\in_1g$）由黄绿色页岩及绢云母砂质页岩组成，厚 $150m$。

2. 中统杨柳岗组（$\in_2y$）

由灰、灰黑色、薄—中厚层泥质条带状灰岩、泥质灰岩夹灰岩组成，属浅海相沉积，厚 $250 \sim 460m$。

3. 上统乐观组（$\in_3l$）

由灰白—白色白云岩与泥质灰岩互层组成，属浅海相沉积，厚 $55m$。

（四）奥陶系（O）

奥陶系地层主要出露于庐山的山麓熊家坳、高坳、新港、通远等地，为一套浅海相碳酸岩沉积。

1. 下统仑山群（O_1ln）

本群由灰、灰白、紫红色石灰岩、白云质灰岩组成，厚 $120m$。

2. 中统汤山群（O_2tn）

由灰黑、紫红、灰绿色中—厚层泥质灰岩、泥质条带灰岩、瘤状灰岩，含生物碎屑灰岩夹白云质灰岩组成，厚 $150m$。

（五）志留系（S）

本系发育齐全，主要出露于庐山通远—九江沙河镇一带，高坳一带也有零星出露，由一套浅海相碎屑岩组成，与上覆五通组呈平行不整合接触。

1. 下统梨树窝组（S_1ls）

上段为灰绿、黄绿色含砂页岩夹少量石英砂岩；下段为灰绿、黄绿色中厚层细粒长石石英砂岩夹砂质页岩。

2. 中统殿背组（S_2d）、桥头组（S_2q）和夏家桥组（S_2x）

殿背组（S_2d）为灰绿、黄绿色砂质页岩夹少量含砂质粉沙岩、石英砂岩，厚 $144 \sim 526m$。

桥头组（S_2q）为灰、灰绿、紫红色粉砂岩、砂质页岩夹细纱岩，厚 $410 \sim 890m$。

夏家桥组（S_2x）为灰绿、黄绿色长石石英砂岩、硬砂岩、粉沙岩，厚 $170 \sim 620m$。

3. 上统西坑组（S_3xk）

由黄绿、紫红色长石石英砂岩、硬砂岩夹少量砂质页岩组成，厚 $150 \sim 600m$。

（六）泥盆系（D）

泥盆系地层出露少，分布于乌石山、野猫颈、相公庙、沙河、鹿角垅。

上统五通组（D_3w），主要由黄褐、灰白色砂岩、含铁石英沙岩组成，属滨海相沉积，厚 50～330m，与上下地层呈平行不整合接触。

缺失中统、下统。

（七）石炭系（C）

石炭系地层出露少，分布于鄱阳湖区鞋山、哈蟆石、沙河、鹿角垅等地，属浅海相，与上下地层呈平行不整合接触。

1. 黄龙组（C_2h）

由灰白、肉红色厚层状灰岩、白云质灰岩及白云岩组成，厚 60～80m。

2. 船山组（C_3c）

由灰白、肉红色厚层状、球状灰岩组成，厚 50m。

本系由灰岩、白云质灰岩组成，可供中小型化工、水泥、冶金工业使用。

（八）二叠系（P）

二叠系地层分布于沙河、鹿角岭一带，由浅海相灰岩组成，下与船山组呈平行不整合接触。

1. 栖霞组（P_1q）

由深灰及灰黑色中至巨厚层状灰岩、沥青灰岩、燧石团块和条带组成，厚 180～300m。

2. 茅口组（P_1m）

由灰白至深灰色灰岩夹燧石团块及条带组成，厚 220～400m。本组为良好的水泥和建筑材料。

（九）侏罗系（J）

侏罗系地层以中酸性花岗岩类侵入岩最为发育，呈岩株、岩盘、岩墙或岩脉产出，以辉长岩、花岗岩为主，结晶良好，呈等晶结构。主要在庐山山体外围东部和南部平原出露。

（十）白垩系（K）

白垩系地层区内仅出露上统南雄组（K_2n），分布于八里湖畔的富家村—涂家村，长江边白水港—巫篮庙，鄱阳湖畔廖嘴—星子一带，由砂岩、砂砾岩及砾岩组成，厚度较大，属内陆红色建造。

（十一）第四系（Q）

第四系地层分布广泛，主要分布于庐山外围地带，岩性复杂，成因类型多样，这一点在后面的章节中论述。

1. 下更新统（Q_1）

为浅黄色、棕黄色砂砾层棕黄色砂砾层、棕红色砂层、灰白色砂质粘土层，夹灰白色含粘土砾石层，有的夹坚硬的铁盘，砾石粒径一般为 5～8cm，次圆、次棱角状，成分为石英砂岩、石英、硅质岩等。

2. 中更新统（Q_2）

分布非常普遍，一般为网纹红土砂砾层，其中砾石主要为石英砂岩、长石石英砂岩，多巨砾、呈次圆、次棱角状，砾石表面印有网纹，称"网纹石"。

3. 上更新统（Q_3）

分布十分广泛，为棕黄色或黄褐色亚粘土层、亚粘土巨砾层或砂砾层。

4. 全新统（Q_4）

分布于江湖及现代河谷中，主要为淤泥、亚粘土、沙、砂砾、砾。

二、地层分布

1. 山体南部

主要出露前震旦系（An Z）双桥山群（An Zsh）。庐山最高峰汉阳峰为前震旦纪喷出变流纹岩构成，因易风化，故山峰略呈浑圆状。仰天坪主要分布石英片岩、板岩。碧云庵和黄石崖一带，出露震旦系和寒武系地层（图1.1.2，图4.1.1）。

2. 山体北部

前震旦系地层绝迹，出露震旦系下统南沱组（$Z_1 n$）。南沱组下部（$Z_1 n_1$），岩性坚硬，大月山、大林峰、虎背岭山体及庐山东南侧和西北侧的悬崖峭壁，主要由这类岩石构成。南沱组中部（$Z_1 n_2^1$）的大校场层长石石英砂岩，偶夹薄层石英砂岩，出露处均为次成谷地，例如西谷、大校场、白沙河、小天池等。南沱组中部（$Z_1 n_2^2$）的女儿城层石英砂岩、砂砾岩偶夹长石石英片岩，出露处均为山岭，如牯牛岭、女儿城、玉屏峰、屋脊岭、草地坡等；南沱组的上部（$Z_1 n_3$）为长石石英砂岩、凝灰岩，分布处均为谷地，如东谷（中谷）、莲花谷等（图4.1.2）。

3. 山体东南侧和西北侧丘陵平原区

在温泉和莲花洞大断裂以外地层呈条带状分布，有愈向外围时代愈新的趋势。如向西北，依次出露震旦系西峰寺组（$Z_2 x$）构成的二神宫、林角山的一列山体、寒武系王音铺组（$\in_1 x$）构成的城墙山、花山；观音堂组（$\in_1 g$）构成的凤凰山、鸦雀山等。

庐山外围零星出露寒武系以后的各系地层。如本区东北角新港狮子山、高垅附近出露奥陶系（O）灰岩；通远—沙河、高垅—蜈蚣岭、大姑山—大青山一带以及庐山北西的新桥等地，均出露志留系（S）砂质页岩、砂岩；高垅、海会、白鹿洞一线公路两侧有泥盆系（D）石英砂岩的露头；鄱阳湖中鞋山西部平原的沙河的狮子山一带由石炭系（C）灰岩构成；在山麓及江湖地带的星子、火焰山、大岭、白水港、涂家垅等地出露白垩系上统南雄组（$K_2 n$）砂岩、砂砾岩。

4. 第四系（Q）

地层在山上山下均有分布，山麓及外围地区，特别是西北部与鄱阳湖以西地区分布尤其广泛，岩性复杂，成因类型多样。

下更新统（Q_1）：出露于山下临长江、白水湖、甘棠湖、十里铺等地，为浅棕色、灰白色砂砾层和砂层，灰白色砂质粘土层、夹灰白色含粘土、砂石层等，有时坚硬铁盘厚约500m，砾石直径一般为 5～8cm，次圆、次棱角状，成分为石英砂岩、石英岩、硅质岩等。

中更新统（Q_2）：山上山下均有出露。山上主要分布在谷地，如大校场、王家坡、西谷等谷地底部；山下广泛出露，多组成岗丘。这种堆积物一般为网纹红土—砂砾层，其中砾石主要为石英砂岩、长石石英砂岩，多巨砾，呈次棱角、次圆状，砾石表面印有网纹，成网纹石。

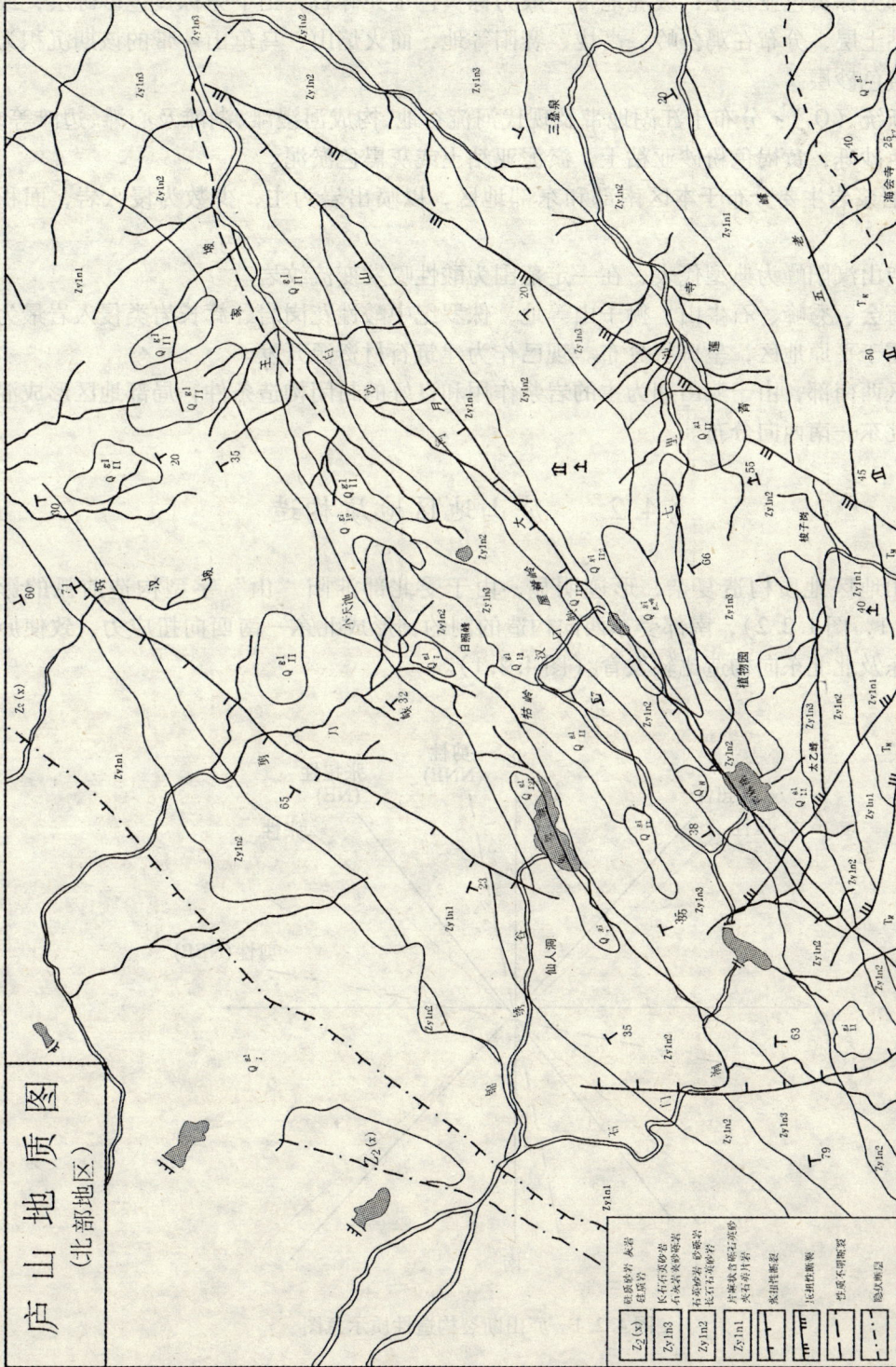

图 4.1.2 庐山北部地区地质图

上更新统（Q₃）：山上山下均有分布，山上谷地中的堆积物，下部为棕黄色土夹巨砾层，上部为棕黄色亚粘土；坡麓地带一般为棕黄色土夹碎石，山下为棕黄色砂砾层，或棕黄色亚粘土层，分布在鸡公岭、高垄、赛阳等地，而火焰山、乌龟山一带的该期沉积为黄褐、棕黄色砂层。

全新统（Q₄）：分布于江湖地带及现代河流谷地，构成河漫滩、湖滩及心滩、边滩等，主要为黄色砂砾，黄褐色粉砂亚粘土、淤泥亚粘土或灰黑色淤泥。

5. 岩浆岩主要分布于本区南部和东部地区，以喷出岩为主，少数为侵入岩，面积约占4%。

以庐山汉阳峰为典型代表，在一定范围为酸性喷发变流纹岩。

在海会、秀峰、石牛山、狮子山等地，侏罗纪中酸性花岗岩、辉长岩类侵入岩最为发育，出露于平原地区，呈斑状分布。现已作为建筑石材资源开发。

本区西南部，由于燕山期为主的岩浆作用和良好的封闭构造条件，局部地区形成混合岩，呈北东—南西向分布。

§4.2　庐山地区地质构造

庐山地区地质构造复杂，形迹明显，由于受北部淮阳"山"字型构造前弧的影响（图1.2.1，图1.2.2），南部受东西向构造的制约，形成北东—南西向扭应力，致使庐山地区北东及北北东向构造比较发育（图4.2.1）。

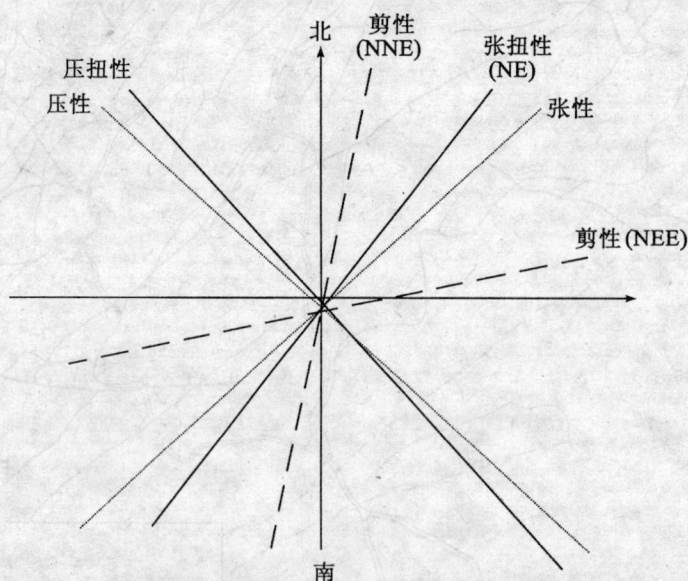

图4.2.1　庐山断裂构造性质示意图

（一）褶皱构造

褶皱构造主要分布在庐山山体北部，褶皱轴线呈华夏系（NE）特征。

1. 背斜

大月山为北部的主干，为一构造穹起的背斜，其轴线自东北向西南。此背斜之枢纽分别向西南与东北倾伏。愈趋向两端，则背斜愈窄而低矮，向西南在芦林湖附近隐没，向东北在长岭脚倾没。

2. 向斜

大月山背斜两侧，各有一向斜。西北侧的向斜，由东谷向斜—莲花谷向斜—王家坡向斜分段组成。东谷向斜起于日照峰，向西南倾伏止于石门涧谷地。莲花谷向斜起于日照峰，向东北倾伏止于王家坡谷地，且其东北角为压扭性断裂所切，而失去其连续性，高悬于王家坡谷地之上。王家坡向斜起于莲花谷谷口，向东北倾伏止于长岭脚村。东南侧的向斜，名为青莲寺向斜，起于五老峰山门处，愈向东北愈低，直至三叠泉处为止（图4.2.2）。

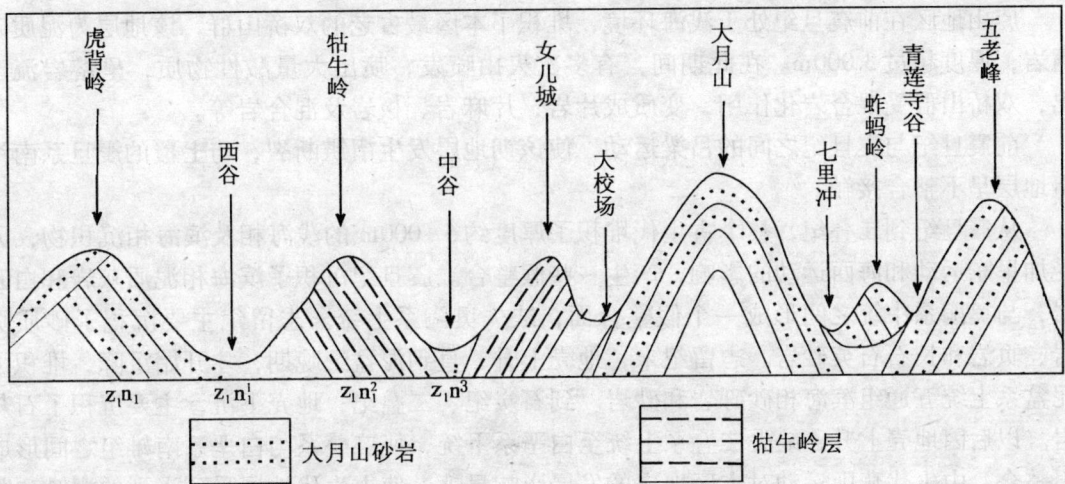

图4.2.2 地形地质剖面图—虎背岭—五老峰

在庐山山体外围，主要分布有北北东向（新华夏式）褶皱构造，包括通远向斜、兰桥背斜、赵家山向斜、马祖山向斜等。

（二）断裂构造

庐山为褶皱断块山地，构成山体的岩体中断裂十分发育，山之四周更有深大断裂环绕。

1. 正断层

在庐山，属张扭性的断层沿纵向断裂发育而成。山体之东南麓有温泉正断层，穿过五老峰东南侧，在五老峰表现为阶梯式断层。山体之西北麓，有莲花洞正断层、仙人洞正断层。山体内有大月山正断层。

2. 逆断层

在庐山，属压扭性的断层沿横向断裂发育而成。东自含鄱岭、梭子岗起，经仰天坪、箔箕洼、西至九奇峰附近为一东西向逆掩断层，凡此一带的岩体，皆经历了猛烈的挤压。因此，据东西向这一山体中部的逆掩断层，庐山即被分为南北两大巨块，南北两部地层不同，构造亦异，自庐山山体构造上看，庐山中轴线在仰天坪一带。

3. 纵向断裂

在山体内的表现直观显著,例如,大校场—白沙河、西谷—小天池,莲花洞正断层、五老峰阶梯状断层、大月山正断层也属于纵向断裂性质。

4. 横向断裂

山体内横断裂使得褶皱岭谷中断,例如,汉口峡、剪刀峡、天桥、石门涧、香山路、七里冲等处。

此外,还有庐山垄正断层、好汉坡正断层、红石崖冲断层(逆掩断层)、息肩亭冲断层、五里牌隐伏断层等。

§4.3 庐山地区地质构造发展

庐山地区在前震旦纪处于浅海环境,堆积了本区最古老的双桥山群,该地层为泥质碎屑岩,厚度超过3 000m。在此期间,有多次火山喷发,喷出大量酸性物质,呈熔岩流产出,双桥山群受混合岩化作用,变质成片岩、片麻岩、板岩及混合岩等。

前震旦纪与震旦纪之间的吕梁运动,使该期地层发生褶皱断裂,与上覆的震旦系南沱组地层呈不整合接触。

从震旦纪到二叠纪,整个古生代堆积了厚度约5 000m的浅海相及滨海相沉积物,因受加里东运动和海西运动的影响,产生一些假整合。震旦纪沉积了滨海相泥质灰岩和白云岩,与奥陶系中统之间形成一个假整合面,缺失奥陶系上统。志留纪主要沉积了砂质页岩、页岩和长石石英砂岩。志留纪末,地壳上升,直到泥盆纪晚期,才开始沉降,堆积了泥盆系上统五通组滨海相砂砾岩和砂岩。到石炭纪、二叠纪,地壳下沉,主要沉积了石灰岩。以后因地壳上升,缺失二叠系上统至白垩系下统,使二叠系与白垩系南雄组之间形成不整合。中生代燕山运动对本区地史的发展影响显著,使古生代地层受到强烈的褶皱和断裂变动,同时,沿断裂有大规模的岩浆侵入,产生混合岩。至白垩纪晚期,山麓地带堆积了巨厚的南雄组,主要为砂岩、砂砾岩和砾岩,胶结物富含钙质和铁质,属陆相沉积。

庐山及其山麓和外围地带,第三纪缺失,这说明由于喜马拉雅运动的影响,第三纪时期整个庐山地区主要是一个微弱上升的剥蚀区。第三纪末,全球性气候变冷,庐山山顶首次披雪挂银,开始进入第四纪大冰期。经过第四纪冰期数十万年影响的庐山,冰切斧削,更加千姿百态。第四系分布广泛,均为陆相沉积。由于皖北地块向南而微西的方向推动,在江淮之间形成了一条开始呈西北—东南走向,继而转折为西南—东北走向的淮阳弧形山脉。位于淮阳弧形山脉顶端的庐山和鄱阳湖一带,受来自南北方向的淮阳弧形山系及江南古陆夹峙。在力的挤压下,出现断裂和褶皱,有的上升为山丘,有的下降为盆地,庐山则由于断块上升而平地突起。正因为庐山受到南北方向的强烈挤压,南北收缩而东西伸张,才形成今日呈东北—西南走向的特定山势。

今日的庐山主要是在第四纪地壳强烈抬升和外力作用下逐渐形成的,而且目前还在继续上升之中。当庐山上升之际,周围相对下陷,鄱阳盆地进一步发展,继而形成鄱阳湖。庐山是第四纪强烈上升的断块山可以从以下几方面追寻依据。

①庐山山体东、西两侧的断层崖高峻、陡立,有些尚未被切割成断层三角面。

②庐山山体断层崖上的裂点、瀑布高差虽达几十米甚至百米以上,但大多未溯源侵入

山体深（内）部，说明庐山断块山、断层崖形成时间不久。

③庐山早期长时间侵蚀剥蚀形成的夷平面和宽谷，以及宽谷中发育的网纹红土层，分布到海拔千米以上，这与庐山后期强烈上升有关。

④庐山第四纪的强烈上升，形成高大的断块山地，受流水及寒冻、冰雪等作用，使山体外侧受到强烈的切割，而山麓广泛堆积砂砾层、巨砾和土状堆积物。

§4.4　地质调查内容及研究方法

地质野外调查，应选择基岩出露较好的地点进行观察和测量。

一、地质露头的观察

野外的基岩露头主要有自然露头和人工开挖露头两类。自然露头是指基岩受断层运动或者在外力剥蚀作用下，天然出露于地表的部位。因此，凡是断层运动和外力剥蚀作用强烈的地方，往往是寻找基岩露头的理想场所。人工开挖露头是由人类活动而揭示的基岩露头。在野外调查时，要注意判别露头的真伪。有些松散的沉积物，如不细心观察，易被误认为基岩露头。因此，要根据露头周围的具体情况细心观察，以判断其真伪。

在观察点要进行岩石的岩性观察、结构构造观察、岩层接触关系观察。

（一）岩性观察

岩性观察是地质调查的基础。在任何一个基岩露头，都要从岩性观察入手，从而了解地层的层序、产状、构造形态、接触关系和地质时代等。在观测点，首先要区别沉积岩、岩浆岩和变质岩。三大岩石类别不同，观察的内容也应有所区别。

1. 对沉积岩露头，要注意观察以下内容

①沉积岩的颜色：注意区别继承色、原生色和次生色，注意颜色与沉积环境的关系。

②沉积岩的矿物成分：要区分继承矿物、粘土矿物、化学及生物化学成因的矿物，注意矿物成分与沉积岩成因的关系。

③沉积岩的结构：对碎屑结构，要注意观察碎屑粒级、颗粒的形态及胶结状况。碎屑颗粒的形态（磨圆度）有棱角状、次棱角状、次圆状、圆状和极圆状之分（图4.4.1）。

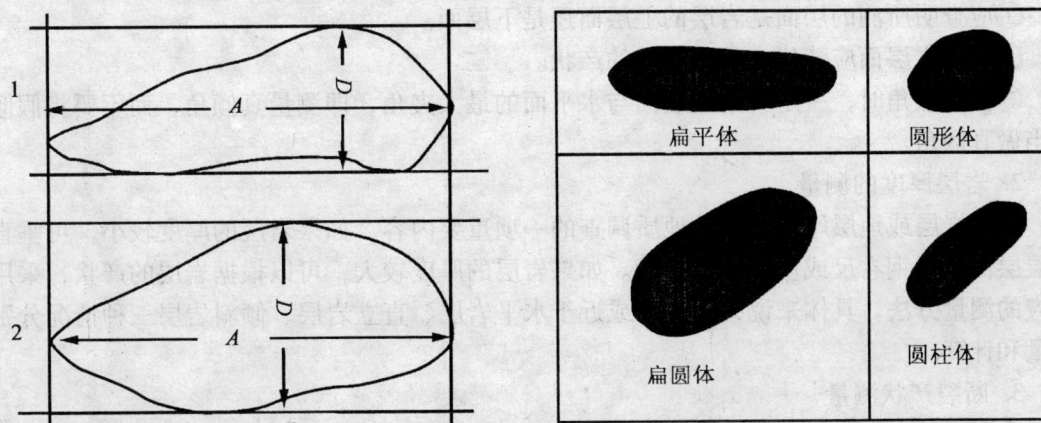

图4.4.1　碎屑颗粒（磨圆度）形状

其胶结方式有基底胶结、接触胶结和孔隙胶结之分。同时，要注意胶结物的性质。

④沉积岩的构造：注意观察层理、单层的厚度、层理的类型以及波浪、雨痕、结核和化石等构造。

⑤沉积岩类型：碎屑岩（砾岩、砂岩、粉砂岩）、粘土岩（页岩）、化学岩。

2. 对岩浆岩露头，要注意观察以下内容

①矿物成分：注意深色矿物与浅色矿物的种类及其含量，有无石英，有无橄榄石、长石、云母等。

②结构：结晶程度、晶粒形态、晶粒的大小等。

③构造：注意区别气孔、杏仁、流纹、斑状、块状构造等。

④岩浆岩类型和产出：酸性岩、中性岩、基性岩、超基性岩；侵入岩、喷出岩；岩脉、岩盘、岩墙等。

3. 对变质岩露头注意观察以下内容

①矿物成分：注意常见的石榴子石、蓝闪石、绢云母、绿泥石、阳起石、滑石、石墨、蛇纹石等变质矿物以及石英、长石、云母、角闪石、辉石、方解石、白云石等矿物。

②结构：注意区别变晶结构（等粒、斑状、鳞片状）与变余结构。

③构造：注意区别片理构造、块状构造、条带状构造与变余构造。

（二）地质构造观察

观察内容包括层理构造、褶皱构造及断裂构造。

（三）岩层接触关系观察

各类岩石之间接触关系、各类岩石内部过渡关系观察。

二、地质露头的测量

为了进一步查清各露头的构造情况，需对露头的层面、节理面、劈理面、断层面等进行产状测量。

1. 基岩的产状测量

以层面产状的测量最为常见。产状要素的测量是用地质罗盘仪进行的，具体测量时应注意以下几点：

①应查明所测的层面是岩层的上层面还是下层面。

②所测之层面应能代表整个岩层的产状。

③测量倾角时，一定要测量层面与水平面的最大夹角，即测量真倾角，而不要将假倾角当做真倾角。

2. 岩层厚度的测量

测量岩层或地层厚度是野外地质调查的一项重要内容。如果岩层的厚度较小，可垂直岩层层面，用钢卷尺或皮尺直接测量。如果岩层的厚度较大，可以根据岩层的产状，采用相应的测量方法。具体来说，分水平或近于水平岩层、直立岩层、倾斜岩层三种情况分别测量和计算。

3. 断裂产状测量

①断裂线走向。

②断裂面倾向、倾角测量。

③断裂两盘位移距离测量，包括水平方向和垂直方向。

三、地质露头的对比

在野外调查期间，要随时注意各种露头点之间，尤其是两条平行路线上的各露头之间的岩性对比和时代对比。

岩性对比和时代对比不完全一致。岩层的时代对比是判断两个露头的沉积物或者岩体是否属于同一时代的产物。岩性对比是判断两个露头的岩石性质是否一致。同时代形成两个露头的沉积物，其岩性可以相同，也可以不同。两个岩性相同的露头，也不一定是同时代形成的。因此，既要注意岩石地层单位的对比，又要注意时代地层单位的对比。岩性对比，一般只适用于地方对比；而时代对比，则适用于区域性或全球性的对比。

四、地质露头的记录

在野外地质调查期间，要将观测的印象和结果有层次地加以记载。所有观测内容均应随时记录，以便随时查阅和日后整理。记录的内容要简明扼要。野外记录主要有文字记录、图上记录、图形记录和摄影摄像等。

每天的调查都要在记录纸的上方填写观测日期、天气状况和当日的路线起止地点，然后沿各观察点分点记录。

每个观测点都要按先后顺序编号，并注明点的位置（地名、地形图上坐标、方位等）。同时，将观察点的编号标定在地形图上的相应部位，以便查考。然后将露头或剖面观察和测量的结果，例如，露头性质、岩性、构造、产状、厚度、接触关系等进行记载，并对所见的地质现象，联系其他露头的情况加以必要的解释。但在记录时，应将观测的实际资料与推断分析的看法加以区别。对不能肯定的问题也要注明。必要时需绘制剖面图、略图及素描图，以辅助文字说明。此外，对采样及拍摄照片的编码与地点也应记录清楚。野外记录用的文字可以简写或用符号代替，以便节省时间。

每天的野外工作结束后，应对野外记录及时整理，对图上记录的铅笔符号和界线，要用墨水描清，除各种实测的地质界线外，在可能的范围内，可用虚线推定或补充。

五、地质剖面图的绘制

为了查明地层的岩性、层序、厚度、古生物、沉积特征、含矿层位、接触关系和地质时代等内容，需要绘制地质剖面图。

剖面图应选择层序完整、结构简单、接触关系清楚、化石丰富、岩性组合和厚度具有代表性的地段。应尽量选择断层、褶皱、侵入体以及受其影响的地段。剖面线经过的地段露头要好。为了制图和整理的方便，剖面线应尽量取直，避免拐折太多。

剖面图分实测和示意两种。实测地质剖面的野外作业内容有地形导线测量、岩性观察、描述及分层、填写记录表格、绘制地质剖面图、采集标本或样品等。它具有精度高，准确性、客观性强等特点，但费时费事，成图慢。因此，野外地质调查往往采用绘制示意地质剖面图。这种剖面图具有直观和成图快的特点。它采用简练的线条和符号，辅以少许的文字注记将地质露头和剖面的岩性、地层、化石、构造、产状、接触关系等清晰地表现出来，使人一目了然。它可以减少繁琐的文字描述，便于记录、分析和对比，但是缺乏精确的数据。

地质示意剖面图绘制按如下几个基本步骤进行：

①绘制地形剖面线。地形剖面线可利用方格纸上的坐标，按一定比例绘制。一般剖面图的水平比例尺与地形图一致，垂直比例尺则可适当地放大或缩小若干倍，这样，可以保证图形的美观和位置关系的相对正确。

②绘制地质界线和岩层。根据野外对露头和岩性的观察及其量测的数据，将所要表现的主要地质内容填绘在地形剖面线下。填绘地质内容的关键是将地层与地层的分界线、断层线、不整合线等，按其产状填绘在剖面图的相应部位。然后将各种岩性和构造用规定的图案符号表示出来。

③在剖面图上注记比例尺、图名、剖面图位置、主要地物标志及其名称、剖面图的方向、岩层的产状要素等。

正规地质图常附有一幅或几幅切过图区主要构造的剖面图。剖面图也有一定的规定格式。

剖面图如单独绘一幅时，则要标明剖面图图名，通常是以剖面所在地区地名及所经过的主要地名（如山体、河流、城镇和居民点）作为图名，如大月山（指图幅所在山岭）地质剖面图、五老峰—虎背岭地质剖面图。若为图切剖面图并附在地质图下面，则只以剖面标号表示，如 I-I′ 地质剖面图或 A-A′ 地质剖面图。

剖面在地质图上的位置用一细线标出，两端注上剖面代号，如 I-I′，Ⅱ-Ⅱ′ 或 A-A′ 等。在相应剖面图的两端也相应注上同一代号。

剖面图的比例尺应与地质图的比例尺一致。如剖面图附在地质图的下方，可不再注明水平比例尺。垂直比例尺表示在剖面两端竖立的直线上，下边先选定比本区最低点更低的某一标高（可选至 0 以下）一条水平线作基线，然后以基线为起点在竖直线上注明各高程数据。若剖面图垂直比例尺放大，则应注明水平比例尺和垂直比例尺。

剖面图两端的同一高度上注明剖面方向（用方位角表示）。剖面所经过的山岭、河流、城镇等地名应注明在剖面的上面所在位置。为醒目美观，最好把方向、地名排在同一水平位置上。

剖面图的放置一般南端在右边，北端在左边；或东右西左；或南西和北西端在左边，北东和南东端在右边。

剖面图与地质图所用的地层符号、色谱应该一致。如剖面图与地质图在一幅图上，则地层图例可以省去。

剖面图内一般不要留有空白。地下的地层分布、构造形态应该根据该处地层厚度、层序、构造等特征实际或推断绘出。

六、地质图的绘制

地质图是调查区地质状况的综合反映，填绘平面地质图是野外地质调查的重要基础工作。

一般地质图应填绘下列内容：调查区岩石的分类、层序及年代，地层的分组界线；平行不整合或角度不整合地质界线；主要露头岩层的产状要素；各种地质构造线的位置和性质。如褶曲轴向、断层线的位置和断层性质、片理的方向等；岩体与围岩的接触界线；特殊地质现象的位置等。

野外地质填图是与野外地质调查工作同时进行的。填绘地质图的基础工作是测量各种地质界线，以穿越、追踪和填补为主要测绘方法。首先，沿调查路线穿越各种地质体，并在地形图上填绘地层层面与地面的交线。然后，对图中的空缺部分，根据"V"字形法则（详见§4.5），推断出露头带的延伸位置，或参照航空遥感影像的地形特征加以填补。再根据地层的层序和产状填绘构造型式。最后，填绘各个细部地质情况，绘成地质草图。对证据不充分而难以区别的地层，应将实测界线和推测的界线分别用实线和虚线加以区别。

地质草图经过室内整饰，用相应的图案、符号和颜色表示岩性、构造和地层时代等，就成了正式的地质图。

七、地质图图例

图例是一张地质图不可缺少的部分，不同类型的地质图各有所表示的地质现象的图例。普通地质图的图例是用各种规定的颜色和符号来表明地层、岩体时代和性质（图4.4.2）。图例通常是放在图框外的右边或下边，也可放在图框内足够安排图例的空白处。图例要按一定顺序排列，一般按地层、岩石和构造之间的顺序排列，并在它们前面写上"图例"两字。

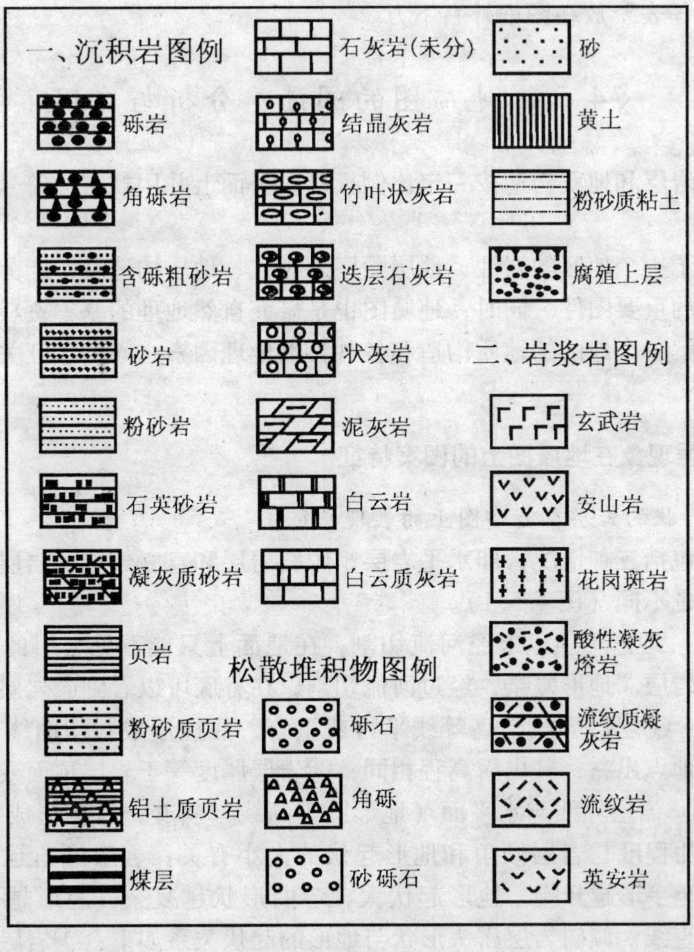

图4.4.2　地质图常用图例符号

地层图例的安排是从上到下、由新到老，如放在图的下方，一般是自左向右由新到老排列。图例都画成大小适当的长方形的图案，排成整齐的行列。在长方格的左边注明地层时代，右边注明主要岩性，方格内着上和注明与地质图上同层位的相同颜色和符号。已确定时代的喷出岩、变质岩要按其时代排列在地层图例相应位置上。岩浆岩体图例放在地层图例之后，已确定时代的岩体可按新老顺序排列，时代未定的岩体按酸性到基性顺序排列。

构造符号的图例放在地层、岩石图例之后，一般排列顺序是"地质界线、褶皱轴迹（构造图中才有）、断层、节理以及层理、劈理、片理、流线、流面和线理产状要素"。在彩色地质图上，除断层线用红色线外，其余都用黑色线。在单色地质图上，用不同宽度和图案的线符号表示各种地质"线"。对地层界线、断层线要区分出实测的与推断的。图例与图内一样。

凡图幅内存在的和表示出的地层、岩石、构造以及其他地质现象就应无遗漏地有图例，图内没有的就不能列上图例。地形图的图例一般不标注在地质图上。

图框外左上侧注明编图单位，右上侧写明编图日期，下方左侧注明编图单位、技术负责人及编图人，右侧注上引用的资料（如图件）单位、编制者及编制日期、或者将上述内容列绘成"责任表"放在图框外右下方。

§4.5　地质图的阅读、分析与应用

地质图是将岩层和地质构造按一定比例投影在平面上并用规定的符号和颜色来表示的图件。

地质图表示了一个地区的岩性、地层顺序及时代、地质构造及矿产分布等内容，是指导地质调查实习的重要图件。同时，地质图也是研究自然地理的基本资料之一，充分利用地质图有助于了解一个地区的地质构造和各种自然地理因素之间的相互关系，以便为生产建设服务。

一、各种地质现象在地质图上的图案特征

（一）不同产状的岩层在地质图上的表现特征

岩层的产状包括三种情况，即水平岩层、倾斜岩层和直立岩层。岩层的产状不同，在地质图上的图案也不同（图4.5.1）。

1. 水平岩层　地形平坦，未经河流切割，在地面上只能看见岩层的顶面，表现在地质图上只是一种岩层。地形复杂，经过河流切割，在谷底可以看到老岩层露头，在地质图上的主要特点是：①岩层界线与高等线平行或重合，往往形成封闭曲线；②同一时代岩层，如果在不同地点出露，其出露高程相同；③岩层厚度等于岩层顶面或底面的高度差。

2. 倾斜岩层　岩层界线与水平面（地形图等高线）斜交，常常形成 V 字形弯曲，称 V 字形法则，弯曲程度与岩层倾角和地形起伏的大小有关：岩层倾角越小，V 字形越紧闭；倾角越大，V 字形越开阔。地形起伏大，弯曲形状越复杂；地形越平坦，弯曲度越小，甚至近乎于直线。倾斜岩层露头形状与地形的起伏关系如下：①岩层倾向与地面坡向相反，在沟谷处 V 字形尖端指向上游（V 字形界线比沟谷中等高线开阔）；②岩层倾向与

52

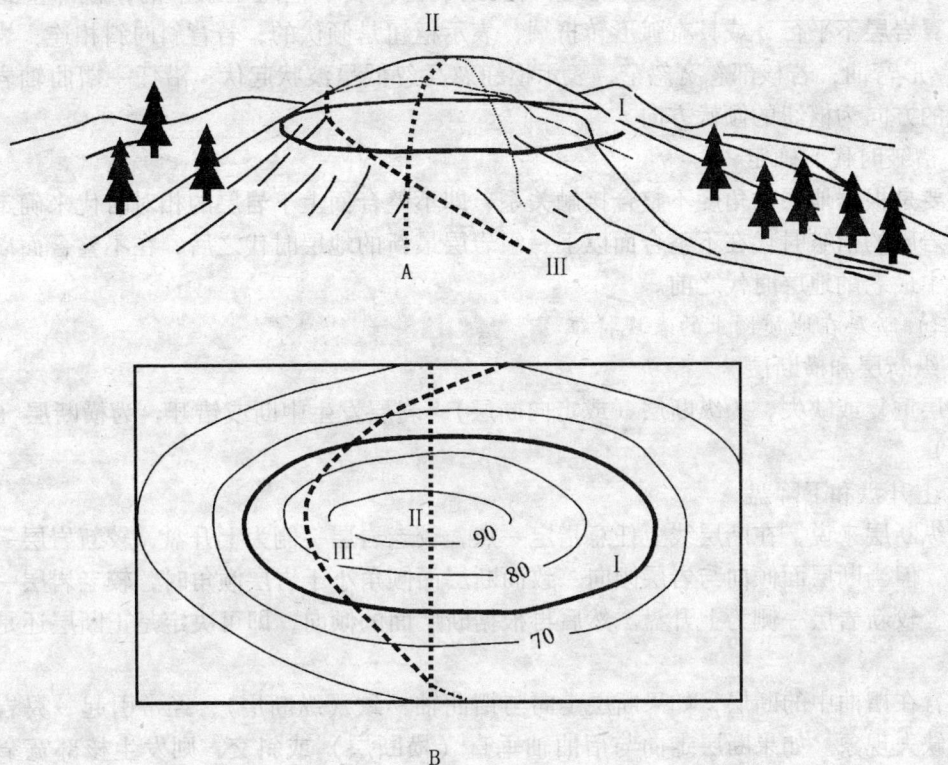

A：立体图；B：平面图

图 4.5.1　水平（Ⅰ）垂直（Ⅱ）和倾斜（Ⅲ）岩层界线在空间位置示意图

地面坡向一致，而岩层倾角在于地面坡度，在河谷处 V 字形尖端指向下游；③岩层倾向与地面坡向一致，而岩层倾角小于地面坡度，在河谷处 V 字形尖端指向下游（V 字形界线比沟谷中等高线狭窄）。

3. 直立岩层　除岩层走向有变化外，岩层界线在地质图上为直线，不受地形的影响。

（二）褶曲在地质图上的表现特征

1. 背斜和向斜

两翼地层呈对称重复出现，从核部到两翼，地层由老到新，是为背斜；从核部到两翼，地层由新到老，是为向斜（图 4.5.2）。

2. 两翼产状情况

两翼倾角大致相等，倾向相反，为直立褶曲；两翼倾角不等，倾向相反，为倾斜褶曲；两翼向同一方向倾斜，为倒转褶曲（如两翼倾角不等，倾角较大的一翼为倒转翼）。

3. 褶曲轴

褶曲轴可以用平面上各岩层转折端的顶点连线来表示。

如果褶曲轴延伸很远，一系列背斜向斜相连，是为长轴褶曲；如果褶曲轴较短，岩层的投影为长圆形或近似椭圆形，是为短背斜、短向斜、穹窿或构造盆地。

4. 枢纽产状

核部宽窄大体不变，两翼的岩层界线大致平行，表示枢纽是水平的；核部呈封闭曲线，两翼岩层不平行，或具有弧形转折端，表示枢纽是倾伏的；若背斜向斜相连，岩层则呈"S"形弯曲；若核部忽宽忽窄，表示枢纽忽高忽低呈波状起伏；沿任一褶曲轴岩层越来越新的方向为枢纽的倾伏方向。

5. 褶皱时代的确定

主要是根据地层的角度不整合接触关系，即不整合面上下岩层的相对时代来确定，下伏一组岩层的褶皱时代在不整合面以下一组岩层最新的地层时代之后，在不整合面以上一组岩层中最老的地层时代之前。

（三）断层在地质图上的表现特征

1. 纵断层和横断层

岩层重复或缺失，为纵断层（或走向断层）；岩层发生中断或错开，为横断层（或倾向断层）。

2. 上升盘和下降盘

对纵断层来说，在断层线上任意指定一点，较老岩层一侧为上升盘，较新岩层一侧为下降盘，但当断层面倾向与岩层倾向一致而断层面倾角小于岩层倾角时，较老岩层一侧为下降盘，较新岩层一侧为上升盘。然后再根据断层面的倾向，即可决定是正断层还是逆断层。

发育在褶曲中的断层，如果断层走向与褶曲轴一致（纵断层），经常引起一翼岩层的重复或缺失现象。如果断层走向与褶曲轴垂直（横断层）或斜交，则发生核部宽窄的变化：在背斜中核部变宽的一盘为上升盘，核部变窄的一盘为下降盘；在向斜中核部变宽的一般为下降盘，核部变窄的为上升盘（图4.5.2）；如果核部岩层只有水平错开而无宽窄变化，则为平移断层。

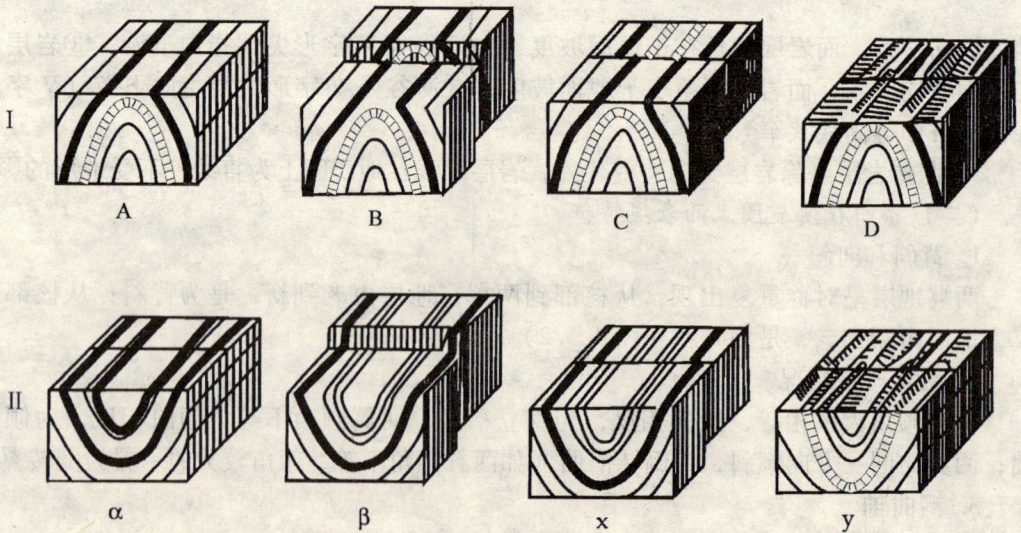

图 4.5.2　断层所产生的褶曲核部岩层宽窄变化块状图

3. 确定断层时代的方法

（1）被切断的一套岩层被一套未受断层影响的岩层所覆盖，则其断层时代就在上一套岩层中最老一层时代之前，下一套被切断岩层中最新一层时代之后。

（2）在许多相交的断层中，被切断的断层时代较老，切断者较新。例如，图4.5.3中，f_1被f_2切断，f_2又被f_3切断，故f_1最老，f_2次之，f_3最新。

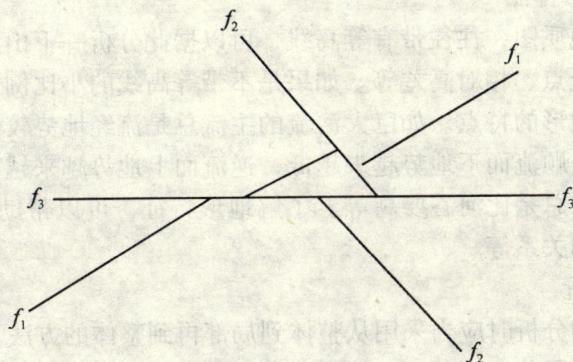

图4.5.3 断层时代的确定方法

（四）岩层接触关系在地质图上的表现特征

1. 整合 岩层界线大致平行，一般没有缺层现象。

2. 平行不整合 岩层界线大致平行，有显著的缺层现象。

3. 角度不整合 较新岩层掩盖住较老岩层的界线，较新岩层的底部界线即为不整合线，不整合线两侧岩层产状不同，并有显著的缺层现象。

（五）岩浆岩体在地质图上的表现特征

1. 岩基或岩株 岩体界线常穿过不同的围岩界线，若规模较大，形体不规则，为岩基；若规模较小，形体较规则，为岩株。

2. 岩盘 岩体界线与围岩走向一致，外形浑圆或较规则。

3. 岩床 岩体呈长条状，延伸方向与围岩走向一致。

4. 岩墙 岩体呈长条状，穿过不同的岩层。

二、阅读地质图的步骤和方法

1. 阅读图名、图幅代号、比例尺等

图名和图幅代号可以告诉我们图幅所在的地理位置，一幅地质图的图名一般是选择图面所包含地区中的最大居民地或主要河流、主要山岭等命名的。比例尺告诉我们物体缩小的程度和地质现象在图上能够表示出来的精确度。比例尺有三种，即数字比例尺（在图名下方），如1：10 000、1：5 000等；线条比例尺（在图框下部中央）；自然比例尺（在线条比例尺下方），如1cm＝500m等。此外，也应当注意图的出版时间、制图单位等。

2. 阅读图例

通过图例可以了解制图地区出露哪些地层及其新老顺序等。图例一般在图框右侧，地层一般用颜色或符号表示，按自上而下由新到老的顺序排列。每一图例为长方形，左方阅读地质年代，右方阅读岩性，方块中阅读地层代号。岩浆岩一般放在沉积岩图例之下，构造符号放在岩石符号之下，一般顺序是褶曲、断层、节理、产状要素等。

3. 阅读剖面线与剖面图

有时候通过地质图相对图框上的两点画出黑色直线，两端注有 AA′或 ⅡⅡ′等字样，这样的直线称剖面线，表示沿此方向已经作了剖面图。

4. 分析图内的地形特征

如果是大比例尺地质图，往往带有等高线，可以据此分析一下山脉的一般走向、分水岭所在、最高点、最低点、相对高差等。如果是不带等高线的小比例尺地质图，一般只能根据水系的分布分析地形的特点。如巨大河流的主流总是流经地势较低的地方，支流则分布在地势较高的地方；顺流而下地势越来越低，逆流而上地势越来越高；位于两条河流中间的肯定为分水岭，它总是比河谷要高等。了解地形特征，可以帮助了解地层分布规律、地貌发育与地质构造的关系等。

5. 地质内容的分析

在进行地质内容的分析时应当采用从整体到局部再到整体的方法。首先了解图内一般地质情况，例如：①地层分布情况，老地层分布在哪些部位，新地层分布在哪些部位，地层之间有无不整合现象等；②地质构造总的特点是什么，如褶皱是连续的还是孤立的，断层的规模大小，它发育在什么地方，断层与褶皱的关系怎样，是与褶皱的方向平行还是垂直或斜交等；③岩浆岩分布情况，岩浆岩与褶皱、断层的关系怎样。

在掌握全区地质轮廓的基础上，再对每一个局部构造进行分析：①开始时最好从图中老岩层着手，逐步向外扩展，以免茫无头绪；②对每一种构造形态，包括褶曲、断层、不整合、岩浆岩体等逐一详加分析。例如褶曲类型，断层类型、各构造组合关系等。

把各个局部联系起来，进一步了解整个构造的内部联系及其发展规模，主要包括：①根据地层和构造分析，恢复全区的地质发展历史；②地质构造与矿产分布的关系；③地质构造与地貌发育的关系等。

以上所述不过是读图的一般步骤和方法。至于如何具体分析某一幅地质图和其中的每一种构造，必须通过实践来逐步掌握。

§4.6 庐山地区地质调查路线及其内容

实习路线以§3.3中所列进行。按观察点在前、观察内容在后的顺序列出。在各观察点按以下步骤进行：进行地形图上定位；观察获取信息和数据，详细准确记录；摄影、摄像；绘地质剖面图；绘断层构造与分布图；绘素描图；填绘地质图，以便进行比较分析岩石类型、岩石分布、岩性、产状及其与褶皱构造的关系。

1. 牯岭气象台

（1）震旦系南沱组地层（Z_1n）及其分布状况简介；牯牛岭、女儿城、虎背岭单斜；东谷向斜；大月山背斜。

（2）月照松林：南沱组中部（$Z_1n_2^2$）的女儿城石英砂岩、砂砾岩偶夹长石石英片岩观察，采集标本；地层产状量测。

2. 牯岭—望江亭—大马颈（喇嘛塔）—王家坡谷—莲花谷

（1）日照峰西北坡（北山公路旁反倾向坡）：南沱组中部（$Z_1n_2^2$）的女儿城石英砂

岩、砂砾岩偶夹长石石英片岩观察，采集标本；地层产状量测。

（2）日照峰东南坡（城口倾向坡）：南沱组中部（$Z_1n_2^2$）的女儿城石英砂岩、砂砾岩偶夹长石石英片岩观察，采集标本；地层产状量测；与（1）进行比较分析。

（3）莲谷口：南沱组地层（Z_1n_3）分布及岩性特征，采集标本；测量地层产状；分析褶皱构造与岭谷地貌的关系；判读地形图、地质图和航空影像。

（4）北山公路20km里程碑的公路旁：南沱组下部（Z_1n_1）含砾石英岩、砂砾岩偶夹长石石英片岩观察，采集标本；地层产状量测。

（5）好汉坡半山亭及望江亭：位于大马颈的反倾向坡，观察南沱组下部（Z_1n_1）含砾石英岩、砂砾岩偶夹长石石英片岩观察，采集标本；地层产状量测。

3. 牯岭—西谷—锦绣谷—龙首崖—石门洞瀑布—西谷口

（1）如琴湖、虎背岭一侧：位于虎背岭东南坡坡麓，南沱组中部（$Z_1n_2^1$）的大校场长石石英砂岩、偶夹薄层石英砂岩观察，采集标本；地层产状量测。

（2）锦绣谷、仙人洞沿线：佛手崖反倾向坡，南沱组下部（Z_1n_1）的石英岩、偶夹薄层石英片岩观察，采集标本；地层产状量测。

（3）石门洞谷底：南沱组下部（Z_1n_1）含砾石英岩、砂砾岩偶夹长石石英片岩观察，采集标本；地层产状量测。

（4）西谷谷口：南沱组中部（$Z_1n_2^1$）的大校场长石石英岩、偶夹薄层石英砂岩观察，采集标本；地层产状量测。网纹红土观察。

小结：进行大马颈、虎背岭、佛手岩、石门洞诸观察点的南沱组下部（Z_1n_1）岩石比较；

进行月照松林、日照峰南沱组中部（Z_1n_2）诸观察点的地质内容比较；

进行莲花谷、如琴湖、西谷谷口南沱组地层（Z_1n）地质内容比较。

4. 牯岭—东谷—黄龙寺—乌龙潭—石门洞（电站大坝）—西谷中段

（1）东谷解放军疗养院门前：南沱组地层（Z_1n_3）分布及岩性特征，采集标本；测量地层产状。

（2）乌龙潭：南沱组地层（Z_1n_3）分布及岩性特征；测量地层产状。

（3）石门洞水库大坝牯牛岭西南端：南沱组中部（$Z_1n_2^2$）的女儿城石英砂岩、砂砾岩偶夹长石石英片岩观察采集标本；地层产状量测。

（4）石门洞水库大坝铁船峰北坡麓：南沱组岩性观察；地层产状量测；与（3）进行比较。

5. 牯岭—老虎峡—含鄱岭—梭子岗—五老峰

（1）老虎峡：南沱组中部（$Z_1n_2^2$）的女儿城石英砂岩、砂砾岩偶夹长石石英片岩观察，采集标本；地层产状量测。

（2）含鄱口太乙峰：南沱组岩性观察；地层产状量测；与路线4.中的（4）进行比较；逆冲断层观察。

（3）梭子岗西端（白鹤涧）：南沱组岩性观察，采集标本；地层产状量测；与路线5.中的（2）进行比较。斜向断裂观察。

（4）五老峰：南沱组下部（Z_1n_1）含砾石英岩、砂砾岩偶夹长石石英片岩观察，采集标本；层理观察；地层产状量测；单斜构造观察；阶梯状断层及断层面观察。

6. 牯岭—汉口峡—七里冲谷地—青莲寺谷地—三叠泉瀑布—海会寺

（1）汉口峡公路：岩浆岩侵入体；正断层、逆断层组合观察。

（2）汉口峡屋脊岭：南沱组中部（$Z_1 n_1^2$）的女儿城石英砂岩、砂砾岩偶夹长石石英片岩观察，采集标本；地层产状量测；横向断裂观察。

（3）大月山顶：南沱组下部（$Z_1 n_1$）含砾石英岩、砂砾岩偶夹长石石英片岩观察，采集标本。

（4）三叠泉大坳里谷地：南沱组中部（$Z_1 n_1^2$）的女儿城石英砂岩、砂砾岩偶夹长石石英片岩观察，采集标本；地层产状量测；横向断层、断层面、节理观察。

7. 牯岭—云中宾馆—香山路—芦林湖—大校场谷口—大月山

（1）大校场谷口：南沱组地层（$Z_1 n_1^2$）浅变质的长石石英砂岩、偶夹含砾石英岩岩性观察，采集标本；测量地层产状；单斜构造观察。

（2）大月山倾伏端：背斜倾伏端观察；大月山正断层观察；放射状断裂观察；南沱组下部（$Z_1 n_1$）含砾石英岩、砂砾岩偶夹长石石英片岩观察，采集标本。

（3）玉屏峰：南沱组中部（$Z_1 n_1^2$）的女儿城石英砂岩、砂砾岩偶夹长石石英片岩观察，采集标本；地层产状量测；横向断裂观察。

8. 牯岭—仰天坪—汉阳峰—康王谷

（1）仰天坪：前震旦系（An Z）双桥山群（An Zsh;）板岩、片岩；震旦系南沱组；过渡带岩石特征观察；采集标本；远眺梭子岗断层面。

（2）汉阳峰：前震旦系（An Z）双桥山群（An Zsh）变流纹岩观察；采集标本。

9. 牯岭—好汉坡—莲花洞—蛇头岭—狮子洞（涌泉洞）

（1）好汉坡竹林棵：阶梯状正断层观察；大马颈岩石观察；采集标本。

（2）莲花洞城墙山、花山：王音铺组（$\in_1 x$）炭质页岩、高炭质页岩观察；采集标本；测量产状；莲花洞正（纵向）断层、横向断层观察。

（3）蛇头岭：第四纪 Q_2 泥砾混杂堆积物观察。

（4）狮子洞：石炭系船山组（$C_3 c$）石灰岩观察，海洋蜓类生物化石观察；采集标本。

10. 九江（牯岭）—白鹿洞书院—秀峰—观音桥

（1）白鹿洞书院：断裂观察；岩浆岩观察。

（2）秀峰：断裂面观察；岩浆岩观察。

（3）观音桥：断裂面观察；岩浆岩观察。

11. 九江（牯岭）海会—蛤蟆石—高垅—鞋山

（1）海会、石牛山：片麻状花岗岩观察；采集标本；岩浆岩原生节理观察；五老峰阶梯状断层、断层面观察；大坳里横向断裂观察。

（2）高垅：正长花岗岩、流纹岩观察；采集标本。

（3）鄱阳湖蛤蟆石：石碳系（C）石灰岩观察；采集标本。

思 考 题

1. 分析山上各个岩石观察点，得到褶皱构造的什么结论？用地形地质剖面图、平面示意图说明。

2. 根据山下与山上岩石的分布情况，可得到地层分布特征的什么结论？使用平面示意图说明。

3. 在地形图上标注实习和调查的主要断裂和断层分布，分析其分布特征、性质及其与岩性的关系。

4. 为什么同一时代、同一类型的岩石要在不同的地点重复观察、记录？请做全面的讨论。

5. 断层面的高大完整说明了什么？为什么在五老峰、三叠泉、锦绣谷等地表现突出？

第五章　　庐山地区地貌调查

野外调查是地貌学的重要研究方法之一。地貌学理论所用的实际资料，绝大部分是由野外获得的。地貌学理论是对客观地貌实体总结和归纳的结果。

地貌野外调查主要是实际观察和研究各种地貌实体、地貌组成物质、地质构造与地貌发育，地貌空间组合及其分布规律、地貌类型，研究影响地貌发育的因素及现代地貌过程，分析地貌成因和区域地貌的发育历史。

地貌是自然环境的重要要素之一，它一方面受自然环境的制约，另一方面又对其他自然要素有着深刻的影响和控制性作用。地貌与人类的生产和生活有密切的关系。因此，区域地貌的调查与研究，对于农业生产、工程建设、寻找砂矿、土地利用、国土规划、资源利用和环境质量评价等，更有十分重要的意义。

§5.1　　庐山地区地貌发育

庐山地区地貌发育与构造运动、特别是与活动性断裂有密切关系，同时，又受到古气候变化的影响。

一、中生代地貌发育

庐山地区地貌发育可追溯到中生代燕山运动。当时，断裂运动和岩浆活动活跃，形成一系列北东和北西方向的断裂和岩浆侵入体。而前者对后期新构造运动和地貌发育产生了深刻的影响，这些断裂主要有：

①赣江大断裂——北起湖口，南延赣江河谷，此断裂带在庐山东麓表现为鄱阳湖地堑谷，方向为北北东属新华夏系构造。

②九江—德安大断裂，该断裂从江西九江向江西德安延伸，循庐山西麓，方向为北北东，与赣江大断裂平行。

③长江大断裂——沿长江向北东东方向延伸，表现为长江河床。

上述大断裂由一系列大致平行的次一级断层所组成，其中又以庐山东南侧的温泉正断层和西北侧的莲花洞正断层，对庐山地貌发育影响较大。

燕山运动使庐山及邻近地区上升为山体。此后，山体长期经受了外力作用剥蚀破坏，而在断陷地区堆积相应的白垩纪上统南雄组。该地层厚度较大，表明当时地壳运动稳定下沉期历时较长，升降幅度较大。南雄组地层分布距山体较远，其中，山麓堆积的灰岩角砾层位于鄱阳湖滨，这是当时庐山山体范围较大的一个佐证。

二、新生代地貌发育

第三纪受喜马拉雅运动的影响，南雄组受到构造变动。庐山成为一个上升、剥蚀地区，因而第三纪地层缺失。

第三纪末，庐山主要沿东南侧的温泉断层和西北侧的莲花洞断层轻度上升，使山体有所增高，并遭受剥蚀。继而地壳处于相对稳定状态，长期的剥蚀使山体顶部由尖锐变为面积增大的和缓地面，即形成一级夷平面。山上夷平面多顺老的谷地延伸，与古时谷系相应。在山体外围的一些谷地、盆地中，堆积山麓河谷相夹湖相沉积的粘土砂砾层。这一剥蚀过程，虽历时不长，但强度较大，可能开始于第三纪末期，直至第四纪初期，结束于早更新世。分析这级夷平面及粘土、砂砾层的特征，我们可以推断出当时新构造运动及地貌发育趋势。

①目前，庐山的一些主要山峰高出夷平面超过 400～600m。因此，在夷平面形成时，庐山为海拔几百米的低山丘陵。

②庐山山下堆积的粘土-砂砾层，向江北厚度增大，埋藏较深，这与地壳轻度下沉有关。

③粘土砂砾层所含的砾石主要是石英砂岩、黑色硅质岩及石英，砾石粒径都不大，其中砂岩砾石来源于山上，其基岩出露范围较大，而硅质岩来自山体外侧，其基岩出露面积较小。可见，在粘土-砂砾层堆积时期，庐山刚刚处于第三纪末以后强烈上升的初期阶段，当时，山体上升量还不大，河谷下切侵蚀尚不强烈，溯源侵蚀还不远，地面侵蚀较均匀，水流搬动能力较弱，因此，尽管山上砾岩、砂岩裸露较广，也不可能带下更多更大的砂岩砾石。粘土-砂砾层的这些特点，与后期沉积有明显的差别，也是区别不同时代沉积物的一个标志。

④粘土-砂砾层的上部，其湿热化程度较强。这可能反映，在其沉积之后有一个较湿热气候时期，经湿热化作用的影响。因此，其风化淋溶强烈，但该沉积层的下部，含灰岩砾石，这又说明该层湿热化不明显。

第四纪时期，特别是早更新世以后，是本区断裂运动活跃、气候多变的时期，也是地貌发育比较复杂的时期。至中更新世前期，庐山沿断裂强烈上升，成为断块山。山体的东南侧和西北侧形成明显的断层崖，夷平面一方面被断裂错开，分解为不同高度的山上夷平面和山麓夷平面，同时，又受到不等量上升运动的影响，使同一夷平面抬升到不同的高度。此时，山地河流强烈下切，溯源侵蚀快速，开始形成峡谷，断层崖被切割，宽谷与峡谷之间形成裂点，裂点以下峡谷出现现今的第三级平台。大量的碎屑物质从谷地及断层崖上沿较陡的基岩面斜坡搬运至山麓夷平面以下堆积下来，并形成向外围倾斜较大的沉积面，其中有的成为洪积冲积扇。此沉积层堆积后，气候上可能有一个湿热时期，庐山及其山麓地带仍有轻度上升。山地宽谷本身主要受气候变化的影响，河谷侵蚀切割亦形成一级平台，这级平台与峡谷中的平台相当，都属第三级平台。在山下，河谷下切形成阶地，即现今的第三级阶地。这级阶地低于山麓夷平面，其覆盖的沉积层与夷平面的相关沉积，又属不同时代，前者是在中更新世前期庐山强烈上升时形成的。因此，第三级阶地形成时代应晚于山麓夷平面。

夷平面形成之后，因地壳不等量上升而被抬升到不同高度。对山麓夷平面来说，有下列事实存在：①山麓夷平面沿山麓从西南向东北延伸，并由平缓变为微缓倾斜，海拔从300～400m降低到几十米。②山麓夷平面与第三级阶地之间的高差，从西南向东北，由100～150m减至几十米，最后与第三级阶地大致吻合。这反映第三级阶地形成之前山麓夷平面的不等量上升及上升量。

第三级阶地形成之后，地壳曾一度处于相对稳定阶段，山下河谷强烈侵蚀，开拓宽广的第二级阶地的基座面。

中更新世后期，庐山东南侧和西北侧大断裂复活，山体又一次上升，山上夷平面又抬升一定的高度，山地河谷强烈下切，溯源侵蚀，裂点不断上移，峡谷不断发展。此时，气候趋向寒冷，山上的宽谷中普遍堆积一层山地河谷沉积物夹坡积物，坡麓堆积了坡积物。在山下，开始发育扇形地，地壳趋向稳定，气候趋向湿热，扇形地广泛发育。经漫长的湿热气候时期，堆积物经受强烈的湿热化过程，变为具网纹图案的棕红色或红棕色堆积物，即棕红色网纹层。目前，棕红色网纹层在山下主要分布在海拔300m以下，而山上主要集中在800～1 200m之间。这种现象，主要是由棕红色网纹层发育后，庐山发生较强烈上升的结果，其上升量可达500m左右。在这期间，河谷侵蚀切割，形成第二级平台和第二级阶地。

第三级阶地与第二级阶地是根据高程和组成物质的不同来划分的，这在庐山的东南麓体现得非常清楚。两者都顺山体向东北方向微微倾斜。但第三级阶地倾斜比较明显，这在一定程度上反映，在阶地形成过程中地壳抬升量向东北方向减小。

第二级阶地及其基座都向外围微缓倾斜；山麓地带多为基座阶地。这一方面，显示扇形地的自然面貌；另一方面，又与山麓的轻度上升有关。

至晚更新世，庐山沿两侧北东向大断层发生较大幅度的上升，以致庐山成为高近1 500m，周围出现1 000m以上的断层崖，兀立在江湖平原之上，山间宽谷、盆地及其中的棕红色网纹层竟上升到最大高度1 000m以上的断块山体。由于这次上升时代较新，又是断块式的，因此，特别有利于山间宽谷及棕红色网纹层的保存。

这次新构造运动非常活跃，山地河谷再次下切、溯源侵蚀，产生新的裂点。裂点不断上溯，宽谷转化为峡谷。宽谷与裂点的高程以及峡谷的深度，一般向东北方向变小，显示庐山的不等量上升。同时，由于庐山的强烈上升，还导致山地分水岭移动，一些河谷发生袭夺，谷系发生演变。

第四纪以来，庐山主要表现为不等量的断块上升运动，上升量以中南部为最大，约1 000m，向东北方向递减，因此，夷平面有向东北降低的趋势，而山上夷平面比山下夷平面更为明显。

由于气候转向寒冷，山体海拔增高，受到冰缘气候的影响。此时，寒冻风化强烈，巨大的岩块挟着棕黄色土及岩屑顺坡下滑，堆积在宽谷两侧、第二级平台的表面及宽谷谷底，并构成棕黄色土巨砾层。在峡谷地带，河谷将风化、侵蚀下来的物质带到山麓谷口以下，形成棕黄色砂砾层组成的小型扇形地和砂砾质谷底平原，在江河两岸沉积棕黄色冲积层。此后，气候变为干冷，风成黄土大量沉降，在洼地、平台和阶地表面，甚至在100m以上的平缓山顶和分水垭口或者鞍部，多覆盖棕黄色亚粘土层，而在缓坡和坡麓地带，则堆积棕黄色亚粘土和砂、石相混杂或略显层次的坡积层，在江河沿岸沉积冲积的棕黄色土。据分析，山上大校场一带的棕黄色土是在干冷条件下形成的；大月山顶保存的40cm

厚的风成棕黄色亚粘土，其下部所含主要粘土矿物为绿泥石、伊利石和高岭石，上部相似。因此，晚更新世主要是一个气候较干冷时期，但在干湿程度上有由偏湿变干、再过渡到偏湿的趋势。由于气候趋向湿润、河谷作用由堆积转向侵蚀，山上棕黄色土巨砾层覆盖的宽谷谷底，有的仅受到宽谷本身河谷的轻度切割，谷底尚未受到明显的改造，有的受下游峡谷中河谷下切，溯源侵蚀的影响，在谷口形成峡谷，并出现第一级平台。在山麓平原地带、河谷下切形成第一级阶地。

全新世以来，庐山断裂上升仍在进行，而外围江湖地区有下沉的趋势。由于地壳的下沉，使鄱阳湖扩展，江湖之滨阶地有所沉降，岬湾湖岸和沉溺河谷出现。同时，又因气候转向湿润，使江湖水面有所抬高，沿岸受到浸没，湖盆沉积一层湖相沉积物，地表发育一层黑色土。

据记载，本区地震活动约在 1500~1954 年间，曾发生多次；九江市共 11 次，其中本市自震地震 5 次，外省地震影响的 6 次；星子依次为第 7，3，4 次；湖口为第 11，8，5 次，地震震级都不大。上述地震都分布在大断裂上，这反映出庐山断裂活动仍在进行。

§5.2　庐山地区构造地貌

庐山山体的雏形主要是在中生代燕山期形成。庐山的构造、岩性和新构造运动对山体及次一级地貌的形成起着控制作用。庐山山体构造线为北东—南西方向延伸。庐山北部由于剪刀峡—汉口峡这一西北向东南延伸的横向断裂的影响，日照峰和屋脊岭主峰在中部隆起，致使北部地区的岭谷沿这一线分别向西南和东北两个方向倾斜，向西南到芦林湖、石门涧谷地为界，向东北以王家坡谷地为界。

一、北部地区构造地貌

1. 褶皱构造地貌

庐山山体北部以褶曲构造为主要特征，地貌以褶曲构造地貌为代表（图 4.2.2）。

大月山背斜表现为背斜山，最高达 1 451m，长 1 000m，向东北和西南倾斜，两端窄而低，中间宽而高，由南沱组（下部（$Z_1 n_1$））片麻状含砾石英岩偶夹石英片岩组成，岩性坚硬，山体高大雄伟，为庐山山体北部最高峰，为全山第二高峰。东谷、莲花谷、青莲寺、王家坡向斜表现为向斜谷地，与背斜山延伸一致，相互平行。东谷向西南倾斜，青莲寺、莲花谷、王家坡向斜谷向东北倾斜。莲花谷向斜表现为一个向斜山——船形山，船舱为莲花谷，船舷为草地坡和屋脊岭，船头向西南。三逸乡向斜表现为近于东西向延伸的向斜盆地。向斜谷地均为宽浅的谷地，谷底开阔平缓，谷坡陡峻。王家坡向斜谷地是其中规模最大的谷地，长达 600m，谷底宽达 150m。

2. 单斜构造地貌

受纵向断裂控制和岩性的影响，在大月山背斜（或称向斜）两侧发育了典型的单斜构造及其单斜构造地貌。以剪刀峡、汉口峡为界，分布两组平行岭谷地貌，一组（可称为北组）向东北倾斜，另一组（可称为南组）向西南倾斜。两组岭谷的延伸方向、构造类型、岩石组成及其岩性完全相应，事实上是一组岭谷从中间被截断的结果。这是庐山在第四纪强烈抬升前经长期剥蚀、侵蚀，形成一系列岭谷地貌，以后山体抬升，岭谷也随之抬升。

　　七里冲、大校场、西谷、白沙河、小天池为外力作用沿纵向断裂发育形成的单斜谷，由大校场层（$Zy_1 n_2^1$）长石石英岩偶夹薄层石英砂岩组成，岩性软弱，容易侵蚀破坏。具有背斜山、单斜山、向斜谷、单斜谷岭谷平行相间的组合地貌特征。

　　自东南向西北分布有五老峰、大马颈、佛手岩单面山（图5.2.1），梭子岗、含鄱岭、太乙峰、蚱蜢岭、女儿城、牯牛岭等猪背岭，由女儿城层（$Zy_1 n_2^2$）石英砂岩、含砾石英砂岩、偶夹长石石英片岩和凝灰岩组成，岩性坚硬，在各种外力长期作用下，表现为山岭。

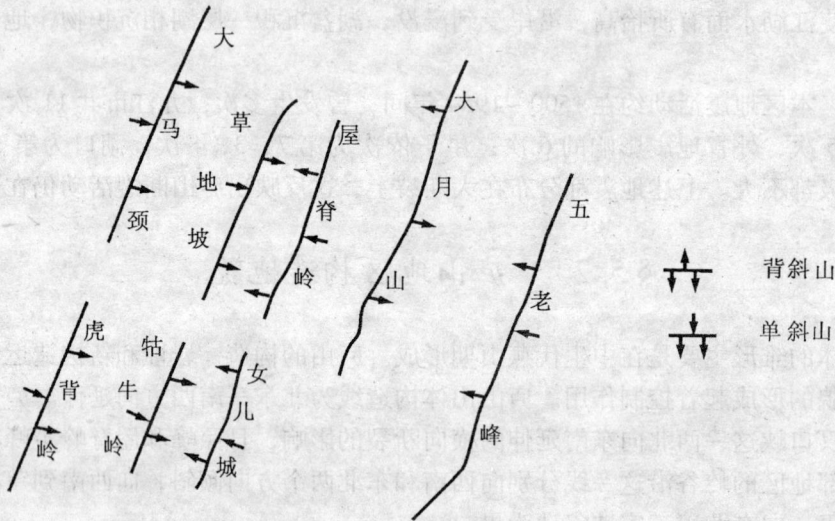

图5.2.1　庐山北部局部构造山岭分布图

3. 断层构造地貌

　　（1）断层陡崖　庐山北部在庐山断块上升过程中，虎背岭背斜的西北翼和五老峰背斜的东南翼被大断层错开断落，并形成了高耸的断层崖地貌。断层崖完整险峻，未受到外力的强烈破坏，高度300～1 000m不等。

　　在横向断裂通过处，因受外力作用的破坏亦形成了典型的断层崖地貌、断裂谷地貌，如锦绣谷天桥、剪刀峡的望江亭、三叠泉、石门涧等多处，断层崖高度300～800m。庐山山体两侧大断层向东北方向收敛，因此，沿断层上升的庐山山体在平面上向东北方向变窄。同时上升量向东北方向递减，因此，山顶高度也向同一方向递减。

　　（2）断层三角面　水流沿着垂直于断层崖面的横向断裂或者早期已经形成的谷地侵蚀切割，使得连续完整的断层崖面出现破裂，形成三角形的断层崖面，称为断层三角面。例如，石门涧的"石门"、五老峰的"五老"、太乙峰、犁头尖等。含鄱岭、梭子岗、铁壁峰等成为断层梯形崖面。

二、南部地区构造地貌

　　庐山南部主要由本区最古老的地层双桥山群构成，岩性复杂、破碎，加上断裂纵横，将岩体分割成菱形或格状立方体，更有利于侵蚀切割。秀峰寺一带的山峰，由混合岩化片麻岩组成,虽抗蚀能力较强,但垂直节理发育,经流水切割形成陡峭的山坡和险峻的山峰,层峦叠障,峡谷深邃,"飞流直下三千尺"就是诗人李白借水对断层崖的写照(图5.2.2)。

秀峰泛指香炉、双剑、文殊等诸峰。群峰层峦叠嶂,峻伟诡特,有"庐山之美在山南,山南之美在秀峰"之誉。鹤鸣峰、双剑峰之间的开先瀑布共源分流,东为马尾瀑布,西为黄崖瀑布然后合流于青玉峡,奔泻入龙潭。唐代著名诗人李白名诗《望庐山瀑布》,"日照香炉生紫烟,遥看瀑布挂前川,飞流直下三千尺,疑是银河落九天",即写此胜景,秀峰景区古木参天,流水潺潺,风景幽秀,有颜真卿、黄庭坚等书法家和康熙、雍正二帝提书书碑刻,聪明泉等古迹。

图5.2.2 秀峰地区地貌素描图

庐山南部主要是沿温泉断层、庐山垄断层和通运断层不等量上升形成的长方形断块地貌。其中,尤以庐山垄断层与温泉断层之间的断块上升量为最大,汉阳峰就位于其上。断块西侧沿庐山垄断层发育了庐山垄峡谷。该谷地平直,谷坡陡峭,为一典型断层谷。断块上的河谷多与断层崖走向或庐山垄峡谷直交,表现出断块山地的谷系特征。庐山垄断层与通运断层之间的上升断块,上升量较小,山脊高度由1 300余米向西南递减。

上述现象说明庐山南部,从总体上看上升量较大,而对不同断块,甚至同一断块不同部位来说,上升量又有明显的差异。

三、外围地区构造地貌

庐山外围地区指紧临庐山山体周围,东到鄱阳湖,南到星子县、温泉、隘口一带,西到沙河附近,北止长江。

岩浆岩构造地貌,燕山运动以来庐山沿东南和西北侧的断层上升,断层带内,岩浆侵入呈岩盘形式,以庐山东部最为典型,构成岩浆岩丘陵地貌,山体呈馒头形,如海会附近的石牛山等,由侏罗纪酸性岩浆侵入,后经变质而成。秀峰地区为混合花岗岩组成,发育了青玉峡等峡谷,香炉峰、姐妹峰、双剑峰等奇峰异景。

沉积岩在东部出露,呈短轴背斜形式出现。由泥盆系石英砂岩、或者石炭系石灰岩、奥陶系石灰岩组成。高度一般为100~200m。有些完全与庐山主体分离。有些与庐山主体相连，如马祖山、破山等这些是第四纪庐山断块抬升时末抬升或称断块下降部分，在构造上与庐山主体是同体。

四、第四纪断层地貌发育

第四纪以来，庐山主要沿东南侧的温泉正断层和西北侧的莲花洞正断层大量上升。断层在山体一侧均为下盘，相对上升，形成陡峭的断层崖。庐山上升是以中南部为最大，断层崖亦以中南部为最高；上升量向西南和东北递减，山体西南和东北端上升量也较小，断层崖的高度亦相应降低。东南侧的断层崖，如在秀峰寺、海会一带高度超过1 000m，向东北、西南端逐渐降低，最后降至山麓平面。西北侧的断层崖，在石门洞、莲花洞一带高度均在1 000m左右，向东北、西南方向递降，直至完全绝迹。

庐山东南侧和西北侧的断层崖往往呈阶梯状，如秀峰寺、五老峰一带的断层崖，大致可以分为2~3级，其成因除构造作用外，岩性的影响也很显著；好汉坡一带的断层崖，明显地可分为两级，好汉坡正断层（较高一级）和莲花洞正断层（较低一级）。秀峰寺一带的断层崖，有的受溪流切割，形成秀丽的山峰，成群分布，显有层次，其间夹有绝壁，瀑布高悬在上。五老峰断层崖显得特别陡峻，这一方面是由于断层崖形成时代较新；另一方面是因为断层崖上部由南沱组石英砂岩组成，岩性坚硬，垂直节理发育，崖面又为反倾向坡，下部由易风化、侵蚀的混合岩组成，后退较快，因而断层崖保持高峻雄伟之势。五老峰断层崖遭受溯源侵蚀，形成许多垭口和峡口。所谓"五老"就是指垭口之间五个耸立的断层崖山峰。庐山西北侧的断层崖，虽受侵蚀切割，但断崖面貌还很清楚。庐山东南侧和西北侧的断层崖，大致呈东北—西南方向延伸，自山体中部向两端，特别是东北端明显降低、收敛。西北侧的断层崖，犹如刀切，尚与断层位置基本相符，表明断层崖形成时代较晚，整个庐山山体受北西—南东向平移横断层作用明显错开。在有些断层崖地段，如海会等处，因后期风化、剥蚀，溪流河谷集中，使崖面明显向山地蚀退凹进。在这些地段，断层崖上风化、崩塌、侵蚀下来的岩块、碎屑，堆积在断层崖之下、山麓夷平面上及其外围地区，呈条状或片状，扇状分布。可见断层的蚀退，也是山下第四纪堆积物的一个重要来源。

§5.3 庐山地区流水地貌

庐山地区河流多源于庐山，流向外围江湖平原。庐山主体是中山，山麓及外围地区为低山、丘陵平原。因此，流水形成的谷地在不同地段有明显的差异。

庐山牯岭一带，岭、谷相间分布，相对高度不大，谷地宽浅，主要由砂岩组成，由于砂岩裂隙发育，溪流众多，因而水源较丰富。

一、谷地地貌

庐山在第三纪上升之前，河流已塑造了较宽展的谷地。第四纪由于山体强烈抬升，河流急剧下切溯源侵蚀，宽谷下段先变为峡谷。在宽谷和峡谷之间，谷地纵剖面由缓变陡，形成裂点，这种裂点可称为"旋回"或"循环"裂点。宽谷多发育在震旦系软弱地层上，顺应地质构造，与地层走向相一致，大致呈东北—西南向，谷地宽浅，其间发育一、二级谷阶或平台，谷地形态保存完好，谷地里普遍覆盖第四纪堆积物。峡谷沿断裂发育，伸向与宽谷垂直，或沿断层或垂直节理侵蚀而成。

（一）宽谷

庐山山上的宽谷在成因上有原生和次生两种。原生与向斜谷和向斜盆地相应；次生是外力作用沿纵向断裂长期侵蚀、剥蚀发育而成。庐山山上宽谷的海拔高度有从山体的中南部向东北方向依次降低的趋势。例如，仰天坪为 1 260～1 300m，七里冲、莲花谷、大校场 1 100～1 250m，东谷、西谷、三逸乡 980～1 100m，小天池 900～1 000m，及至山体东北部的一些宽谷，高度从 700～800m 急降到 100～200m，如天花井宽谷只有 400～450m。宽谷高度的变化，说明它们在形成以后，山体曾发生不等量上升，上升量大致由中南部向东北方向递减。

宽谷表面覆盖的松散堆积物，可分为两大层：其一为棕红色堆积物，时代属中更新世；另一层为棕黄色堆积物，其下部常为棕黄色巨砾层，上部常为棕黄色亚粘土层，时代属晚更新世，棕黄色堆积物之上，有一层全新世的黑色土层或泥炭层。宽谷谷底横向平展，宽 60～120m，坡麓线明显，纵向比降小，与相临山岭高差在 80～150m 之间。

1. 山地北部宽谷地貌

以剪刀峡、汉口峡为界，分为两组。一组（可称为北组）向东北方向倾斜，分别是小天池、莲花谷、王家坡宽谷，另有白沙河峡谷，其间是草地坡和屋脊岭单斜构造山岭，构成平行岭谷组合地貌。王家坡和莲花谷是以向斜构造和软弱岩性为基础的向斜谷地，小天池是以纵向断裂和软弱岩性为基础的单斜构造谷地。值得质疑的是：白沙河与小天池构造和岩性相同，为什么发育出峡谷？另一组（可称为南组）向西南倾斜，分别是西谷（图 5.3.1）、东谷、大校场宽谷。东谷是以向斜构造和软弱岩性为基础的向斜谷地，西谷和大校场是以纵向断裂和软弱岩性为基础的单斜构造谷地，谷地之间是牯牛岭和女儿城单斜构造的猪背岭，构成平行岭谷组合地貌。

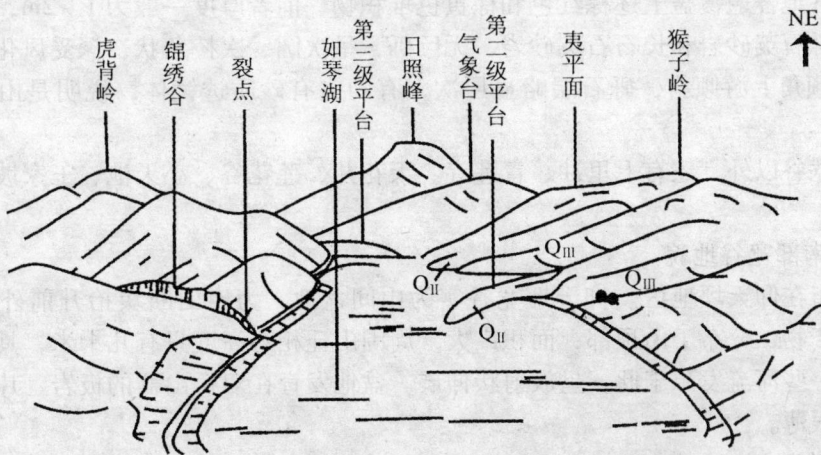

图 5.3.1　宽谷之一——西谷

西谷属宽谷类型（图 5.3.1），是发育在南沱组（$Zy_1 n_2^1$）长石石英砂岩、偶夹薄层石英砂岩，岩性软弱的次成谷地。以花径、江西省人大招待所为界，由东北向西南分为三段。西谷的上段，无论是谷底或坡麓，普遍覆盖棕黄色和棕红色堆积物，前者叠覆在后者之上，或位于后者的下方。例如，西谷上段牯牛岭西北翼的一个剖面，堆积物分上、下两层。①下层为棕红色砂砾层，具网纹；砾石是长石石英砂岩和石英砂岩，粒径一般为2～3cm，无巨砾；多呈次圆、次棱角状，长石石英砂岩全风化，石英砂岩有厚约0.3cm的风化圈，砾石排列多水平和倾向上游；沉积层可见粗略层次，具有山区河谷沉积的特征，其中夹坡积物，反映温暖湿润的气候条件下，经受较强的淋溶作用的特征。②上层为棕黄色沉积物。其下部为棕黄色土巨砾层，砾石是石英砂岩和含砾石英砂岩，与谷坡上方基岩性质一致，大的长径约2～3m，排列多与缓倾斜的坡面一致，有的具有一定的倾向性，底层砾石的下半部常陷入棕红色砂砾层中，砾石之间夹有棕黄色亚粘土。我们认为该巨砾层是冰缘环境下的产物。在冰缘气候条件下，富有垂直节理、硬度较大的石英砂岩，受寒冻风化，易于破碎，形成巨砾。这些巨砾在地面融冻过程中，顺坡、顺沟下滑，停积于坡麓，沟口和谷底。巨砾层之上，为棕黄色亚粘土层，两者之间没有明显的界线，松散、均匀，不显层次，主要为风积物。

西谷的中、下段与上段有所不同，棕红色堆积物覆盖的宽谷，曾遭受侵蚀切割，出现一级平台或谷阶。位于谷地底部的这级平台，表面主要残留棕红色堆积物，而谷坡上的同级平台，其上部除保存棕红色堆积物以外，表层还覆盖来自谷地两坡的棕黄色堆积物。在平台之间的谷底及谷地两坡的沟谷谷口段，则只有棕黄色堆积物。上述现象表明，西谷宽谷在中更新统时棕红色堆积物已经形成。以后虽受近代河谷的侵蚀，但宽谷的面貌仍保存完整。

以汉口峡、芦林大厦处为基点，东谷分为上、中、下段。东谷与西谷大致相似，惟谷底覆盖棕红色与棕黄色沉积之后，都曾受到明显的侵蚀，尤其在下段——谷口段，由于近代河谷下切、溯源侵蚀，使河床上基岩裸露、长轴达2m的巨砾随处可见，开始出现急流、壶穴，并在谷坡上形成最新一级平台。

大校场谷地普遍覆盖上述棕红色和棕黄色堆积物。前者厚度一般为1～2m，砾石有石英砂岩、含砾石英砂岩和长石石英砂岩，无巨砾，呈次圆、次棱角状，深受风化，砾石多以10°～20°倾角上游倾斜，砾石层略显层次，有的夹有砂质透镜体，说明是山地河谷堆积物。

除上述宽谷以外，还有七里冲、青莲寺、天花井、莲花谷、小天池、王家坡、三逸乡等。

2. 山地南部宽谷地貌

集中分布在仰天坪地区。仰天坪宽谷实为山间盆地，为庐山断块抬升前外力长期侵蚀、剥蚀的产物，分布于山顶部，面积广大，周围山丘相对高度只有几十米，具有良好的湿地生态。一些河流发源于此，呈放射状伸展。盆地发育在双桥山群的板岩、片岩中，第四纪堆积物很薄。

（二）峡谷

宽谷之下，急转为峡谷。峡谷是第四纪地壳上升，河谷强烈下切，溯源侵蚀的产物。峡谷深切可达数百米（图5.3.2），河床溪流落差很大，沿途多见急流瀑布、壶穴深潭和岩槛裂点，谷坡陡峭，有的成阶梯状，显示幼年河谷的特点。

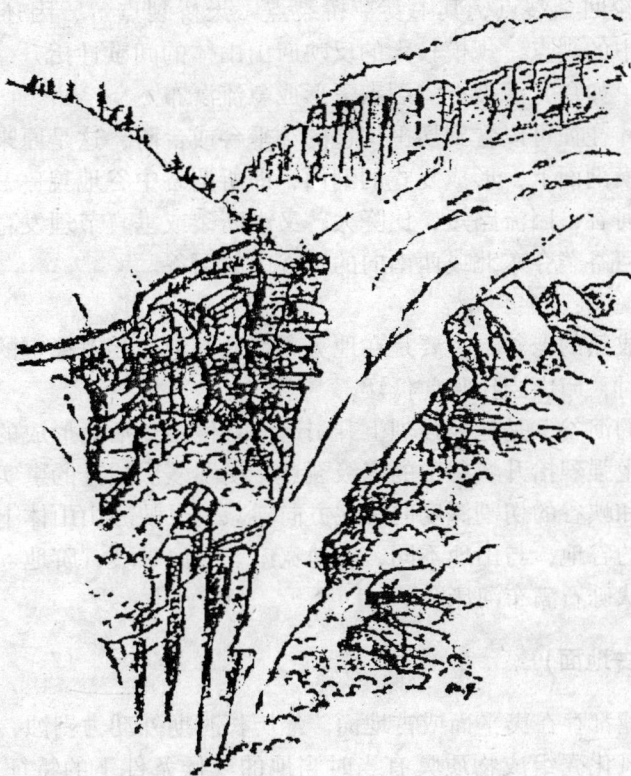

图 5.3.2　天桥峡谷

　　山南的庐山垄谷地，在筲箕洼以下，谷深达 400～600m，3 000m 水平距离内下降 700余米。秀峰月印龙潭谷深 150m，两侧悬崖峭壁，谷底龙潭壶穴成串珠。庐山瀑布、黄崖瀑布切入在混合花岗岩中高达 40 余米。

　　庐山西侧的石门涧谷地，部分河段迂迴曲折，成为深切河曲，刻入山体深达 300～600m，5 000m 水平距离内下降 800 余米，沿途有黄龙潭、乌龙潭瀑布（海拔 800m）、石门涧瀑布（海拔 550m）构成梯级瀑布悬挂在陡崖之上。庐山东侧的七里冲—青莲寺宽谷下的三叠泉谷地，谷壁悬崖直立，深切 300～650m，至谷口水平距离 360m，落差 440m，并形成著名的三叠泉瀑布，因受岩层水平层理和垂直节理的影响，分三级跌水，成为三叠瀑布，总高度约 200m。窑洼汇水盆的下面是剪刀峡，该峡谷至峡谷口下降约 700m。栖贤（观音桥）谷地至谷口下降 680m。在王家坡宽谷的下段，现代水流切入宽谷谷底达 60m深。

　　庐山的东北部因向东北方向递降，谷地的切割深度也相应递减。例如，天花井宽谷下面的 V 字形谷，深度不足 200m。

　　许多峡谷沿着南东—北西向的断层发育，横切地层，故与上游宽谷呈直角相交。例如，东谷宽谷向西南延伸，其下的石门涧峡谷转向西北；青莲寺宽谷向东北延伸，其下的三叠泉峡谷折向东南等。

　　在宽谷与峡谷之间出现裂点，这种裂点是庐山第四纪地壳上升，河谷复活下切，溯源侵蚀形成的，为"轮回"裂点，其中荻芦桥裂点、天桥裂点等，因还受岩性的影响，形态特别明显。峡谷中的裂点，规模较大的反映庐山山体的间歇性抬升，如三叠泉裂点；受岩性，构造的影响，如乌龙潭裂点。裂点下形成急流瀑布。

在峡谷的两旁，往往可以看到切平构造的小平台或台阶，这是原来老谷——宽谷的残留部分。在谷地的横剖面上，形成复式的剖面，即所谓谷中谷地貌——宽谷套峡谷。东南或西北向峡谷中的河谷，因流路短，比降大，又沿断裂或垂直节理发育，溯源下切侵蚀强烈，以致其中有些河谷袭夺东北或西南向的宽谷中的河谷。

上述河谷特征说明：

①宽谷是发育成熟的老谷，主要是在地势高度低、地壳相对稳定的条件下形成的。因此，在宽谷形成之时，庐山当比目前低矮。

②峡谷是年轻的河谷，是地壳强烈上升引起河谷侵蚀复活而形成的。它表明在宽谷发育之后，庐山曾发生强烈抬升峡谷中的多级裂点，说明多次抬升的事实。

③宽谷的高度和峡谷的切割深度向东北方向递减，反映庐山山体上升量向东北变小。

庐山外围地区的谷地，与山地不同，谷地宽广，谷底平缓，阶地、扇形地和河漫滩发育，且次圆状、圆状砾石满布河床。

二、夷平面（古地面）

庐山山上和山麓都存在夷平面或古地面。经历长时期外动力剥蚀，地面起伏和缓，山顶宽平面积较大。风化壳组成物质具有当时当地的气候条件下的特征。在夷平面形成之后，庐山地壳断块上升，遭受侵蚀切割，但夷平面分布仍比较广泛。为便于叙述，分别将其称为山上夷平面和山麓夷平面。

1. 山上夷平面

庐山北部的芦林盆地周围及西谷一带均有保存。它们向石门涧谷地延伸，与铁船峰等地的夷平面相对应，高度已降至1 000m左右。夷平面切削不同岩性的南沱组地层和地质构造，顺谷地延伸。在王家坡谷地的西北侧亦残留这级夷平面，夷平面向东北倾斜，倾角约5°。在庐山北部的大马颈、大寨垴、三个尖和塔顶山一带，夷平面向东北倾斜，高度由海拔1 000m左右降低到百米左右。在庐山南部，虽受岩性和断裂的影响，地面差别风化、剥蚀比较强烈，但夷平面仍有保存。例如，庐山西南部的碧云庵、马耳峰、小五老峰一带，夷平面海拔850m，切削南沱组、双桥山群地层和不同地质构造。在庐山垄谷地之东，这级夷平面发育在变流纹岩上，其海拔高度达1 000m～1 100m左右，表明汉阳峰一带上升量较大。

2. 山麓夷平面分布在山麓地带

在庐山周围呈带状分布的丘陵，就是山麓夷平面的残留部分，海拔高度大多在300～400m之间，峰顶齐一，切平不同地层和构造。庐山东南麓的夷平面，微微向东北递降，从海拔500m、400m、200m，直至数十米，因受岩性的影响，切割较破碎。庐山西北麓的夷平面，沿山麓呈带状分布，切削震旦系和寒武系西峰寺组，王音辅组地层、夷平面向东北由平缓变为微缓倾斜，海拔高度由350m左右降到几十米，最后与山上夷平面、山下第三级阶地基本吻合。

山上夷平面与山麓夷平面之间，在庐山的东南侧和西北侧，分别被沿温泉断层和莲花洞断层复活抬升形成的断层崖相隔。因此，我们认为，山上夷平面和山麓夷平面，实际上原是同时形成的统一的夷平面，后来为断裂复活作用所错开。

上述夷平面的变形、高度变化及夷平面与山下第三级阶地相合的现象，同样说明第四纪以来庐山及其山麓的强烈上升，上升量以中南部为最大，向东北递减，西南侧上升量也较小，庐山主体不等量上升山麓更大、更明显。

庐山地区的这级夷平面广泛分布在老谷的两侧，向谷地微微倾斜。在夷平面的背后，又紧紧靠着较陡的山岭，在地形上形成一个明显的转折。因此，这级夷平面具有山前夷平面的性质。

三、扇形地地貌

扇形地主要分布在庐山山麓地带，各条河谷的谷口，分布广泛，形态典型，绕山麓成环带状分布。在庐山东麓，例如王家坡谷口长岭脚以及高垅一带、三叠泉谷口海会一带、栖贤（观音桥）谷口；南麓的青玉峡谷口、庐山垅谷口隘口；西麓的石门涧谷口赛阳一带、锦绣谷口东林寺一带、剪刀峡谷口莲花洞一带（羊角岭），南部康王谷口的归宗寺一带等，都属于冲积洪积扇。扇形地相互连接发育成为冲积洪积平原，或者称为倾斜平原。第四纪庐山山体断块强烈抬升，山麓冲积洪积扇相应抬升，鄱阳湖作为地方侵蚀基准面相对降低，流水下切侵蚀加强，老冲积洪积扇被切割，但是仍保持完整，形成相对高度为60～80m的阶地，例如庐山西麓蛇头岭、东麓高垅和海会一带。新发育的冲积洪积扇叠加在老洪积扇之上，形成垒叠式扇形地，例如三叠泉谷口石牛山水库上游、秀峰寺一带。

四、阶地地貌

阶地主要分布在庐山外围地区，而在山地河谷中多位于谷坡，是一些残留的不同高度的平台，也可称为谷阶，它具有阶地的性质，但其规模较小、分布零散。山下的阶地可分为三级，有些是古扇形地被切割而成。

1. 山地河谷平台

山地河谷中，第一级平台一般不发育，但在东谷的下段等地可以看到。因近代河谷的下切和溯源侵蚀，东谷的下段形成V字形谷地，在V字形谷的两侧，残留有第一级平台，高约35m，表面平缓，并向下游微微倾斜，主要由基岩构成。这级平台向上游延伸，与上更新统棕黄色沉积层覆盖的谷底大致吻合。因此，其形成时代应是晚更新统，或其后。西谷的下段与芦林盆地的底部，都在裂点以上，表面亦覆盖晚更新统堆积物，其形成时代应与东谷的下段的第一级平台相当，东谷以下的石门涧谷地，这级平台不发育或已遭破坏。

第二级平台分布在东谷口两侧，高约65m。这级平台在石门涧谷地亦可看到，它位于谷地左侧，由基岩组成，高达400余米。西谷的下段的低一级平台与此相当。为了便于对比，西谷的这级平台可算作第二级平台。高度从20m左右降低到几米，下部由基岩构成，表面多覆盖山区河谷冲积的棕红色堆积物，以及来自两坡和风成的棕黄色堆积物。该平台向花径一带沿西谷谷地延伸，与老谷底相当；向上游延伸，与上述棕红色和棕黄色堆积物覆盖的老谷底大致吻合。可见，这级平台在中更新统后期或稍后已经形成，而后来又加积了棕黄色堆积物。

第三级平台在石门涧、西谷、青莲寺谷地等均有保存。在石门涧谷地，该平台表面平缓，由基岩构成，高悬在 V 字形谷地上达 500 多米。西谷的高一级平台与此相当，但因位于宽谷，高度只有 30m 左右。第三级平台形成时代应早于第二级平台，可能在中更新统前期或稍后。

总之，山上谷地中的平台可分为三级。峡谷中第一级平台不发育或已破坏，宽谷中，因宽谷谷底尚未受到强烈的下蚀和溯源侵蚀，第一级平台不明显。因此，在峡谷和宽谷中一般只存在第二、三级平台。但在峡谷与宽谷之间的过渡地段，因受近期下切和溯源侵蚀，发育了第一级平台。

2. 山麓平原的阶地

庐山外围地区的阶地，无论是在形态特征上或性质上都与山上的不同。

第一级阶地分布在江湖之滨、河谷两侧和坳谷中，在九江一带高约 13m。庐山东麓如高垅、姑塘一带，这级阶地高 10 余米，主要由上更新统冲积物构成。在星子一带，这级阶地并不普遍。在庐山西麓石门涧谷口至沙河的河谷，宽广的谷底平原受轻度切割成为第一级阶地，高度不超过 5m，组成物质为上更新统冲积物。总之这级阶地主要为冲积物组成的堆积阶地和基座阶地，形成时代为晚更新统。

庐山外围的第二级阶地发育良好，分布甚广，自山麓河谷谷口向外，多呈扇状、片状或指状延伸。从庐山东麓向东边，阶地高度由 35m 左右递降到 15～20m，阶地面从海拔 80m 左右递降到 30～35m，阶地组成物质主要为中更新统后期沉积。五里牌、海会东和南的第二级阶地都由古扇形地切割而成，扇面向外围倾斜，倾角约 3°。扇形地受放射状河谷的切割，形成向湖滨呈指状延伸的第二级阶地，阶地高度向扇形地外围递降。这级阶地都是基座阶地。庐山西麓的赛阳、沙河一带，第二级阶地亦由古扇形地切割而成，自石门涧谷口向外围倾斜、放射，阶地性质与庐山东麓相似。在第二级阶地的表面，即网纹红土—砂砾层之上，普遍覆盖一层棕黄色或黄棕色的土状堆积物。在九江一带，第二级阶地高度明显降低，组成物质主要是网纹红土-砂砾层。庐山东北麓至鄱阳湖滨，如高垅东北的阶地，呈垅岗状延伸，向湖滨，阶地高度由 40m 降至 10 余米，阶地组成物质主要是网纹红土。在谷山湖的南畔，第二级阶地的下部为砂砾层。第二级阶地具有以下几个特点：

①大多数由扇形地切割而成，主要沉积物为网纹红土－砂砾层；

②阶地及其基座均向下游倾斜、递降；

③多数为基座阶地，至江湖之滨，有的变为堆积阶地。

第三级阶地（平台）分布较零星，但原先所及范围较大。第三级阶地以庐山东麓外围最为典型，自南向北属于这级阶地的有金锭山、大岭、长岭、上青山和亭子山等。金锭山及其东南的大岭，正对栖贤谷地，顶面平坦，并以 6° 左右的倾角向东南（湖滨）倾斜，由海拔 192.7m（金锭山）降低到 148.2m（大岭），阶地高度由 140 余米递降到 130m 左右，金锭山上覆盖着 20m 左右厚的砂砾层，其下为志留系砂页岩，构成阶地的高基座。砂砾层呈棕红色，其中巨砾的粒径以 1～2m 的比较多见，最大的可达 3～4m。砾石主要是来自庐山的石英岩及其他岩石，巨砾之间夹细砾、砂粒和网纹红土，深受风化淋溶，呈半胶结状态。砂砾层的顶面是阶地面，宽百余米，长数百米，表面异常平整，犹如广场。金锭山和大岭突出在上述五里牌扇形地（图5.3.3）左侧，高出由扇形地切割而成的第二级阶地 120～130m，即使是阶地的基座也比第二级阶地高得多，同时沉积物的风化淋溶程度更深，砾石更大，应为第三级阶地，其覆盖的沉积物时代，应早于第二级阶地，可能属

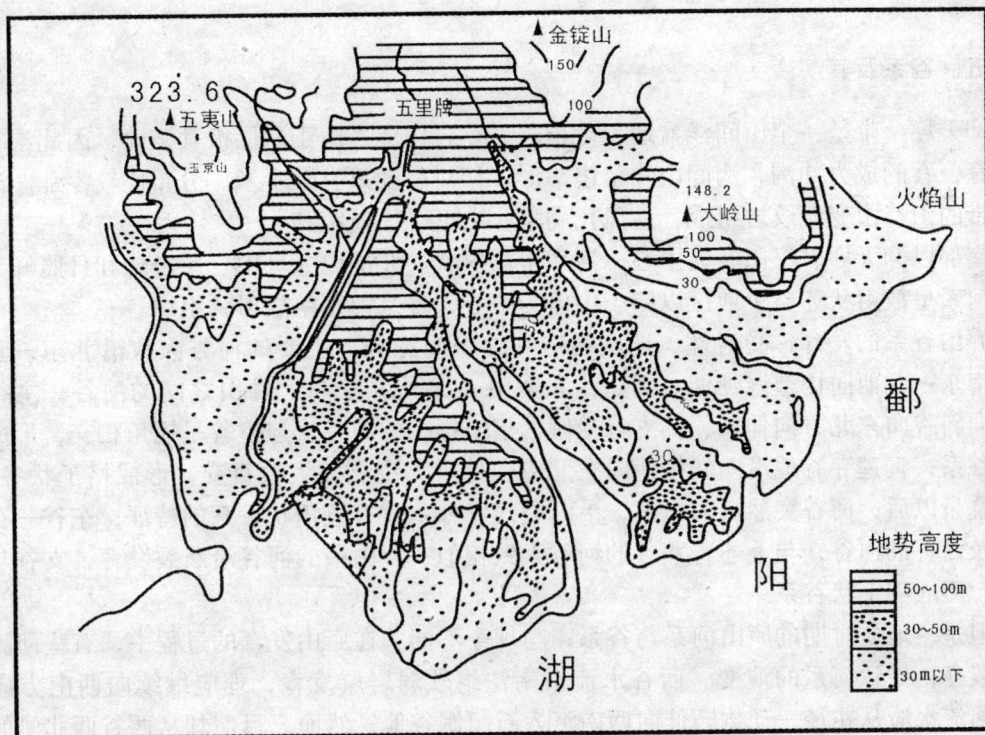

图 5.3.3　第三级阶地与五里牌扇形地阶地

于中更新统前期。

　　长岭位于海会扇形地的东南部，作条状向东（湖滨）延伸与大岭相似。据实测，长岭顶部沉积层中的巨砾，有向东变小的趋势。在长岭的东段，砂砾层之上局部残留 1～2m厚的网纹红土和棕黄色土，至湖滨厚度可达 10m 左右。高圹之东的上青山及其北西的马祖山、亭子山等，与上述大岭、长岭相似，属同一级平台，不过，高度已有明显的降低，反映地壳的不等量运动。

　　庐山西麓相当于第三级阶地的地面，高度不一，有的只限于山麓地带，表层覆盖薄薄的巨砾层，有的为古扇形地。向西北至张家山（蛇头岭）一带，扇形地降至海拔 230m，巨砾层较薄。

　　庐山北麓至长江边，第三级阶地亦有分布，如九江市东面的桃花山，就是残留的第三级阶地，海拔 66m，上有砾石堆积。

　　庐山外围地区的第三级阶地，为高基座阶地。阶地高度以东南麓和西北麓为最大，东北麓为最小，显然主要是地壳不等量上升的结果。阶地形成时代可能为中更新统前期或稍后。

　　综上所述，庐山地区发育着多级谷阶和阶地。谷阶在山地河谷中，以不同高程的平台形式出现，主要由基岩构成，其成因除构造运动外，还与气候变化有关。阶地分布在山下，其中以第二级阶地为最普遍，少数为河谷阶地，多数是流水形成的古扇形地被切割而成。阶地的组成物质、颜色、成因主要与气候变化有关，高阶地的形成明显受构造运动的

73

影响。

五、谷系及其演变

仰天坪一带是一个山间浅盆地，由板岩、片岩构成。由于岩层极其破碎，因此沟谷非常发育，有的成为冲沟，沟间山峰呈馒头形，相对高度只有数十米，分布比较零乱。汉阳峰一带的山峰由变流纹岩组成，易风化剥落，山形也比较缓和。

南部以仰天坪、汉阳峰为中心，河系呈放射状。北部以大月山、屋脊岭和日照峰为中心，河系呈放射状。整个地区以庐山山体为中心，谷系河系呈放射状组织。

庐山谷系的发育，受岩性、地质构造和地貌的影响，主要的河谷大致沿北东—南西向、南东—北西向构造线延伸。例如，大寨山（大马颈）与大月山之间的河谷，主谷大致顺向斜谷向东北方向伸展，其支谷受倾伏褶皱影响的河谷，与主谷呈锐角相交，形成树枝状谷系；青莲寺谷地沿向斜构造向东北方向伸展，主支谷大致直交，形成格子状谷系，至三叠泉以后，河谷突然折向东南，沿断裂线发育，兼有直角状谷系的特征；东谷—石门涧以及西谷的河谷，与上述青莲寺的河谷大致相似；庐山垄的河谷沿断裂发育，支谷与其直交，形成羽毛状谷系。

但是，地质时期的庐山河系与谷系，与现今不同。在庐山发育的过程中，有些河流曾发生袭夺，导致河系的演变。西谷水流沿南沱组软弱岩层发育，理应继续向西南方向流动，河流水应从花径—动物园伸向西南汇入石门涧谷地，然而，目前却从西谷西北侧的天桥峡谷流出山体。这是由于河流发生袭夺的结果（图5.3.4）。袭夺的标志主要有：①花径风口。在花径一带原是西谷的自然延伸部分，保存老谷形态，后来，由于天桥峡谷一方的河流强烈下切，溯源侵蚀，致使西谷河水由天桥流入锦绣谷，而原西谷河谷花径处变为风口。在风口处还保存有棕黄色堆积物及棕红色具网纹的基岩风化壳，低处还有棕黄色堆积物。从风口的谷地形体特征和堆积物来看，与西谷下段大致相似。②天桥袭夺湾。西谷的河流原来沿着软弱岩层发育的谷地向西南方向流动，因后来被天桥峡谷一方的河流袭夺，以致在天桥之处，河流突然向西北拐弯，形成一个极不自然的呈直角的河湾，成为一个裂点，可称为天桥裂点。在裂点以上为西谷宽谷，而以下形成峡谷，即锦绣谷。西谷河流被袭夺时代较晚，因为袭夺后裂点还上溯不远，同时，西谷上更新统棕黄色堆积物覆盖的谷底，尚未受到明显的侵蚀破坏。其袭夺时代当在晚更新统或稍晚。

青莲寺谷地的河流，原先流向东北，后来，由于东南方三叠泉的河水沿断裂和垂直节理迅速下切、溯源侵蚀，在三叠泉附近袭夺青莲寺谷地的河流，使河谷呈直角转弯。由于袭夺后上溯的裂点向青莲寺谷地上游达2 000m远，下切深度已达150～200m，袭夺处附近的平台相对高度较大，时代较老，因此，其袭夺时间应早于西谷。

大校场的河流两次被袭夺。汉口峡水流在海拔高度1 200m处袭夺大校场上游水流，大校场谷地应伸向西南，在汉口峡转向西北后又转向西南与东谷水流汇合，下切深度220m。石门涧水流在荚芦桥（海拔高度1 000m）处再次袭夺大校场水流，大校场中段水流应沿玉屏峰东南流向西南，在荚芦桥处转向西北流动，下切深度150m。

从上述河流袭夺的例子可以看出，流向东南或西北的河流袭夺流向东北或西南的河流，并使河系与谷系图案发生变化。产生这种现象的原因是：山体上升之前，地面已处于地貌发育中年或者老年早期阶段，河谷循软弱岩层发育，故伸向呈东北或西南向；当山体

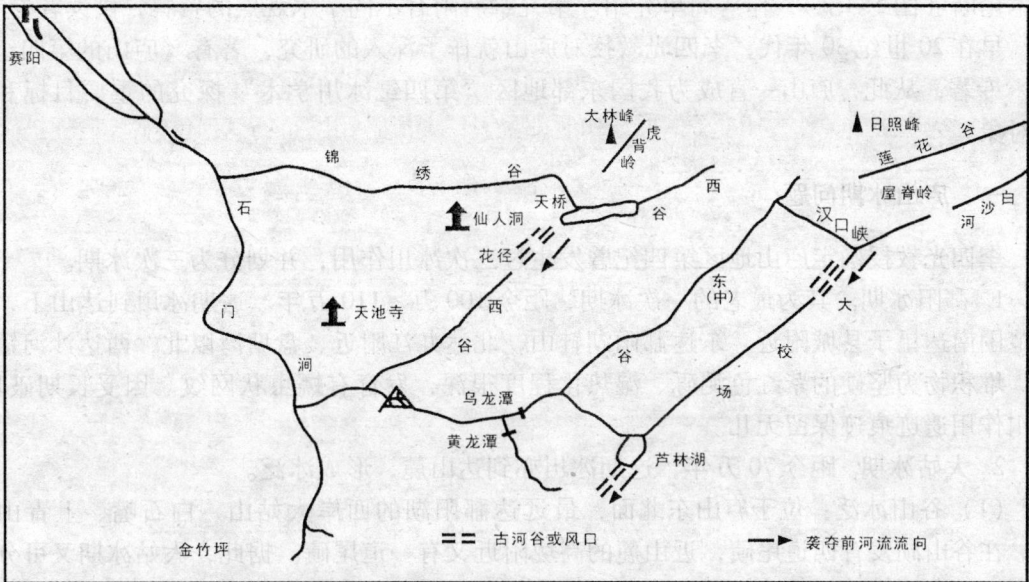

图 5.3.4　牯岭一带河流袭夺

大量上升以后，伸向东南或西北的河流，因流路短、比降大，再加上沿断裂或垂直节理发育，下切、溯源侵蚀强，切穿女儿城次成山脊，袭夺沿软弱地层发育，流向西南的大校场谷地上段的河流。在袭夺处产生了一系列小规模河流袭夺地貌，如袭夺湾、断头河、风口等。从不同时期形成的谷地及其覆盖物分析，其袭夺时代在中更新统后期或稍晚。

　　庐山山下的谷系、河系与山上的截然不同。河流流出谷口后，流动在扇形地或砾石滩上。扇形地上河谷呈放射状，而目前主要河谷位于扇形地的两侧。在扇形地形成过程中，河道多变，遗留下来不少古河谷和风口。例如，庐山东麓观音桥、马头镇一带的古河谷或废弃河谷，破山北侧的风口，西麓庐山垅之下的观口附近的风口等。这些古河谷或废弃河谷、风口，老谷形态非常清楚，有的谷底切平构造，有的还保存河谷砾石，它们的高度相当于第一级阶地或第二级阶地，形成时代与同级阶地相当。

　　砾石滩上河谷改道频繁，发育了辫状谷系。这种谷系的成因主要与谷底的平缓和砂砾层的覆盖有关。

　　庐山东麓河谷的下游，逐步过渡到沉溺河段。在过渡段上，河谷受湖水的顶托，沉积细泥，覆盖在砾石滩上，并使谷底变得特别平缓。同时，由于湖水的时涨时落，使该河段有一相当的长度。河谷在这细泥覆盖的宽平的谷底上，可自由摆动，有的还发育成自由河曲。再往下游，就是与江、湖会合的溺谷段。溺谷本身形成溺谷湖，而其支流独流入湖，犹如断层河。

§5.4　庐山地区冰川地貌

　　庐山及其外围地区是否发育过冰川，自20世纪20年代国内外学者一直争论到现在，目前仍然尚无定论。这里根据李四光教授及其持相同学术观点的"庐山冰川学"学者的学术论断（图5.4.1），作一简单介绍。第九章后附有不同学术观点的资料，供读者参考。

早在20世纪30年代，李四光教授对庐山就作了深入的研究，著有《庐山的第四纪冰川》专著，从此，庐山一直成为我国东部地区"第四纪冰川学术"探究的重要目标和典型对象。

一、庐山冰期问题

李四光教授确定庐山地区第四纪曾发生过三次冰川作用，并划分为三次冰期。

1. 鄱阳冰期。其为最老的一次冰期，距今100万～110万年。这期冰川到达山下，冰流范围南达星子县城附近，东达鄱阳湖鞋山，北达九江附近、盘塘湾以北，西达沙河镇附近。堆积物为坚硬的紫红色泥砾、湿热化程度很深，发育有蠕虫状网纹。因受长期破坏，冰川作用遗迹痕迹保留无几。

2. 大姑冰期。距今70万年，这期冰川亦到达山麓，形成冰泛。

（1）谷山冰泛：位于庐山东北面，最远达鄱阳湖的西岸大姑山、白石嘴、上青山一带。在谷山湖发育四道尾碛，近山麓的高垄附近又有一道尾碛。据此，大姑冰期又可分为谷山段和高垄段。

（2）白鹿冰泛：自白鹿洞一带达鄱阳湖滨，其最前缘北起长岭，南止马头湾。

（3）莲花冰泛：由莲花洞向西北至铁树皮、寥家坂一带，亦有四道尾碛。

（4）东城冰泛：在庐山的北面到达新桥、十里铺一带。

（5）石门涧冰泛：在庐山的西南，自石门涧至张村、上窑一带，沙河以东。

李四光教授认为山下的冰碛物主要为大姑冰期的产物。在冰碛物之外部，又有冰水沉积环绕分布，它们与山上冰蚀地貌遥相呼应，因此，庐山山上的冰蚀地貌似主要由此期冰川塑造形成。

3. 庐山冰期。这期冰川活动仅限于山上东北部数处，没有到达山麓。距今30万年，王家坡大U形谷中和莲花谷之前的三、四道尾碛，裁缝岭尾碛、大月山西北坡的大坳冰斗及冰斗群、铁船峰北坡的黄龙冰斗等，都属庐山冰期冰川作用的遗迹。

二、冰蚀地貌

庐山冰蚀地貌分布在山上，集中在山北部，主要有大月山西北坡的大坳冰斗（底部海拔高度1 200m），铁船峰北坡的黄龙冰斗。汉阳峰附近的鼓子寨冰斗（高度500m）、五乳冰斗（高度450m），有王家坡U形谷、七里冲U形谷，东谷悬谷，窑洼、东谷、西谷、天花井、芦林、仰天坪等储存冰雪的冰窑，有牯牛岭、女儿城、草地坡、屋脊岭、大马颈、含鄱岭、梭子岗、蚱蜢岭等刃脊，有日照峰、月轮峰、玉屏峰、太乙峰、犁头尖等角峰。

三、冰积地貌

冰积地貌广泛分布于山下，主要由大姑冰期冰川堆积而成。如山下高垄以东的尾碛，高垄—长岭脚的侧碛垅，剪刀峡谷口以外山麓的侧碛垅，莲花洞处的尾碛垅——蛇头岭，赛阳石门涧谷口外的侧碛垅、尾碛，秀峰处的尾碛、冰水扇。

庐山期冰积地貌主要分布于山上，主要有尾碛和侧碛垅。例如，山上王家坡谷地茶场处的尾碛，西谷庐山中学门前的冰桌（重叠石），东谷、西谷等谷地的冰飘砾。

图 5.4.1　李四光教授的庐山冰川地貌示意图

§5.5 庐山地区岩溶地貌

庐山地区岩溶地貌分布于远离庐山主体 10km 以外，向东自湖口县始可追索到彭泽县（离庐山 50km），湖口石钟山、鄱阳湖鞋山均为石炭系（C）灰岩组成，彭泽县龙宫洞亦为石炭系灰岩组成，即地层时代变新；向西自九江县始，至瑞昌县境内，地表广布石灰岩山，据我们研究，其皆系石炭系地层。

一、岩溶丘陵盆地地貌

庐山外围地区分布的地表岩溶地貌类型为岩溶丘陵地貌。石灰岩山独立成丘，高度一般在 80～200m 左右，山顶浑圆，山坡舒缓，山麓线明显，似有独立于宽广的盆地或者平原之上的特征，山内有地下洞穴。坡面上发育棕黄色土层，其下为褐红色网纹土层。

二、地下岩溶洞穴地貌

地下岩溶地貌主要是指岩溶洞穴、地下伏流等。例如，庐山西部的狮子洞、涌泉洞，庐山东部的龙宫洞。洞的规模虽不同，但洞内景观相似，如钟乳石、石柱、石笋、石幔、石帘普遍存在。在洞顶（层面）和洞壁上可观察到地下水冲击、旋流侵蚀形成的窝坑。在洞顶、石缝、洞底可见红色土，这些物质说明，石灰岩体中断裂发育早于第四纪，断裂是洞穴发育的有利条件，水平断裂为岩溶水的水平流动提供了空间，发育了水平洞穴，地表水沿裂隙垂直流动，形成垂直或者斜向的洞穴，同时带来地表环境发育的土体。

§5.6 鄱阳湖岸地貌

庐山东南麓与鄱阳湖邻接。鄱阳湖湖体自东北向西南呈狭长带状伸展。在此地区，赣江水与鄱阳湖水融为一体，鄱阳湖成为赣江广大流域通往长江的出水口道，可称为鄱阳湖星子—湖口通道，它向北北东方向延伸，宽达 6 000～8 000m。

一、鄱阳湖的发育

从构造上看，鄱阳湖是在湖口地堑基础上形成的。赣江为长江支流，在下石钟山（湖口）汇入长江，同时受到长江水的顶托，尤其在长江洪水期。赣江在地质历史时期发育了河谷地貌。第三纪末，新构造运动影响庐山断块抬升，赣江以东同时断块抬升，赣江河道所在地块断块下降，成为地堑构造，赣江水体在此汇集，发育了今日鄱阳湖。成湖的时间，主要是在晚更新世以后。枯水季节，洲滩广泛出露。据探测，湖底有水下河道，蜿蜒于湖底平原上，在河道的两侧，还有水下天然堤、边滩和残留的汊道。这一系列地貌类型，并非完全为现代湖水动力所塑造，而是成湖较晚，湖相沉积未及填平，以及保留干旱时期的河谷一些水动力特征的缘故。

二、湖岸地貌形体类型

全新世以来，鄱阳湖的形成与扩张，出现了湖滨一带的沉溺现象，塑造了一系列独特的湖滨地貌。庐山东麓向东到达鄱阳湖的西北岸，这里丘陵起伏，湖水侵入谷地形成沉溺型湖湾、岬湾折曲的湖岸和湖中孤岛。鞋山位姑塘镇东北鄱阳湖中心，呈鞋形，故名鞋山，海拔约90m，是一个典型的湖岛，周围被湖浪侵蚀形成陡崖-湖蚀崖地貌。湖岬受到湖水的不断冲蚀，形成湖蚀崖。湖湾内部因风浪不大，易发育成宽广的湖滩。但因湖泊水位变幅较大，在低水位时，湖岬部分也会出露湖蚀崖前方分布的狭长形湖滩。这种湖滩往往是由多条平行分布的砾质沿岸堤组成的。它们反映不同时间湖水位的降落及强大的波浪作用。相反，在高水位时，湖湾部分的湖岸也可能受到湖浪的侵蚀，发育低矮的湖蚀崖，有时湖蚀崖被冲开，蚀余的部分兀立在湖边成为湖柱，如白石咀附近的蛤蟆石就是一个，上石钟山亦存在湖蚀崖和湖石柱地貌。蛤蟆石由黄龙灰岩（C_2h）构成，高约16m，向湖一面因受波浪侵蚀和溶蚀，下部已向内凹退，底部已形成岩洞。湖面扩展形成的小岛，有的因湖滩逐渐堆积增长而与湖岸相连，白石嘴原是湖中小岛，后因发育了野猫颈沙嘴，成为陆连岛地貌。

§5.7 庐山山体区域地貌简述

依据庐山地貌的构造、组成物质、发育成因、地理空间位置等因素的综合特征，可将庐山划分为几个地貌区。

一、北山九奇峰—大林峰、虎背岭地区

本区位于庐山西北部，南至九奇峰、铁船峰，西达虎背岭，主要包括窑洼—剪刀峡、芦林湖与东谷—石门涧、西谷—锦绣谷等地的岭谷地区。

南界九奇峰、铁船峰一带，一系列北西向的压扭性冲断层非常明显。断层面倾向南西，西南盘为下盘，东北盘为上盘，上盘逆掩下盘，形成北山掩覆南山之势，把庐山山体分成南北两部分。这里出露的震旦系南沱组地层，软硬相间，又被断裂构造错开、流水沿着软弱构造侵蚀切割，造成岭谷相间、岭谷相对的地貌景观。

虎背岭位于庐山西北侧，属东谷向斜的西北翼。褶曲轴向东北，轴面倾向南东。背斜核部由南沱组下部地层组成，岩性坚硬，形成山岭，即虎背岭。两翼为南沱组中部地层，岩性软弱，在东南翼发育西谷次成谷地，西北翼被庐山西北侧莲花洞正断层错开而断落，形成高大的断层崖。该断层在好汉坡、仙人洞一带分为两支，并形成阶梯状断层和相应的两级断层崖。

本区的中部属东谷（旧称牯岭）向斜。该向斜呈北东伸展，向斜的中间地段被北西向张扭性断裂所切断，而失其连续性。牯岭向斜的西南段即东谷向斜，向斜轴部出露南沱组上部地层，形成东谷向斜谷（纵谷）。在向斜两翼，出露南沱组中部地层，其中较坚硬的石英砂岩构成牯牛岭及其对应的女儿城次成山，而软弱的长石石英砂岩则形成西谷及其对应的大校场次成谷（纵谷）。这种褶皱构造地区形成的岭谷地貌，与岩性相适应，与构造相一致。在东谷向斜的东南为大月山背斜，轴向北东，向两端倾伏，其西南端倾伏于芦林盆地。背斜核部由南沱组下部坚硬的地层组成，形成倾伏的背斜山，两翼出露南沱组中部较软弱的地层，发育大校场、白沙河及其对应的七里冲次成谷地。由于牯岭向斜的扬起，大月山背斜向芦林倾伏，以致出现了循长石石英砂岩发育的大校场—白沙河，小天池—西谷等

次成谷地和玉屏峰—女儿城—牯牛岭等次成山岭。

所有的谷地上段都是宽谷，下段为峡谷，它们之间出现"旋回"裂点。宽谷在褶曲构造的基础上沿软弱地层发育，伸向西南，如西谷、东谷等，海拔高度都超过1 000m，谷地宽浅。宽谷表面覆盖第四纪堆积物：其一，为棕红色堆积物，主要为残积物、坡积物和冲积物，含灰白色网纹和某些粘土矿物，时代属中更新世；其二，为棕黄色堆积物，下部常含巨砾，砾石间夹棕黄色亚粘土，有人认为是庐山冰期的冰川堆积物。据分析，这层堆积物曾经受半干旱、半湿润气候的影响，上部往往覆盖一层棕黄色土，主要是风积物，据孢粉和粘土矿物分析，棕黄色土层堆积时的气候远比目前干冷，是一个干冷时期，棕黄色堆积物时代属晚更新世。在棕黄色堆积物之上，有一层全新世堆积的黑色或灰黑色土层。棕红色与棕黄色沉积物，或上下叠覆，或在前者堆积之后，经受微弱的侵蚀，后者堆积在前者的下方，这种现象多见于宽谷的下段。宽谷的特征、堆积物及其接触关系，反映了谷地形成的复杂过程和时代。

在庐山大量上升之前，河谷已适应于地质构造，并形成宽谷雏形，以后山体上升，又经受改造。持冰川观点者认为，宽谷主要是冰川作用的产物，如称东谷、西谷、窑洼等为冰窑；或称东谷、西谷、大校场谷地为冰川谷，芦林盆地为冰盆。宽谷的谷口（下端）出现裂点，如天桥裂点、茭芦桥裂点及窑洼、东谷谷口的裂点。这类裂点以下就是峡谷，显示地壳上升，河谷下切侵蚀，主要有石门涧、锦绣谷、剪刀峡。峡谷谷地深切，谷坡陡峭，有的呈阶梯状，如石门涧谷地；河谷比降甚大，多急流瀑布和深潭，如黄龙潭、乌龙潭、石门涧瀑布等。石门涧瀑布由石门涧裂点形成。该瀑布从天池山与铁船峰并峙如门中奔流而出，落差达百米，在石门涧裂点上游，峡谷的谷底变宽。这些现象显示了山体的间歇性上升。峡谷多循断层和垂直节理发育，横切地层，与宽谷大致呈直角状相交。

庐山山体上升，引起河流袭夺。如西谷河流原向西南经花径公园注入石门涧谷地，而后来却被锦绣谷河流在天桥附近袭夺；流入东谷的汉口峡河流，袭夺大校场上段的河流；石门涧河流在茭芦桥附近袭夺芦林盆地的河流等，并产生了一系列河流袭夺地貌。新中国成立以后，为了避暑、疗养和旅游事业的发展，利用良好的地貌条件筑造了庐山水电站及芦林湖、如琴湖（旧称花径湖）。庐山水电站有三个梯级，利用水头674m，基本以二级为最，在支流将军河与石门涧汇合后的峡谷中，建有电站大坝，坝内蓄水成湖，用于发电。芦林湖位于过去丛生芦苇的芦林盆地，湖口有玉屏峰和新洲山（女儿城山下段）夹峙。这里建有长120m、高32m，宽12m的芦林大坝，拦截盆地周围的来水，大坝上部有九个拱形溢洪孔。芦林湖不仅风景秀丽，也为庐山发电、供水提供丰富的资源。如琴湖位于西谷上段，在天桥裂点处建以大坝，原宽谷积水成湖。

二、北山五老峰—大马颈地区

本区为庐山北段山体的主要部分，大月山为最高峰，海拔1 453.2m。全区出露震旦系地层。在外力长期作用下，坚硬的石英砂岩形成山，而软弱的长石石英砂岩形成谷。

本区山体两侧沿东南侧和西北侧大断裂上升，形成明显的断层崖，上升量自中南部向东北方向递降，断层崖也相应地向东北方向降低，高度从超过1 000m降至数十米。五老峰断层崖高大陡峻呈阶梯状，显示断层崖形成时代之新，因受流水下切溯源侵蚀，形成许多V字形垭口和峡口，所谓"五老"就是指垭口之间五个耸立的断层三角体山峰。山体内部褶皱构造突出，平行岭谷地貌明显，形成一系列背斜山、向斜谷、次成山、次成谷。如青莲寺向斜谷、七里冲次成谷、大月山背斜山、白沙河次成谷、莲花谷向斜谷、小天池次成谷等。这些岭谷相间的地貌，形成了本区的主要特色。由于山体上升，河谷下切、溯源以及岩性、构造的影响，形成深切的峡谷及壮观的瀑布，如三叠泉—大坬里谷地、三叠泉瀑布等。

在褶曲构造和不同岩性差别侵蚀所形成的冰前地貌基础上，经第四纪冰川作用，发育了多种侵蚀地貌和堆积地貌。冰川学者认为，位于大月山背斜的西北翼的大坳洼地是一个冰斗，海拔高度为 1 200m 左右，冰斗形态尚比较明显。U 形谷有王家坡谷、七里冲谷、青莲寺谷、小天池谷等。U 形谷的上段或支谷，因高度较大，一般尚未受到破坏，谷宽约 200～300m，谷地平直。谷底分布着棕黄色庐山期的泥砾，李四光教授认为是小天池冰川形成的侧碛，在裁缝岭之下有几道由庐山期冰川形成的尾碛。庐山冰川期冰川活动仅限于山上。在王家坡 U 形谷的长岭脚下，分布着大姑冰期形成的侧碛堤和几道尾碛堤。

三、南山仰天坪—汉阳峰地区

本区包括九奇峰、犁头尖以南的庐山南部地区。出露地层主要是前震旦系双桥山群的岩浆岩，岩性较复杂，再加上断裂构造纵横，将岩体分割为菱形或网格状，更有利于侵蚀切割。

仰天坪是一个山间浅盆地群，周围有河谷发源于此，由轻变质的砂、页岩（或称板岩、片岩）构成。由于岩层破碎软弱，因此沟谷非常发育，有的成为冲沟，沟间山丘呈馒头形，相对高度只有数十米。汉阳峰一带的山峰，主要由变质流纹岩组成，易风化剥落，山形比较缓和，因上升量较大，成为庐山的最高峰。

庐山南部地貌发育与断裂构造极为密切。主要的断裂有：庐山东南侧的温泉正断层，断层的东南盘下降，西北盘上升，断层两旁岩石风化破碎。在断层谷，有花岗闪长斑岩、伟晶岩脉沿断裂侵入；庐山西北侧的莲花洞断层，西北盘下降，东南盘上升。山体沿上述断层不等量上升，并形成长方形断块山。其中以庐山垅断层和温泉断层之间的断块上升量为最大，汉阳峰就位于其上。该断块两侧断层崖平直陡峻。断块西北侧沿庐山垅断层发育庐山垅断层谷，谷地平直，谷坡陡峭，但在谷地的上游则较宽平，下段形成复式的横剖面，略具谷中谷现象。断块上的河谷与庐山垅谷地垂直交会，表现出断块山地的谷系特征。庐山垅断层与莲花洞断层之间，断块上升量较小，山脊高度由海拔 1 300 余米向西南方向递降。上述现象表明，庐山南部从总体上看，上升量较大，而对不同断块，甚至同一断块的不同部位来说，上升量又有明显的差别。

本区的东南侧为沿庐山东南侧延伸的温泉正断层，形成的断层崖高度有的超过 1 000m，向西南方向降低，最后只有数百米。断层崖呈阶梯状，可分为 2～3 级。本区的西北侧，山体沿莲花洞断层上升，也形成断层崖，但由于上升量向西南方向递降，因此断层崖的高度也向同一方向递降，从海拔 1 000m 左右降至 100m 左右。

四、东麓高垅—姑塘地区

本区位于王家坡谷地出口处以下至湖滨，是李四光先生所指的、谷山冰泛地区，地面覆盖大面积的大姑冰期泥砾。泥砾呈棕红色，具灰白色网纹；砾石大小混杂，以石英砂岩为主，来源于庐山山区，风化程度较深；无层次；分布在不同高度上。王家坡谷地谷口至高垅间，在谷地两侧，有大姑冰期的侧碛。高垅以下至湖滨，有几道大姑冰期尾碛，都呈垅岗状。李四光教授在白石咀附近的黄龙灰岩上，发现冰溜面等冰川遗迹。在冰溜面上还保存一些冰川擦痕。

高垅一带的阶地比较发育。这级阶地主要由砂砾层组成，高度 10m 左右，形成的时代较新。谷系变化较明显，目前还可以看到风口等现象。在姑塘镇东北方向沿湖一带形成一个天然剖面，全长 500m，高度 1 ~ 10m，当年李四光就在此找到了鄱阳冰期和大姑冰期两种堆积物的接触证据，他认为绛色泥砾为鄱阳冰期泥砾，它被网纹红土包裹着，所以剖面出露的主要是鄱阳冰期以后的堆积物。绛色泥砾中砾石成分为石英砂岩、石英岩等，砾径一般为 10cm×20cm，砾石略呈圆状，大小混杂，无层次或分选性。结构紧密，深受湿热化，网纹发育，似有断层现象。冰碛物中夹有冰水沉积或受后期流水改造，因而形成了泥砾与分选的砾石层并列或者互相穿插的现象。

本区除了第四纪冰川堆积物所形成的冰碛地貌外，还有湖滨地貌。沿湖一带地貌，低丘起伏，高出湖面都超过 100m。湖滨港湾是湖水淹没丘陵中的低谷而成的。如姑塘镇北端的港湾为湖水淹没向斜谷地形成的。过去湖中的孤岛，由沙咀把姑塘镇和陆地相连。白石咀也是由野猫颈连岛沙洲与陆地相连。它们组成了谷山湖的两个湖岬。白石咀前端的蛤蟆石为湖水侵蚀岬角蚀余的一部分岩石，孤立残存在湖上成为湖柱。

五、东南麓星子—秀峰地区

本区包括庐山东南麓的秀峰寺周围的参差峥嵘的峻俏群峰、星子县城北的指状岗地以及星子县城边山水交映的湖滨地貌。

秀峰寺位于汉阳峰东南约 4km，周围出露混合岩化片麻岩、混合花岗岩和伟晶岩脉等，向西北方向依次出露十字石云母片岩条带和变质流纹岩，地层向西北方向倾斜。"秀峰"由香炉峰、鹤鸣峰、双剑峰、香炉墩以及文殊峰等尖峭成簇的群峰构成，峰间峡谷深邃，瀑布高悬，潭水晶莹，竞秀争妍。秀峰的成因，首先与岩性有关，十字石云母片岩，抗风化剥蚀能力较弱，成为山岭顶部上的凹缺，混合岩化片麻岩垂直节理发育，经流水侵蚀切割而形成壁面陡直、峰林兀立的奇峰；其次与构造活动有关，庐山断块上升，北东—南西向斜穿秀峰地区的温泉断裂为一组阶梯状断层带，断块的不等量上升造成诸峰高度的参差不齐；再次与强烈的流水侵蚀切割有关，源于汉阳峰的沟谷河川汇至秀峰周围急泻直下，强烈下切，形成阶梯状分段的跌水和成串的壶穴。

庐山南麓的温泉断裂斜穿秀峰寺地区，自詹家岩、石头龙、万杉寺东侧，经万杉寺、陈家坂、彭家湾向东南方向延伸，温泉断裂有清晰的地貌显示，西北侧为山岭丛生，东南侧为丘岗平原，断裂通过处表现为成串的凹谷山口。横穿温泉断裂的河谷，谷地与河床横剖面形态陡然开宽，并有叠置的扇形堆积体。

星子县以北的指状垄岗，向北向五里牌方向收敛，向南呈指状展开。指状垄岗顶面平坦，向南微微倾斜，垄岗边坡和缓，出露网纹红土，目前局部坡段水土流失严重。在横切垄岗的公路边，尚可见到网纹红土层下部的砾石质透镜体，砾石多为石英砂岩、花岗岩和变质岩、石英岩等坚硬岩石，一般砾径在 7 ~ 8cm 左右，以次圆状居多，表面比较光滑，排列较有规则。网纹红土堆积中有斜层理构造和冲刷面、冲刷槽等，流水扇堆积体经后来的流水侵蚀切割而成为指状展布的扇形地、阶地或垄岗和岗间谷地,谷地多具有坳谷的形态特点。

星子—五里牌扇形地,延伸至鄱阳湖滨,过渡为鄱阳湖的第二级阶地。第二级阶地高出鄱阳湖面 15～20m 左右,紧接湖岸由湖蚀作用而成陡壁。火陷山所见第二级阶地,底部出露上白垩统南雄组砂砾岩,岩层向北西方倾斜。阶地堆积物有以下几种:①上部为黄白色砂层,分选较好,发育水平层理;②中部为棕红色、棕黄色砂层夹粘土质粉砂层,局部多铁质条带、铁质结核;③下部为残积层和棕红色粘土砂砾层。

鄱阳湖边,由于湖水位相对上升,第一级阶地不明显。湖水伸入谷地形成湖湾与湖岬的交错,湖湾中出现的小片的湖滩及第一级阶地。

六、西南麓赛阳、通远—沙河地区

本区位于庐山西麓及西部平原,包括赛阳、通远及沙河等地。自山麓向外分布震旦纪至白垩纪地层,走向大致呈北东向,第四纪沉积物覆盖普遍,基岩出露较零星。大致北东向的九江—德安大断裂纵贯本区。从横向上看,自山麓向外,地貌上大致由山麓夷平面过渡到缓丘、平原;从纵向上看,是一个与庐山本体延伸一致的宽展地带。显然,这与九江—德安大断裂带的活动有密切的关系。

在庐山西北侧,山体沿莲花洞断层上升,并发育断层崖。断层崖向西南延伸,微微向山麓凸出,可见北西向的横断层,并没有将庐山山体错移。莲花洞断层经过的地方多成断层谷。断层谷又往往被一系列发源于庐山的河谷切开,多呈直角状相交。

莲花洞断层之外,就是山麓夷平面。夷平面沿山麓分布,向西南延伸,海拔由 300～400m 降至 200m 左右。夷平面有的与庐山主体毗连,具有山麓面的性质,向山麓外围有明显的倾斜。这种夷平面的表面,有的覆盖来自断层崖或庐山谷地的堆积物,堆积物多呈棕红色,含巨砾,磨圆较差,深受风化,堆积物的表面倾角达 8° 左右;有的呈条状丘岗,以断层谷与庐山西北侧断层崖相隔。

山麓夷平面以外,山地河谷谷口以下,发育 2～3 级阶地。第三级阶地以侵蚀阶地为主,少数为基座阶地,上覆具网纹的砂砾层。第二级阶地多为基座阶地,较普遍,高 30～45m 不等,上覆网纹红土砂砾层,厚几米至十几米,网纹红土之上为棕黄色土,厚 1～3m。第一级阶地多为堆积阶地,高几米,多由棕黄色堆积物组成。

由于山麓地带河道多变,在阶地之间遗留不同高程的古河谷。如灌口西北古河谷,较第二级阶地略低几米,谷底切平基岩,宽 20m 左右,表面残留磨圆度很好的河谷巨大砾石。来自庐山的河谷,出山口后有的形成扇形地,然后过渡为宽广的谷底平原。谷底平原上布满砾石,河道分叉呈现辫状,偶而出露棕黄色或棕红色堆积物。沙河谷地大致向东北延伸,与构造线一致,河道曲折多变,原下游谷段已成为沉溺河谷,即七里湖。目前河谷注入七里湖的河口处,发育鸟足状三角洲。

据冰川学术观点,本区发育石门涧冰泛,该冰泛到达沙河以东。在石门涧谷地谷口一带,留有冰碛物或冰水堆积物。本区不同时代的堆积物,以南部较细,北部较粗。显然,这主要与南山、北山的岩性有关。

沙河镇西的狮子山有一溶洞,叫狮子洞,发育于石灰系灰岩地层中,全洞由一主洞及若干支洞组成。主洞分四个厅,即前厅、后厅、正厅和末厅。长百余米,最宽处 11m,最高处 19m，加上一条支洞，游程约 300 余米，洞内有钟乳石、石柱、石幔、石莲等岩溶地貌现象。

七、西北麓莲花洞—黄土岭地区

本区包括庐山牯岭好汉坡下的莲花洞向北至九江市，向西到八里湖南汊，沙河镇东边的一片地区，区内宽谷与丘岗相间，庐山西北侧的莲花洞断裂斜切本区东南角经莲花洞村南通过。

在莲花洞附近，莲花洞断裂的东南侧出露震旦系石英砂岩和长石石英砂岩，岩层产状倾向南东，为大马颈倒转背斜西北侧的一翼。莲花洞断裂的西北侧，出露震旦系顶部的西峰寺组深灰色至灰黑色硅质灰岩、硅质岩及炭质岩，上覆寒武系五音铺组炭质页岩与高炭质页岩层，构成标高 300~350m 的丘岗。在构造上莲花洞位于北西向断裂破碎——节理密集带与北东方向莲花洞断裂的交接部位，顺莲花洞断裂发育的北东向断裂谷伸展较远，被顺北西向断裂破碎——节理密集带发育的横向谷地流水袭夺，后者谷地的上段谷肩形态清晰，谷肩之下谷壁陡直，地势险要。

莲花洞西北方向的张家山地段，丘岗起伏，岗顶比较平坦，向北西方倾斜，海拔达330m，自羊角岭附近向西北方向呈扇形展布，为李四光所称的莲花冰泛区。本地的丘岗，表面多散布粗大岩块。部面上可见顶部灰黑色植被，土壤层之下为一层黄土状砂质粘土层，疏松多孔，其下为红色或红白色网纹状泥砾堆积层。泥砾层厚几米至十几米不等，泥质含量较少，巨砾较多，成分多为石英砂岩，部分砾径较小的岩块为硅质岩。有的巨砾长径达 1~2m 有余，形态很不规则，多见球形砾嵌于块石之中。巨砾表面染呈红白网纹，多数砾石扁平面向东南方向倾斜，倾角 20°~40°不等。巨砾间的砾石和碎石，排列杂乱无章，常见泥与砾呈互相包裹的现象。在剖面上还可见到较顺直的泥质条带。剖面基底为寒武系砂质页岩层。扇形堆积体经后期流水切割，也呈指状向北西方向展开。李四光称为莲花冰泛堆积体，有学者认为系泥石流堆积体，主要依据是表露的块砾，扇顶部位砾径较大向外围渐次变小、岩块巨砾似有定向排列，有较多数量的砾石磨圆程度较好，也没有在岩砾表面见到典型的冰川堆积所特有的擦痕。另有学者提出，这种堆积物可能是类冰川堆积体，或者为冰川泥石流堆积体（参阅附录）。

自羊角岭（蛇头岭）往北，九江新桥相对高度 10m 左右的小丘，李四光认为是大姑冰期的冰川尾碛，久经侵蚀而残存的孤丘。新桥剖面自上至下可分为 3 层：①黄土状亚粘土；②黄褐色含砾亚粘土；③棕红色泥砾。

棕红色泥砾层厚 6.5m 左右，剖面左端部位含泥量极少，由砂和砾石构成。砾石成分多为石英砂岩、长石石英砂岩、硅质岩和变质岩。砾径大者 1m 以上，小者仅几厘米，磨圆程度较好，分选性较差，堆积层次不明显，可辨出向剖面右端倾斜的弧形砾石块带，间以砾石数量较少的含砾砂粘土条带。下伏基岩为志留系夏家桥组黄绿色砂岩与紫红色砂页岩。

在十里铺北的金氏山庄，可见到网纹红土层之下为两层砂砾层：①上层为棕红色砂砾层或砾石层，冰川学者定为大姑冰期冰水堆积物；②下层为灰白色砂砾层或砾石层，相当于"九江砾石层"。前者砾石以石英砂岩为主，后者砾石多硅质岩成分，砾石表面多有风化圈层。原地砂砾层，砾石排列比较规则，分选也较好，流水作用成因性质明显。剖面右侧多垂向断裂。原九江轴承厂附近，堆积剖面的特色为网纹红土层夹多层不完全连续的薄层砾石层。九江水厂附近，网纹红土层厚几米，较纯，上覆盖棕黄色粉砂质粘土，界面清晰，表现为明显的沉积间断。堆积物组成第二级阶地。网纹红土层属中更新世，棕黄色堆积物属晚更新世。

八、九江—湖口沿江地区

九江市东至湖口地带，地表普遍为第四系堆积物覆盖。长江河道微弯，奔流东去至张家洲分为南北两分汊。地貌类型比较单调，大片为第二级阶地分布，第一级阶地不发育。

第二级阶地主要为堆积阶地，部分为基座阶地，基座为早更新世九江砾石层。九江砾石层为粘土层和砂砾层互层，呈浅黄色、灰白色、棕红色，砾石成分多为石英砂岩、石英岩、硅质岩、砾石岩等，磨圆程度较好，分选程度不一致，斜层理、水平层理比较清楚，最大厚度可达80m，向山麓尖灭，向江北增厚，下伏上白垩统南雄组。发育良好的阶地为第二级阶地，阶地沉积物一般分为两层，下层为网纹红土，底部夹砂砾石透镜体，或棕红色砂砾层；上层为棕黄色亚粘土。阶地高度向江边递降，多由35m左右降至15m左右，经流水切割，而呈垂直江流的垄岗。

九江石油化工厂附近的第二级阶地，主要由砂（细）砾石堆积物构成，砾石成分比较复杂，有石英砂岩、石英岩、硅质岩、变质岩、燧石等，与庐山出露的基岩可以比较。砾石平均长径不过几厘米，个别达5cm以上，显示分选程度较好，砾石和砂粒的磨圆程度比较差，多呈次棱角状，发育粗略的单斜层理，砂粘土胶结，发育不典型的网纹。反映阶地组成物质多来自庐山地区，搬运距离不远，堆积时沉积速率比较快，上覆黄土状粉砂质亚粘土。九江发电厂附近的第二级阶地，主要由5~6m至近10m厚的网纹红土构成。

本区沿江多中小型湖泊，如八里湖、南湖、白水湖等。这些湖泊的形成，大体可分为四个阶段，即阶地受切割的河谷发育阶段；江水位相对上升河谷谷口沉溺阶段；沿江天然堤发育而封闭成湖阶段；人工加固修闸致使湖水位比较稳定的阶段。这样的湖泊常称为"沉溺湖"。

九江沿岸，为长江微弯的凹岸，凹岸受冲刷后退。不过由于九江—湖口地带的长江南岸受冲刷的第二级阶地基座为抗冲性较强的南雄组砾岩及早更新世砂砾层，中上部为网纹红土，水湿后性粘重抗冲蚀力强。所以，此地带长江南岸相对比较稳定，且长江主流靠近南岸，所以九江所处长江南岸是天然良港之一。第四纪以来，本地区长江河道是向南迁移的，致使长江两岸河谷不对称，江北岸一、二、三级阶地齐全，且阶地面相当开阔，而江南第一级阶地不发育，显然与长江南移有关。

长江张家洲河段为分汊型。张家洲的成因与鄱阳湖水的顶托有关。据历史记载，明永乐年间的张家洲为不稳定的狭长状江心洲，主要在19世纪以来发展较快，且主要向北横向展宽，致使北汊发生弯曲。原因可能因气候条件改变引起的流量及水动力条件的变化有关，还与来沙量的多寡有关，以及北岸边界条件抗冲性差所致。目前张家洲南、北汊道的分流比为北汊道占47%，南汊道占53%，北汊道比南汊道百分比较低，南汊道进口口门处变化较快，水深较浅。这种河势，对本段港口的建设和航道的稳定性是不利的。跨江大桥的选线，在九江河段曾考虑了河面宽度、基岩埋深、引桥土石工程量等多方面因素。南雄组钙质胶结的灰岩砾岩，不均匀的溶蚀现象曾给建桥工程带来意外的麻烦。

九、山地平原丘陵空间结构

从高度划分，庐山地区分布有中山——庐山山体，低山——庐山山体外围，例如西部的猪排山、东部的马祖山。丘陵分布广泛，有花岗岩丘陵——庐山东南部山麓和平原，砂岩丘陵——庐山东部高垅一带，石灰岩丘陵——鄱阳湖西部平原谷山湖一带的上青山、下青山等，西部沙河一带的狮子山等。

鄱阳湖平原、长江中游平原的九江平原是该地区的两大平原地貌单元。属于沉降式沉积平原，由第四纪沉积物组成。

§5.8　庐山地区地貌调查内容与方法

地貌野外实习都选择在地貌类型众多及其组成物质比较典型、与地貌条件有关的生产和生活或环境问题较为突出的地区。观测路线尽可能通过典型的地貌类型，观测点尽量选在制高点及地貌形态完好、第四纪沉积物露头较好的地方，以便观测到丰富的地貌现象，复杂的形成原因。

一、地貌的野外观测与分析

地貌的野外调查主要是通过路线观测和观测点上的观测来完成的。在观测点上要对观测的内容进行详细的记录，还要把到达这一观测点的沿途观测的内容记录下来。野外记录是重要的第一手资料，也是解决实习区有关地貌问题，初步判断和得出结论的依据。

野外调查实习是培养独立工作能力、养成良好工作习惯的必由之路，应该做到：

①做到四勤。眼勤：在野外多观察、多搜索地貌现象，善于发现异常地貌现象。腿勤；多走一些路，尽可能地从不同方位多看一些地貌现象，发现更多的地貌问题。自然界是无穷变化的，多走一些地方就能多观察到一些地貌现象。手勤：观察地貌构成物质，要亲自动手、碾、摸，从手的感觉可以得到岩石物理性质的信息，初步判断岩石的软硬，分析与地貌形体的关系。脑勤：要多想，善于把前后观察到的地貌事实进行比较，形成某种观点。证实自己的设想和解决问题的过程，会引导你寻找更有意义的观察点。

②做好野外记录。在野外观测到的内容多种多样，尤其是灵感到来时产生的新异想法，必须记录下来。要妥善保管野外记录，一旦丢失，前期的工作成果则难以弥补。在各个观察点上的内容记录不一定详细，可以全面地纲要性地记录，但是，当天必须将全部内容补充记录和整理。

③积极讨论。地貌体作为自然现象，极其复杂而富于变化，个人对一种地貌现象的观察存在局限性，对地貌理解也不可能绝对准确，有必要开展讨论、互相启发、取长补短，开展讨论和辩论的目的是为了共同提高认识。

（一）地貌形体的测量与描述

在一个地貌观察点，首先得到的是关于地貌形体的印象。大多数情况下，视野所及的范围非常宽广，而要详细观察和描述的地貌对象，往往只是其中的一个点或者一个很小的区域。这时，不要急于去观察地貌点的细节，应当从大到小、从面到点进行观察。首先要确定视野内有哪几种较大的地貌类型，观察者本人处于哪种地貌类型中。确定地貌形体的特征，一般有定性和定量两个方面的内容，既包括形体的测量，又包括形体的描述。不仅要观测记录地貌大的轮廓，还要注意地貌形体的微小变化。一般采用从大的地貌形体到小的地貌形体的顺序。

对地貌形体的描述和测量应包括：

①几何轮廓特征，如扇形、锥形、阶梯形、三角形等；

②分布上的位置，如平面相对位置、绝对高程和相对高程等；

③形体的大小，如长度、宽度、高度、面积；

④表面起伏的变化，如坡形、坡度、坡长、切割深度、切割密度等内容，其中某些数据也可根据地形图测出。

还应该注意地貌体的起伏变化、叠加的地貌类型，以及较大的地貌体被切割破坏的程度等。一个较大的地貌体又往往是由一些次一级的地貌类型组合而成的。例如，一个低缓的丘陵，可能其顶部保存有古岩溶的岩溶洼地，斜坡上保存有古湖滨地带的浪蚀陡崖，陡崖的某部分又被切割，在坡脚形成小型的冲积锥等。所有这些地貌形体类型出现的部位，主要形体指标都要加以描述和记录。不要忽视任何地貌形体的细节或者较小的地貌形体。总之，要详尽地描述和测量地貌的形体，特别是在地形有明显变化的地方，或有特殊地貌现象出现的地方要更详尽地描述和测量。因为不同成因和不同发育阶段的地貌，其形体特征和空间分布规模是不同的，所以对地貌形体的测量和描述在地貌野外调查研究中占有重要地位。

（二）地貌物质组成的观测与描述

地貌调查虽然从地貌形体入手，但是根据形体一般只能提出问题，因为许多不同成因的地貌类型都具有相似的形体，要确定这些地貌形体类型的成因，必须详细观察和分析构成地貌的物质。构成地貌体的物质分为基岩和松散组成物质（残积物、坡积物、风化壳或者沉积物层）两类。完全由基岩构成的地貌，要观察和记录基岩的产状、岩性、断层、风化面以及它们与地貌体表面之间的关系，追索这种关系的延续情况。如果发现陡崖直线延伸，而且在岩性较软的地段同样发现陡崖，便可大体推断该陡崖是断层活动的产物。但是，还缺乏直接证据，应该继续搜寻切过陡崖的冲沟、河流，往往能发现断层面。

地貌体由松散沉积物构成时，需要根据沉积物的岩性、结构特征尽可能在野外确定其成因类型。松散沉积物构成的地貌体易于受到其他动力的破坏，与形成时的形体比较，可能已经面目全非了，或者经历了多次侵蚀与堆积的过程，起源形态可能仅表现为一个突出的高地或者矮丘，但是构成物质的剖面却可能非常复杂。许多地貌是多次破坏、改造、叠加形成的，必须弄清这些沉积物之间的关系，才能正确恢复地貌发育史。

分层：自上而下详细记录。

● 沉积物的厚度：总厚度及单层厚度，厚度的变化是连续的，还是间断的。

● 沉积物的颜色：以干燥沉积物新鲜面的颜色为准，湿润沉积物颜色还应注明是原生的，还是次生的。

● 沉积物的岩性：指沉积物的成分，砾石的岩性和风化程度，颗粒间胶结物和充填物的成分，胶结或坚硬的程度。

● 沉积物的结构：

粒度-颗粒直径的大小分类方法见表 5.8.1。

表 5.8.1   沉积物粒度分级

	粒级	粒径/mm
砾	巨砾	>1 000
	粗砾	1 000 ~ 100
	中砾	100 ~ 10
	细砾	10 ~ 1
砂	粗砂	1 ~ 0.5
	中砂	0.5 ~ 0.25
	细砂	0.25 ~ 0.1
粉砂		0.1 ~ 0.01
粘土		<0.01

沉积层的名称根据各种粒级其含量所占百分比而给予命名。一般将含量大于或等于50%的粒级定为主名，含量在25%~50%的粒级称××质；含量10%~25%的粒级称含××的。

形状：一般分为扁平类、圆球形类、扁圆类和圆柱形类，如图5.8.1所示。

方位：测砾石的方位角及倾角，将测得的结果制成玫瑰图。

圆度：分为棱角状（0级）、次棱角状（1级）、次圆状（2级）、圆状（3级）、极圆状（4级）（图5.8.1）。

● 成因类型：沉积、坡积、洪积等。

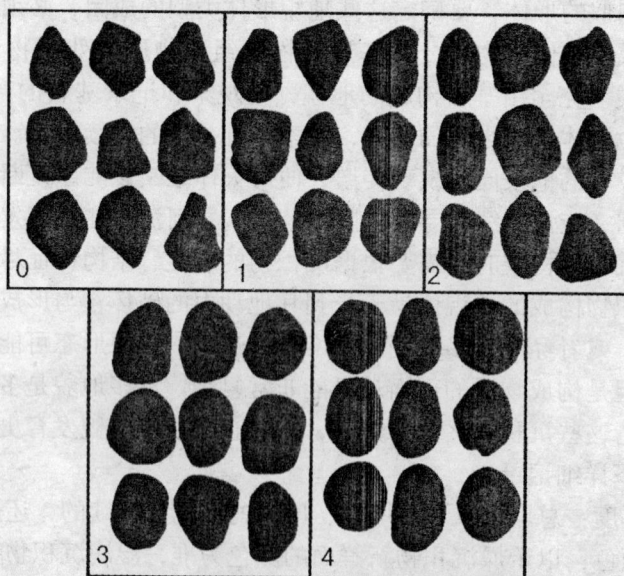

图5.8.1　砾石形态表

（三）第四纪沉积物（剖面）观察与描述

第四纪沉积物的时代划分：

下更新统（早更新世）Q_1

中更新统（中更新世）Q_2

上更新统（晚更新世）Q_3

全新统（全新世）Q_4

1. 第四纪沉积物分层

大多数第四纪沉积物剖面都由岩性和结构不同的层次构成，分层的主要标志有颜色、粒度、层理、结构和侵蚀面等。沉积物的分层代表了不同的沉积环境、沉积相、沉积介质条件或者不同的成因类型。首先，进行比较粗略的、宏观的观察和分层，分出具有明显特征的层组；然后，观察和追索各层的延伸情况，是否有横向的相变，或者尖灭的现象，还要注意是否存在断层、风化面和侵蚀面。

2. 沉积物颜色

沉积物各层物质由于来源、形成环境、物质成分、粒度组成和后期变化的不同，形成它们之间颜色的差异；反过来，根据沉积物的颜色也可以判断其物质来源，形成环境和后期变化等。沉积物的颜色可以分为原生色和次生色，原生色是由沉积环境、沉积介质、物质来源和成分等条件所决定的，比较一致，颜色的水平方向变化是过渡的。在同一层内，层理上下的不同沉积物的颜色差别较大，一般是季节变化造成的沉积物成分和粒度变化引起的。次生色形成于沉积之后的分化作用或者其他次生变化，常呈斑点状或纹带状。

沉积物的颜色是沉积环境的重要标志。湖相沉积形成于缺氧的还原环境，一般为灰绿色、黄色。黄土和古土壤形成于地表，氧化条件较好，大多为灰黄色、棕褐色等。国际上目前采用"标准土壤色谱"来确定沉积物颜色。其方法是：取一小块沉积物，用手碾碎后与标准土壤色谱对比，选用最相近的颜色命名该沉积物的颜色名称，使用数字和英文字母表示。例如，某种沉积物的颜色为 7.5/R6/4，其中 R 代表色调（红色），7.5 是色调的分类，6（分子）代表等级，4（分母）表示色差。野外调查中，根据标准土壤色谱对沉积物的颜色进行命名。使用色谱时，要注意沉积物的干湿程度，要求统一，并且要注明是干沉积物或是湿沉积物。

3. 沉积物的矿物成分

第四纪沉积物主要是碎屑沉积，其矿物成分在野外可以用放大镜做粗略的鉴定。有些第四纪沉积物中含有某些特殊的矿物，它们以夹层、结核或者结晶的形式出现，例如褐铁矿、铝土矿、铁锰结核、钙结核和钙板、石膏、石盐。

4. 沉积物的层理和构造

层理表现为不同粒度、成分、颜色的薄层反复地相互重叠出现。层理的构造可以分为水平层理、斜层理、交错层理、透镜状层理等。要注意观察层理的成分和颜色特征，测量层理的厚度。确定层理出显的层位、厚度以及不同的层理相互更替的规律。沉积物中有时出现具有特殊意义的夹层，如泥碳、古土壤、化石层、含矿层、火山灰层等，它们对说明沉积形成历史和地质事件是极好的证据，不仅要仔细观察和描述，还需要采集标本供室内鉴定。它们通常是理想的年代测定样品。

5. 化石

化石是沉积物的重要组成部分，常见的化石有脊椎动物、软体动物、微体动物、孢子花粉、昆虫等。野外工作中要系统采集可能保存有孢粉、微体动物、昆虫化石的样品，以便实验室分析鉴定。

在剖面上发现脊椎动物化石要及时采集，在剖面图上注明化石发现的部位。化石标本可在野外初步鉴定并且编号。遇到重要的化石地点，要重点进行专门的挖掘。第四纪沉积物还保存有人类活动的痕迹，包括使用的工具、灰烬、遗址等。如果在剖面上发现烧土、灰坑、夯土等，要特别注意搜寻人类活动的其他证据和文物。

（四）采集组成物质的标本和样品

野外调查中，需要采集各种实验室分析样品。采集的样品是否符合该测试项目的要求，关系到测定结果的成败，会直接影响到调查的质量。所以，样品采集是野外调查工作的重要一环。地貌资料除了文字记录和图件外，还需采集标本和样品，以便在实验室内进一步分析、鉴定，使认识深化。在有代表性的地点采集标本和样品，采集后要编号、登记、填写标签、包装等。

1. 测定沉积物岩石性质

沉积物岩石性质包括粒度组成、矿物成分、粘土矿物、结构和表面形态、化学成分、颜色等方面。这些不需要定向样品，采集比较简单。采集样品时，注意挖开新鲜面，剥除表面经过风化或者污染的部分，然后采集样品。样品量要采集充足，调查之前要确定所需样品的重量，颗粒分析一般采集150g左右，自动分析颗粒仪采集10g左右即可；矿物分析100g；粘土分析200g；化学分析20g；颜色测定20g；表面形态测定20g；结构分析50～100g。除结构分析样品外，其他分析样品可以一起采集，回实验室后再分开。

分析沉积物结构，需要保持原状，有时还需要定向。要用专门的铁盒或者铝盒盛样品。采集样品时先要在剖面上把要采集的部分切成方块，画好方向。然后取下来用纸包装，标好方向，并且放在铁盒中。空隙处用碎的沉积物填满，以免运输时破碎。在盒子上也要标明方向和编号。

2. 古生物样品

通过古生物化石可以给出地层的相对年龄，划分大的地质时代阶段，并能依次阐明古气候变化过程。同时，古生物化石群的发现本身就有很高的研究价值。古生物化石包括脊椎动物化石、软体动物化石、介形虫、有孔虫、孢粉、昆虫、硅化木等。

（五）地貌年龄分析

地貌的年龄也就是地貌形成的时代，指形成地貌体的地质作用停止的时代。例如，阶地的年龄是指它开始抬升，脱离了河流流水作用的时间，阶地顶面沉积物的年龄可代表阶地的年龄。可见，确定地貌年龄的实质是测定构成阶地的沉积物或者地层的年龄。

地貌年龄分为绝对年龄和相对年龄。前者是指地貌形成距今的年数，是通过测定组成地貌体的沉积物绝对年代来确定的，需要在实验室内进行。后者是指地貌形成的先后顺序，即哪些地貌是先形成的，是较老的，哪些地貌是后形成的，是较新的。其相对年龄主要依据下列标志判断。

1. 沉积物对比法

依据组成地貌体的各项沉积物之间的相互叠覆关系，确定其先后次序。河流阶地较新的沉积物盖在较老的沉积物之上，它们组成的地貌的相对年龄也就确定了。

2. 地貌高程法

地壳持续间歇性抬升地区或者湖水面下降地区可以形成层状地貌。例如，山地河流的侵蚀阶地，它们形成的时代越早，高度越大。湖水面持续下降的湖滨地带形成环形的多层湖滨台地。它们的位置越高，时代越老。河流两岸的石灰岩地区，有时发育多层水平溶洞。每层溶洞代表一次地壳稳定时期，当时的地下水水平流动形成水平溶洞。以后地壳抬升、水平溶洞脱离地下水的溶蚀，停止发育，而在新的地下水面位置发育新的水平溶洞。所以溶洞位置越高，地貌年龄越老。

高度对比法应用于确定地貌年龄比较普遍。确定阶地、夷平面、古湖岸线等的年龄都常用这种方法。但在水面升降和地壳升降运动两者都存在的情况下，应用这种方法要十分注意。构造运动一般都长时间持续向某一方向运动，变换运动方向的周期十分长。而气候引起的湖水面波动频率要比构造运动升降变化的频率大得多。确定成层地貌年龄时，要充分考虑这些因素。

3. 相关沉积法

地壳抬升地区剥蚀和侵蚀下来的物质搬运到下沉区堆积起来，两者之间有相关的联系。一般来讲，抬升区较高的地貌面，如古河道、夷平面等，与沉积区较深的沉积物相对应，抬升区最低的地貌面与沉积区最高的沉积物相对应。这个方法对确定抬升区某些无沉积物的剥蚀地形的时代比较有效。为了进一步确定它们之间的关系，可以通过剥蚀区岩石性质与沉积区沉积物组成之间的联系，分析它们形成的先后顺序。

4. 风化程度对比

岩石所处的环境条件，如气候、地下水、湿度、温度等都基本相同，那么，风化程度较深，风化壳较厚的形成时代较早。例如，湖岸或者海岸阶地的沉积物由于形成时代不同，风化壳厚度差异明显，风化壳发育阶段差别也较大，也可用于对比相对年龄。

冰碛物堆积后，在间冰期经受风化，越老的冰碛物受风化的次数越多，时间越长风化程度也越高。发育在高寒地区的冰碛物风化速度很慢，较老的冰碛砾石外壳有时只形成一层钙质薄膜，较新的冰碛物表面则没有，据此可以判断它们的相对年龄。钙质薄膜也可用于放射性碳年龄测定。

5. 地貌的侵蚀与叠置关系

地貌形成先后不同，它们之间的切割和叠置关系有一定的规律，判断其新老关系的依据类似于地层层序律。一个地貌体叠置于其他地貌单元之上，它一定比下面的地貌体年龄新。地貌体被切割，切割地形的出现一定晚于该地貌体，与切割地形相关的其他堆积地貌也一定比该地貌体年龄新。

6. 化石和其他确定地貌年龄的标志

野外地貌调查时，要注意寻找沉积物中的化石和其他能确定年代的人类活动遗迹。如果发现能确定时代的古脊椎动物化石，便可判断地貌单元的年龄，并以此为标准推测其他地貌单元的相对年龄。较新的阶地沉积物中能发现人类活动遗迹或文物，如古钱、陶片、瓷片等，它们也能帮助确定地貌年龄。

以上是野外条件下确定地貌相对年龄常用的方法，但每一种方法都不可能解决全部地貌相对年龄问题，必须采取多种方法，互相补充，相互印证，综合判断地貌年龄。

（六）地貌成因分析

地貌成因主要从下列几方面进行分析：

1. 地貌形态与外动力的关系。据其形态特征、物质结构与岩相特征，所处的自然环境，比较容易确定堆积地貌的成因。确定侵蚀地貌，如夷平面、侵蚀阶地，冰川谷等，除了根据其形态以外，应主要通过研究它们与地质条件和自然地理条件的关系，研究地貌类型组合及其与相关沉积物的关系等来确定。

2. 地貌形态与内动力的关系主要是分析构造类型与地貌的关系。

3. 地貌形态与岩性构成，岩层厚度、结构、构造等关系的分析。

在野外确定地貌成因的同时，应确定地貌的形态-成因类型，确定类型的界线，并将其标绘在地形底图上。

（七）地貌类型的组合关系

地貌类型的空间变化、各种地貌类型之间的接触关系、组合特点等记录了地貌发育过程许多有价值的信息，是野外地貌调查的重要内容。

地貌类型的组合有两种，一种是同一成因系列的地貌类型组合。例如，河流地貌的组合包括河床、河漫滩、天然堤、弓形湖、阶地等。有些地区原来的地貌遭到强烈的破坏，同一成因系列的地貌类型只保留了其中的很少部分，后期又经过了较强的分化作用。庐山地区的冰川地貌现象就是一个典型的例子，关于那里是否存在过第四纪冰川，科学工作者们争论了半个多世纪，尚未取得一致意见。在这种地貌类型地区进行地貌调查可以先拟订一个工作假设，进行观察和追索，进行论证。

另一种地貌组合是不同成因类型的地貌组合关系。例如，山麓地带、湖滨和海岸带的地貌可能是几种地貌动力综合作用的结果，缺乏典型性，比较难以识别。靠近山麓的湖滨地带，受洪积和冲积作用影响较大，洪积扇与湖滨阶地相重叠，冲积物也具有双重性。

山麓地带是山地与平原的过渡地带交界处，它们之间的过渡关系多种多样，可以是陡壁、缓坡，也可以是坡积群、倒石堆、洪积扇、冲积扇等连接山地与平原两种地貌类型。不同的组合关系反映了不同的地貌发育过程。这种大地貌单元交接地带的组合关系是该区地貌历史的最好记录，应予以特别注意。

地貌组合特征越复杂，它们所记录的地貌过程也越复杂。例如在一些湖滨地带，山地与湖泊之间有一个广阔的缓坡地带，缓坡主要由洪积扇组成，它们沿山体走向形成起伏相间的波状平原。

（八）自然环境与现代地貌过程

目前的自然环境和地貌作用是任何地貌研究的起点和标尺。过去的地貌发育历史是与现在的地貌过程相比较而存在的，未来的发展趋势是以目前的发展状况为基础的。地貌调查中，要随时注意观测点周围的自然景观、植被、土壤、水文等自然环境条件，其中包括观测点所处的自然地带、植被类型、植被覆盖程度、土壤类型、土壤发育程度、地下水深度、河水流量、流速、含沙量、湖水矿化度、湖水中的动植物、湖泊周围植物的生长和分布特点、地面岩石的风化类型和程度等。这些自然环境特征代表了目前地貌发育的条件，如果过去的地貌发育类型不可能在目前的自然环境条件下形成，说明了自然环境的变迁。

现代地貌过程在地貌调查中占有十分重要的位置，特别是诸如滑坡、泥石流、沙漠化、水土流失、河床演变、水库淤积、河（湖、海）岸冲刷等，都是重要的调查内容之一。现代地貌调查的目的在于了解危害人类的地貌过程，或者是由于人类的活动引发的危害性地貌过程的强度、速度、作用方式、特点等规律，从而预测其危险性及发展趋势，制定防治措施等。

（九）地貌与经济建设的关系

野外调查中，要注意区域地貌环境和资源开发的地貌条件，了解地貌对农业土地利用、道路建设、水利建设、矿藏开采、城市化及旅游的影响。要结合区域规划，对地貌条件进行评价，指出优越的地貌条件利用的方向，对不利的地貌条件的改造措施。

（十）地貌素描和摄影

地貌素描和摄影能形象地反映真实地貌实体，在野外所见到的典型代表性的地貌现象都应该进行地貌素描和摄影表示。摄影是纯客观反映，而素描则能够突出重点现象。

二、各类型地貌野外调查指向

（一）坡地地貌调查

坡地是地貌最基本的形态，可以认为地貌形态是由各种坡度的坡地组成的。平坦地面和垂直陡壁是地貌组成中最原始、最极端的坡地形态。可以把坡地初始形态简化为一个垂直的陡坡连接两个高度不等的平坦地面，而后在各种地貌动力作用下，发育形成不同形态的坡地。坡地发育有两个阶段：①风化阶段，坡地经过各种风化作用，表层的物质变得破碎、松散，为进一步搬运准备了物质条件；②移运阶段，坡地上部的碎屑物质向下移动堆积在坡脚或山麓，形成不同的地貌形体。

坡地地貌调查的主要项目有滑坡、坡地泥石流、坡面蠕动、地面侵蚀、剥蚀面和夷平面等。

1. 滑坡调查

滑坡的发生一定与坡度、水文、岩石结构、岩石性质、气候等客观条件有关。滑坡调查的最终目的是阐明滑坡与这些条件之间的关系，并分析滑坡出现的时间。调查应从已经形成的滑坡体和已经稳定的古滑坡入手，通过对它们的调查了解滑坡形成的原因和稳定条件。调查内容主要有：

①滑坡体的几何形态、最大宽度、厚度和长度；

②滑动面的坡度以及延伸情况；

③滑坡壁的高度及被侵蚀的状况；

④滑坡体表面的形态、阶坎，树木的特征，是否有醉树，滑坡体表是否被侵蚀；

⑤紧邻滑坡体背后的斜坡上是否存在环形拉张裂隙，它们延伸的范围、长度和宽度；

⑥原始斜坡的地层、岩性特征，哪一层遇水后可能变软成为滑动面；

⑦地下水条件，含水层部位，降水时含水层的状况，斜坡上是否有地下水出露点，出露的层位等；

⑧原始斜坡下部被侵蚀的情况，包括人工开挖；

⑨气候条件调查，如降雨量，降雨过程和暴雨集中的季节等。

这些调查内容中要特别注意山坡地层的结构和岩性特点，地下水条件和降雨过程，它们与滑坡的出现关系最为密切。调查结束后，应对该区滑坡形成的原因、特征及危害、防治办法提出意见。调查结果的总结中应对下列问题作出结论：

①地质构造，如节理、产状、软硬岩层的组合与山坡坡向的关系，它们对滑坡形成的影响是什么；

②促使滑坡形成的气候特点；

③人为破坏、人工建筑等对滑坡形成的影响；

④可能产生新滑坡的地段；

⑤已产生慢滑动的滑坡运动速度，未来可能产生快速滑动的时间。

2. 坡地泥石流调查

陡峻的山坡地带，物理风化形成大量碎屑物质时，暴雨季节常常形成坡地泥石流。这种泥石流规模和范围较小，但它们发生在山坡上，而不是沿着沟道搬运，常常造成居民点、道路等的毁坏和人员伤亡。坡地泥石流调查内容包括：

①泥石流物源区山坡坡度，风化程度，风化碎屑的厚度；

②山坡植被覆盖率，植被种类和固定风化物质的能力；

③供给泥石物质的范围，泥石流的物质组成，停止运动的坡度，堆积的地貌部位；

④降雨过程，暴雨的降雨量，降雨强度。

根据上述调查内容基本能判断坡地泥石流发生的条件、季节和规模。然后进一步调查该原山地坡度、山坡风化碎屑物质的数量、植被覆盖率等。把上述内容定量表示在平面图上，几种因素叠加，分析出最有利于泥石流产生的部位，即为将来可能发生泥石流的地点。

坡地泥石流调查应注意总结下列问题：

①形成泥石流山坡的岩性特征，遭受风化的程度；

②泥石流发生的坡度、坡向和部位；

③泥石流运动的流动路线；

④泥石流堆积的地貌部位、堆积量，对环境和居民的灾害程度；

⑤泥石流形成与气候的关系，容易发生泥石流的季节；

⑥可能采取的防治措施。

3. 坡面蠕动

坡积残积物质以每年数毫米或数厘米的速度向下运动。野外识别坡面物质是否有蠕动，主要依据两个特征：（a）主要观察坡面上的乔木主干下段是否出现弯月形或者弧形的事实；（b）道路旁乔木根系悬空或者主根系向山坡上方伸展的事实。

对调查区进行调查后要明确下面的问题：

①蠕动坡面的坡度、坡向、坡长；

②乔木根部弯曲的弧度、弦长，分析蠕动的速度；

③诱发蠕动的因素；

④治理措施。

4. 坡面侵蚀与坡积物调查

野外的坡面侵蚀调查多是定性的，一般包括不同坡度、坡向、植被生长状况，坡地地段的岩性差别，降雨时观察坡面上面状水流的混浊程度。根据这些资料判断调查区片流侵蚀强度的概况。定量的研究需要定点观测或到当地水地水土保持部门搜集有关资料，其中包括不同坡向、坡度、坡长以及不同植被种类、不同覆盖率情况下的坡面侵蚀量。较大流域面积内的坡面侵蚀，可通过水文资料计算求得。在一个流域内，其年输沙量和流域面积之比为侵蚀模数，它代表了该流域的侵蚀强度，但其中包括了坡面侵蚀与沟谷侵蚀两部分，分析使用侵蚀模数时必须加以注意。

坡积物的调查对说明调查区地貌发育历史有一定的辅助作用。野外要正确识别坡积物，它主要有下列特征：

①分布于山麓地带，沉积厚度中部最大，向上和向下尖灭。

②坡积物剖面中，物质颗粒由下向上变细，底部可能有巨大的岩石碎块，它们是山坡发育初期崩塌作用形成的。

③坡积物中存在水流作用形成的层理，层理面向山一侧倾斜。在同一层中靠近山坡部分颗粒粗大，向山外变细。坡积物剖面上经常能看到由岩石碎屑形成的薄层透镜体，它们是降雨强度较大时冲刷下来的。但是其中绝不含粗大的具有一定磨圆度的砾石透镜体或夹层，这是坡积物与洪积物的重要区别。

④坡积物中常有成土作用或风化作用的痕迹，具大孔隙，垂直节理发育，颜色多为灰黄色。

⑤含陆生蜗牛和啮齿类化石。

野外调查中可以根据上述特征确定坡积物及其地貌体——坡积裙。坡积裙出现在坡脚，规模都不很大。一般来说，它本身的地貌研究价值较小，但坡积物的存在，可以证明当时这里曾是山坡的转折地带，山坡经过一个时期的演化发育形成了坡积裙，根据它们可以恢复地貌发育历史。河谷地带残留的坡积物往往代表河流发育的一个阶段。所以野外调查要注意辨别坡积物及其地貌形态，并阐明它的地貌意义。为此，对调查区坡面侵蚀和坡积物进行调查后要明确下面的问题：

①调查区坡面侵蚀强度，侵蚀量最大的坡度；

②不同植被类型和覆盖率的坡地侵蚀强度的差别；

③不同坡向侵蚀强度的差异；

④引起坡面侵蚀加剧的人为因素；

⑤坡面侵蚀对调查区农牧业的危害；

⑥坡面侵蚀的物质在坡脚堆积的数量，坡积裙发育程度；

⑦河谷坡地坡积物发育的成层性及其与河流阶地的关系。

5. 剥蚀面和夷平面调查

长期构造稳定的地区，坡地发育可以达到最终阶段，即准平原或剥蚀平原。准平原为和缓起伏的地貌形态，剥蚀平原是微倾斜的基岩平原，其上残留一些岛状小丘。准平原和剥蚀平原的形成与该区自然条件相适应，在该区降雨和径流强度条件下，上述地形各部分均已达到均衡状态，既不侵蚀也无堆积。这样的地形在地质历史时期确实存在过，后期构造运动抬升使它们大部分被侵蚀破坏，残留的准平原称为夷平面，残留的剥蚀平原称为剥蚀面。它们代表了地貌发育过程中长期稳定的阶段。进行地貌调查时，要特别注意对夷平面和剥蚀面的观察。观察内容包括以下几方面。

①夷平面或剥蚀面的起伏形态、高度、范围、高程等；

②基岩产状，夷平面和剥蚀面与地层层面是否一致，它们是否切割了不同岩性的地层；

③夷平面、剥蚀面之上有无相应的松散沉积物残留，如果发现原来的沉积物，要描述其产状、岩性、厚度及分析情况；

④夷平面、剥蚀面后期被侵蚀破坏的情况、风化程度等。

对调查区的夷平面、剥蚀面调查后应总结夷平面、剥蚀面形成的时期，后期变形及被构造运动错断的情况，它们后期侵蚀、切割的程度，夷平面与其他地貌类型的组合关系及形成的先后次序。

（二）山地和平原地貌调查

1. 山地地貌调查

（1）山地的高度，指一条山岭、一个山体的绝对高度、相对高度、数条山岭及山体的平均高度，虽然其确切数据可在地形图上查出，但是实际调查中山岭、山峰高度的比较及其概念性形态是不可替代的。

（2）山体的形态及其发展，山顶的形态及其成因，山坡的形态及其成因，如坡形、坡度、坡长、坡的类型（侵蚀坡、剥蚀坡、构造坡和堆积坡）。岭谷组合结构。

（3）山地夷平面。夷平面的形成，反映在区域内可能先后经过几次地壳的间歇性上升。要对夷平面的高度、形态进行细致的描述，尽量准确地确定它们形成的相对年龄。对夷平面的调查还要特别注意夷平面的变形，即夷平面高度的变化，并从构造运动上加以解释。

山地除常有夷平面发育外，还常有剥蚀面、构造台地和河谷阶地的分异。

（4）山地的成因。山地分为褶皱山、单斜山、褶皱断块山、断块山、火山、侵蚀切割山、冰川作用的山、冰缘作用的山地，干燥作用的山地等。

2. 平原地貌调查

（1）平原形态类型的确定。平原形态类型可按高度划分，也可按起伏形态划分（平坦、倾斜＞2°、波状）。

（2）平原成因类型的确定。剥蚀平原大多呈起伏状态，要特别注意对水文网和坡面形态的描述与分析。堆积平原绝大多数是地壳缓慢下降的地区，接受深厚的松散堆积物。按其堆积过程的性质，可分为冲积平原、湖积平原、冰水平原、风积平原、洪积平原等。

（三）构造地貌调查

构造地貌现象多在山地或山前地带有集中的表现，因此，这一内容的实习常选择在山地地区进行调查。

1. 褶曲构造地貌调查

要充分利用地质图和地质剖面图的资料，查清新老岩层的叠置关系，查清褶曲类型与地貌表现；然后确定山岭或山体与谷地是属于顺地形，还是逆地形，并对岩层的倾角和山地两侧的坡度进行准确的测量。

2. 单斜构造地貌

岩层产状与地貌形体的关系。单面山和猪背脊发育在单斜构造地区，或发育在褶曲构造的某翼，确定倾向坡、反倾向坡的空间方位，岩层三角面的组合特征。

3. 断裂构造地貌调查

必须寻找充足的断层存在的标志，如断层面、断层角砾、岩层变位、岩层中断、岩层重复或缺失等，要确定断层要素，判断断层的类型，断层面的高度、坡度、产状，要认真分析断层发育与地貌形态的关系，并恢复断层地貌发育的历史；还要分析断层地貌受外力作用的破坏情况。其次，要特别关注不同性质、不同延伸方向断裂的测量，分析对谷地地貌发育的作用。

（四）流水地貌调查

流水作用在地貌形体塑造过程中是最普遍的因素，除了极地和雪线以上地区，陆地上几乎所有地区都有流水作用，因此河流地貌是地貌调查中最重要的内容之一。河流谷地中流水的动力过程极为复杂，流水通过侵蚀、搬运和堆积过程，在纵向和横向两个方面塑造出适应当地构造和气候条件的河流地貌类型。河流流经不同的构造区和气候带，它们在河源区、山区、山麓区、平原区和河口区的地貌过程和地貌类型都十分不同。

1. 沟谷形体调查

冲沟有很大的危害，它可以毁坏耕地、道路、建筑物。因此，必须注意冲沟的形态特征，发育程度和分布情况的调查。要观察冲沟的分支系统、沟谷纵剖面和横剖面的形态及其长度、宽度、深度、坡度和沟壁崩塌情况等；要调查冲沟发展速度，注意它们的发展是趋于减缓还是加强；还要进行沟谷发育因素的调查，如所在的地形位置，冲沟发育与岩性的关系，气候、植被、土壤等因素以及人类活动对冲沟发育的影响等。

2. 河谷形体调查

河谷地貌调查主要是对河谷纵、横剖面，结构及其发育过程的调查。根据河谷横剖面的形体可分为窄谷和宽谷两类。窄谷一般是深度大于宽度，如峡谷等；宽谷一般谷底宽阔，沿河常有心滩、沙滩、沙堤和河漫滩等，谷坡上有阶地发育。

（1）河谷纵剖面

调查中绘制的河谷纵剖面有时包括整个河流（中小型河流），有时只能绘制某一河段的纵剖面（大型河流）。河流纵剖面绘成后，进行整理分析，找出比降接近于均衡剖面的河段以及比降不连续的地点。比降异常可能由岩性、断层、构造抬升、向源侵蚀的裂点、河谷宽度的变化、支流的汇入等原因造成。所有这些可能性都要在野外调查中加以证实或否定。野外调查要查明以下内容：

①比降变化地点的河床形态，是否有陡坎、瀑布、浅滩或急流，它们的形成与岩性和构造的关系；

②河谷形态与比降变化的关系，如山间盆地、河流峡谷地段比降的变化；

③支流的汇入与比降变化的关系。

大多数情况下，河谷比降的变化都与构造抬升、断层或岩性变化有关。如果排除了这些因素的影响，说明河流裂点是向源侵蚀达到的位置。根据比降的变化可把河谷划分成几个河段，如构造峡谷段、岩性峡谷段、山间盆地段、平原河谷段等。这种划分便于从总体上掌握各地段河流发育的主导因素，从而对整个河谷的发育背景有一个整体概念，它们是进一步调查与思考问题的基础。

重点是研究河床纵剖面的形态，包括岩坎和裂点以及各级阶地剖面上的分布和变化。可绘制河谷纵剖面图和阶地的位相图，并进行分析。调查时，首先查明河谷纵剖面形态的特点（平缓的、倾斜的或阶梯状的）。要查明岩坎和裂点与岩性、构造或侵蚀基准面的变化关系，还要查明纵剖面上的岩坎或裂点同河谷横剖面形态的关系。

（2）谷地横剖面调查

①是否对称。

②河漫滩的高度、宽度、洪水淹没范围，特大洪水淹没的范围，地面的小地貌和微地貌，河漫滩的物质结构，植被生长情况和土地利用情况。

③谷坡的特点及其与岩性和构造等因素的关系；谷坡上植被生长的情况、谷地及其坡脚被松散沉积物覆盖的程度。

④河谷横剖面的结构和形态特征。不仅要研究河谷的单个横剖面，还要尽可能地研究和对比上游、中游和下游不同的河段的河谷横剖面。

3. 河谷阶地的调查和研究

山区河流地貌是流水动力、构造运动、岩性、气候、水文变化等多种因素综合作用的结果，地貌类型最为复杂多变，是地貌调查的关键地区之一。阶地和夷平面是该区最有意义的两种地貌类型，它们是上述因素综合作用的产物，保存了各因素相互作用过程的地质记录。阶地的调查要取得下列有关资料：

（1）确定阶地的类型。区别它们属于侵蚀阶地、堆积阶地、基座阶地、内叠阶地、上叠阶地或曲流阶地。

（2）测量阶地形态。测量指标包括河水面高程、阶地前缘和后缘高度、阶地面的宽度、阶地面倾斜方向、阶地面的起伏等。

（3）阶地的组成。侵蚀阶地要观察基岩岩性、产状、构造，确定阶地与岩性及构造的关系。基座阶地除观察基岩性和构造性质外，还要测量基岩面的形态，它的倾斜和起伏变化。基座以上松散沉积物的厚度、分层、岩性和沉积相。要注意划分出河流沉积物之上或其中的其他成因的松散沉积物，如风成沉积、坡积物、崩塌堆积等。在野外应尽可能确定最大洪水位高度和河流沉积物中不同沉积相，如河床相、河漫滩相、牛轭湖相等，它们是分析河谷发育历史和年代的重要依据。

（4）阶地的组合关系，观察各级阶地之间接触和叠覆的关系，确定各级阶地发育的部位、发育程度等，注意阶地面的起伏状况，有无天然堤、古河道、牛轭湖、曲流等残留的地貌形态。

（5）阶地与其他地貌类型的关系，观察阶地与谷坡的关系，过渡地带有无坡积物、崩塌堆积或其他堆积，查明阶地与谷坡冲沟之间的关系，每一级阶地都有与之相对应的谷坡冲沟。河流从山区进入另一地貌类型时，如流入平原地区或湖泊时，交界地带河流阶地与另一地貌类型区的地貌发育关系密切，要追索河流阶地与其他地貌类型的过渡关系、对应关系等。

（6）阶地对比，沿河谷追索各阶地高度的变化，绘制调查区阶地位相图，分析河谷发育历史。

河流阶地的野外调查内容十分丰富，阶地经常是城市和居民点的所在地，或者是优良的农业区，被改造和破坏比较严重。许多其他成因的地貌类型也与阶地形态相似，比较容易混淆，因此，阶地调查中要注意以下问题：

①支流或支沟汇入主流的地方，经常发育较好的阶地，其高度比主流阶地要高，阶地面倾斜度大，组成物质较粗，必须把它们与主流阶地加以区分，以免在对比阶地时产生误差。

②山区阶地经常是重要的农业区，可能有长期开发的历史，注意阶地被人工改造和破坏的情况，切忌把每一个小陡坎都划成一级阶地，要根据阶地组成物质来划分阶地，否则会造成混乱。

③阶地不仅是现在居住的主要地区，古人类也大多居住在阶地上，阶地沉积中往往能

发现古人类遗迹、化石等，阶地调查中要注意寻找这些遗迹和线索。

④阶地沉积物中比较容易发现动物化石、泥炭、埋藏土、树木等，它们是进行年龄测定的良好标本，要注意寻找和采集，以确定阶地形成时代。

⑤阶地沉积物中可以赋存一些重要的砂矿床，如沙金、金刚石、钨砂等，因而是寻找砂矿的重点对象。

⑥山区河流两侧谷坡上，常见残留的古老夷平面，它们与现在河流已无密切关系。可是在河流谷地横剖面测量中，夷平面常是重要的组成部分。现在的河流也往往由夷平面开始下切形成的，所以要观察和描述夷平面的有关内容。

山区阶地调查中，观测点的密度要适当增加，要绘制若干完整的包括两岸山顶的横剖面图，重要地面用经纬仪或 GPS 进行测量。两个河流横剖面之间的河段，要比较均匀地布置观测点。调查河段阶地观测资料要绘制成阶地位相图。取得上述资料后，室内整理时基本能阐明调查区河流发育历史、构造运动、气候变化对河流发育的影响等。

通过野外调查，根据河流阶地的数据和资料应着重总结下列基本问题：

①河谷阶地的级数、类型，调查河段内阶地高度变化所反映的构造运动；

②各级阶地形成的主导因素，辨别构造、气候、水文变化或向源侵蚀等原因形成的阶地；

③各级阶地发育的程度及其利用价值；

④调查区内河流阶地反映的构造运动总趋势和类型；

⑤阶地沉积物中的矿产；

⑥河流在该区最早出现的时间，发育过程，目前所处的发育阶段及应当加以治理的措施。

4. 山麓洪积冲积扇调查

洪积冲积扇调查的内容如下：

（1）洪积冲积扇形态。测量洪积冲积扇的坡度，从扇顶到扇缘的长度。洪积冲积扇前缘经常有地下水出露或地下水水位较高，居民点常选择在这里。有些地区根据地形图上居民点的分布便可确定洪积冲积扇前缘的位置。洪积冲积扇的长度在干旱地区非常大，有时可达几十千米。

（2）洪积冲积扇物质组成。洪积冲积扇组成物质从扇顶向边缘变细。洪积物一般由砂砾层和亚砂土层互层组成，向扇顶方向砾石层变多，向扇缘方向亚砂、亚粘土增多。应观察和描述洪积冲积扇不同部分物质组成、分选、磨圆情况。

（3）洪积冲积扇的切割和变形。洪积冲积扇受构造运动的影响，经常出现切割变形等情况。正常洪积冲积扇大多为半圆形的扇体，当山体沿断层间歇性抬升时，洪积冲积扇被切割、破坏并形成新的洪积冲积扇。新洪积冲积扇顶端与老洪积冲积扇一致，老洪积冲积扇被抬升形成洪积冲积台地。当构造抬升的部位发生变化时，常可形成串珠状洪积冲积扇或其他变形的洪积冲积扇。它们是说明山麓地带构造运动的良好证据。

（4）洪积冲积扇与其他地貌类型的组合。在平原地区洪积冲积扇前缘过渡为河流沉积，在地貌形态上没有明显的转折。当洪积冲积扇发育在湖泊边缘时，洪积冲积扇与湖水相接触，前缘的洪积物被改造成为湖相沉积。由于洪积物堆积速度快，湖水的改造作用有限，于是形成分选磨圆都较差的湖滨相沉积，一时难以辨认。向湖泊方向追索这些沉积物，可以发现它们变为典型的湖相沉积。

（5）洪积冲积扇前缘的自然条件。洪积冲积扇前缘常常是地下水水位较高的地方。注意对洪积冲积扇前缘自然条件的调查，确定地下水位高度，可为当地经济发展提供有价值的材料。

对上述内容进行充分调查后，要针对下面的问题作出总结：

① 洪积冲积扇发育的规模与调查区气候条件的关系；

②洪积冲积扇变形与构造运动的关系；

③洪积冲积扇的水文条件及利用价值；

④洪积冲积扇与其他地貌类型的相变关系；

⑤洪积冲积扇所反映的山麓地带地貌发育历史。

（五）岩溶地貌调查

岩溶地貌调查不仅需要调查地貌本身的形体、分布和组合特点，还要调查石灰岩特性和地下水、地表水的活动规律。查明对岩溶地貌发育有影响的因素：地质因素、地势条件、气候特征、植被、土壤以及人类活动等因素。

1. 岩性和构造

岩溶地貌在航片和卫片上有明显的标志。调查前应利用航片或卫片解译确定石灰岩分布的范围。野外调查从观察石灰岩岩性特征入手，确定石灰岩的类型、成分、结晶程度及其他特点，查明石灰岩中不可溶岩石夹层。采集石灰岩标本，在室内进行化学分析。野外要测量石灰岩节理，测量数目在100个以上，测量结果绘制成节理玫瑰图，确定节理发育的主要方向。了解石灰岩层与不可溶岩层的关系，查明石灰岩产状、构造形态。

查明地质构造，包括岩性、岩层厚度、产状以及裂隙（方向、大小、密度）和孔隙对岩溶地貌发育过程的影响。

2. 岩溶区水文调查

查明岩溶水的特征，注意地表水和地下水的联系。地下水是岩溶地貌发育的基本条件，要认真查清季节性地下水水面高度和永久性地下水面的高度，确定地下水水平循环带的流动方向。观察调查区内的地下水出口，如水井、泉眼、河水等，测量它们的高度、水量、位置。搜集河水水文资料，测定降雨后新泉出现的数目，新泉和非间歇性泉涌水量增加情况。调查地下水的流量、流速、流向。

地表水调查可以仿照流水地貌调查内容与方法进行。

3. 岩溶地貌形态测量

无论是地表岩溶地貌或地下岩溶地貌，其形成除岩溶作用外都有一定程度的机械冲刷和重力崩塌作用，要查明岩溶地貌的空间分布规律，分析其发育阶段。常见的岩溶地貌有：溶沟、溶蚀裂隙、石芽、石林、溶蚀漏斗、落水洞、溶蚀竖井、溶蚀洼地、溶蚀谷地、峰丛、峰林、孤峰、岩溶丘陵、干谷、盲谷。地下岩溶有：地下河（伏流）、溶洞和洞内沉积、堆积地貌。

查明地表各种岩溶地貌的形态特征，进行详细的形态描述和计量。岩溶地貌调查需用填图方法，因为各种岩溶地貌出现的位置、密度是十分重要的基本资料。野外要详细描述各种岩溶地貌的形态特征，测量其基本数据，如溶洞的深度、宽度，石芽、石林、峰林的高度、密度，溶蚀漏斗的规模，出现的位置。落水洞的位置，溶蚀洼地的形态特征，泉水出露地点等。所有这些地貌类型都要表示在地形图上或者用符号表示在图上。

4. 溶洞的调查

对地下河和溶洞以及各种充填物和由化学沉积形成的各种形态进行详细观测。溶洞调查是一项艰苦而带危险性的工作，事先要做好充分准备，除携带一般野外调查用的设备外，还要准备绳索、电筒、汽灯、测绳、皮尺、蜡烛、打火机等，相机要配备闪光灯。洞穴调查不能一人单独进行，必须结成三人以上的小组。首先测量洞穴形态，方法是在洞穴当中用测绳拉一条基线，用罗盘测定其方位，然后用皮尺测量洞壁到基线的距离。溶洞高度可用同样办法测量，有时洞顶过高，可用目测。把测量结果记录下来并绘成洞穴平面图和纵剖面图。洞穴的方位变化多端，在绘制洞穴纵剖面图时要注意洞穴方向的变化，并把测量结果投影到绘图平面上来，这样才不致产生歪曲。

洞穴是重要的旅游资源，如果洞穴中石钟乳等保存完好，形态奇特，调查时要拍摄照片，以说明其旅游价值。

洞穴沉积物不仅可以说明洞穴发育历史，还经常埋藏有脊椎动物化石和古人类化石以及旧石器等。洞穴沉积一般被钙质胶结，比较坚硬，但有时只是表面坚硬，下面仍是松散的。洞穴沉积物调查需要挖掘沉积物剖面，进行各项观察和描述，注意动物化石和古人类遗迹。在洞壁上要观察有无古人类的绘画、文字等。

5. 岩溶区自然条件调查

岩溶地貌发育是在一定的自然环境条件下进行的，自然条件在很大程度上决定了岩溶地貌的发育进程。因此要搜集岩溶地区有关自然环境条件的资料，如降雨量、温度、湿度、植被类型、植被覆盖率等。

6. 岩溶地貌调查总结

岩溶地貌调查取得的资料，经过分析、综合，要对下列问题作出结论和判断：

（1）调查区岩溶地貌发育条件

根据调查区石灰岩分布、岩性、厚度、构造、节理发育程度等判断岩溶地貌发育的基本条件。同时要考虑该区自然环境和气候条件，确定它们是否有利于岩溶的发育。如果目前自然条件有利于岩溶地貌的发育，而且岩溶地貌与现代气候条件相适应，岩溶会进一步发展；如果目前自然条件已不利于岩溶的发育，而现存的岩溶地貌发育程度又很高，两者之间不协调时，说明岩溶地貌已停止发育，是古岩溶地貌。

（2）岩溶地貌发育阶段

岩溶地貌是一个不可逆的地貌发育过程，根据目前岩溶地貌形态、类型、分布等可以确定岩溶地貌的发育阶段。岩溶地貌的初期阶段地貌类型以石芽、溶沟为主，发育少量漏斗，对经济建设危害较小；青年期和壮年期岩溶地貌发育了大量地下溶洞、地下河等，地表水缺乏，也危害到各种工程建设。根据经济建设的需要应进行详细调查，制定治理措施。老年期岩溶地貌已属残存的岩溶地貌形态，它们在各方面已不具危险性。无论是处于何种阶段的岩溶地貌，都需要确定它们是否存在进一步发育的可能性。

（3）洞穴沉积物分析

洞穴沉积物有很高的研究价值，它们可能由河流沉积、湖相沉积和洞顶崩塌堆积相互重叠而形成。它们的形成过程记录了气候变化和地壳运动过程。对洞穴沉积中的动物化石要进行初步鉴定，确定它们是自然死亡还是人类狩猎后食用过的动物。例如发现大的骨架被敲碎，可进一步发掘，寻找古人类化石和遗迹。根据洞穴沉积中的动物化石可以判断洞穴堆积形成的时代，从而进一步推断洞穴形成的地质时代。对石钟乳取样进行氧同位素测定及铀系法年龄测定可以重建洞穴内的温度变化曲线。

（六）古冰川地貌调查

20世纪20年代，李四光发表了"冰期之庐山"一文，认为第四纪时期庐山曾几次发育山地冰川，这一观点在中国地貌学界一直存在不同意见。目前，对中国东部第四纪冰川的存在的问题已形成了赞成和否定观点的两大学派，争论和深入研究正在进行中，它必将推动我国地貌学、第四纪地质学的前进。因此，冰川和冻土的研究在我国有特殊的意义。古冰川地貌大多遭受后期各种外力作用的破坏，辨认比较困难。古冰川调查可按下列步骤进行。

1. 冰川侵蚀地貌

（1）古冰斗。古冰斗调查可以从侵蚀区开始，首先查明古冰斗。古冰斗的重要特征是陡峭的后壁，冻融风化作用形成的巨石覆盖在周围山坡上，冰斗出口处存在岩坎，底部分布巨砾，冰斗后壁呈围椅状。观察和描述这些特征，记录有关的形态数据。古冰斗的出口处即为古雪线的位置，要测量其高程。我国西部地区4 500m以上的山坡上，古冰斗非常发育，它们成群地出现在同一高度上，形态特征非常典型，很难与其他地貌类型相混淆。

东部地区对古冰斗的识别存在很大分歧，即使在庐山地区，对冰斗的真伪也存在争论。东部地区山地地貌调查中，经常可在山坡上看到类似冰斗的凹地，对它们的解释常存在不同的看法。第四纪最后一次冰期规模较大，冰斗位置较低，现在西部地区保存着完整的最后一次冰期时的冰斗，基本未遭破坏和风化。如果东部地区也曾发生过山地冰川，古冰斗也应保存完好，在几万年的地质历史时期内不可能把冰斗地貌的显著特征磨灭掉。而且冰斗是经常在同一高度上成群出现的，所以在东部地区确定古冰斗地貌时要格外慎重，不能把不具冰斗典型特征，分布杂乱无章的类似冰斗的山坡洼地误认为古冰斗。利用古冰斗确定雪线时，要注意坡向不同的冰斗高度有一定差异，另外要考虑冰川消融后山体的上升量。因此用古冰斗确定的雪线仅仅是古雪线现在的位置。一个地区可能存在几层不同高程的冰斗，它们代表了几次冰川发育时期古雪线的位置，在调查中要逐层加以观察和测量。

冰斗底部有时积水成湖，应测量冰斗湖的形状、水深，观察水中生物情况。

（2）刃脊和角峰。确定古冰斗后，进一步调查冰川作用形成的刃脊、角峰等地形。这些地貌形态的出现必须与冰斗相联系，不能把与冰斗无关，单独出现的尖峰或狭窄山顶认为是刃脊和角峰。

（3）粒雪盆。它们是冰川上游的开阔地形，平面上呈一面开口的盆地地形。应观察和描述其形态、规模、发育冰斗的数目、高度以及有无冰斗湖、冰坎等。

（4）冰川谷。测量冰川谷横剖面，特别注意测量几个地貌标志点的高程，如谷底、谷肩等。观察冰川谷壁上冰川作用痕迹、擦痕、刻槽等。确定它们的方向，刻画的深度，有无张裂隙等。注意冰川谷底有无羊背石发育，测量它们的形态、坡度、长轴方向等。观察羊背石的岩性、表面擦痕、裂隙、节理等，记录它们出现的部位。

绘制冰川谷纵剖面图。冰川谷纵剖面上往往出现一些坡坎，除一般观测坡坎的形态指标外，要注意与坡坎成因有关的现象，如岩性、构造、支冰川的汇入等。冰川流经断层破碎带时，容易刨蚀形成凹槽，前端出现陡坎，有时与支流汇入有关，应观察支冰川汇入地点的地貌特征，是否有悬谷，悬谷的高度、坡度，目前被侵蚀破坏的程度等。对支冰川谷同样要进行详细调查，并注意它们与坡向的关系。

2. 冰川堆积地貌调查

（1）尾（终）碛。尾碛堤是冰川最重要的堆积地形，观察和描述内容与现代冰川调查相同。冰川后退时可以在尾（终）碛堤上游形成几道尾（终）碛堤，要分别进行观测和记录。测量两个尾（终）碛之间的距离、高度变化、冰碛物的结构和岩性特征等。尾（终）碛的调查至关重要，但也是调查中最困难的部分。因为尾（终）碛经常遭受后期的破坏和改造，比较难以恢复其本来面目。所以要细心观察和追索，确定它们与相应冰川侵蚀地形和冰碛物之间的关系，掌握冰川发育历史及规模。

（2）侧碛。典型侧碛前端与尾（终）碛相连，后端延伸到雪线位置。观测其高度、宽度、长度、表面形态、岩性特征，注意其中是否混有冰融水流沉积或冰湖沉积。

（3）冰碛丘陵。冰川消退时，冰川中的表碛、内碛、底碛以及冰下流水沉积同时沉落于冰川谷底，形成起伏不平的丘陵地形，称为基碛。基碛的厚度取决于原来冰川中所含冰碛物的多少。基碛中不仅有巨大棱角的漂砾，也有磨圆的砾石，它们是冰底融水作用形成的。基碛发育的地区，尤其在接近尾（终）碛的位置，有时可以发现鼓丘地形。它们长轴方向与冰川运动方向一致。

3. 冰水沉积地貌观测

冰水沉积地貌调查中要明确两个概念：第一，冰水沉积是冰川融水在冰川外围的堆积，它的范围不大，特别是山地冰川形成的冰水沉积范围更是有限。不能把冰川融水供给的河流形成的冲积物也称为冰水沉积。虽然它的水文条件受冰川融水消长的影响，但其沉积物特征已完全属于河流沉积范围，研究这种河流的沉积过程时应和冰川的发育联系起来分析讨论，但不能称之为冰水沉积，否则会引起误解。其次是冰水沉积的特征与冰碛有明显的差别，它们具有流水沉积的一般特征，又与冰碛层相互叠覆，这是冰水沉积最重要的特征。冰水沉积地貌调查主要包括以下内容：

①蛇形丘。观测和描述蛇形丘的内部结构，绘制剖面图，测量其形态数据。注意蛇形丘沉积物由具斜层理的砂、砾石层组成，底部可能有冰碛物。而且蛇形丘沉积物的表层往往被消融的冰碛层所覆盖。观测蛇形丘出现的部位，与其他冰碛物的组合关系。

②冰砾阜阶地和冰砾阜。它们形成于冰川谷的两侧，沉积物特征与蛇形丘相近，以亚砂土、亚粘土和细砂为主。要注意它们与蛇形丘的区别及出现的部位。

③冰水扇及冰水平原。观察它们的范围及出现的地貌地位，与其他冰碛物的关系，平原上地形变化特点，有无融冰形成的洼坑。

（七）湖（海）岸地貌调查

规模巨大的湖泊，水面宽广，岸线长，地形复杂，有类似于海岸的地貌形态，如鄱阳湖（我国第一大淡水湖）。

1. 湖岸地貌组合的一般调查

在进行湖岸地貌详查之前，应首先查明湖岸属于堆积湖岸或侵蚀湖岸。弄清侵蚀湖岸的地层、岩性、构造、堆积物特征，地层剖面等，了解调查区湖岸的基本形态、湖岸方向，调查区的主要风向。

2. 湖蚀地貌的调查

湖蚀现象主要出现在基岩组成的坡度较陡的湖岸带。首先调查湖蚀崖，它们是目前湖浪作用所能达到的位置，一般由上部的陡壁和下部的浪蚀穴、浪蚀槽组成。观察湖蚀崖的高度，湖蚀穴的深度、高度。记录湖蚀崖的岩性、崖下崩积物的岩性、成分、磨圆度，搜索有无其他湖蚀现象。

确定湖蚀崖是否正在活动。活动湖蚀崖的标志是浪蚀穴新鲜，陡壁之上的建筑物被破坏，湖蚀崖下出露新鲜的树根，陡崖下有新崩塌并被湖浪磨蚀的痕迹。如果湖蚀崖下有较宽堆积湖滩，湖蚀崖上有植物生长，崖下有坡积物发育等，表明湖蚀崖即使在特大风浪时湖浪也不能达到，是死湖蚀崖。

3. 湖滩的调查

湖滩的调查首先要确定湖面高水位线和低水位线的位置，高水位线可用湖岸的水作用最高点来确定。观测内容包括宽度、高度、坡度及变化情况，湖滩的物质组成、粒度、矿物成分等。

4. 堆积地貌调查

堆积地貌形态有沙滩、沙咀、连岛沙坝等，观测这些堆积地貌的各种形态指标及物质成分。

三、地貌调查图的绘制

（一）地貌剖面图的绘制

地貌剖面图指表示地貌形态、构成物质、地貌类型、地貌成因、时代等信息的地图，主要包括地貌示意剖面图、实测地貌剖面图、综合地貌剖面图、地貌综合图等。

1. 地貌示意剖面图

野外地貌示意剖面图指在野外地貌观测点当场绘制的示意性剖面、半实测剖面及素描剖面等。它们是在野外条件下表现小范围地貌现象和地貌构成物质的快速而简洁的地貌剖面图。这种剖面图要求表现出地貌的起伏、转折形态，主要地貌标志点的高度，地貌构成物质等。基岩部分一般用平行斜线标出，不详细记录其构造和产状，但构造地貌调查或需要对基岩进行详细观测的地貌调查，应当表示地层产状、构造形态、地层时代、岩性等。松散沉积物部分要详细表示地层分层、厚度、岩性、侵蚀面等，记录其中特殊的夹层、化石位置等。同时要记录剖面的地点、方向、水平比例尺和垂直比例尺等。

野外地貌剖面的测量一般采用气压高度计（海拔仪）、罗盘和钢卷尺，加上目测和步测。首先绘出半实测性质的地形剖面，然后在其中表示地貌构成物质。注意在描绘组成地貌体的地层时，地层界线要与实际地貌形态相吻合。

有时小型的简单地貌现象，可用示意剖面图表示。高度、厚度、长度用目测估计，概括地表示出地貌现象的特征。这种示意剖面图在野外也是常用的。在地貌野外调查中常常做这种图。它是把一定断面上所观察到的地貌、地质和第四纪沉积物等现象，通过一定的分析判断，按目测或步测比例的方法，用剖面图的形式反映出来，虽然不完全准确和全面，但可以使人一目了然。

示意剖面图的线条较简单，给人以明确而概括的印象，但图的可量测性比实测地貌剖面图要差一些，这种图的绘制过程就是野外观察研究的抽象概括，能表达区域地貌特征、地貌成因和地貌发育史，因此一幅好的示意剖面图常有很高的科学价值（图5.8.2）。

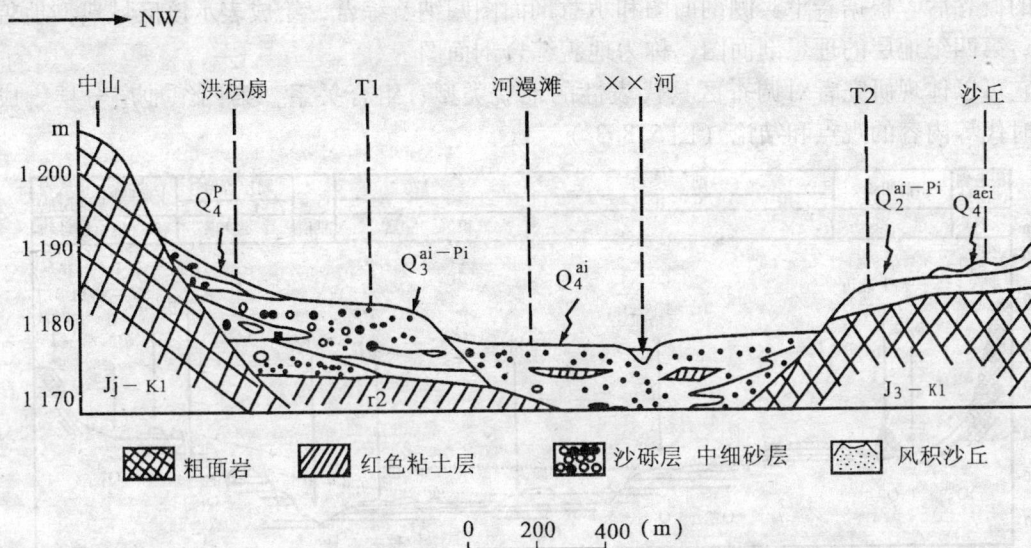

图5.8.2　某河谷剖面示意图

示意地貌剖面图所表示的内容不是实际的缩小，而是将实际观察的地貌内容加以科学地抽象概括，再用剖面图的方式表示出来。这种图可以没有比例尺，但也能表示地貌体的相对大小和高低。图上应标明方向，重要的地点应标在图上。

有时地貌构成物质与地貌形态有非常密切的关系，只用剖面图还不能充分表示这种地貌现象。这时可以作素描剖面图，这种图一方面表示地貌组成物质，同时还绘出相应的地貌形态。这样的剖面图可使地貌组成物质和地貌形态之间的关系一目了然。

2. 实测地貌剖面图

对地貌和第四纪沉积物发育比较好的地貌观测点，在调查区内具有一定的代表性或生产建设项目中有特殊需要，应绘制实测地貌剖面。它所表示的各种地貌要素，如高度、长度、厚度、坡度、地貌类型等都要求准确，沉积物层位、岩性、地层接触关系也要求精确。其做法是：选择适当的地方和方向定出一条剖面线，然而沿着规定的方向前进，用简单仪器沿若干点的高度（如用罗盘、皮尺等）和点之间的距离。根据测量的数据绘出地形剖面图。一般垂直比例尺要比水平比例尺大2～10倍左右。

实测地貌剖面图的内容力求全面，既要表示实际的具体地貌要素和构成物质，又要表示出经过研究得到的关于地貌和第四纪地质的成因类型、时代等内容，测线经过的代表性居民点、标志物、河谷、山峰的名称也要标出。

实测地貌剖面，尤其是大比例尺实测剖面，有很高的实用价值，它们是设计和规划具体工程项目的重要依据，也是地质、地貌填图中不可缺少的内容。

在实测地貌剖面图时，必须沿剖面线观察地貌的形态特征，划分地貌类型，确定地貌界线，了解与地貌有关的岩性、地质构造和第四系地层等现象。把这些内容都填入地形剖面图，在图上注明方向、比例尺、图例和地名等。

3. 地貌综合剖面图

对一个地区进行调查的后期阶段，对该区地貌、第四纪沉积的发育历史已形成了比较完整的概念后，根据若干实测剖面图和示意剖面图归纳、综合，绘成表示该区域典型地貌类型、第四纪地层的理想剖面图，称为地貌综合剖面图。

它可以体现研究者对调查区具代表性的地貌类型、组合关系，第四纪地层分层、成因，时代等内容的观点和结论（图 5.8.3）。

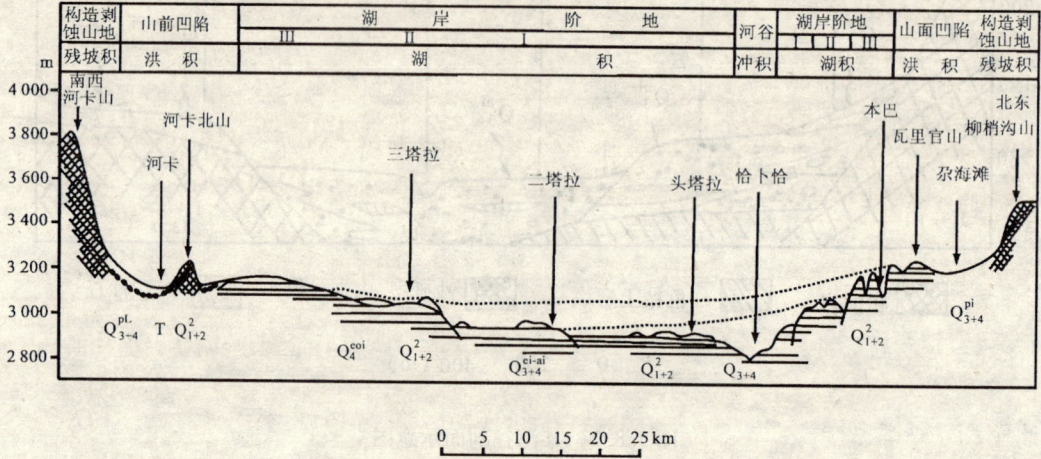

图 5.8.3　地貌综合剖面图示例

4. 地貌块状图

地貌块状图是用三维空间图表示调查区地貌、第四纪内容的图件，是一种生动、直观和全面的表现方法，一般在野外调查后期绘制。为了全面表现调查区地貌类型、组合关系、第四纪沉积分层、时代、成因等，有时可把调查区分成两块或三块绘制成图。

地貌块状图的绘制步骤是先把地形图按适当密度打成方格，然后在底图上绘出相应的坐标点。每个坐标点的高程由地形图的等高线确定。有了这些坐标点作为控制点，根据实际地形用素描方法画出地貌形态。断面上表示出实测剖面所显示的内容。如果一个断面不能表示该区典型的地貌现象，可以增加切面的数目。块状图具有实测剖面的真实性，又有立体直观的效果，可以一目了然地表示调查区的地貌现象。有时也用块状图表示地貌发育阶段，所以其理论和实用价值都很高（图 5.8.4）。

5. 阶地位相图

为了反映河床和河谷阶地的高差变化，必须绘制阶地位相图。其编制方法是：首先绘制河床纵剖面图；然后在其上确定已有河谷横剖面的位置；接着在各剖面的位置上，分别用与河床纵剖面近于平行的短线在相应的高度上标绘出各级阶地的位置，如有阶地组成物质的剖面资料，可以将其组成物质的剖面概略地填绘在相应的位置上；最后用虚线将同一时期形成的阶地或同一时期的沉积层从上游向下游自然地连接起来（图 5.8.5）。

（二）地貌填图

地貌图直观反映调查区地貌类型的分布和组合关系，图中所反映的内容体现了调查者对一个地区地貌成因、发育历史的理解和结论，它是地貌调查需要最后完成的主要成果之一。有时地貌调查本身就是完成一个地区一定比例尺的地貌图。具体步骤如下：

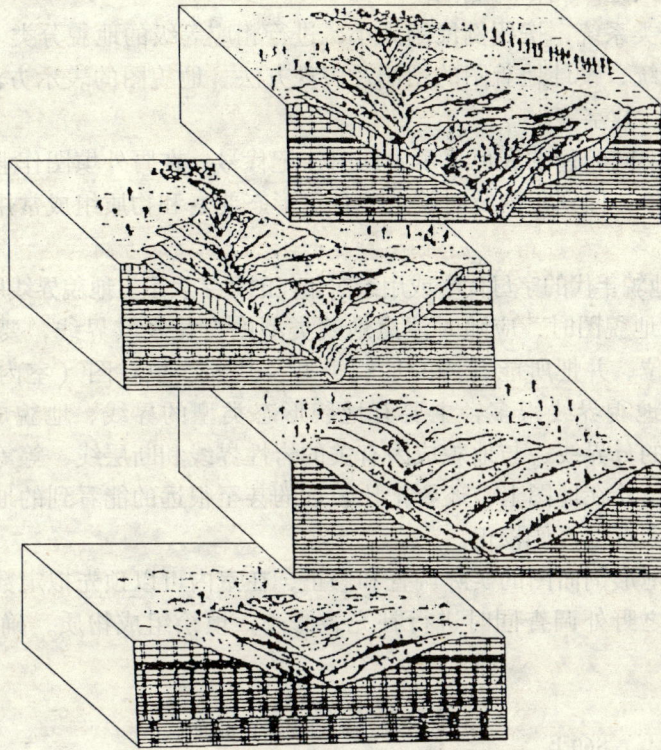

图 5.8.4　地貌块状图

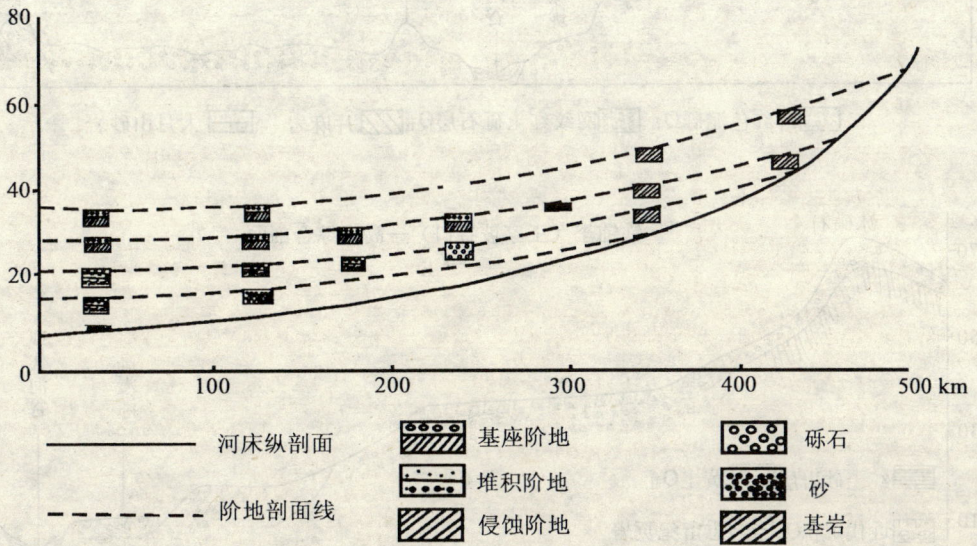

图 5.8.5　阶地位相图

107

1. 选择大比例尺地形图作为底图。

2. 拟定地貌分类系统，按比例尺的大小，进行相应等级的地貌分类。

3. 拟定图例系统，设计地貌图的图例及表现方法。地貌图的表示方法一般包括颜色、晕线、符号、代号、数字等。

成因类型常用不同颜色的底色表示，同时注记代号。在野外填图作业时，一般只勾绘图斑界线并注记代号，回到室内及时绘上底色。形态要素和物质组成常用符号表示，叠加在底色图上。

地貌年龄常用地貌年代的字母代号或用绝对年代的数字表示。地貌界线用线状符号表示。

4. 在野外填绘地貌图时，应随时注意地貌类型的变化及其界线，要尽量找到能控制较多地貌类型的部位，并把所能看清的地貌类型及其界线填在图（室内已经绘制的地形起伏剖面图）上。地貌界线很多，主要有地貌形态类型的界线、地貌成因类型的界线、不同时代地貌类型的分界线、与地貌成因有关的岩性界线和断层线，等等。不仅要把观测点附近的地貌界线填绘在地图上，还要把比较远的甚至很远的能看到的地貌界线用铅笔轻轻画在图上，然后到近处再作校正。

①已经绘制的地形剖面图的实际调查和修正，在室内可以预先拟定数条剖面线，绘制出地形剖面图，带之野外调查同时进行补充、修改，填绘组成物质，确定地貌形体类型（图5.8.6）。

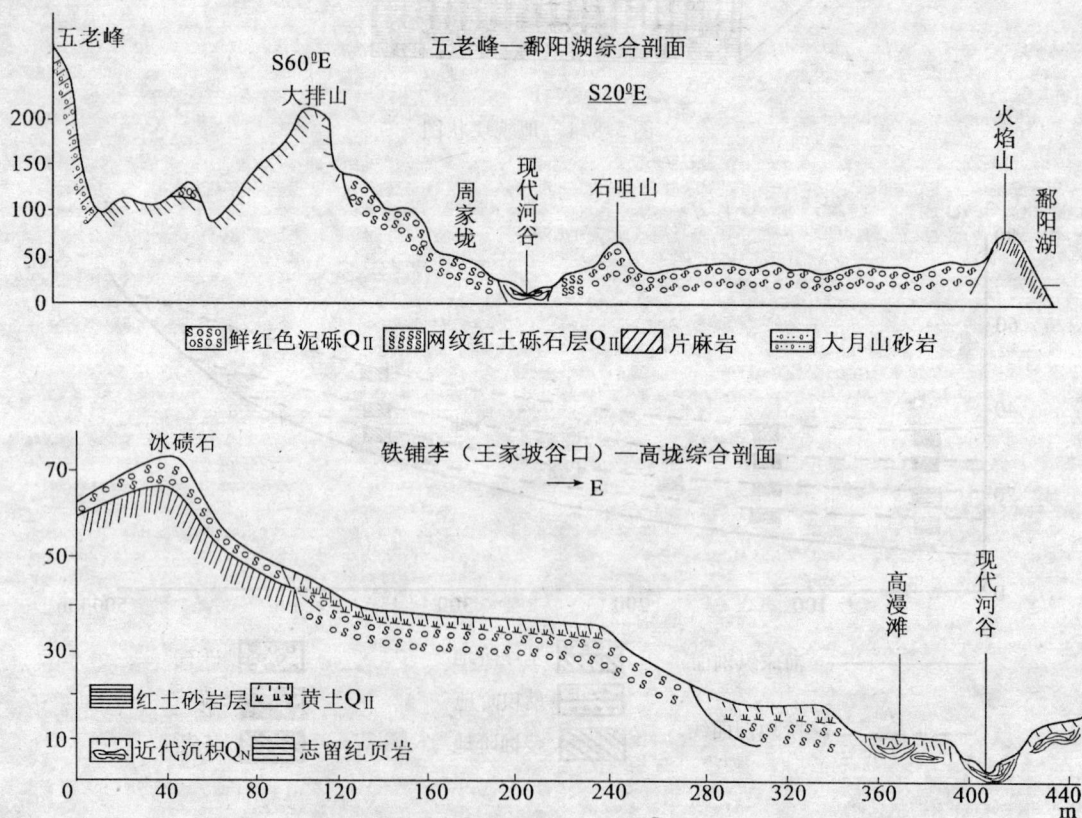

图5.8.6　地貌调查填图

②在野外勾绘出的地形图上,按预先设计好的图例、颜色、符号、代号等分别一一标绘在图上,及时完成对图面的补充和清理。通过野外填图,对图例系统进行适当的调整,最后完成一张清楚的草图,以备清绘。

庐山地区野外填图应能够完成:

● 庐山坡度图(结合室内进行);

● 庐山地貌形态要素图;

● 庐山构造地貌图;

● 庐山岭谷分布及地势剖面图;

● 庐山冰川地貌图;

● 庐山地貌类型图。

§5.9 庐山地区地貌调查路线及其内容

本节将对各路线及其观测点要调查的地貌现象、教学实习内容作全面的详述。

(一)路线为:驻地—牯牛岭气象台—沿牯牛岭山脊线—月照松林—清静亭(白云观路)

1. 主要内容及要求

(1)总揽庐山北部地区岭谷分布,相对关系;

(2)将地形图、航空遥感像片与实际对照及阅读;

(3)画岭谷分布图。

2. 各观察点及内容

(1)牯牛岭气象台:北部地区地貌分布——山岭、谷地、山峰及其地名,岭谷与地质构造地层的对应,地貌类型等,岭谷形态观测。画岭谷分布图(示意图)。

(2)沿山脊线:牯牛岭山顶,山坡形态特征,东谷、西谷形态特征,岩性和地层研究,植被分布及类型与高度关系,采集标本。

(3)月照松林:山顶巨石成因探究,旅游资源利用。

(4)清静亭:庐山南部铁船峰、九奇峰、石门涧谷地、佛手岩、天池山、西谷下段、牯牛岭下段、芦林盆地空间分布及组合关系、形体特征。

(二)路线为:驻地—西谷源—街心花园—日照峰西北坡公路—望江亭—北山公路19km里程碑—小天池(喇嘛塔)—城口—莲花谷源头—东谷源头

1. 主要内容及要求

掌握北段区域大月山、屋脊岭、草地坡、大马颈、虎背岭等山岭和白沙河、莲花谷、岭谷地质构造,地貌形态、夷平面、地质构造与地貌类型的相应性,植被分布和土壤分布,江湖地貌观测,填图。

2. 各观察点及内容

(1)西谷源头与剪刀峡源头:观测源头形态及分水岭高度、形态;

(2)街心花园:观测窑洼汇水盆地、日照峰;

(3)停车场隧道口:观测汉口峡、剪刀峡断裂延伸;

(4)日照峰西北侧公路上:观测日照峰岩性,测产状;

(5)望江亭:观测窑洼形态(冰窑、汇水盆地,冰坎),剪刀峡谷地形态(峡谷、谷中谷、谷肩)，冰泛、大马颈单斜、断裂形态，好汉坡景观，九江平原景观，九江古河道，断层特征等，素描剪刀峡、窑洼、大马颈地貌景观;

(6) 登山公路 19km 里程碑:远眺大月山、屋脊岭、莲花谷、草地坡、小天池等山岭和谷地地形态(船形山、悬谷);大坳冰斗群、莲花谷悬谷，王家坡冰川谷，屋脊岭、草地坡刃脊;大马颈构造和岩性研究，全景素描大月山、屋脊岭、草地坡、大马颈，填图、摄影、岭谷组合与分布的观测。

(7) 小天池:探讨泉水出露，小天池夷平面、悬谷、鄱阳湖景观、小天池谷地与王家坡谷地形态、九江平原，体会庐山平地拔起之势，山麓夷平面;

(8) 城口:观察大月山、屋脊岭、白沙河、莲花谷、王家坡谷地地貌形态、草地坡构造;大坳冰斗及冰斗群、王家坡冰川谷、莲花谷悬谷、屋脊岭刃脊。

(9) 莲花谷:莲花谷(向斜谷)形体、测量纵剖面梯度、组成岩石岩性观察分析、采集岩石标本、莲花谷与东谷谷源分水线观察。

(三) 路线为:驻地—汉口峡的公路旁—汉口峡—大月山—七里冲—青莲寺—三叠泉—大坳里谷地

1. 主要内容及要求

横向谷地、河流袭夺，谷地形态，植被分布，河床(谷)纵剖面，断层崖、断层谷、向斜谷、背斜山、单斜谷、单斜山等构造地貌，流水侵蚀地貌，冰川侵蚀与冰碛地貌，湖岸地貌等观察和研究。

2. 各观察点及内容

(1) 汉口峡:女儿城山岭的地质基础、地貌形态，汉口峡形态、冰溢口，河流袭夺，大校场上游谷地形态，冰川发育条件;

(2) 汉口峡水库:东谷形态、风口、大校场宽谷，画袭夺河示意图，屋脊岭刃脊、女儿城山岭形体;

(3) 大月山顶:大月山顶形态、地质基础;

(4) 七里冲上段:谷地纵横形态、地质基础;

(5) 七里冲谷口:与青莲寺向斜谷地汇合及宽谷形态;

(6) 青莲寺:谷地纵、横剖面形态，五老峰山坡形态;

(7) 三叠泉:断层崖、断层谷、裂点、瀑布、壶穴、袭夺，画袭夺示意图;

(8) 大坳里谷地:大坳里谷地断层谷、断层崖，谷底纵剖面地貌观察。

(四) 路线为:驻地—东谷—老虎峡—大校场和大月山—含鄱岭—三逸乡—五老峰

1. 主要内容及要求

东谷植被分布，东谷及大校场谷地下段形态，女儿城山岭地质基础及形态，大校场植被分布，含鄱岭等地质基础及形态，鄱阳湖、白鹤涧、观音桥谷地、大汉阳峰及庐山南部岭谷、三逸乡盆地、大月山和五老峰地质基础及形态、横向断裂及谷地、青莲寺等谷地远眺。

2. 各观察点及内容

(1) 美庐附近:东谷向斜谷地形态;

(2) 军人服务社:东谷冰川谷;

(3) 老虎峡:东谷和大校场谷地形态，女儿城地质基础，与牯牛岭单斜山岭比较;

(4) 植物园门口:谷底分水线(芦林盆地与三逸乡盆地);

（5）含鄱口：地质基础，断层崖，鄱阳湖岸地貌远眺，冰川刃脊、角峰、冰窖、冰川谷；

（6）含鄱亭：北部与南部岭谷比较，盆地形态、单面山形态、猪背岭特征、冰窖特征，角峰及刃脊形成，汉阳峰远眺，南山谷地形态观测，观音桥谷地观测，夷平面观测，断层面观测；

（7）大口瀑布：断层、裂点、壶穴；

（8）五老峰：地质基础、地貌形态、鄱阳湖岸、鄱阳湖平原、断层、单面山、青莲寺冰窖，七里冲冰川谷，梭子岗刃脊远眺；

（9）植物园：三逸乡盆地盆底形态。

（五）路线为：驻地—沿西谷纵向达如琴湖及天桥—锦绣谷—访仙路—仙人洞—圆佛殿—大天池—龙首崖—石门涧瀑布—西谷谷口—西谷下段（沿谷底）

1. 主要内容及要求

地质基础，西谷形态、河流袭夺，天然洞穴，"丹霞"奇观、断层崖与断层谷地形态、裂隙泉、构造裂点、冰川地貌。

2. 各观察点及内容

（1）西谷底西北侧：地质基础、植物分布、西谷纵剖面观测；

（2）天桥：河流袭夺、西谷形态；天桥断层谷，山岭形态、花径风口、台地（阶地）老谷，西谷冰窖素描；

（3）锦绣谷：断层、丹霞地貌；植物分布；

（4）仙人洞：地质基础（片岩）、洞穴特征、庐山西麓地貌观测、山下夷平面，断层崖；

（5）佛手岩：岩石、构造、剖面图；

（6）圆佛殿：断层崖特征（观测仙人洞）；

（7）大天池：裂隙泉、风景点、夷平面；

（8）龙首崖：断层崖、石门涧峡谷地貌，石门涧冰川谷，九奇峰夷平面、牧马场地势、九江平原、赛阳；

（9）石门涧峡谷：谷地特征、瀑布、构造裂点、西谷悬谷；

（10）西谷下段形态：谷地纵横剖面特征。

（六）路线为：驻地—东谷—庐林饭店—庐山大厦——芟芦桥—黄龙寺—黄龙潭—乌龙潭—电站大坝—西谷中段

1. 主要内容及要求

植被分布、河谷纵横剖面、采集标本、阶地纵向追索、循环裂点。

2. 各观察点及内容

（1）停车场（牯岭汽车站）：东谷的河谷特征观测；

（2）军队疗养院门口：东谷的河谷及河床特征，第一裂点带；

（3）庐山大厦及桥上：河谷形态、第一裂点带裂点、瀑布、河床堆积物；

（4）回龙路：女儿城山岭西北坡形态；

（5）芟芦桥：河谷横向形态，河流袭夺，人工建设地貌景观；

（6）黄龙寺：植被分布、土壤特征、三宝树；

（7）黄龙潭和乌龙潭：河谷、第二裂点带裂点、瀑布、壶穴；

（8）电站大坝：第三裂点带、坡面与谷地特征裂点；

（9）西谷底：西谷中段形态、植被分布特征、东、西谷比较、庐山中学前垒叠巨石成因研究及素描。

（七）路线为：驻地—友谊酒店（湖北路）—云中宾馆—香山路—东谷—大校场谷口—庐山博物馆—芦林大桥—玉屏峰—林场—仰天坪—汉阳峰

1. 主要内容及要求

植被分布及类型、地质基础、河谷地貌、沉积物、谷源。

2. 各观察点及内容

（1）湖北路沿途：（牯牛岭西北坡面）、坡面形态；

（2）云中宾馆：牯牛岭山岭特征；

（3）香山路沿途：地质基础、植被影像特征；

（4）芦林大桥：谷地及山岭形态，断裂盆地，河流袭夺；女儿城、大校场、大月山形态；大月山断裂谷；

（5）林场及玉屏峰东北：河流袭夺，反向河谷地特征；

（6）仰天坪：夷平面、岩性、谷地、山间盆地、汉阳峰、康王谷、筲箕洼谷地；

（7）大校场谷口：地质基础，实测剖面；

（8）大月山端：地质基础、倾斜山岭、背斜山；

（9）博物馆：庐山模型、庐山历史资料、岩土与生物标本参观。

（八）路线为：驻地—望江亭—半山亭—月弓堑—莲花洞—蛇头岭—狮子洞—东林寺—九江市

1. 主要内容及要求

植被垂直分布及水平分布，土壤垂直分布及水平分布，莲花洞断裂，冰盆，地质基础，堆积物，岩溶地貌。

2. 各观察点及内容

（1）半山亭：大马颈西北反倾坡面形态，望江亭断层崖观察；

（2）月弓堑：谷地地形、多级瀑布、资源研究；

（3）竹林窝：裂点及瀑布；

（4）莲花洞：莲花洞断层谷、莲花洞冰盆、地质基础、低山、丘陵（花山）；

（5）蛇头岭：洪积扇，冰积物，堆积物研究，地貌形体成因研究，画剖面示意图；

（6）东林寺：断块山、阶地、土壤、沟谷、宗教文化参观；

（7）狮子洞：岩溶丘陵、地下洞穴、自然风景资源。

（九）路线为：驻地—北山公路—威家—高垅—海会—白鹿洞—观音桥—秀峰

1. 主要内容及要求

植被垂直分布、亚热带植被特点、土壤类型、断层、岩浆岩、变质岩。

2. 各观察点及内容

（1）北山公路沿途：植被类型变化、峡谷形态、锥形山峰、单面山、鄱阳湖西部平原；

（2）白鹿洞：历史文化、亚热带植物种属类型、土壤类型、流水侵蚀、河床地貌、峡谷地貌；

（3）秀峰：历史文化、亚热带植物及土壤类型、断层、瀑布壶穴、地质基础，混合花岗岩奇峰；

（4）观音桥：历史文化、亚热带植物及土壤类别，古建筑，流水侵蚀景观；

（十）路线为：驻地—北山公路—威家—鄱阳湖—湖口—石钟山—海会—高垅

1. 主要内容及要求

湖岸沙滩、沙咀、湖蚀崖、河谷地貌、阶地、洪积冲积扇、岩浆岩丘陵、断层（正断层）、谷地、冰川地貌。

2. 各观察点及内容

（1）威家至鄱阳湖沿途：九江平原、阶地；

（2）九江渡口：湖岸沙滩、沙咀、鄱阳湖成因；

（3）上石钟山：湖蚀崖、湖蚀柱、湖蚀穴；

（4）石钟山：江湖汇流（画示意图）、陡崖、人文景观、地堑湖；

（5）海会：花岗岩丘陵、河床地貌、洪积冲积扇、阶地、五老峰断层崖面；

（6）高垅：王家坡谷地、冰川堆积物、阶地。

（十一）路线为：南山公路—温泉—隘口—赛阳—石门涧谷口

1. 主要内容及要求

温泉出露地质基础、隘口断裂、冲积洪积扇、河谷地貌、植被分布、土壤类型。

2. 各观察点及内容

（1）南山公路沿途：植物垂直分布、土壤垂直分布、地形特征；

（2）温泉：泉水出露地质基础；

（3）隘口：地形特征、断层带；

（4）赛阳：洪积冲积扇、河谷、阶地；

（5）石门涧谷口段：断层谷、河床、扇形地。

野外调查一般也分室内与室外。室外是白天沿调查路线及观测点进行工作，室内是晚上对白天的调查内容进行整理和总结，其工作内容主要为以下几方面：

（1）整理野外记录，充实和补充野外记录或对谬误进行纠正；

（2）整理标本，描述标本，考虑补采不足标本；

（3）修正各种图形（利用航片、记录）；

（4）分析比较各观测点及路线的内容，制定补救方案；

（5）讨论，对未解决的问题，如成因、类型划分、界线确定等经讨论得出正确结论；

（6）次日调查内容的业务准备。

§5.10 地貌调查报告的撰写

野外地貌调查结束后，对调查资料应及时整理，对采集的样品进行分析测定，绘制各种图形。所有材料齐备以后，应立即分析、综合，编写地貌调查报告。这是调查工作的最重要阶段之一，完成报告以后，总结地貌调查全部工作，调查工作才告结束。

一、资料与样品的整理

野外调查结束后，要对野外记录进行认真的整理，并将搜集到的全部资料进行分类复核，分析归纳，进一步研究明确实习区各种地貌类型的形态、成因、组成物质及分布规律，并分析它们形成的年代和发育历史，分析地貌条件在生产建设中的作用和存在的问题。

对野外采集的各种岩石、松散沉积物、化石等标本进行清理和鉴定。进一步鉴定它们的类型及其形成时代，分析它们与地貌发育的关系。

二、地貌图的编绘

野外调查结束后，要对所有图件进行编绘，特别是对野外填绘的地貌草图要进行认真整理，按照图例、色标、注记的规格进行（图例参考国际或我国 1：100 万地貌图图例系统）。

三、区域地貌的综合分析

（一）地貌形成因素和地貌动力的分析

首先，分析调查区内动力在地貌形成和发展中的作用，尤其要分析构造形式和新构造运动对地貌发育的影响；其次，分析自然地理环境，地貌的主导外动力及外动力组合对地貌发育的影响。既要注意现代内外力过程的表现，又要分析内外动力的历史变化。

（二）地貌类型的分析

根据对地貌动力的分析结果，确定地貌的成因类型，并建立区域的地貌分类系统，然后对不同地貌的形态成因类型描述其形态、组成物质、形成时代和分布规律，同时还要描述它们相互之间的关系以及地貌类型组合的特征。

（三）地貌发育史的分析

分析地貌发育史，主要从构造运动和外力过程论述调查区的地貌发育的历史过程，包括分析不同时期构造运动的形式、速度、幅度及其在地貌形成中的作用。分析不同地质时期，特别是第四纪以来，由于气候和自然环境的变迁引起的地貌形态的变化，在以流水地貌为主的地区，要特别注意分析阶地发育的历史。

（四）地貌条件的评价

地表起伏形态，直接制约着人类的许多活动。地貌条件对于光、热、水、土等一系列自然因素也有深刻的影响。因此，不同地貌条件对于土地利用、工程建设、农业生产等常有显著的影响。

地貌条件评价内容很广，一般着重从形态、地表组成物质和灾害性地貌、景观地貌等几个方面，评述它们对人类生产和生活的影响，分析其有利条件和不利条件。

四、调查报告与论文的撰写

（一）题目的选择

地貌野外调查报告，一般要求对调查地区地貌的认识进行全面的总结，但也可以选择调查地区有关地貌的某一专题进行总结。如可采用下列题目："××地区的地貌"，"××地区的地貌及其发育因素的分析"，"××地区的地貌及其发育历史"，"××地区的地貌与第四纪沉积物"，"××地区的河谷地貌"，"××地区的岩溶地貌"，"××地区的地貌条件与国民经济建设"，等等。

（二）报告或论文的主要内容

调查报告题目选定后，要拟好详细的编写提纲。实习报告应包括文字报告、图件、照片及标本等。区域地貌调查报告一般包括下列内容。

1. 序言。包括调查地区的地理位置、行政区、范围；调查任务、日期、路线及工作方法、完成任务情况、运用的主要资料以及取得的主要成果等。

2. 区域地理概况。包括气候、水文、植被、土壤等自然地理特征以及交通、经济发展和土地利用等情况。

3. 区域地质概况。包括大地构造单元、地层、地质构造等。

4. 区域地貌。包括地貌动力，现代地貌动力过程、地貌形态、形态成因类型、沉积物等。这是报告的主体部分，一般占篇幅最大。

5. 地貌发育的历史。

6. 地貌对国民经济建设的影响。

7. 结束语。主要结论及存在问题。

思 考 题

1. 试述庐山山体以及岭谷分布与断裂体系之间的关系。

2. 试述庐山岭谷分布与褶皱和岩性之间的关系。

3. 试述宽谷、峡谷、河谷袭夺三者之间组合体系、空间分布、形体特点。

4. 试述古冰川地貌遗迹的空间分布、形体组合。

5. 试述北部地区岭谷分布和组合体系。

6. 应该从哪些方面分析描述岭谷的形体特征？

7. 如何选择地貌野外考察路线？为什么？

8. 地貌考察应该记录哪些内容？

9. 锦绣谷为什么会存在假丹霞地貌？

10. 庐山地区阶地有哪几种类型？

11. 地貌野外考察应该怎样布局考察路线和观察点？为什么？

第六章　庐山地区气候与水文调查

§6.1　庐山地区气候

庐山地处亚热带北缘我国东部季风区域，它的气候具有鲜明的季风气候特征。庐山是一座中山，受海拔高度因素的影响，山上与山下同纬度平原地区相比较，它又具有鲜明的山地气候特色。

1954 年底，江西省气象部门在牯牛岭最高点（1 165m）设立气象观测站，进行系统的气象观测，记录有完整的气象观测资料，为研究庐山气候提供了科学的基本数据。1956 年，中国科学院在庐山设立了云雾研究所。

一、气温

根据全国年辐射统计资料，江西、湖南一带为 100 ~ 120 千卡/（厘米² · 年），牯岭一带年辐射值为 120.584 千卡/（厘米² · 年）（1960 ~ 1977 年平均），比南昌的年辐射值 111.87 千卡/（厘米² · 年）为高，可见庐山辐射能资源比较丰富。

气温高低受大区域地理纬度、海陆分布因素影响，气温高低还与海拔高度及局部地形有密切联系。庐山的牯岭（29°35′N，海拔 1 165m）年平均气温 11.5℃，与北京（39°48′N，海拔 31m）的年平均气温（11.6℃）相当，北京是温带气候，这等于把牯岭纬度北移了约 10 个纬度。与山下同纬度平原地区相比，牯岭的年平均气温约低 6℃，冬季（1 月）低 5℃，夏季（7 月）低 7℃（参见表 6.1.1）。

表 6.1.1　　　庐山与同纬度各地气温（℃）比较（1961 ~ 1970 年平均）

站名	纬度	海拔/m	1 月平均气温（℃）	7 月平均气温（℃）	年较差
庐山	29°35′	1 165.0	- 0.1	22.6	22.7
黄山	30°08′	1 840.0	3.4	17.8	21.2
星子	29°28′	37.1	4.6	29.3	24.7
九江	29°45′	32.2	4.4	29.6	25.2
岳阳	29°23′	51.6	4.7	29.2	24.5

盛夏季节，常因副热带高压加强西伸，长江流域河谷、盆地出现酷暑天气，一般以气温超过 35℃称为炎热天气。据多年统计资料，武汉炎热日数平均每年有 22.0 天，南京 17.1 天，九江为 25 天，安庆为 21.8 天。在这期间，上述各地早晚气温可达 28 ~ 30℃，早晨室内气温反比室外高，极端最高气温在 40℃上下，例如武汉为 41.3℃，南京 41.7℃，

九江 40.2℃，另外，其河湖众多，河谷空气密度大，相对湿度高，异常闷热。

庐山正处于我国夏热中心之一的长江中下游河谷与鄱阳湖盆地之间，却与上述各地形成鲜明对照：山上 7 月平均气温比山下九江、星子低 7℃（参见表 6.1.2）。山上牯岭早晚气温只有 20℃左右，很少超过 25℃，极端最高气温只有 32℃。同时，还由于山上空气密度较小，空气与地面热量交换过程较快，云雾多，植被茂盛以及环绕庐山的长江、鄱阳湖源源不断地输送具有冷却功能的水汽等因素的综合影响，使得庐山的气候显得凉爽宜人，成为避暑胜地。夏天单衣短裙的旅游者从九江匆匆上山，来到山镇之中，早晚会享受"秋日爽凉"之乐。

九江与庐山牯岭夏天最高气温的显著温差除了海拔高度因素的影响外，与九江处于东南季风控制下的庐山背风坡形成的"焚风效应"及九江市的"人工热岛"效应有一定关系。

表 6.1.2　　　　庐山山上与山下气温（℃）比较　　1978 年 7 月 6 日　晴天

地　　点	观　测　时　刻			
	02 时	08 时	14 时	20 时
庐山牯岭	23.8	25	27.6	24.6
星子县城	29.1	30.0	35.4	33.2
九江市区	30.8	33.0	37.6	34

山地气温随海拔高度的增加而降低。据资料统计，大于等于 10℃活动积温，山下九江（庐山西北）为 5 393.8℃，星子（庐山东南）为 5 450.6℃，牯岭只有 3 295.5℃。前者符合亚热带标准，后者仅相当于暖温带标准的低限。按星子、九江与牯岭高度差推算，大致每升高 100m，大于等于 10℃的积温减少 100℃。

庐山气温垂直递减率（γ）的平均值为 -0.6℃/100m。冬季小于平均值，夏季高于平均值。牯岭海拔比九江、星子高 1 100 多米，年平均气温比山下低 6℃左右，这与自由大气气温垂直递减率（-0.6℃/100m）基本相符。应当指出，不同季节、不同高度的 γ 值是不一致的。庐山云雾研究所 1963 年上半年曾在北坡的不同高度进行过气温梯度值观测，最后得出结论，700m 以下：γ =0.5℃/100m；700～1 300m，γ =0.3℃/100m，温度梯度明显偏小。

根据气象观测资料，同期，牯岭降水量大于等于 0.1mm 的降水日数为 16.0 天，九江为 15 天；牯岭降水量大于等于 0.1mm 的有雾日 18 天，九江为 0 天。很显然，700m 以上 γ 值显著减小，与该高度以上阴雨日多、雾日多、水汽凝结释放潜热有重要关系。由此可见，山地气温的变化要比平原地区复杂，而这种情况对山地自然环境、生态平衡都有某种程度的影响，在生产实践上也有一定的意义。

二、风

我国长江中下游的广大地区，在强大的东亚季风环流影响下，形成了特殊的大气环流系统，具有温暖湿润、四季分明的季风气候特点。庐山位于长江中、下游分界处，盛行风向和降水量的季节转换十分明显。冬季，在蒙古冷高压控制下，以偏北风为主，降水量减少；夏季，受北太平洋副热带高压影响，盛行偏南风，降水量显著增多。庐山受大范围气流活动影响，风向的季节转换相当明显（参见表6.1.3），这是季风气候的重要标志。

表6.1.3　　　　　　　　1961～1970年间庐山山上与山下各月风向频率/%

站名	1月	2月	3月	4月	5月	6月	7月	8月	9月	10月	11月	12月	全年
牯岭	NNE 14	NNE 14	S 11	S 18	S 14	S 14	S 29	S 23	NNE 16	NE 14	NNE 12	NNE 11	S 12
星子	NNE 26	NNE 34	NNE 24	NNE 24	NE 19	NE 14	SSW 10	NNE 15	NNE 40	NNE 35	NNE 29	NNE 25	NNE 24
九江	NE 24	NE 25	NE 25	NE 21	NE 14	NE 11	SE 13	NE 32	NE 32	NE 25	NE 21	NE 24	NE 20

　　庐山地区风向的季节变化与此地的地貌条件有密切关系。庐山山体走向呈东北—西南向，而长江河谷的发育受淮阳弧形构造的制约，它在九江附近由西北再转向东北，转折点就在九江附近，自九江向下游长江河谷的延伸与庐山山体走向基本一致，气流运动也顺应当地地形走势。所以，九江、星子两地，全年以东北风最多。但是，庐山海拔高，却不受其约束，夏季以南风为主，冬季多为偏北风。

　　庐山山上的风速与山下的星子、九江有明显的不同，牯岭的风速最大。根据观测资料统计分析，大于等于8级大风日数，牯岭全年平均有120.8天，最多的1961年有168天，最少的1970年也有84天。山下，星子平均为45.3天，最多的年份（1964年）有79天，最少的年份（1961年）有26天；但是，九江平均只有13.1天，最多年份（1963年）有19天，最少年份（1964年）仅6天。

　　年平均风速，牯岭为5.4m/s，星子为3.9m/s，九江为2.7m/s。由于庐山为断块状隆起山地，气流上升摩擦力比平原小，气流沿陡坡山地抬升，山地上部流线密集，风速也相应地增大。但是，星子比九江风速大，主要是由于前者面临辽阔的水域。

　　长江中下游处于我国亚热带气候与温带气候的过渡带，南、北强气流频繁到达。春末夏初，长江中下游暖湿气流异常活跃，庐山引起空气强烈不稳定，因不稳定的暖空气活动所引起的大风远比冷空气活动产生的大风强烈。例如，1979年3月29日，牯岭瞬时风速为36m/s，达12级，这在大陆上的平原地区是罕见的。

三、云雾

　　古往今来，每每提及庐山，人们就很容易将它和云雾联系起来，而苏东坡的名句"不识庐山真面目"更使多少谒山者对庐山云雾充满了一种神秘感。那么，庐山云雾是如何形成的呢？实际上，它与庐山特有的气候特征、地形条件、地理因子等因素有关。庐山因受大范围天气系统影响，热带海洋气团在春末、夏季活跃，空气中水汽含量比较丰富，相对湿度增大，气流遇山地抬升，温度降低，有利于水汽凝结，因而多云雾，降水量也相应地增多。降水量增多，又导致气温降低，更有利于水汽凝结。这种情况，在山地尤其明显。

　　牯岭年平均相对湿度78%，在3～9月各月平均相对湿度高达80%～83%。牯岭的年平均有雾日数达 190 天，1961 年多达 221 天，最少的 1963 年也有 158 天。以 5 月为最多，平均有 21 天，7 月最少，也有 12.4 天。而山下的九江、星子全年有雾日数分别只有 4.2 天、8.0 天。

庐山的云雾主要有两种成因。一种成因是，主要由于地形原因形成。春末夏初，每年 3～6 月中旬前后，庐山先后受华南准静止锋、梅雨锋的影响，空气水汽含量显著增多，潮湿的气流循一系列峡谷或谷地抬升，并伸入到山体内部形成浓雾和云海，山上为云雾所笼罩，云雾线的高度较低，大致在 600～700m。

第二种成因是系统性天气，尤其是在静止锋的天气系统影响下，形成的层状云系。云层高度在 800～1 000m。当云层薄，云层高度只有数百米时，则山地上部在云层之上，山上出现晴天，山下呈现阴天。此时，在仙人洞、小天池、含鄱口一带可以观赏翻滚的云海。

6 月中旬以后，雨带北移，雾日、阴雨日显著减少。但盛夏季节，上午天气晴好，中午以后山上对流作用增强，山地西南部常有积状云生成，15 时前后出现雷雨，17 时左右雨止转晴。

9 月上旬开始，秋高气爽，多晴天，天空仅飘动淡积云。

10 月下旬以后，冷空气渐趋活跃，系统性云系增多。冷锋过后，生成云雾，庐山云雾笼罩机会增多。但是，由于两种成因的云雾高度相差不大，两种影响因素在时间、空间上的相互作用，便把二者结合起来统称为云雾。一般把近地面的叫雾，较高的叫云，远观为云，身在其中时感觉为雾。

此外，庐山的云海与地方性天气系统也有关系。庐山山体孤立于平原之上，对平原地形下的地面锋行径具有明显的阻滞作用。例如，冬季从西北方向来的冷锋，锋的前缘因冷空气较薄，受庐山阻滞不能越过山体，锋面与地形相吻合。此时，庐山山体西北部将出现云海。雨后，山体上部往往出现层积云，如果云层薄、云层低，同样可以出现云海现象。由于地形的原因，庐山出现的云海，以小天池、仙人洞、含鄱口等地表现尤为壮观。

四、降水

庐山山上的阴雨日数比山下同纬度平原地区多。据牯岭气象台的统计资料显示，牯岭 24 小时降水量大于等于 0.1mm 的雨日数年平均为 167.7 天，比"天无三日晴"的贵阳（175.9 天）仅少 8 天，比山下九江、星子多 30～40 天，九江为 138 天左右。牯岭的年平均降水量为 1 833.6mm（1961～1970 年平均），1954 年高达 3 362.6mm，1970 年达 2 359.4mm，1978 年只有 1 181.7mm。庐山雨季长达 3 个月以上，4～7 月各月降水量均在 200～300mm，雨季降水量占年降水量的 42.1%，12 月～次年 2 月降水量仅占年降水量的 11.7%（参见表 6.1.4）。

与同纬度地区相比，牯岭的年降水量比山下平原多 500 mm 左右，这个数值大致相当于华北平原某些地区的年降水总量。

资料显示，庐山地区的降水主要集中在 6 月中旬前后，原因是在北纬 27°～34° 的长江中下游地区出现梅雨的缘故。梅雨天气的主要特征是，雨量充沛、降水多、连续性强，还会出现阵雨和雷雨，且常出现大雨或暴雨。例如，1975 年第 4 号（7504 号）台风登陆，8 月 12 日至 18 日共 7 天，降水总量达 1 051mm，相当于庐山多年平均降水量的 52%，最

表 6.1.4　　　　　　1961～1970 年间庐山各月降水量（mm）与同纬度地区比较

站　名	1月	2月	3月	4月	5月	6月	7月	8月	9月	10月	11月	12月	年总量
庐山牯岭	56.4	90.1	157.6	205.6	283.4	284.7	212.2	149.6	152.3	82.6	90.8	68.3	1 833.5
星子县城	37.7	64.1	131.4	176.9	224.7	271.5	163.6	85.5	49.4	34	66.8	38.6	1 344.7
九江市	47.6	75.3	133.3	166.3	202.9	218.6	140.1	84.2	62.6	47.7	73.6	47.8	1 300.0
黄山光明顶	66.4	99.2	178.9	239.7	309.6	348.4	324.6	254.5	185.6	96.8	95.3	65.4	2 263.9

大降水强度 480mm/24 小时。山下九江的最大降水强度为 209.6mm/24 小时（1969 年 6 月 24 日）；山下星子的最大降水强度为 235mm/24 小时（1967 年 6 月 19 日）。可见，山地的降水强度要比山下平原大得多，显示出地形对降水分布和强度的影响。另外，梅雨季节相对湿度大、云多、日照时间短，地面风力小。7 月上旬后，随着太平洋高压进一步北移，雨带中心北移到黄淮流域，长江中下游进入副热带高压控制下的干燥而晴热的盛夏，庐山地区的降水量日渐减少，常有对流性热雷雨和冷锋雨出现，降水时间较短。至 9 月下旬后，则进入一年中的相对枯水季节。

庐山地区的多年平均降水量为 1 833.6mm。但是，年际分配极不均匀，这可用降水变率表示：

降水变率 = 100 ×（年降水量 – 多年平均降水量）/多年平均降水量

以 1970 年为丰水年（2 359.5mm），年降水变率 Cr（1970）＝28.68%，以 1978 年为枯水年（1 181.7mm），年降水变率 Cr（1978）＝35.5%。

在空间分布上，山地降水量通常随高度升高而增多。庐山云雾研究所曾在不同高度进行过观测，这里选择 1963 年 6 月 3、4 日降水情况列表，如表 6.1.5 所示。

表 6.1.5　　　　　　　　庐山南坡降水（mm）垂直分布

地　点	海拔/m	6月3日		6月4日	
		08时	20时	08时	20时
白鹤涧	650	13.5	8.2	7.9	0.0
太乙峰	1 358	42.9	16.8	16.8	0.5

一般来说，山地降水量的垂直分布在一定的高度范围内有随海拔的增高而增多的趋势，具体增递状况取决于当时当地的气流运动、水汽含量和露点温度等条件。由此可见，庐山地区降水量随高度的增高而降水增多的趋势是十分明显的，但并不是越高越多。分析庐山具体地形和气流来向可知，庐山降水量最丰富的地方在庐山植物园、含鄱口一带，其最大降水的海拔高度大约在 1 300m。

气候的湿润程度取决于降水量与蒸发量两者的对比关系。牯岭与星子、九江的年降水量（水分收入部分）与蒸发量（水分支出部分）存在着明显的差异。牯岭的年蒸发量只有 1 008.6mm，即年降水量比年蒸发量多 724.9mm，这是由于牯岭海拔高，降水较多，气温低，所以蒸发量不大，因而空气湿度大。山下九江，星子 2～6 月降水多于蒸发，其余各月水分不足，7、8 两个月明显缺少。九江、星子的年蒸发量比年降水量分别多 312.9mm 和 482.2mm。

由此可以看出，庐山自山麓到山地上部，不仅气温存在着垂直变化，而且降水也存在着明显的差异。局部地形的不同，导致地方气候和小气候具有明显差别。

五、四季

气温的变化，决定季节的形成与季节的变换。气温随海拔高度而降低，山地地区山上与山下气温上的差异，必然导致季节上的早晚与长短的不同，山地延伸、排列方向与日照时间长短相关，日照时间的长短又影响到气温的高低。对于山地来说，还有坡向的影响，人们常说"山前桃花山后雪"就是坡向对季节影响的真实写照。

季节的划分，我国以候（5 日为一候）平均温度≥22℃为夏季，≤10℃为冬季，介于二者之间为春、秋两季。按此标准，山上与山下季节长短情况如表 6.1.6 所示。

表 6.1.6 　　　　　　　　　　　牯岭、星子、九江四季比较表

站名	春	夏	秋	冬
庐山	17 候 85 天 4 月中旬～ 7 月上旬前期	10 候 50 天 7 月上旬后期～ 8 月下旬前期	13 候 65 天 7 月上旬后期～ 8 月下旬前期	32 候 160 天 11 月上旬～ 4 月上旬
星子	13 候 65 天 3 月中旬～ 5 月中旬前期	27 候 135 天 5 月中旬后期～ 9 月下旬	12 候 60 天 10 月上旬～ 11 月下旬	20 候 100 天 12 月上旬～ 3 月上旬
九江	13 候 65 天 3 月中旬～ 5 月中旬前期	27 候 135 天 5 月中旬后期～ 9 月下旬	11 候 55 天 10 月上旬～ 11 月下旬前期	21 候 105 天 11 月上旬后期～ 3 月上旬

从表 6.1.6 中可以看出，牯岭的夏季短而冬季长，春季长于秋季。与山下比较，牯岭春季比星子、九江长约 20 天，但春季开始约晚 1 个月。因此，庐山有"人间四月芳菲尽，山寺桃花始盛开"之说。夏季短 75 天，季节开始落后 1 个月，又提前 1 个月结束。秋季差别不大，但牯岭先于山下 1 个月来临，又早约 1 个月结束；冬季比山下长 2 个月，提前 1 个月到来，延后 1 个月结束。

庐山季节长短与开始早晚也直接影响到霜期长短与开始早晚，同星子、九江相比，牯岭初霜早 20～22 天，终霜晚约 23～25 天，无霜期短 46～50 天。

物候可以揭示季节动态。植物和动物的生活习性，与气候的季节转换有一定的联系，而且有些植物和动物的生活习性的改变直接受气候因素制约，反过来，也就指示气候上的季节转化。庐山缺少午后方面的记录资料。根据多年来的调查，列出几种植物的开花期（参见表 6.1.7）。

表 6.1.7　　　　　　　　　　　　　　　　山上、山下几种植物开花期比较

地　点	海拔（m）	植　物　名　称		
		桃　花	映山红	油　菜
牯岭一带	1 100	3 月底	4 月中旬	3 月中旬
南坡秀峰寺	约 60	3 月初	3 月中旬	2 月中旬
北坡莲花洞	约 150	3 月上旬末	3 月中旬	2 月中旬

庐山的春季，山上天气多变，云雾、阴雨连绵不断，气温偏低，直至 6 月上旬。6 月中旬以后，雨带北移。庐山的夏季，自 7 月上旬开始进入初夏，云雾、阴雨显著减少，山下进入酷暑季节，山上早晚十分凉爽，午后气温很少超过 30℃，是登山、疗养的好季节。盛夏时节，午后常有雷阵雨天气出现，由东南或者西南方向来的气流，温度高、湿度大，鄱阳湖水域可以提供大量的水汽，下垫面蒸发旺盛，受地形影响，空气极不稳定，中午前后在庐山的西南部（大汉阳锋一带），通常先有积状云（Cb）生成，14～15 时前后，出现雷雨，17 时左右云消雨止，天空放晴。庐山的秋季，天高云淡，云雾少，显现庐山真面目的机会也最多，早晚气温偏低。冬季，庐山山上要比山下冷得多，1 月平均气温低于 0℃，系统性云系又显著增多，云雾常见，并有大风、雨凇、冰凌出现，积雪深达数十厘米厚。

六、垂直气候带

按一般规律，山地气温随海拔的增高而降低，降水随海拔的增高而增多，气温与降水及其相互结合的情况表征一个地方的气候特征。对山地来说，水热状况随高度的变化必然导致气候上的差异，从而形成垂直气候带。

气候的冷与暖通过气温高低来说明，气候的干与湿以水分多少来反映，地表热量与水分分异形成水分气候——热带、亚热带、暖温带、温带，等等。对山地而言，热量的垂直分异状况，取决于山地所处的地理纬度及其相对高度，即纬度愈低，相对高度愈大，热量的垂直分异愈显著。在我国，热量带的划分通常采用日平均温度≥10℃持续期间的累计值（$\sum t$）—— 活动积温来确定，即：

$$\sum t = 8\ 000 \sim 9\ 000℃ \quad 热带;$$

$$\sum t = 4\ 500 \sim 8\ 000℃ \quad 亚热带;$$

$$\sum t = 3\ 400 \sim 4\ 500℃ \quad 暖温带;$$

……

按上述标准，庐山东南坡麓的星子 $\sum t$ 为 5 450.6℃，西北坡麓的九江 $\sum t$ 为 5 399.8℃，庐山山麓符合亚热带标准；牯岭 $\sum t$ 为 3 295.5℃，虽不到暖温带的标准低限，但山地气候垂直分异不同于水平气候带的分异，高度、山地积温的有效性比平原要大，以 10℃积温 3 200℃定为暖温带标准低限是合理的。因此，庐山至少存在两个热量带——亚热带、暖温带。根据牯岭与星子、九江的高度差，对照≥10℃活动积温值，大致海拔每升高 100m，≥10℃活动积温值递减 200℃，这样，庐山南坡的亚热带上限约在 550～

600m，北坡约在500m，牯岭海拔1 165m（ $\sum t = 3\,295.5℃$ ），海拔只要上升不到100m，其积温值符合温带标准，因此，庐山大约在1 250m以上即属于温带，以星子—大汉阳峰为例，其垂直气候带如图6.1.1所示。

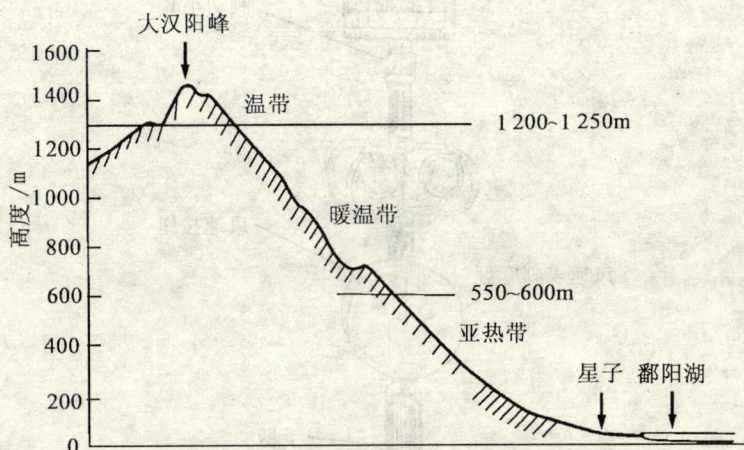

图6.1.1 庐山南坡垂直气候带示意图

§6.2 气 候 调 查

气候调查内容包括大气温度和湿度、气压、风、降水，蒸发量、日照、云的观测和气候类别的分析判别。在庐山主要进行风、气温和湿度、气压的观测实习。

一、风向风速测度仪的使用

1. 仪器类型与用途

DEM6型三杯风向风速仪，适用于野外流动观测风向和1分钟平均风速。测量范围，风速：1～30m/s；风向：误差不大于一个方位（0～360°分16个方位）。

2. 仪器结构和工作原理

DEM6型三杯风向风速仪由以下3个部分组成。

风向部分：风向标、方向盘、风向指针、制动小套。

风速部分：十字护架、风杯（感应旋杯）、风速表主体机。

手柄部分：一段空心管，可通过螺纹与以上部件相连（如图6.2.1所示）。

观测风向时，应该将仪器带到相对空旷处，由观测者手持仪器，高出头部并保持垂直，风速表刻度盘与当时风向平行，观测者应站在仪器的下风方，然后将方向盘的制动小套管向下拉，并向右转一角度，启动方向盘，使其能自由旋转，按地球磁子午线的方向稳定下来，风向标随风变动，风向指针在方向盘上的对应读数即为风向。注视风向指针约2min，记录其最多风向。

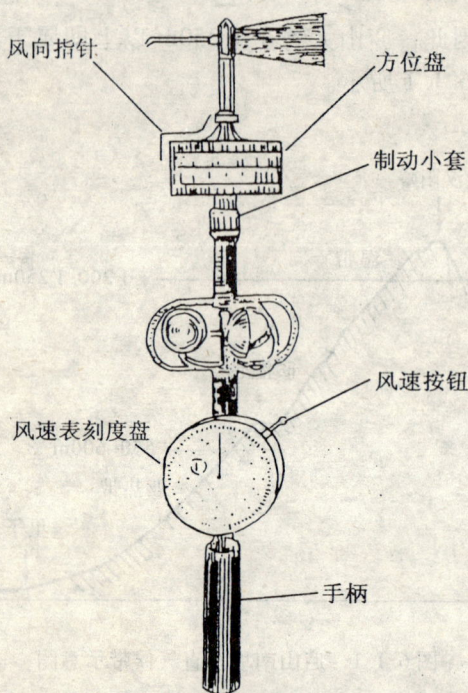

图 6.2.1　DEM6 型三杯风向风速仪结构图

风向指针　方位盘　制动小套　风速按钮　风速表刻度盘　手柄

观测风速时，用手指按下风速按钮，使风速指针回到 0 位。放开风速按钮，红色时间小指针开始走动，随后风速指针也开始走动，1min 后风速指针自动停止，待时间小指针停止转动时，风速指针所示读数即为指示风速。将此值从风速鉴定曲线图中查出实际风速，即为所测的平均风速。

3. 使用注意事项

使用轻便风向风速仪应在四周开阔、无高大障碍物的地方，高度以便于观测为宜。

连续进行下一次观测时，只需按一下风速按钮即可。

观测完毕，务必将小套向左转一角度，使其恢复原来位置，使方向盘固定不动，以保证仪器的灵敏性和使用寿命。

利用气压海拔高度仪，分别记录此时此地的大气压值、气温值、高度值。

二、庐山气象数据采集点选择

1. 牯岭镇街心花园

2. 含鄱口

3. 大马颈喇嘛塔

4. 仙人洞停车场

5. 五老峰

6. 仰天坪

7. 汉阳峰

8. 鄱阳湖岸野猫颈
9. 星子落星石

在 6：00；14：00；18：00，分别用气温计量测温度、风向风速仪测定风向风速，记入表 6.2.1。

表 6.2.1　　　　　　　　气温（气压）记录表

地点：　　　　　　高程：　　　　地貌部位：　　　　天气：

序号	日/月	时：分	气温（℃）（气压）	风向	风速

三、气象数据统计分析

1. 作庐山山上同一时间气温、风向、风速比较分析，做出规律性结论。
2. 作庐山山下同一时间气温、风向、风速比较分析，做出规律性结论。
3. 作同一地点不同时间气温、风向、风速比较分析。
4. 依据表 6.1.2 所列数据，作一幅统计曲线图表，分析三地的气温日变化特征。
5. 依据表 6.1.3 所列数据，作三幅统计玫瑰图表，分析三地的风向频率变化特征。

§6.3　水　文　调　查

庐山地处我国亚热带东部季风区域，多年平均降水量为1833.6mm，年蒸发量为1 008.6mm，水分有余。庐山水源来自大气降水。庐山是一座中山，地质构造、岩石性质、地貌条件比较复杂，以致天然降水对地表水的补给，使地表水存在着不同的形式。它们既是庐山风景名胜的组成部分，也是居住居民和疗养旅游者日常生活的水源。

一、水文特征

庐山是一座典型的断块山，断裂显著，岩体节理发育，为地表水储存、排泄提供了良好的水文地质条件。庐山是我国旅游胜地，山上植被相对来说保存较好，对水源的涵养、径流调节有一定的作用。

由于旅游事业发展，水环境也发生了相应的变化，为了更好地解决生活用水和电力及在山上增设旅游景点，相继建成了人工湖，如芦林湖、如琴湖、石门涧水库等。

庐山地质、地貌条件为瀑布的形成提供了有利的条件。"匡庐瀑布天下奇"，庐山瀑布数量多、规模大、形态美、气势雄，素与雁荡龙湫、黄山石笋并称"天下三奇"。著名的有三级总落差达 120m 的三叠泉瀑布；有20m 宽、落差60m，由一股逐渐分为十一股倾泻而下的谷帘泉，即陆羽品评的"天下第一泉"；有被李白称为"飞流直下三千尺，疑是银河落九天"的开先（庐山）瀑布。另外，还有玉帘泉、石门涧、马尾、王家坡双瀑等十多处。与瀑布相关的还有许多深潭，著名的有黄龙潭、乌龙潭、玉渊潭、青玉峡、碧龙潭等。

庐山地质、地貌条件为瀑布形成创造了有利的环境。庐山是一座地垒式的断块山，四周多为垂直的断层崖。随着山体的剧烈上升、河流的迅速下切，造成"窄峡、深谷悬瀑"为特征的幼年峡谷，这些幼年峡谷的上源，是高度在 900～1 000m 以上的壮年宽阔谷地，山顶上的溪涧泉流，沿上游宽谷奔流而下，在抵达上游宽谷与下游峡谷相交的裂点处，迅速跌落下来，成为飞泻的瀑布、急流，而庐山溪涧裂点的高度，大部分在 900m 左右的半山上。于是在裂点分布的地方，好像挂上了一条条白链（瀑布）和串串明珠（急流）。

在流水、冰雪等外力因素侵蚀、塑造下，山上、山下沟谷发育，溪流众多，大致以位于庐山中部，海拔 1 374m 的仰天坪为水系分界线，将庐山的水系分成两部分。仰天坪以北的水，北流下山；仰天坪以南的水，南流下山。对此，我国明代伟大的地理学家徐霞客在他的游记中写道："此坪则为庐山最高也，坪之阴，水俱北流，从九江；其阳，水俱南下，属南康（今星子县）。"

据不完全统计，北流九江入长江的溪涧湍流有：锦绣谷水流、剪刀峡河流、石门涧水流、王家坡谷水流、东谷水流、西谷水流、黄龙潭水流、芦林水流、青莲寺水流、大坳里水流、白鹿洞水流等。南流注入鄱阳湖的有九十九溪水流、三峡涧（栖贤谷）水流、香炉峰瀑布、庐山坳水流、桃花谷水流等。它们与瀑布、深潭、人工湖共同组成庐山水文网，通过水系的不同运动形式，导致地表化学元素的迁移，决定着庐山水的化学特征。

根据庐山若干水样分析表明，庐山水环境品质较好，接近自然状态，一些主要离子含量均在正常含量范围之内。作为庐山各种天然水体主要补给来源的大气降水，为洁净的天然水，其 pH 值、硬度及各类离子组成均适宜于作饮用水。物理性状基本优良，大多为无色、透明、无臭、无味；水化学成分 pH 值多在中性范围，硬度低，属软水，重金属铜、锌含量甚微的洁净天然水体。从以上分析可见，庐山水体基本上未受污染。

但是，有个别水域，如花径的如琴湖水，庐山大厦向东北的东谷水，由于近几年来，随着其上游段众多宾馆、饭店、疗养院、招待所、幼儿园、中学、小学、居民、商业流动人口、旅游者的大大增加，青莲寺谷地数十个小饭馆、花径西南西谷中驻有数个以捡垃圾为生的半固定家庭，养猪、养鸡腥臭不堪，生活废水直接排放进入水体，进入的生活污水量不断增大，湖岸周围可见各种固体废物漂浮，因而水体 pH 值比其他水体明显为高，感官性状表现为灰黑色，气味腥臭。电站水库由于黄龙寺僧人生活用水和游客产生的废水均排放在电站水库内，水体 pH 值比庐山其他水库明显偏高，有酸化的趋势。这些都是庐山环境素质变差的表现。为确保旅游环境质量，应当引起有关部门的重视。另外，仰天坪已经建成了数十栋住宅、疗养院，成为一个新的人口集聚区，而水体利用和环境保护并未考虑。

庐山水，首先作为庐山生活饮用水源，其 pH 值，硬度，主要水化学成分，重金属 Cu、Zn 含量及某些物理感官性状，都符合卫生标准，至于未加处理地直接作为饮用水，应当进行严格的卫生检验，即使水化学性质符合饮用卫生标准，还须注意生物学卫生标准。

庐山水又是庐山风景名胜的重要组成部分，有些风景点主要是由水环境构成，这些水域供游人休息、游览，有较大水面的芦林湖、如琴湖还可供游人划船、钓鱼、游泳。由于庐山水体多数尚未受污染，水环境生态平衡未受破坏，这是庐山环境素质较好的一面。

今后，为保护庐山水环境不受污染，必须在大力发展庐山旅游事业的同时，密切注意随着旅游事业的发展而带来的环境污染问题。

二、水文调查路线与内容

1. 西谷与窑洼（剪刀峡上游源头之一）分水源头—花径—西谷小路—西谷口

西谷河流河源，生活排水，水系变迁，水的色、味、嗅觉，河口等调查。

2. 窑洼与西谷（剪刀峡上游源头之一）分水源头—庐山风景管理局—窑洼出口

剪刀峡河流窑洼河源，生活排水，水系变迁，水的色、味、嗅觉等调查。

3. 东谷（与莲花谷）（以及与大校场谷地）分水源头—美庐别墅—解放军疗养院—庐山大厦—乌龙潭

东谷河流河源，生活排水，水系变迁，河道的人工工程，水的色、味、嗅觉，河口等的调查。

4. 莲花谷源头—庐山煤气站—王家坡谷地

莲花谷河流河源，水系图案，水的色、味、嗅觉，河口等调查。

5. 青莲寺（五老峰山门处）分水源头—七里冲停车场—三叠泉缆车站

青莲寺谷地河流五老峰河源、七里冲河源、蚱蜢岭南谷河源以及大月山东南坡、五老峰西北坡水系，人工生活排污，水的色、味、嗅觉，河口等调查。

6. 三逸乡盆地（与石门涧谷地）分水源头—大口瀑布（白鹤涧峡谷）

莲花谷河流河源（植物园大门处）、含鄱岭北坡、大月山东南坡水系图案，水的色、味、嗅觉等调查。

7. 仰天坪

庐山南北分水岭沼泽水文、水网。

8. 三峡涧（观音桥所在）

谷地的水文特征。

9. 秀峰寺

河网、扇形地水网系统的水文特征。

10. 石门涧自电站大坝至石门涧瀑布下游

铁船峰北坡水网、天池山水网、水质比较。

11. 鄱阳湖水文特征

思　考　题

1. 以仰天坪为中心，分析全庐山河网系统。

2. 以大月山为中心，分析庐山北部河网系统。

3. 以汉阳峰为中心，分析庐山南部河网系统。

4. 比较分析以上河网系统的异同。

5. 同一高度，山顶和谷地中为何温度有较大差异？以黄龙寺与佛手崖为例进行分析说明。

6. 庐山北部与南部的温度差异原因何在？

第七章　　庐山地区植物地理调查

§7.1　庐山地区植物地理概论

庐山地区处于我国亚热带气候区，地貌上属于中山。尽管过去遭受人为干扰较大，但庐山地区植物区系仍然较为丰富，植被类型比较复杂多样，自然植物分布的水平地带性和垂直地带性特征较好。对庐山地区植物有直接影响的因素为气温、降水、土壤、地貌、人类等。

一、植物区系

据统计，庐山维管束植物计有 210 科，735 属，1 720 种。其中种子植物 175 科，661 属，1 517 种；蕨类植物 35 科，73 属，149 种。

二、植被类型

自然环境存在明显的地域分异（水平方向、垂直方向），生存于自然环境中的植物，同样存在着地域差别。环境条件不同的地域有不同的植物分布与群系组合，如热带植物群系、亚热带植物群系、温带植物群系。例如，有的地域是森林，有的地域是草原。同样是森林，有的是常绿阔叶林，有的是落叶阔叶林，有的是针叶林，例如，乔灌组合、乔草组合、灌草组合等。这种反映一定地区特点的植物被覆的自然面貌，称为植被。

（一）植被现状

按中国亚热带自然历史条件，结合庐山地区地貌形体类型，其自然植被应当是森林，主要是阔叶林。由于人类活动的影响，原始植被几乎破坏殆尽。现存的植物，从各种群落类型比较分析，次生的灌丛、草丛面积大于森林面积，次生的针叶林面积大于阔叶林面积。从分布地点来看，植被保存较好，具有代表性的在庐山山麓是秀峰寺、观音桥、白鹿洞、碧云庵等处，山体中有黄龙寺、乌龙潭、铁船峰、牧马场、汉阳峰、仰天坪、大月山、大马颈、莲花谷、王家坡、康王谷、栖贤谷、石门涧等处。总体来说，庐山的南部比北部的自然植被留存较好。

山麓地带以及丘陵平原，植被为常绿阔叶林，庐山南部优于北部，东部优于西部。各处残留面积不大，主要分布于名胜古迹所在处，如秀峰寺（庐山南部）、白鹿洞书院（庐山东部）、观音桥（庐山东南部）、东林寺（庐山西部）、赛阳（庐山西南部）等处。自然残存常绿阔叶林的主要成分有：苦槠、甜槠、大叶锥栗、栲树、青冈栎、小叶青冈栎、青栲、樟树、茶树等。

山体中主要为自然次生落叶阔叶林，主要成分有：短柄枹、锥栗、茅栗、白辛、灯

128

台、四照花、青榨槭、化香、庐山椴、石灰树、鹅掌楸（俗称马褂树）、庐山厚朴等，其次有人工栽培的法国梧桐、枫香。在常绿阔叶林与落叶阔叶林之间（大致在 800～1 100m），还存在着常绿与落叶阔叶混交林，主要成分有苦槠、青冈栎、短柄枹、灯台、四照花等（见图 7.1.1）。

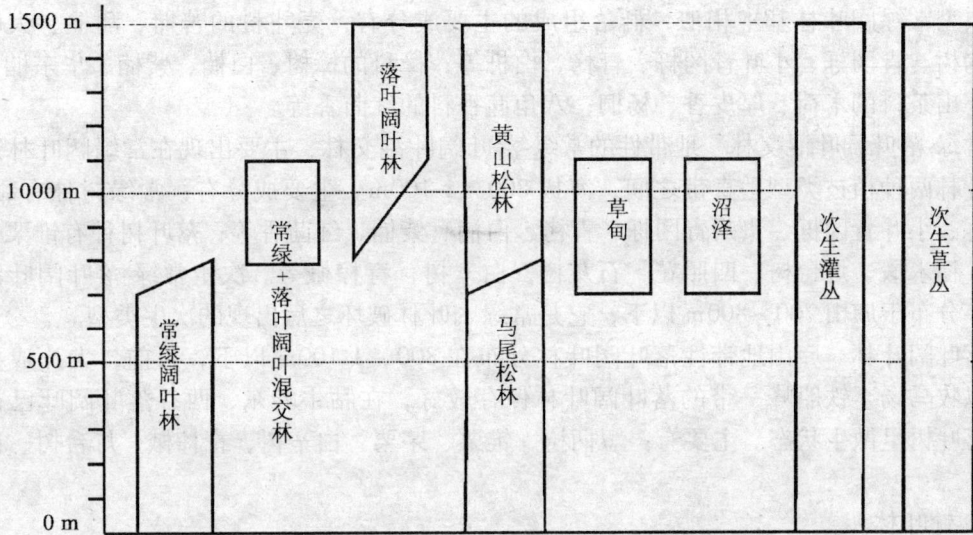

图 7.1.1　庐山植被垂直分布示意图

在庐山地区，常绿阔叶林代表水平地带（属于基带植被）类型，常绿-落叶阔叶混交林、落叶阔叶林属于垂直地带类型系列。

针叶林在庐山分布极为广泛。山体南部大致以 700～800m 为界，山体北部大致以 500～600m 为界，以下主要为马尾松疏林（如秀峰寺、白鹿洞书院）、零星杉木林（如威家、东林寺）。在此海拔高度以上主要为黄山松林（如牯牛岭、女儿城、大马颈、大月山、五老峰、汉阳峰等山岭上）、日本扁柏林（如东谷回龙路两侧、西谷如琴湖西侧）、柳杉林（如大校场谷地）等。除黄山松有局部天然林外，其他均为人工林。庐山植物园在国内引种栽培的针叶树种生长良好。主要有日本冷杉、挪威云杉、雪松、水杉、池杉、落叶松、欧洲落叶松、美国侧柏、日本扁柏、中国金钱松等，这也为我国亚热带中山树木引种作出了显著的贡献。

庐山阔叶林被强烈破坏后，在人类环境保护和恢复自然生态的思想指导下，次生草丛和灌丛迅速生长，类型多种多样，组成成分也较复杂。乔木树种屡遭砍伐后形成乔灌丛，乔木成分主要有：白栎、茅栗、栓皮栎、化香、山槐、黄檀、枫香、冬青、苦槠、青冈栎、白楠等。灌木成分主要有：檵木、映山红、牡荆、柃木、乌药、钓樟、山胡椒、乌臼树等。森林遭受极其严重破坏后形成的草丛类型，主要成分有：野古草、芒草、斑茅、白茅等，其次为马兰、野菊、艾蒿等。

庐山草甸、沼泽仅出现在一定的地形部位，例如山顶平坦地段（如仰天坪），主要成分有：莎草、藜芦、白芨等。局部低凹地段排水不良，土壤水分过多，出现沼泽，主要成分有灯心草、莎草及水藓等。

（二）主要植被类型（见图7.1.1）

1. 阔叶林

常绿阔叶林 庐山常绿阔叶林主要分布在800m以下。秀峰寺、白鹿洞、观音桥、碧云庵、石门涧、黄龙寺等处残存有小块常绿阔叶林，其群落性质、类型、区系组成与中亚热带典型常绿阔叶林基本相似，群落组成的主要成分有：壳斗科的苦槠、甜槠、大叶锥栗、栲树、青冈栎、小叶青冈栎、青栲、白栎等；樟科的樟树、白楠、紫楠、华东楠、红楠等；山茶科的木荷、厚皮香、杨桐；八角茴香科的红茴香等。

常绿-落叶阔叶混交林 地带性的常绿-落叶阔叶混交林，主要出现在常绿阔叶林及落叶阔叶林两种植被类型垂直带之间，海拔800～1 100m。主要成分有：常绿树种有甜槠、青冈栎、小叶青冈栎、贵州青冈栎、青栲、白楠、紫楠、红茴香等；落叶树种有锥栗、短柄枹、糯米椴、灯台树、四照花、石灰树、白辛树、青榨槭等。次生常绿-落叶阔叶混交林，多分布于庐山700～800m以下，它是常绿阔叶林破坏之后出现的次生类型。

落叶阔叶林 庐山地带性落叶阔叶林分布在800～1 100m以下，目前，大片成林不多，以牧马场至铁船峰一带的落叶阔叶林保存较好，在牯牛岭东、西谷落叶阔叶已被破坏，落叶树呈散生状态。主要有：短柄枹、锥栗、茅栗、白辛树、青榨槭、灯台树、四照花等。

2. 针叶林

庐山地区针叶林主要有马尾松林、黄山松林、杉木林、柳杉林、日本扁柏林以及小片金钱松林，这些主要为人工林、半人工林。黄山松林在1 100m以上有局部天然林。亚热带的针叶林，大部分是由于阔叶林遭受破坏后形成的。

3. 竹林

竹类由于其生物学特性，一般多组成单优势群落类型（纯林或纯灌丛）。生活型可分为地上茎及地下茎两部分，地上茎节间长，腋芽出土，竹干在地面散生，称为"散生竹"。地下茎节间短，腋芽出土，竹干在地面上丛生，称"丛生竹"。庐山地区竹林以刚竹属的毛竹分布最广，竹林中也有散生的乔木和灌草，也有与灌草混生的玉山竹属的箭竹。

4. 灌丛

亚热带山地灌丛。亚热带东部山地，除台湾玉山(3 950m)外，一般均分布在2 000m以下，按森林分布规律，庐山应在森林垂直分布界线之内。因此，庐山目前存在的灌丛植被，绝大部分属森林破坏后的次生类型。主要成分有短柄枹、映山红、满山红、金缕梅、美丽胡枝子等。

5. 草丛

亚热带草丛。亚热带草丛是森林植被长期遭受人为破坏后出现的次生类型，草丛一般在庐山山体下部分布较多，山体上部主要见于山南汉阳峰和仰天坪一带。以禾本科草类为主，其中以芒、斑茅、野菰草、管草、白茅常见，有多种蕨类，草丛中有稀疏乔灌。

6. 草甸

沼泽草甸。草甸多在气候湿润、地下水位较高、土壤水分过多的条件下形成。庐山草甸植被是受局部地形而引起土壤水分过多形成的隐域性植被，主要由干生、湿生的成分构成。山顶的草甸植被多以莎草、灯心草、苔草、藜芦、白芨草等为主。

7. 沼泽植被

沼泽植被主要由于气候湿润、地表经常积水而形成的，群落由湿生或沼生植物所组成。主要为泥炭藓、灯心草、莎草、半枝连、白花珍珠等混生。

三、植被演替

植被演替是指某一地段上一个植物群落被另一个植物群落代替的过程。不论是地带性类型的群落，还是发展中的群落，演替现象一直贯穿整个过程。不过，这种演替现象是渐变的，短时间内不能为人们直接观察到。

庐山植被演替可分为两大形式：①在人类的长期经济活动影响下，原始森林植被遭到破坏，导致原生植被不同程度的消退，沦为各类次生林、次生灌丛、草丛等的逆行演替；②经过封山育林、人工栽植以及合理开发利用野生植物资源等措施，使植物群落向着复生的方向演替，这就是利用植被本身对环境条件改变引起植物群落的不断变化，使其朝着地带性顶级群落发展的顺向演替。

山地植被的演替是与立地环境密切相关的。随着海拔的升高，气候、土壤产生垂直的变化，导致植被类型垂直分异。因此，它们的演替系列也有差别。庐山地区植被垂直带谱如下。

1. 常绿阔叶林带植被演替系列

（1）常绿阔叶林：该类型是在中亚热带生物气候带形成和发育起来的地带性植被类型。这类植被，目前仅有小面积残存于海拔800m以下的名胜古迹周围或位于山谷陡坡上，由于各地具体的生境条件的差异，以致主要建群种、优势种各不相同，并形成多种相对稳定的常绿阔叶林，例如，苦槠林、｛苦槠＋白栎｝林、｛甜槠＋樟树｝林、｛甜槠＋青栲｝林、青冈栎林等。在谷地生境潮湿的地段，樟树树种大为增加，形成樟树林。群落外貌终年常绿，一般呈暗绿色，叶面闪烁反光，林冠整齐郁闭，上层乔木成分具有天然更新的能力，故能形成相对稳定的群落。

（2）常绿、落叶阔叶混交林：当常绿阔叶林遭到砍伐破坏后，林下光线充足，温度增高，温度、通风、土壤等环境因素的变化，使阳性落叶阔叶树种逐渐增多，与该地段原有的常绿阔叶树混生在一起，组成次生性常绿与落叶阔叶混交林类型，如｛枫香＋樟树｝林、｛枫香＋苦槠｝林等。群落中除了主要建群种和优势种外，常伴生有甜槠、青冈栎、楠木、白栎、麻栎、黄连木等树种。这种次生性混交林如果不再遭到破坏，任其自然发展，仍将恢复为常绿阔叶林。

（3）落叶阔叶林：上述常绿与落叶阔叶林遭到破坏后，在森林群落中，由于林下光照增强，环境条件趋向干燥，使常绿阔叶树种逐渐减少，而阳性的落叶阔叶树种群渐趋增多，可出现以枫香、白栎、麻栎、栓皮栎、短柄枹等为建群种或优势种的落叶阔叶林。这种次生性落叶阔叶林如任其自然发展，将通过常绿与落叶阔叶混交林阶段，向着常绿阔叶林方向演替。

（4）灌丛：当上述森林植被遭到人为反复周期性砍伐，以致成为高仅1～2m萌生的次生灌丛。这类灌丛的种类组成，不仅与上述各种森林存在有密切联系，而且随着各地砍伐程度的不同，在种类组成上也有很大的差别，反映在群落外貌上，有的常绿，有的落叶，也有常绿和落叶混交的，其主要萌生的乔木树种有白栎、苦槠、青冈栎、山槐、枫香、盐肤木等；灌木有乌桕树、柃木等；混生的草本有白茅、叶枯草、蕨等。这类次生灌丛在生境条件优越的地段，只要封山育林，它将逐渐向常绿阔叶林方向演替。在生境条件较差的地段，灌丛群落中常散生一些马尾松和其他一些阔叶树萌生的幼树，只要封山育林，加以人工保护后，可逐渐向马尾松林，或马尾松与落叶树组成的针阔叶混交林方向发展，再逐步向地带性常绿阔叶林方向演替。

（5）草丛：本类型是由灌丛再遭受破坏，水土大量流失，土壤日益瘠薄，生境趋于干旱而造成的。这种次生性草丛植被的主要特征是：群落的种类组成以多年生禾本科植物为主，如斑茅草丛、芒草草丛等。草丛中混生有比较多的灌木种类，如檵木、大叶胡枝子、柃木等；这些灌木多为当地森林林缘的成分，并有萌生的白栎、茅栗、化香等乔木树种，散生在禾草、蕨类植物之中，形成一种特殊的群落结构。在人为破坏停止的情况下，草丛植被任其自然发展，可以通过灌木阶段，而逐渐向森林植被方向演替。

（6）毛竹林：毛竹林的形成有两种方式：①在上述演替系列的某个阶段，通过人工栽植逐渐成林，因此，它不是演替系列中一个阶段，而只能作为一种植被的类型；②在局部地区自然形成竹林。

竹类植株的生活周期短，一般十余年即逐渐趋向衰退，经过若干年之后，在没有人为因素干扰的情况下，将逐渐被耐阴性强的常绿阔叶树种所更替。因此，天然的毛竹林多为混交林，乔木层中以毛竹为主，另外，还有其他常绿阔叶树种或针叶树种混生，在林内形成显著的层片，对于群落的动态演替起着明显的作用。人为栽培的毛竹林多为纯林。

毛竹林在庐山主要适生于海拔800m以下的气候温暖湿润、土层深厚、肥沃和排水良好的环境，常与常绿阔叶林交错分布，或与毛竹、常绿阔叶树、杉木等组成混交林，或为人工栽培的纯林。

（7）针叶林：庐山下部的针叶林主要是马尾松林和杉木林两种类型。这两种针叶树林的形成，大多数是在常绿阔叶林植被演替系列的某个演替阶段，杉木林为人工栽植成林的。因此，它也像毛竹林一样，不能作为演替系列中一个阶段，而只是一种植被类型。

马尾松林：该类型在我国亚热带东部湿润地区的海拔700m以下的低山、丘陵地区分布广泛，特别是在中亚热带的长江流域生长最好，在生境条件优越的地方，年高生长可达1m，直径生长可达1cm。庐山的马尾松林，一般分布在海拔700～800m以下。由于马尾松具有耐贫瘠的土壤和喜光的生态特性，可在全光照的裸地上生长成林。在肥沃的土壤上生长更好，如白鹿洞附近遗存的马尾松，其胸径最大的有1m左右。马尾松林的林冠疏散，在生境优良的地方，多与阔叶树混生，组成针阔叶混交林。当阔叶林多次遭到砍伐后，林地光照增强，土壤干燥，马尾松首先侵入，逐渐形成马尾松林。但这种群落一般都不大稳定，发展到一定阶段，它的幼苗不能在自身林冠下更新，而阔叶树将逐渐侵入，代替了马尾松而取得优势。特别是在生境条件优越的地方，这种演替发生得更为迅速。但在生境干旱、土壤瘠薄，特别是在樵采不断的情况下，马尾松林还是相当稳定的。

黄山松林：该类型分布在亚热带中国东部湿润地区海拔1 000m以上，适生于温暖湿润、风大的山顶和山坡上、贫瘠的土壤中，甚至岩石裂缝中或者坡面上分化残存碎屑物中，具有喜光的生态特性，可在全光照的裸地上生长成林。与黄山松类似，种群落一般都不大稳定，发展到一定阶段，它的幼苗不能在自身林冠下更新，而阔叶树将逐渐侵入，代替了黄山松而取得优势。特别是在生境条件优越的地方，这种演替发生得更为迅速。黄山松在庐山山体顶部有成片的纯种群分布，例如，牯牛岭、五老峰等地。

杉木林：该类型分布在海拔 800~1 000m 以下的亚热带东部湿润地区，适生于温暖湿润静风的山坳、谷地，土层深厚，排水良好的酸性土壤上。目前，大多系人工栽培的纯林，少量和马尾松、毛竹或多种阔叶树形成混交次生自然林。杉木林的林相结构相对单一，人工纯林乔木层仅一层，很少掺有其他树种。半天然林则混生有所在地区常见的针阔叶树种。杉木林下的灌木层种类丰富，且多属耐阴喜湿种，如檵木、庐山乌药、山胡椒、细齿叶柃木、乌桕树、马银花等。这种半天然杉木林，将逐渐向常绿阔叶林方向演替。

2. 落叶阔叶林带植被演替系列

庐山上部落叶阔叶林植被的演替的成因与演替的系列大致与山下的常绿阔叶林带相似，但山上海拔较高、气温低、湿度大等生境条件与山下不同，以致植物种类成分和植被型与山下有很大的差别。如在海拔 700m 以上，马尾松被黄山松所取代；落叶阔叶林是垂直系列相对稳定的顶级群落。演替系列概述如下。

（1）落叶阔叶林：该类植被为中亚热带山地垂直带的地带性植被类型。目前，在庐山海拔 1 000m 以上分布的落叶阔叶林，是经过封山育林之后保存下来的地带性落叶阔叶林，主要成分有锥栗、短柄枹等，次要成分常见种类有茅栗、白辛树、灯台树、四照花等。林下乔木层主要种类成分的天然更新苗木不断出现，说明该类植被是垂直带的相对稳定的顶级群落。

（2）灌丛：落叶阔叶林遭到人为多次砍伐后所形成的次生灌丛。在这类灌丛植被中，除了灌木映山红、满山红、山茶、蜡瓣花等种属外，尚混杂有落叶阔叶乔木树种，如锥栗、短柄枹树、化香、茅栗等幼苗或幼树，形成茅栗、短柄枹灌丛等。因此，该类灌丛是一种不稳定的群落。若经一段时间的封山育林之后，可逐渐向相对稳定的落叶阔叶林方向演替；或者在人为的影响下发展为半人工的落叶阔叶林；或在这类灌丛群落中有一些散生的黄山松，利用它的飞籽成林的特点，只要加以保护，该群落可通过黄山松林，或黄山松与落叶阔叶树混生而组成针阔叶混交林阶段，再逐渐向地带性落叶阔叶林方向演替。

（3）草丛：山上草丛形成的原因，也像山下的草丛一样，都是由森林植被或次生灌丛在人为反复砍伐和火烧后，引起生境条件恶化，使植被退化所形成的次生草丛。因此，组成草丛植被的主要成分除了多年生禾本科的芒草、斑茅、白茅外，尚有少量稀疏分布的落叶阔叶乔木、灌木树种，如短柄枹树、白栎、锥栗、茅栗、蜡瓣花、海仙花、满山红、映山红等萌生的幼苗、幼树。这类植被只要停止人为的破坏和封山之后，任其自然发展，仍可通过灌木阶段逐渐恢复成林，或者人为地改造成各种人工植被。

（4）针叶林：在庐山上部的针叶林，除了人工栽植大面积的黄山松林之外，尚有人工栽培的柳杉林和日本扁柏这两种林种，在天然恢复过程中，缺乏其自然更新的幼苗、幼树。因此，它们只能作为人工植被的一个类型，不能作为植被演替中的一个阶段。

黄山松为阳性树种，能适应温凉湿润的山地气候，耐寒、抗风、耐瘠薄土壤，在悬崖陡壁上也能生长，在土层深厚、排水良好的生境地段上，才能长成高大的林木。解放后，庐山黄山松人工造林面积很大，含鄱口、五老峰、日照峰一带开阔的山脊及土壤较瘠薄的阳坡上约 20 年生以上的黄山松已形成纯林，林相整齐，树干端直。在土层深厚的山坡或谷地，自然条件较好的地方，黄山松林下原来残留的落叶阔叶树，如短柄枹树、锥栗、麻栎、白栎、石灰树、化香、大穗鹅耳枥等幼树生长良好，或者有萌生幼树生长，同时，随着林冠郁闭度的增大，林内光照条件减弱，枯枝落叶的积累增厚等环境条件的改善，以致黄山松不能在自身的林冠下自然更新。任其自然发展，将通过落叶阔叶树与黄山松首先组成针阔叶混交林阶段，然后，待黄山松衰老而逐渐被落叶阔叶林所代替。庐山是个风景游览胜地，为使庐山上部保持优美的绿化环境，必须采取人为措施，才能保持针叶林或针阔叶混交林阶段。

（5）玉山竹林：玉山竹是分布在我国中亚热带中山较上部的矮林型竹种，因地下茎延长，故地上干为散生，竹干高仅 45～60cm，径粗 0.4cm。在庐山，玉山竹主要分布在含鄱口至五老峰一带的山坡上，常与黄山松或灌丛成交错分布的天然群落。近年来，因在该类型地段营造黄山松林之后，使其成为黄山松林下的一个层片结构。

庐山常绿与落叶阔叶混交林地带，它是由山下常绿阔叶林向山上落叶阔叶林过渡的地带。因此，植被演替方向和演替的序列是介于这两种演替的过渡类型。

群落演替的方向和速度，往往取决于对植物群落作用的"社会的和自然的"两种因素干预，植被本身生态学特性的不同而产生不同的演替动态和演替方向；或是从森林植被向草、灌丛方向逆行演替，或是从草、灌丛植被向森林植被恢复到地带性顶级群落方向的演替。在这个过程中，总是进行着一个阶段接着一个阶段，一个群落代替另一个群落的有规律的转化。只有深刻掌握植被与环境之间相互关系、各种植被类型的演替规律，人们才能合理利用植物资源和定向改造植被，使它向着有利于人类需要的方向发展。

庐山是我国著名的游览避暑胜地，为迅速恢复它的自然景观，保护风景名胜，防止水土流失，发展经济，在植被保护和绿化营造方面，应根据自然群落的垂直分布与立地条件的差异，应用群落演替的规律，因地制宜地进行合理布局和利用改造植被。在海拔 400m 以下的丘陵、湖滨地区，以发展经济林为主，营造用材林为辅；在距风景区较远的偏僻地区，宜造用材林和薪炭林；在土壤条件较好的地区，阳坡可种植油茶、油桐，阴坡种茶叶和果类等经济植物，或者营造杉、樟、木荷、锥栗及毛竹等用材林。海拔 400～900m 处，一般坡度陡峻、土层薄，有的甚至基岩裸露，要迅速绿化和改造。坡度在 45°以下，土层深厚的地段，宜营造杉木林、柳杉、日本扁柏、楠木、青冈栎、槭树、毛竹等针阔叶用材林；坡度在 45°以上的地段，目前，尚有一定数量的乔木树种，应当封山育林，可郁闭成林。海拔 900m 以上，是庐山的主要风景游览区和疗养地，虽然自然植被为落叶阔叶林、黄山松林和灌丛等，为了使环境更加优美，对目前稀疏的落叶阔叶林，应逐步改造成为针阔叶混交林，这既可调节植被外貌的季节变化，又可起到防火和防松毛虫的危害；灌丛地段应改造为多种的针阔叶混交林或落叶阔叶林。在造林设计方面，必须遵循自然植物群落结构的特点，因地制宜地合理配置乔木、灌木，要选择生长快、寿命长、树形和叶形美观的树种进行营造，如日本冷杉、德国云杉、金钱松、中国鹅掌楸、杉木、香果树、四照花、灯台树、玉兰、青线柳和庐山厚朴等。

§7.2 植物地理调查方法

为了充分和合理地利用一个地区的植被资源，需要针对当地生产的现状和发展的要求，全面规划、合理利用与保护。全面规划的基础和科学依据之一，是现有的植被资源和由植被所反映的自然生境。因此，要对地区内现有植物群落的分布状况及特点进行调查研究。

对一个地区进行植被调查之前，通过资料收集和访问，对当地的气象、土壤、水文、地质、农、林、牧、副、植物区系以及当地利用植物的分布等各方面的情况进行了解。

一、调查的一般程序

1. 路线勘察

沿着一定路线对所遇到的群落进行一般观察。其目的是在较短时间内获得较多的观察材料，但这种观察是很粗略的。一般是以驻地为中心，通过对当地群众的访问了解，选定几条路线。所选的路线尽可能要求具有天然植被保存较好的地方，以及能够包括各种地形状况。

这一步工作的基本要求是：识别各种植被类型及其中的群落；结合地形变化，了解它们分布的特点和界线。根据群落结构和优势种初步划分群落。经过路线勘察，可以得到一些初步印象：当地有几种植被类型，各类型中有些什么样的群落，它们的分布有些什么特点，当地对植被的利用有什么特点，哪些群落应作为进一步深入调查的重点。

2. 选点取样

在路线勘察的基础上，选取一些地段，进行重点深入的工作。

对群落分布规律的调查研究来说，选取的地段尽可能达到：群落发育较好；种类成分比较一致；群落结构较完整而不凌乱；生境比较一致（如在坡地上，应在同一坡面，地面起伏不太大或起伏比较规则）。

然后，设置样地。样地的形状一般采用方形（正方形或长方形，叫样方）。根据实践，森林植被的样地面积，应视森林类型或森林所在地区而定。例如，东北大小兴安岭单纯针叶林可取 $10m \times 10m$，阔叶树林则可取 $20m \times 25m$，在长江流域以南地区的针叶林则宜取 $20m \times 25m$（$\frac{1}{20}$公顷），阔叶林则宜选 $40m \times 50m$（$\frac{2}{10}$）公顷。在选取样地面积时，应注意植被年龄，幼林的样地面积宜小，中龄以上森林样地面积宜大；另外，郁闭度大的森林样地面积可大，郁闭度小则样地面积宜大。

样地的数量，在同一类型的不同群落中，至少要设置三个以上，以便于对比分析；面积分布很大的群落，在一个群落中也要设置好几个样地，以求更全面地反映整个群落的特征。选定的样地，以绳索圈住，以示范围。在坡度稍大的森林地上，如采用长方形样地时，其长边应与等高线平行设置。

3. 样地观察记载

在每一个样地中，首先记载群落总的结构状况（分层、各层高度、盖度、优势种类），群落所在地的生境（海拔高度、地形状况、有无局部的特殊生境），人为活动的影响等，作为群落分析的参考。

二、认识植物的方法

认识植物种类对了解植被类型和环境条件都有着十分重要的意义。野外认识植物，要详细观察和记录每种植物的特征和生境条件。植物个体的特征包括花、果、叶（叶形、叶脉、叶缘、叶质、叶色、叶的大小)、主干、枝干、皮、林相、生活型等。生境条件主要包括气候（光照、气温、湿度等）、地貌、地质、土壤、水文等。

（一）植物根、茎、叶的形态观察

1. 植物根的形态类型

根通常是植物向地下伸长的部分，用以支持植物体和从土壤中吸取水分和养料的器官，通常双子叶植物种子萌发时，胚根最先突破种皮，向下生长形成主根。主根各级分支叫做侧根。不论主根或侧根，都有一定的发生位置，均来源于胚根，叫定根，也有些植物可以从茎、叶上产生根，这种不是由根部发生的根，均称为不定根。一株植物根的总体叫做根系，按其形态可分为两类：有明显的主根，与地面垂直生长的称直根系；没有明显的主根，根多数细长如须称为须根系。此外，还有一些变态根，如从茎基生长的许多不定根，向下伸入土中，形成支持植物体地上部分的辅助根系，称为支柱根。由植物的侧根或不定根膨大而成，里面贮藏营养物质，外形上比较不规则的根，称为块根。

2. 植物茎的形态类型

植物茎是在地面下与根相连，上承叶、花和果实的部分。植物的茎按质地分为木质茎和草质茎：

（1）草质茎　茎的木质细胞少，生活期短，无永久的木质组织，在开花结实后枯死。

（2）木质茎　茎的木质部极发达，生活期长。

按其生长与地面的关系可分为地上茎和地下茎；按其形态主要有：

（1）叶状茎　茎或枝扁平，呈绿色叶状，如天门冬；

（2）根状茎　横向延长的多年生地下茎，如莲；

（3）肉质茎　茎多汁，具发达的贮藏组织，茎呈绿色，可行光合作用，如仙人掌；

（4）攀援茎　以卷须或吸盘附着它物上升的藤本茎，如葡萄；

（5）缠绕茎　缠绕它物上升的藤本茎，如裂叶牵牛；

（6）匍匐茎　茎平铺地面，在节上不仅生有叶子，并且生根，如草莓；

（7）平卧茎　茎横卧地面，但节上无根，如蒺藜；

（8）直立茎　茎垂直于地面，如松树；

（9）块茎　短而肥厚的地下肉质茎，如马铃薯；

（10）鳞茎　地下茎短缩，外围有多数肥厚或膜质的鳞叶，如洋葱；

（11）球茎　球形的肉质地下茎，外面生有干膜质鳞片及藏在鳞片内的芽，如荸荠等。

3. 植物叶的形态类型

叶是植物制造营养物质和蒸腾水分的器官。一片完全叶是由叶片、叶柄和托叶组成。通常叶片是叶的扁平部分；叶柄是叶着生于茎或枝上的连接部分；托叶是叶柄两侧的附属物。

（1）叶序　叶在茎上的排列次序叫叶序。叶序可分为互生、对生、轮生、簇生和基生。

（2）单叶和复叶　凡是一个叶柄上生一个叶片的，叫单叶；在一个总叶柄上，生有两个或多个小叶的，叫复叶。单叶与复叶一般可以根据叶着生情况判断。复叶的形态有三出复叶、掌状复叶和羽状复叶等。

（3）叶片形态　有卵形、椭圆形、长圆形、圆形、倒卵形、披针形、倒披针形、线形等。

（4）叶尖形态　有钝形、渐尖、急尖、刺尖、尾尖、微凹。

（5）叶基形态　有楔形、圆形、心形、箭形、戟形、偏斜形、耳形、抱茎、穿茎。

（6）叶脉形态　有羽状网脉、掌状网脉、直出平行脉、横出平行脉、射出平行脉、弧形脉、叉状脉。

（7）叶缘形态　有全缘、波状、齿状、凹缺。

（二）操作步骤

根据上述根、茎、叶的形态类型特征，按次序先从根的形态开始观察，然后观察茎和叶的形态。将观察结果详细记录。

（三）注意事项

由于观察的材料和项目较多，注意不要把材料搞乱，要分别仔细观察和作记录。

观察不同植物的根、茎、叶，将观察结果按形态类型分别填入表 7.2.1、表 7.2.2、表 7.2.3（在相应的空格内填写"√"的符号）或用文字表明。

表 7.2.1　　　　　　　　　　　　　　植物根的形态类型

植物名称　　　根的类型					
主　根					
侧　根					
定　根					
不定根					
直根系					
须根系					
块　根					
支柱根					

表 7.2.2　　　　　　　　　　　　　　植物茎的形态类型

植物名称　　　茎的类型					
草质茎					
木质茎					
根状茎					
肉质茎					
攀援茎					
缠绕茎					
匍匐茎					
平卧茎					
直立茎					
块　茎					
鳞　茎					
球　茎					

表 7.2.3　　　　　　　　　　　植物叶的形态类型

叶的类型 ＼ 植物名称					
叶　序					
叶　柄					
托　叶					
叶片形状					
叶　脉					
叶　尖					
叶　基					
叶　缘					
单叶或复叶					

（四）植物花、果实的形态观察

1. 花的构造和类型

花是植物的繁殖器官，它是由花芽发育而成的。完全花由四部分组成，外边被花萼与花冠包被，总称花被，内部为雄蕊和雌蕊。花的各部着生处叫花托，花朵着生的柄叫花柄，但有些植物的花不具花柄。缺少一至三部分的花叫不完全花。其中雄蕊和雌蕊都充分发育叫两性花，缺少雄蕊或雌蕊的花为单性花。雌蕊和雄蕊均没有的为无性花。

单性花和两性花同生于一株的叫杂性花。

（1）花被　花萼与花冠分化清楚且二者俱存的叫两被花。花萼、花冠任缺其一的为单被花。花萼与花冠都没有的为无被花。

（2）花萼　通常绿色，是花的最外一轮或最下一轮。花萼由若干萼片组成。有些植物的萼片彼此完全分离，称离萼，有些植物的萼片多片边合，称为合萼；其边合部分为萼筒，分离部分叫花萼裂片。在萼下有的植物还有一轮花萼，称为副萼。

（3）花冠　位于花萼的里面，由若干花瓣组成，有各种颜色，但通常不呈绿色。花瓣完全分离的称为离瓣花，多瓣合生的称为合瓣花。合瓣花边合部分称为花冠筒，分离部分称为花冠裂片。花冠多种多样，常见的有十字形、唇形、钟状、坛状、蝶状、漏斗状、管状、舌状、轮状等。一般分成两类：辐射对称花或整齐花具有数个通过花心的对称面，两侧对称花或不整齐花只有一个对称面。

（4）雄蕊　包括花药和花丝。生于花冠内侧，是花的重要器官。常见的雄蕊类型有冠生雄蕊（生于合瓣花冠上）、离生雄蕊（雄蕊彼此分离的）、单体雄蕊（雄蕊花丝合成一单束的）、二体雄蕊（雄蕊花丝分成两束）、多体雄蕊（雄蕊花丝分成多束）、聚药雄蕊（花药合生花丝分离）、二强雄蕊（雄蕊四枚，其中二长二短）、四强雄蕊（雄蕊六枚，其中四枚长二枚短）。花药着生方式可分全着药、基着药、丁字着药的类型。花药开裂方式有纵裂、孔裂和瓣裂。

（5）雌蕊　位于花的中央。每个完整的雌蕊由子房、花柱、柱头三部分组成。子房是雌蕊的主要部分。由单一心皮构成的雌蕊，称为单雌蕊。一朵花内含有两至多个彼此分离的由单心皮组成的子房，称为离生雌蕊。一个雌蕊由两个或更多心皮合生时，称为复子房或复雌蕊。复子房内如果心皮形成的隔膜存在，则子房室数与心皮数相同，称为多室复子房；如果隔膜消失就形成一室复子房。有时每室被假隔膜隔成两部分。组成复子房的两个心皮边合程度不同。构成子房的每个心皮背面都有一条中脉，称为背缝线；复子房的两个心皮边缘相连接处，称为腹缝线。

胚珠是将来发育成种子的部分。胚珠在子房内着生的部位，称胎座。子房内有胚珠一个或多个。

(6) 花托　花柄顶端的膨大部分，花被和雄蕊、雌蕊群着生的地方称为花托。

雌蕊的子房着生在花托上，两者相接位置有以下几种类型：

①上位子房下位花：花托多少凸起，子房只在基底与花托中央最高处相接，其他花部位于子房下侧而与子房分离。

②上位子房周位花：花托多少凹陷，与在它中部着生的子房不相愈合。其他花部着生在花托上端边缘，围绕子房而分离，故称周位花。

③半下位子房周位花：花托或萼片一部分与子房下部愈合，不能分离，其他花部着生在花托上端内侧边缘，与子房分离。

④下位子房上位花：子房位于凹陷的花托之中与花托全部愈合，或者与外围花部的下部也愈合在一起，其他花部位于子房之上。

(7) 花序　花在茎上的排列方式称为花序。花序的主轴称为花序轴，最简单的花序只在花轴顶端着生一花，称为花单生。

花序轴上如有多数花，则除顶花外皆由轴上变态叶的腋间生出，这些变态叶称为苞片，密集在花序基部的苞片则形成总苞。花序类型包括两大类：

①总状花序类：开花时由花序轴的基部向顶部依次开放，或由花序周边向中央依次开放，又称为无限花序类。常见的有：总状花序、伞房花序、伞形花序、穗状花序、荚葖花序、肉穗花序、头状花序、隐头花序。有些花序类型常因花序分枝而形成复花序，如复总状花序又名圆锥花序、复穗状花序、复伞形花序、复伞房花序等。

②聚伞类花序类：花序轴顶部花先开放，再向下或向外侧依次开花，又称为有限花序类。其中亦可再分为单歧花序、螺状聚伞花序、二歧聚伞花序、多歧聚伞花序等。

2. 果实的构造和类型

果实是由植物开花受精后的子房发育而成。果实外围是由子房壁发育而成的果皮，常可分成外果皮、中果皮和内果皮三层。有的除子房外还有花的其他部分如花托、花萼等也参与构成果实。由子房膨大而成的果实，叫真果。除子房壁外，还掺杂有花的其他部分，如花托等而形成的果实，叫假果。

总之，由于构成雌蕊的心皮数及其离合情况，以及果皮性质的不同，因此形成了不同的果实类型。常见的有核果、浆果、蓇葖果、荚果、角果、蒴果、颖果、翅果、瘦果、坚果、聚合果、聚花果。

(五) 注意事项

花萼应注意观察数目，离萼或合萼、颜色、形态、对称情况、大小形态特征。

花冠应注意观察花瓣数目、颜色、形态、大小、对称情况、有无附属物（毛或凸起等）等特征。

雄蕊应注意观察雄蕊数目、着生位置、离生合生、雄蕊的类型及花心形态等。

雌蕊应注意雌蕊数目、花柱和柱头分叉的数目、子房的内部构造。如组成子房的心皮数、子房屋数、每室胚珠数、胎座式类型、子房在花托上着生位置的类型等。

（1）对花的各个部分形态要认真观察，区分各种植物的花是属于什么类型，观察花萼、花冠、雄蕊、雌蕊的形态等。

（2）花序的类型要注意区分是总状花序或聚伞花序等。果实类型要注意如何区分蒴果、荚果、蓇葖果、聚合果和聚花果等。

（3）将观察结果填入表7.2.4、表7.2.5。

表7.2.4　植物的花和花序类型

花及花序的类型＼植物名称						
花的类型	整齐花、不整齐花					
	完全花、不完全花					
	双被花、单被花、无被花					
	离瓣花、合瓣花					
	两性花、单性花、无性花					
花萼	离萼、合萼					
花瓣	镊合状、螺旋状、覆瓦状					
花冠的类型						
雄蕊的类型						
雌蕊的类型						
子房的位置						
花序的类型						

表7.2.5　植物的果实类型

植物名称					
果实类型					

三、植物标本的采集和制作

1. 采集

采集植物标本要尽量采集完整的植株，要有根、茎、叶、花、果实，草本植物要连根挖出，将泥土抖掉或用水洗掉；木本植物要采集带枝的，必要时可带一片树皮。每种植物最少采集3～5份，以供鉴定、存放和交换，雌、雄异株的要采全，寄生植物要连同寄主一起采集。采集植物标本时，应注意选择生长发育正常，无虫咬，无病害或无机械损伤的植株。采集后的标本应立即放入采集箱或塑料袋中，每一份标本都要挂上号牌。号牌必须系在标本的中间部位，以防脱落或损坏。

2. 野外记录和编号

采集标本时，要详细、认真地进行野外记录和编序列号，按野外采集记录本所要求的项目逐项填写。用铅笔在记录本的相应项目上填写或者画一个"√"即可（见表7.2.6）。

表 7.2.6 野外采集记录样式

号数	采集日期	
产地		
环境：地形	海拔	坡向
土壤：土壤颜色	土壤剖面号	
水环境：水旁　水中水（旱）田中　草地　沼地		
地貌部位：平原　山顶　山谷　梁脊　林缘　沟底　阴处　阳处　岩石上　路旁　潮湿地		
山坡（南、北、峻、缓、倾斜）		
植被环境：疏、密林中（下）　灌木丛中（下）		
生态：群型	生态型	
同生植物：		
根系：		
盖度：		
性状：乔木　灌木　草木　藤木　攀援　缠绕　直立　上升　外倾		
开花期	枯期	
发芽期	结种期	
高度/cm（m）	胸高直径/cm	
形 态	树皮	
	叶	
	花	
	果	
土名	学名	
学名		
附记		
标本份数		

野外记录时，同时间、同地点采集的同植物编为一个号。在不同地点，不同时间采集的同种植物要分别编号。号牌上的号码要与采集记录本上的号码一致，不能重号、漏号，每个序列号标本的份数要在采集记录本上登记。用铅笔填写野外记录和号牌。

3. 压制方法

采来的植物标本要当天压制。压制前应进行初步整理。每种植物分别放好。每分标本的长和宽以 38cm×25cm 为宜。若根系粗大，可用刀切成两半；若枝叶过密，可适当剪去部分叶片，留下一段叶柄，但注意不要把枝叶前端部分剪去。较大的标本可折叠成"V"、"N"、"W"形。太大的标本可截成几段，系相同号牌，并注明 a，b，c，…。

压制标本时，首先将一块标本夹作为底板放平，上面铺几张纸，将登记过的带有号牌的植物平展在纸上，注意保持其自然状态，并将其中一部分叶片翻成背面，然后再盖上

2 ~4 张纸。如遇含水较多的植物，可多放几张纸，边压制边填写采集记录本，按上述方法，一号接一号地压制，压制到适当厚度，盖上另一块标本夹，然后用绳子捆好，放在阴凉干燥处。

新压制的植物标本，每天至少要换一次纸，将湿纸换成干纸。过 3 ~4 天后，可两天换一次，直到标本干燥为止。每天换下来的纸要烘干或在日光下晒干，以便再用。在最初一两天换纸时，必须注意整形。即展开其重叠和折叠部分，使其接近自然状态。为了使标本尽快干燥，在第三四天换纸时，应挑出多肉肥厚的标本单独压制，或者事先用沸水或酒精处理后再进行压制。一般标本 5 ~7 天即可压干。

为使标本尽快干燥，也可用电熨斗烫干或用机器烘干。这两种方法较适合于革质叶植物。

干燥好的标本要进行顺号、上台纸和鉴定，最后编写采集名录。

四、植物地理野外调查方法

植物地理野外调查主要是了解植物群落的基本特征、植物群落与环境之间的相互关系及其变化规律。常见的调查方法有样地调查法、无样地调查法、频度法和生态序列法等。

（一）植物群落有样地调查法

1. 植物群落样地选定

植物群落样地是植物地理学中最基本的样本。它所获得的资料详细可靠，可以作为其他调查方法精确程度的对照依据。样地的设置与群落最小面积的确定如下：

（1）样地的选择　在大面积的植物群落区，不可能对全部区域都进行调查。一般是采取抽样调查的方法。选择样地应对整个群落有宏观的了解。然后选择植物生长比较均匀，且有代表性的地段作为样地，用量绳（尺）或事先做好的框架圈定。样地不要设在两个不同群落的过渡区，其生境应尽量一致。

（2）样地的形状　样地多采用长方形或正方形，称为样方。也可采用圆形，称为样圆。长方形样地的长边方向以平行等高线为宜，否则会因高差过大而造成生境上的差异。

（3）样地面积大小　样地面积取决于群落类型。一般先找出群落的最小面积，在草本群落中，最初用 10cm×10cm，在森林群落中，则用 5m×5m。首先登记这一面积中所有的植物种类，然后按照一定顺序扩大样地边长，每扩大一次，登记一次新增加的种类，直到基本上不再增加新种类为止，最后绘制植物种类面积的曲线图。在曲线由陡变缓处相对应的面积就是群落的最小面积（见图 7.2.1、图 7.2.2）。

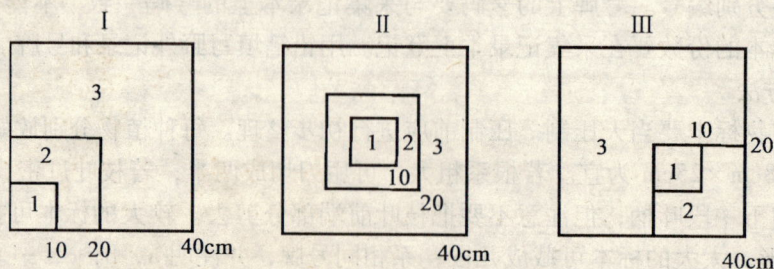

图 7.2.1　样地扩大的顺序（以草本群落为例）

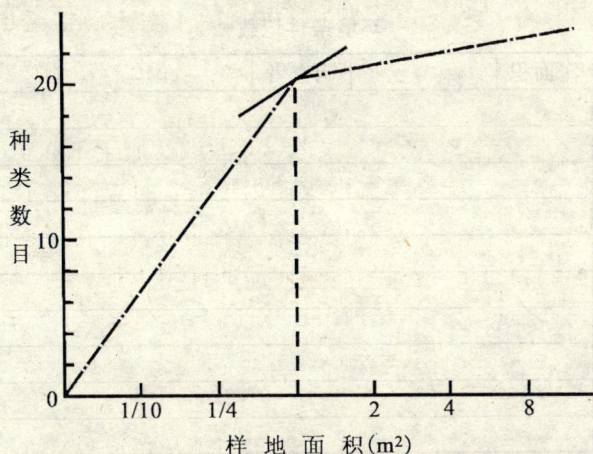

图 7.2.2　草本群落种类—面积曲线示意图

样地面积的大小也应根据具体的自然条件而定。下列样地最小面积经验值（见表 7.2.7），可供参考。

表 7.2.7　　　　　　　　不同气候带植物调查样地最小面积参考值

温带草原	温带阔叶林	温带针叶林	亚热带常绿林	热带雨林
$1m^2$	$200m^2$	$100m^2$	$500m^2$	$2\,500m^2$

（4）样地数目　样地数目视群落结构的复杂程度变化较大，植物分布不规则时应多一些，如果植物群落内部分布均匀，结构较简单，样地的数目可少一些，当然每个群落至少应有一个样地。同时，样地数目还取决于研究的精度。

2. 群落样地调查的内容和方法

样地确定以后，在地形图上找出样地的位置，然后填写植物群落野外调查表（见表 7.2.8）。

（1）环境条件调查

按表上的顺序逐项记载（见表 7.2.9）

表 7.2.8　　　　　　　　　　　　群落调查记录表　　　　　年　　　月　　　日

样方面积/m^2	1	50	100	160	200	种类总计
种名	A B C D E F G	H I J K	L M N	O	P	
增加的种类	7	4	3	1	1	16

143

表7.2.9　　　　　　　　　　　　环境条件记载　　　　　　　　年　　月　　日

样方编号		面积		调查者			
地理位置							
群落名称							
地　形							
地　质							
土　壤							
湿度条件及地下水							
死植被物							
群落周围环境							
人类及动物的影响							
植被动态							
其　他							

注意：

地理位置：写明省、县、乡、村等名称，具体样地位置应尽量确切。

群落名称：用群丛命名方法。根据各层的优势种进行命名，不同层次用"-"相连，如果某一层中有两个优势种，可用"＋"相连。如蒙古栎＋黑桦-胡枝子-万年蒿群丛。

地形：记载海拔高度、坡向、坡度、地形起伏以及侵蚀状况等。

地质：记载出露岩层的地质时代、岩石类型。

土壤：记载土壤剖面特征、质地、结构及土壤类型。

湿度条件及地下水：地表土壤湿润情况以及地下水的埋深情况。

死植被物：记录枯枝落叶层，包括腐烂的和未腐烂的枯枝落叶的厚度。

群落周围环境：记载群落四周生境情况，有助于分析相邻群落、村庄、道路、河流等对该群落的影响。

人类及动物的影响：记载是否有人类砍伐、栽种、放牧和火灾，以及野生动物活动状况等。

植被动态：通过调查后，分析此群落发展的动态情况。

（2）乔木层调查

郁闭度：用目测估计法，即估计林冠间露出天空的面积比例。如林冠间露出天空的面积占样地的3/10，则树冠郁闭度为7/10，写成0.7。

种类成分的统计：样地内所有植物种，不论是成熟的还是幼小的植株都要统计在内，同时要采集标本，不认识的种类可用号码代替，供以后鉴定。

胸径：测胸体直径以"厘米"（cm）为单位。用钢卷尺测量植株从地面到1.3m高处的树径。测出样地内最粗树木的胸径和占优势树木的胸径。

树高：用目测法估计样地内最高的树木及其占优势的树木的高度。

枝下高：用目测法估计自地面起到第一个大枝条伸出处的高度。

优势种年龄：用年轮仪来确定，也可通过访问确定。

标准地上株数：分别统计样地内各种树木的个体数。

将上述各项调查结果记入乔木记载表（见表7.2.10）。

表7.2.10　　　　　　　　　　　　乔 木 记 载 表

植物名称	林层	胸 径		树 高		枝下高	优势树种年龄	标准地样上的株树	林况
		最大径	优势径	最大树高	优势树高				

总郁闭度　　　　　　　各层郁闭度　　　　　　平均株距　　　　　　　　年　月　日

（3）灌木层调查

灌木层的调查一般不采用单株调查法,而是先确定总盖度,用百分数表示,并记载各主层的高度和盖度。然后记录植物名称,按表格上的项目逐项进行调查记载（见表7.2.11）

表7.2.11　　　　　　　　　　　　灌 木 层 记 载 表

植物名称	亚层	多层	高度	生长特性	生活力	物候期	备注

总盖度　　　　　层盖度　　　　　高度　　　　　　　　　　　年　月　日

A. 多度　　多度指某个植物种在群落中的个体数目。测定多度有两种方法:一是个体的直接计算法;二是目测估计法。前种方法工作量大,一般多采用后一种方法。目测估计法可有几种表示方法,但目前多采用德汝德（Drude）多度法表示,其等级如下:

Soc（Sociales）——植株地上部分郁闭,形成背景化。

Cop^3（Copiosae）——植株很多。

Cop^2（Copiosae）——植株多。

Cop^1（Copiosae）——植株尚多。

Sp（Sparsae）——植株数量不多,散生。

Sol（Solitarae）——植株很少,极其稀疏。

Un（Unicum）——在样地内只有一株。

B. 生长特性　　指各种植物在群落中成群生长的特征,也叫群聚度。分以下5级:

a. 单株散生生长;

b. 几个个体呈小群生长;

c. 很多个体呈大群生长并散布成小片;

d. 成片或散生的簇状生长;

e. 大面积簇生,几乎完全覆盖样地。

记录时可用上面序号表示。

C. 物候期　　记载植物所处的发育阶段。

145

a. 营养期　植物处在生长阶段。

b. 蕾期　植物长出茎和梗，花蕾出现。

c. 花期　植物处在花盛开时期。

d. 花后期　植物处在花谢时期。

e. 嫩果期　植物花谢，但种子尚未成熟。

f. 果期　种子、果实已经成熟。

D. 生活力　表明植物种对环境的适应能力，一般是用3级表示：

强（3）：完成整个生长发育阶段，生长正常。

中（2）：仅能生长或有营养繁殖，但不能正常开花、结果。

弱（1）：植物达不到正常的生长状态，营养体生长不良。

（4）草本层调查

草本层与灌木层的调查方法基本相同（见表7.2.12）。只是草本层的高度记载以"厘米"（cm）为单位，并且分别测量生殖枝高度和叶层高度。生殖枝高度是从茎基部到花序顶端，叶层高度是从茎基到最上面的叶层为止。

表 7.2.12　　　　　　　草 本 层 记 载 表

| 植物名称 | 亚层 | 高度/cm | | 多度 | 生活力 | 物候期 | 生长特性 | 生活型 | 备注 |
		生殖枝	叶层						
1									
2									
3									

总盖度　　　亚层　　　　　盖度 Ⅰ　Ⅱ　Ⅲ　Ⅳ　　　　　　　　年　　月　　日

（5）苗木（立木）更新调查

调查样地内树径不足2.5cm的苗木，包括形成乔木层和将来能够进入乔木层的树种，调查更新情况及影响更新的原因，分析群落的发展和演替，最后得出结论（见表7.2.13）。表中的起源一项应调查更新苗是实生还是萌生。

表 7.2.13　　　　　苗木（立木）更新记载表　　　年　　月　　日

植物名称	多度	树度	年龄	分布特性	起源	生长情况

（6）层间的植物调查

层间植物调查的项目见表7.2.14、表7.2.15。

表 7.2.14　　　　　　　　　　藤 木 植 物 记 载 表　　　　　年　　月　　日

植物名称	多　度	高　度	物候期	生活力	备　注

表 7.2.15　　　　　　　　　　附（寄）生植物记载表　　　　　年　　月　　日

植物名称	多　度	被附生的树种	分布情况	生活力	备　注

各项调查均完成后，要对整个群落进行总评。

（二）植物群落无样地调查法

样地调查虽然界线清楚，数量准确，但要花费很多时间和人力。近年来，无样地调查法被广泛用于林地、灌丛调查中，且效果较好。

无样地调查法有多种方法，其中以中点方角法的效果较好。这种方法对测点的确定是随机的。在群落地段内设置两条互相垂直的（X，Y）坐标线，线上各取一组随机数字，构成一系列随机点的坐标值，依次进行调查，或者在任意测线上随机决定若干测点。当该类群落在大范围内连续分布时，用后者比较方便。每个测点上划分四个象限（设想），在测线上补充一条通过测点垂直线的线段，或在地段内部通过随机点做两条互相垂直的线。再从随机点的四个象限内各取距测点最近的植株作为取样对象（见图 7.2.3）并按表7.2.16 填写。

注：

表中冠幅（树冠的直径）用目测法确定，记下纵向和横向两个直径。

最后计算以下数值：

随机点各自到植株距离（点株距）的总和 $\sum d$。

平均点株距：$\overline{\sum d} = \sum d/(总株数)n$

平均每株面积：$MA = (\overline{\sum d})^2$

所有种的总密度 = 单位面积/MA，单位面积可以取 $100m^2$，$1\,000m^2$ 等

某个种相对密度 = 某个种株数 n_i/总株数 n

某个种的密度 = 总密度 × 某个种相对密度

（各种的）平均显著度（平均总断面积）= 全部断面积总和（总显著度）/n

某个种的显著度 = 平均显著度 × 某个种的密度

某个种相对显著度 = 某个种显著度/总显著度

某个种的频度 = 该种的测点数/测点总数

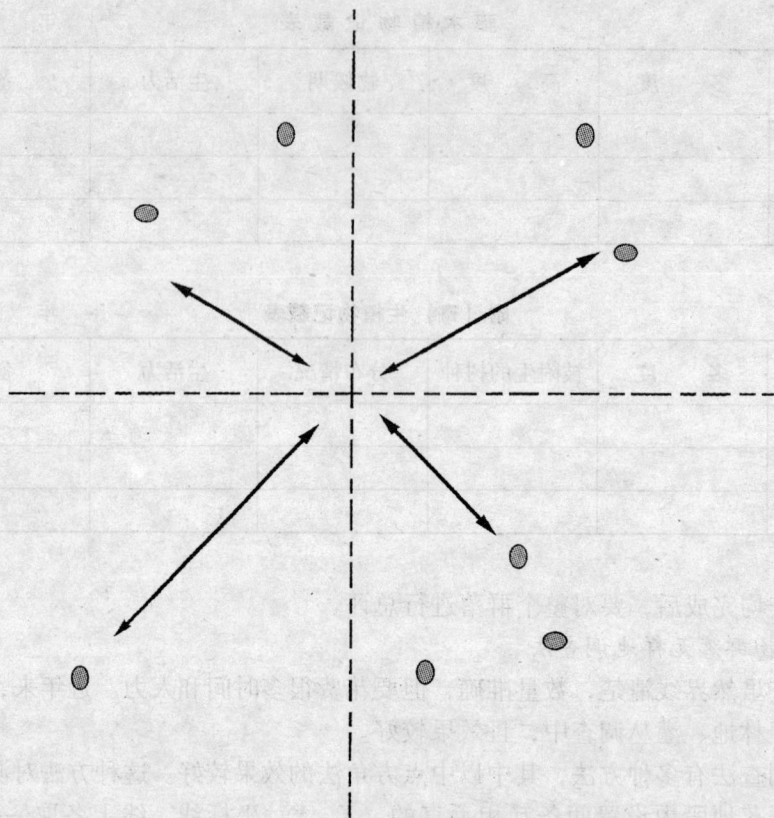

图 7.2.3　无样地中点方角法

表 7.2.16　　　　　　　随机点——四分法调查表　　　　　　年　月　日

调查地点（或测线号）

群落类型名称

随机点号	调查者		日期			
	象限	树种或编号	点到树的距离（m）	胸径（cm）	冠幅（cm）	生长状况（或高度）
1	① ② ③ ④					
⋮						

某个种的相对频度＝某个种频度/各个种频度总和

某个种的重要值＝相对密度＋相对频度＋相对显著度（相对盖度）

以每一测量点为中心设置小面积样地即可记录林下各层特性。

148

五、航片植被解译与调查

航空像片上植被判读主要根据树冠影像的形状、大小、色调、阴影等标志以及树种分布的规律。森林一般构成特殊的粒点状图案（粒点是树冠的反映）。其中的针叶林粒点多呈三角形，阔叶林粒点近圆形。

南方的油茶林呈灰色色调，由于树冠浑圆，所以呈现出棉桃叶絮状图案。连片的马尾松林呈灰黑色钉子状图案，未连片的多呈现撇形。成熟的落叶松因枝干向外突出，常呈现星状图形。柏木林树冠小，呈现针状图案。油松林呈现松散的似"球绒"状黑色圆点。

草本植物均构成致密状图案。其中沼泽群落分布于潮湿多水的封闭洼地或湖滨低河漫滩，植被茂密，光谱反射率很低，形成暗色影像，有时呈现出乌云状或墨水斑迹状图案，草原群落多生长在排水良好，地下水位较深的干旱半干旱地带，植物种类较多，长势差异很大，分布于水分状况较好的部位，植被生长茂盛，色调较深；水分状况较差或有不同程度的盐渍化的部位，植被生长稀疏，甚至有较大面积的表土裸露，使影像色调变化复杂，多形成花斑状图形。草甸群落的影像色调一般较浅，且多分布于高河滩及低阶地等地形部位。

根据植被解译的情况，在野外可勾绘植被分布草图。具体做法是将透明纸蒙在实习区域的航片上，据解译结果勾绘出植被、河流、居民点、公路、荒地等要素分布状况，并按照图例明确绘制（见图7.2.4）。

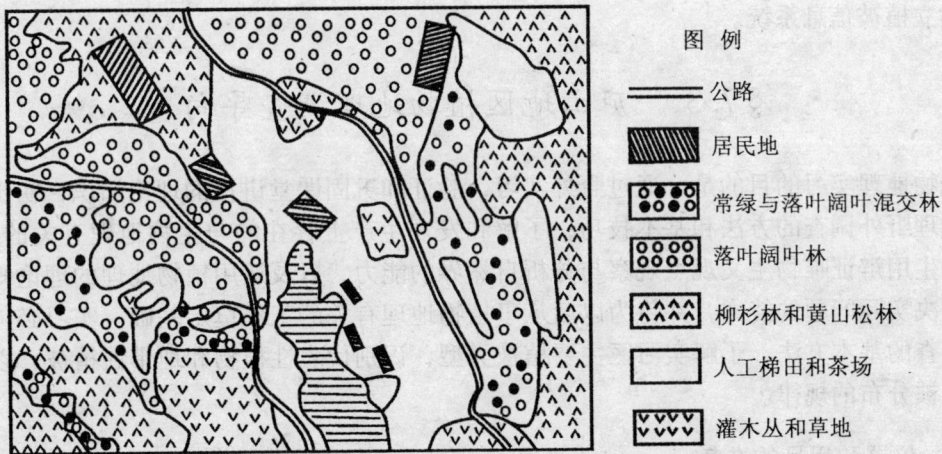

图7.2.4　植被分布图（航片解译）

图例
- 公路
- 居民地
- 常绿与落叶阔叶混交林
- 落叶阔叶林
- 柳杉林和黄山松林
- 人工梯田和茶场
- 灌木丛和草地

六、植被空间分布填图

1. 选择比例尺

植被图的比例尺要根据其精度和用途来确定。植被分布填图，选用大比例尺的地形图作为植被类型分布范围定界和植被制图的基础资料，以1∶10 000～1∶50 000为宜。

2. 确定制图单位

大比例尺植被图可以群丛作为制图单位。如果群丛范围狭小，在地图上不易表示，可以进行群丛单元的综合。中比例尺植被主要以群系作为制图单位。小比例尺植被图则以植被型作为制图单位。

3. 拟定图例

植被图图例是代表地面实际植被的具体符号。植被图的内容主要通过图例来表达。为了在图上有良好的认识效果，最好是选择彩色和符号并用的图例。

4. 野外作业

在野外绘制植被图时，应按拟定的制图单位和图例，在地形图底图上边调查边填绘。在野外，也可以用简单的代码标注某种植物，例如，用 A 代表松科（属），Aa 代表黄山松，Ab 代表马尾松；B 代表杉科（属），Ba 代表柳杉，Bb 代表水杉，等等。用目测或GPS 测量各种植物群落的界线，并勾绘其轮廓。也可同时对照航空影像进行植被解译，以保证图元轮廓和位置的准确性。

5. 室内规范和标准化植被制图

在室内，按照拟定的图例，遵照地图科学的基本原理和方法，进行严格的植被图编制。

（1）转绘法，野外勾绘的植被图要转绘到空白图上，并仔细校对，如有不明确的地方，还要到现场进行核实，经过反复校正后方可定稿。

（2）透绘法，将透明纸或者聚酯薄膜覆盖在调查填图上，将植被内容、地理背景内容透绘下来。

（3）计算机辅助法，将野外填绘的植被图扫描，进行数字化，由此可以建立数据库，进而建立植被信息系统。

§7.3 庐山地区植物地理调查导向

植物地理实习的目的是，通过野外实习，验证和巩固课堂讲授的理论知识，初步掌握植物地理野外调查的方法和基本技巧；了解和发现生产上存在的与生物地理有关的问题，培养学生用辩证唯物主义观点观察与分析自然界的能力，以及运用植物地理的理论知识回答并解决实际问题的能力，并将为以后从事植物地理有关的工作奠定基础。实习必须学习植被调查的基本方法，了解实习区主要植被类型，识别代表性植物和地带性植被，以及调查区植被分布的规律。

一、仪器和用品的准备

1. 测量工具：地质罗盘仪、海拔仪、年轮仪、测绳、皮尺、卷尺、简易手持式 GPS 等。

2. 光电工具：放大镜、显微镜、望远镜、照相机、摄像机、笔记本电脑等。

3. 采集工具：标本夹、绳子、毛头纸、小纸袋、针、线、枝剪、标签等。

4. 记录工具：野外记录本、调查表格、方格纸、号牌、标签、铅笔、格尺、橡皮等。

5. 服装：要求轻便、紧口、色暗。

6. 地形图：用于植物分布在空间的定位，样点和样区定位。

7. 航空像片：用于建立判译标志、建立植物类型的影像特征，对比植物变化。

二、主要植物种类识别

（一）海金砂科（Lygodiaceae）

海金砂（Lygodium Japonicumsw）——多年生草木，叶轴细长，缠绕它物上升，长 1～2m；叶鞘革质，二次羽状分裂；生孢子囊的叶分裂细，背面缘边有生孢子囊群。广布于暖温带、亚热带各地。

（二）乌毛蕨料（Blechunaceae）

狗背（Woodwardia Japonica（L. F.）J. Smith）——叶通常二次羽状分裂，根茎匍匐，叶柄直立，长 16～30cm；这是华中、华南常见的酸性土的指示植物。

（三）紫萁科（薇科）（Osmundaceae）

1. 铁芒萁（Dicranopteris Dichotoma Bernh）——多年生之蕨类植物，根状茎横生，披锈毛，叶轴重复，假二歧分叉上部分叉的主轴两侧均无小羽片，但在分叉处两侧之下方通常有一对托叶状之羽片，叶轴最后一次分叉之顶端发出一对莔齿状之羽片，叶背面灰白色，细脉呈羽状分叉每组 4 条，孢子囊群细小，圆形，一列生于细脉之中段。广泛分布于长江以南各省，生于强酸性土的红壤丘陵荒坡或马尾松林下。

2. 紫萁（薇）（Osmunda Japonlca）——多年生草本，羽状复叶，小叶似菜刀形，分布于长江流域，为酸性土指示植物。

（四）松科（Pinaceae）

1. 黄山松（Pinus Taiwanensis Hayata）——又称台湾松，常绿乔木，高达 20 余米，枝平展，干皮深灰色，裂呈不规则的鳞状厚块片，叶二针一束，稍直硬，暗绿色，球果卵形，长 5～6cm。在中亚热带地区海拔 700m 以上有分布。

2. 金钱松（Pseudolarix Amabilis）——落叶乔木，有长、短枝之分。叶生于短枝，15～20 枚叶片簇生，由叶柄轮状平展，叶长 3～7cm，宽 2～4mm，前端尖。分布于浙江、安徽、大别山、黄山、江西庐山、四川万县等地，海拔 1 300m 以下，喜生于光照充足、温暖多雨、土壤肥厚，排水良好的酸性土山区。

3. 雪松（Cedrus Deodara）——常绿乔木，针叶 3cm 余长，在长枝上互生，在短枝上密生成丛生叶，银绿色，枝条平行伸出，形体似塔形。原产喜马拉雅山海拔 3 000m 以上，现各地引种栽培，是良好的绿化观赏树种之一。

4. 华山松（Pinus Armandi）——常绿乔木，小枝灰绿色。叶呈细长针状，无毛，五针一束、叶鞘早落，产滇、黔、鄂、川、甘、陕、晋、豫等地海拔 1 100～3 300m 的气候温凉湿润、酸性土或钙质土地体中。

5. 马尾松（P. Massoniana）——常绿乔木，叶细长柔软，呈长针形，二针一束生于枝端，形似马尾，针叶较柔细，翠绿色，顶芽棕褐色，叶基具叶鞘，叶边缘有齿，果鳞背面扁平，鳞脐不突起，每果鳞内含有两粒种子，它喜生于酸性土，分布于长江流域以南各地海拔 1 000m 以下，是华南荒山主要造林树种之一。

（五）杉科（Taxodiaceae）

1. 杉木（Cunniughamia Lanceolata）——常绿乔木，树皮褐色，纵裂成长条片，枝条横展，枝稍下垂。叶密集螺旋状排列在枝上，基部常扭转，形成两列状，叶背中脉两边有白色气孔条，是中亚热带各山区重要造林用材树种。生境要求土壤肥厚，排水良好的酸性土壤。

2. 柳杉（Cryptomeria Fortunei）——常绿乔木，针叶长 1cm 左右，前端稍弯曲，螺旋状排列。分布于江南各省，浙江沿海为最多。喜生于光照充足、温暖湿润的气候，以及酸性肥厚、排水良好的土壤。属观赏和绿化品种之一。

3. 水杉（Metasequoia Glyptostroboides）——落叶乔木，小枝对生，具长枝或脱落性短枝，春、夏时绿色，秋、冬为淡褐色，叶交互对生、二列、羽状，冬季叶与侧生短枝俱落，叶线形、中脉上面凹下，在中生代白垩纪繁盛，现为孑遗种，自然残存于四川、湖北交界的万县，目前各地栽种。

4. 挪威云杉（Picea Abies）——原产欧洲，常绿乔木，一年生，枝淡黄色，枝上具有木钉状叶枕，叶线锥形，长 1~2cm，喜生于凉润高山气候及酸性土壤。

5. 日本冷杉（Abies Firma）——常绿高大乔木，小枝有圆形叶痕，叶线形，叶尖端有凹缺。适生于凉润气候，湿润的酸性土中，是耐寒、耐阴的树种。

6. 华东铁杉（Tsuga Chinensis）——常绿乔木，树皮纵裂，小枝细长下垂，叶枕隆起，叶线形较窄短，先端有凹缺，下面有带白粉的气孔带，原产华西及西南，耐阴性强，喜温暖湿润的山地气候及酸性肥厚的土壤。

（六）柏科（Cupressaceae）

1. 侧柏（Biota Orientalis）——常绿乔木，小枝直展、扁平，两面均为绿色，鳞叶前端微尖，鳞叶背部上端为一反曲之尖头，为我国特产，适生于冷及暖湿气候，碱性或微碱性土壤。

2. 日本扁柏（Chamaecyparis Obtusa）——常绿乔木，鳞叶前端钝，原产日本，现在庐山海拔 1 000m 以上有人工纯林。

3. 日本花柏（Ch. Pisifera）——常绿乔木，枝微下垂，鳞叶前端锐尖，白粉显著，原产日本，现在庐山等地栽培。

4. 柏木（Cupressus Funebris）——常绿乔木，小枝细长下垂，小枝扁平，两面均为绿色，鳞叶前端尖，中间之叶背部有纵腺点。果壳鳞片形，果椭球形，中间有一小突起，产于长江流域以南各地，喜生于石灰岩山地。

（七）粗榧科（Cephalotaxaceae）

三尖杉（Cephalotaxus Fortunei）——常绿乔木，叶线状呈针形，长 5~10cm，宽 3~4.5mm，通常微弯，镰状，前端渐长尖，下面气孔带白色，产于亚热带山区。

（八）木兰科（Hagnoliaceae）

1. 庐山厚朴（Magnolia Biloba Ching）——落叶乔木，叶倒卵形，长 15~30cm，宽 8~17cm，叶前端凹缺（幼叶时例外），基部楔形，单叶簇生，叶背面披淡灰色直伸平伏毛，微披白粉，叶柄中部以下有托叶痕。

2. 洋（广）玉兰（M. Grandiflora）——常绿乔木，叶椭圆形，叶面革质，叶背有锈色之短柔毛，原产北美，现长江流域以南各地栽培，6 月开花，一般呈白色，花期较长，花朵巨大，对 SO_2、Cl_2 有较强抗性。

3. 玉兰（M. Heptopeta）——落叶乔木，叶宽倒卵形，叶尖端突短尖，基部楔形，早春出叶前，先白花满树，黄河流域以南各地栽培，华东地区在海拔 1 000m 以下，常有野生。

4. 鹅掌楸（Liriodendro Chinense）——又名马褂木，落叶乔木，一年生，枝灰色或灰褐色，叶两侧通常各具一缺口，叶前端平直，叶柄红色，形如马褂，长江流域以南各地多与常绿或落叶阔叶树混生。

（九）八角科（Iliciaceae）

红茴香（Illicium Henryi Deils）——常绿灌木或小乔木，叶矩圆状倒卵形，表面深绿色，有光泽，背面淡绿色，花紫红色，有长梗，5月间开花。

（十）五味子科（Schisandraceae）

庐山北五味子（Schizandra Sphenanthera）——落叶藤本，叶阔倒卵形至卵形，缘有小齿牙，叶长至10cm，花外面带绿色，里面橙黄色，果穗长6~8cm，果鲜红色。

（十一）樟科（Lauraceae）

1. 细叶香桂（秦氏樟）（Cinnamomum Chingii Matcalf）——常绿乔木，幼枝有黄色柔毛，叶卵形至长椭圆形以至披针形。叶10~15cm长，3~6cm宽，表面光滑，反面有柔毛，叶脉3条几乎平行，前端渐尖，圆锥花序，具黄色柔毛。

2. 庐山乌药（L. rubronerium Gamble）——落叶灌木，叶卵状披针形，三出叶脉离叶基4~10mm，表面绿色叶脉有毛，背面灰白色，有稀疏棕毛，花黄色，呈伞形花序，花期四月，果实球形，黑色。

3. 钓樟（L. umbellata Thunb）——落叶灌木，叶厚，羽状脉，叶上有油点，叶互生，矩圆形以至倒披针形，花淡黄色，呈伞形花序，开于叶前，果球成熟后呈黑色。

4. 樟树（Cinnamomum Camphora）——常绿乔木，幼枝树皮绿色平滑，单叶互生，叶卵形或椭圆状，前端渐尖，边缘微呈波状，叶背披白粉，脉腋有腺体。产于长江流域以南各省区，为江南温暖地区重要的用材和特种经济树种。

5. 红樟（Machilus Thunbergii S. et. Z）——常绿乔木，叶倒卵形，椭圆状倒卵形，前端短急尖，两面无毛，下面具白粉。花序生于近枝顶处之叶腋。

6. 白楠（Phoebe Neuranttha Gamble）——常绿乔木或灌木，叶革质，狭似针形或倒卵形，大的长达17 cm，背面初有短毛，后则脱落成苍白色，花序聚伞状，花绿色。

7. 紫楠（P. Sheareri Gamble）——常绿小乔木，叶似针形或倒卵形，叶脉闭合，长达20余厘米，与白楠近似，但各部较大，花序及花均具有锈色短毛。

8. 山苍子（木姜子、山鸡椒）（Litsea Cubeba）——乔木或灌木，叶全圆，羽状脉，椭圆状、似针形、互生，裸芽密披淡色粗毛，树干枝皮均带绿色或黄绿色，花单性，雌雄异株，果球形，果托不显著。

9. 豹皮樟（Litsea Chinensis）——常绿乔木，表面中脉显著，老的树皮呈面状脱落，似豹皮，分布于亚热带地区。

（十二）大血藤科（Sargentodoxaceae）

大血藤（Sargentodoxa Cuneata）——落叶藤本，叶互生，复叶3片，但各不相等，花雌雄异株，雄花绿黄色，有芳香，为下垂状花序。为我国特有种。

（十三）防己科（Menispermaceae）

木防己（青藤）（Cocculus Trilobus）——落叶藤木，叶通常卵形，长至 8cm，三浅裂，两面有柔毛，花小，绿色，呈聚伞花序，生于叶脉，果实黑色。

（十四）山茶科（Theaceae）

1. 油茶（Camellia Oleosa）——常绿小乔木，叶卵形椭圆形，缘有小锯齿，表面深绿色，10月开花。

2. 细齿柃木（Eurya Nitida）——常绿灌木，枝开展，叶互生，革质，椭圆形或披针形，缘有细锯齿，花白色，簇生叶，花期1～3月。果似绿豆大小。

3. 厚皮香（Ternstroemia Gymnanthera）——常绿乔木，叶革质，全缘，倒卵形或椭圆状矩圆形，叶柄红色，聚生枝梢，花淡黄色，有浓香。

（十五）椴树科（Tiliaceae）

1. 庐山椴（短梗椴）（Tilia Breviradiata）——落叶乔木，叶阔卵形或卵形，长至12cm，基部歪斜，蝶形或心形，缘有齿，背面密生灰色绒毛，聚伞花序，6月开花。

2. 亨利椴（糯米椴）（T. Henryi）——落叶乔木，叶阔卵形至卵形，基部歪斜，心形或蝶形，边缘有刚毛状长齿尖，背面脉上有褐色柔毛，花白色，伞房花序下垂，6月开花。

（十六）蔷薇科（Rosaceae）

野蔷薇（R. Multiflora）——茎匍匐缠绕，有刺，小叶通常9片，倒卵形以至长椭圆形，前端长或钝，边缘有锯齿，两面有短柔毛，花多数簇生，圆锥状伞房花序，通常白色。

（十七）梨科（Pomaceae）

1. 光叶石楠（Photinia Glabra）——常绿小乔木，高至3m，叶革质，椭圆形至短圆状倒卵形，表面深绿色，有光泽，花白色呈伞房状，圆锥花序，5月开花，果实红色。

2. 石楠（P. Sorrulata）——常绿灌木或小乔木，全株光滑，叶革质，矩圆形，缘有锯齿，幼时带红色，后渐变为深绿色，表面有光泽，花白色，花序直立，花期4月，果实球形，红色。

（十八）含羞草科（Mimosaceae）

1. 合欢（Albizzia Julibrissin）——落叶乔木，高达10m，树冠平广伞形，复叶互生，两重羽状复叶，羽叶对生（5～15对），小叶镰刀状，两侧不等，夜间两片对合，有野生，黄河流域以南各地海拔1 300m以下，是荒山的先锋树种。

2. 山槐（花旦）（A. Kalkora）——落叶乔木，形态近似合欢，不同之处在于小叶较大，花丝黄白色，花期6月。

（十九）云实科（Caesalpiniaceae）

1. 云实（Caesalpinia Sepiaria）——落叶灌木，枝开展或攀援，有钩刺，高可达5m，两回羽状复叶，小叶12～20片，矩圆形、花黄色，呈腋生总状花序，5月开花。

2. 皂荚（Gleditsia Sinensis）——乔木，高达30m，有分歧之圆刺，或无刺，羽状复叶，小叶长3～9 cm，叶卵形、窄卵形或矩状卵形，前端钝，呈短尖头，缘有齿，背面网状脉明显，总状花序，荚果微肥厚，5～6月开花，10月果熟。

（二十）金缕梅科（Hamamelidaceae）

1. 蜡瓣花（Corylopsis Sinensis）——落叶灌木，枝开展，单叶互生，倒卵形以及矩圆形，缘有细锯齿，脉上有毛，花黄色，略具芳香，总状花序，3～4月开花。

2. 牛鼻栓（Fortunearia Sinensis）——落叶灌木，高至7m，小枝及叶柄密生星状绒毛，叶倒卵形，基部圆形，花绿色，花瓣极狭小，呈顶生总状花序，花期4月。

3. 金缕梅（Hamamelis Mollis）——落叶小乔木或灌木，枝开展，幼时密披绒毛，叶近圆形或阔倒卵形，表面具柔毛，背面有大红绒毛，花金黄色，有香气，花瓣线形长1cm，基部带红色，花期长，自12月至翌年3月陆续开放。

4. 枫香树（Liquidambar Formosana）——落叶大乔木，树皮幼时平滑呈灰色，老后变成褐色而粗糙，单叶互生，叶通常3裂，有时5裂，缘有齿牙，秋后转为黄色，聚合果，球形，种子有翅，花期4月。

5. 檵木（Loropetalum Chinense）——常绿灌木或小乔木，单叶互生，叶小形，叶及小枝密生棕色锈毛，是常绿阔叶林下常见种类之一。

（二十一）桦木科（Betulaceae）

1. 大穗鹅耳枥（Carpinus Laxiflora Vai Davidii）——又名见风干，落叶灌木或小乔木，树皮光滑，灰色，叶互生，长卵形、前端渐尖，有锯齿，花单性，4月开花，雄花序柔状，雌花序穗状，果穗呈串下垂，果苞外边有齿牙。

2. 榛（Corylus heterophylla）——落叶灌木或小乔木，单叶互生，叶广椭圆形或倒卵形，缘有不整齐重锯齿，背面脉上有柔毛，坚果1~3枚丛生，总苞钟状，有三角形齿牙，花期3月，果熟期9月。

（二十二）壳斗科（Fagaceae）

1. 锥栗（Castanea Henryi）——又叫珍珠栗，落叶大乔木，小枝带紫褐色，无毛，叶披针形，矩圆状披针形，或卵状矩圆形，前端渐长尖，基部圆形或楔形，疏锯齿呈刺毛状尖头，叶背面有星状毛或无毛，叶柄长1~2cm，雌花序生于小枝上部，壳斗径约2~2.5cm，刺上有平伏毛，坚果单生，卵圆形，前端尖，5月开花，10月果熟。

2. 茅栗（C. Sequinii）——落叶小乔木，小枝有短柔毛，叶互生排为2列，叶椭圆状倒卵形，边缘具刚毛状之粗锯齿，叶背面密生鳞片状之腺体，雄柔荑花序直立，雌花2~3朵簇生，坚果2~3枚生于一球形多刺之总苞内。

3. 苦槠（Castanopsis Sclerophylla）——常绿乔木，树皮纵裂，小枝有棱角，叶革质椭圆形或椭圆状卵形，前端长尖，两面均无毛，前端叶缘有6~7对硬锯齿，后部全圆，叶正面基部中脉稍隆起，侧脉角度大，雄柔荑花序直立，雌花花柱3片，花序较短，坚果卵圆形，几乎为环列鳞片之壳斗所包。

4. 甜槠（C. Eyrei）——常绿乔木，小枝无毛，叶卵形或披针状卵形，前端渐尖，无腺点状伸出，侧脉显著，基部不对称，上部常具粗锯齿或全圆，背面淡绿色，无毛，壳斗卵状球形，疏生粗短之刺，不规则排列分枝或不分枝，密披黄灰色毛，果单生，卵形。

5. 大叶槠（C. Tibetana）——常绿乔木，小枝圆、粗或较粗，无毛，叶大，矩圆形或矩圆状披针形，长20~25cm，前端突渐尖或渐尖，基部圆形或宽楔形，中部以上有粗锯齿，稍近全圆，背面有灰白色或黄褐色蜡毛层，壳斗径达6~7cm，密披分枝之粗刺，刺长1.8~2cm，有毛，果单生，径2cm以上。

6. 岩石栎（Cyclobalanopsis Gracilis）——又叫小叶青冈栎，常绿乔木，叶通常较窄小，卵状长椭圆形以至披针状矩圆形，尖端长狭长1.5~9cm，宽1.5~3cm，叶缘锯齿较细尖，侧脉较细，前端不甚明显，背面有丁字毛，灰白色较显著，壳斗之平伏毛较粗较密，上部带黄灰色，鳞片环常有缺齿，产于华中、华东一带。喜温凉湿润气候，多生于海拔 500m 以上。

7. 青冈栎（C. Glauca）——常绿乔木，树皮光滑，小枝圆，无棱角，有明显皮孔，叶矩圆形，长 8～14cm，宽 2.5～5cm，前端突尖或渐尖，基部宽楔形或近圆形，中部以上有尖锯齿，背面微灰白色，有平伏毛，叶中脉在正面不隆起，侧脉角度小，有 8～12 对较粗而明显。壳斗单生或 2～3 集生，盘状，具 5～7 鳞片环，环边叶缘，稍微有凹缺，稀生平伏丝毛。

8. 青栲（C. Myrisinaefolia）——常绿乔木，芽无毛，叶卵状披针形，或窄卵状披针形，长 5～12cm，宽 1.5～4cm，前端渐尖，基部楔形，缘有细锯齿，仅近基部叶缘下面灰绿色无毛，侧脉 10～14 对，壳斗具鳞片，连合呈环状，7～9 鳞片环，果窄卵状圆柱形。

9. 小叶栎（竹叶栎，细叶栎）（Q. Chenii）——落叶乔木，小枝较细，无毛，带栗褐色，叶披针形或椭圆状披针形，光滑无毛，边缘有刺芒状锯齿，往往易误认为麻栎，但壳斗较小，下部苞鳞不反曲，果实长椭圆形，大部分露出总苞外。产于浙江、安徽、江西一带。

10. 白栎（Q. Fabri）——乔木，小枝有纵槽及毛，叶椭圆形或倒卵形，前端钝，基部楔形或耳形，缘波状缺齿较浅，前端圆，背面带灰白色或黄灰色，密披星状毛，网脉明显，壳斗盘状，有细密鳞片。

11. 短柄（Quercus Glandulifera）——落叶乔木，叶倒卵形，边缘有波状锯齿，单叶互生，常集生于枝端，枝光滑。

（二十三）榆科（Ulmaceae）

紫檀树（Celtis Biondii）——乔木或灌木，树皮灰色，光滑，单叶互生，叶卵形至斜椭圆形，3～5 主脉。

（二十四）桃金娘科（Myrtaceae）

番樱桃（Eugenia Microphylla）——常绿小乔木，但通常灌丛状，叶对生，草顶，矩圆形或倒卵形，长 1～4cm，表面有光泽，花淡绿黄色，顶生聚花序。

（二十五）瑞香科（Thymelaeaceae）

结香（Edgeworthia Chrysantha）——落叶灌木，高 1m 许，枝粗壮，通常每枝叶生相等的小枝，叶互生，广披针形，长 8～15cm，花芳香，花披外面有白色毛，内有黄毛，呈下垂的头状花序，3 月开放，先叶开放，产于我国中部及西部，庐山有野生，喜生于稍阴而湿润的地方，终年积水的地方亦能生长，喜肥沃的土壤。

（二十六）芸香科（Rutaceae）

吴茱萸（Evodia Offcinalis）——落叶灌木或乔木，高可达 12m，树皮有苦味，奇数羽状复叶，小叶 9～15 片，卵形至矩圆状卵形，缘有钝锯齿，花绿黄色。呈伞房状花序，果实球状卵圆形，熟时蓝绿色，花期 4 月。

（二十七）槭树科（Aceraceae）

1. 天台大叶槭（Acer Amplum）——落叶乔木，叶大如掌，通常五裂，裂片，全缘，秋后变黄色，单叶对生。

2. 青榨槭（A. Davidii）——落叶乔木，树皮绿色，有狭长黑纹，叶卵形或卵状矩圆形，不分裂，缘具细钝锯齿，花单性，带黄色，呈下垂的细长总状花序，4～5 月开花。

156

翅果。

（二十八）省沽油科（Staphyleceae）

野鸭椿（Euscaphis Japonica）——落叶灌木或小乔木，叶为对生奇数羽状复叶，小叶7～11枚，披针状卵形，叶缘有细锯齿，花黄色，多数呈顶生圆锥花序，蓇葖果红色，有直皱纹，种子黑色，有薄假种皮。

（二十九）清风藤科（Sabiaceae）

1. 羽叶泡花树（Mcliosma Lodhamii）——又名南京珂楠树，落叶乔木，树皮灰白色，叶互生奇数羽状复叶，小叶5～13片，椭圆形或矩圆形，边缘疏生锯齿，花小形，白色，顶生圆锥花序，果实球形，由紫红转为黑色，花期6月，果熟10月。

2. 垂枝泡花树（M. Stewardii）——落叶小乔木，叶矩圆状，椭圆形，长至14cm，边缘疏生刺状，锯齿两面有毛，花白色，有芳香，呈顶生下垂的圆锥花序，有果实，黑色，6月开花，10月果熟。

3. 庐山泡花树（M. Stewardii）——落叶小乔木，叶矩圆状，椭圆形，长椭圆形，长至14cm，边缘有稀疏锯齿，表面带褐绿色，背面灰绿色，脉上有毛，圆锥花序直立，6月开花，果实红色，10月成熟。

（三十）漆树科（Anacardiaceae）

1. 黄连木（Pistacia Chinensis）——落叶乔木，小枝赤褐色，光滑无毛，奇数羽状复叶，小叶10～12片，披针形或卵状披针形，顶端渐尖，基部不对称，圆锥花序，雄花密生，雌花疏生，核果球形，大如绿豆，初为绿色，后变红色，熟时为石绿色。

2. 漆树（Rhus Verniciflua）——落叶乔木，小枝幼时有柔毛，老则无毛，枝内有乳白色漆液，遇空气而变为黑色，奇数羽状复叶，互生小叶9～13片，小叶卵状椭圆形，顶端长尖，基部圆形或宽楔形，两侧不等，全缘背面脉上有毛，花小绿色，花序腋生。

3. 盐肤木（R. Chinensis）——落叶小乔木或灌木，奇数羽状复叶，总叶轴两侧具狭翅，小叶无柄卵形或卵状椭圆形，边缘具粗而圆之锯齿，背面具棕色之柔毛，花小乳白色，呈顶生之圆锥花序，核果红色，偏球形。

（三十一）大戟科（Euphorbiaceae）

庐山馒头果（Glochidion Wilsoni）——落叶小乔木，树皮暗灰褐色，条状剥落，单叶互生，排列成2列，椭圆形或椭圆状披针形，长至8cm，蒴果扁圆形，花期6月。

（三十二）虎皮楠科（交让木科）（Daphni phyllaceae）

虎皮楠（Daphnipyllum Oldhami）——常绿小乔木，枝密生向上，呈圆形树冠，叶互生，革质，矩圆形，表面暗绿色，有光泽，背面淡绿色，核果圆形或矩圆形，成熟时黑色，长1cm左右。

（三十三）山茱萸科（Cornaceae）

1. 灯台树（Cornus Controversa）——落叶乔木，枝平开展呈层状，叶螺旋状互生，集于枝端，阔卵形至椭圆状卵形，表面深绿色，背面灰白色，有毛，花白色，聚伞花序，5月开花，核果扁球形，熟时黑色，9月熟。

2. 四照花（Dendrobenthamia Japonica. Vai Chiinensis）——落叶小乔木，单叶对生，叶椭圆状卵形，表面暗绿色，背绿，白色，两面有短毛，花小，呈密集球形头状花序，总苞片4枚，花白色，花瓣状，果球形，肉质，熟时粉红色，花期6月，果熟9～10月。

（三十四）八角枫科（Alangiaceae）

华瓜木（Alangium Chinense）——落叶小乔木或灌木，枝开展，叶通常卵形或近心形，有浅裂，基部歪斜，花黄白色，呈腋生聚伞花序，6月开花，果卵形，黑色。

（三十五）紫树科（Nyssaceae）（蓝果树科或珙桐科）

1. 喜树（旱莲）（Camptotheca Acuminata）——落叶乔木高达25m，树干耸直，单叶互生全缘，椭圆状卵形至矩圆形，花小，头状花序，单生或排成圆锥花丛，果实翅果状，长约3cm，熟时褐色，8月开花，10月果熟。我国的特有属种。

2. 紫树（Nyssa Sinensis）——落叶乔木，小枝有毛，单叶互生，叶椭圆形，表面深绿色，背面脉上有柔毛，花小绿白色，果实矩圆形，长1~1.5cm，蓝黑色，5月开花，9~10月果熟。

（三十六）五加科（Araliaceae）

1. 五加（Acanthopanax Gracilistylus）——落叶灌木，高2~3m，有针刺，掌状复叶，小叶5枚，倒卵形至倒卵披针形，缘有钝锯齿，顶生一枚小叶最大，长3~3.5cm，伞形花序，1~2簇生短枝上，5月开花，浆果黑色，扁形。

2. 葱木（Aralia Chinensis）——落叶灌木或小乔木，茎及叶柄有针刺，1~3片奇数羽状复叶，长达1m，小叶卵形至阔卵形，缘有锯齿，背面有柔毛（毛带白色），花为小形，花序聚集成圆锥花序，花期7月。

（三十七）杜鹃花科（Ericaceae）

1. 皖杜鹃（Rhododendron Anhweiense）——常绿灌木，叶革质，椭圆形，叶尖头无腺点，叶较宽，呈菱形，集生于枝端，花淡红色，直径约4cm，数朵簇生。

2. 天目杜鹃（R. Fortunei）——常绿灌木或小乔木，叶长椭圆形，平滑无毛，背面有白粉，花大，淡玫瑰红色，直径7~9cm，6~12朵呈总状花序。

3. 马银花（R. Ovatum）——落叶灌木，叶尖头有明显紫色腺点伸出，叶卵形至椭圆状卵形，表面暗绿色有光泽，花单生，淡紫色或水红色，有深紫色斑点，直径约3cm，雄蕊5枚。

4. 满山红（R. Mariesii）——落叶灌木，叶纸质，卵形或广卵形，表面深绿色，背面淡绿色，2~3片集生于枝端，花深紫色，雄蕊10枚。

5. 杜鹃（映山红）（R. Simsii）——落叶或半常绿灌木，叶椭圆状卵形至披针形，两面均有褐色硬毛，花玫瑰红色，有深红色斑点，直径约3.5~5cm，2~6朵簇生，雄蕊10枚。

6. 乌饭树（Vaccinium Bracteatum）——常绿小乔木，嫩枝、嫩叶中脉和嫩果均有灰褐色细柔毛，叶革质，卵形、椭圆形或狭椭圆形，边缘有坚硬之细齿，背面中脉有粗短之伏刺，总状花序腋生，花白色，苞片早落，花蕊有芒状之附属物。

（三十八）野茉莉科（Styracaceae）

1. 白辛树（Pterostyrax Corymbosum）——落叶乔木或灌木，叶椭圆形或卵形，边缘为细锯齿，而具有刺状之齿牙，疏生有星状毛，花乳白色，子房近下位，呈圆锥状伞房共序，果实倒卵形，有5棱，有星状毛。

2. 垂珠花（Styrax Dasyanthus）——落叶灌木或小乔木，叶椭圆状长椭圆形以至倒卵形，中部以上边缘有细牙齿，背面疏生有星状花，花白色，子房上位，十余朵排呈总状花序，果实卵形。

3. 赤扬叶（Alniphyllum Fortunei）——落叶乔木，树皮白色，叶互生，纸质，倒卵形或阔卵形，边缘有不明显之腺质锯齿，两面疏生星状毛，表面稍有光泽，背面褐色，花白色，披黄色星状毛，集成总状或圆锥花序，圆形。

（三十九）山矾科（Symplocaeae）

1. 老鼠矢（Symplocs Stellaris）——常绿乔木，小枝密披黑锈色之毛，叶披针状线形，革质，全缘，表面暗绿色，中脉凹陷，背面灰白色。

2. 四川山矾（S. Setchuensis）——常绿小乔木，此种与前者之主要区别在于小枝稍有毛以及中脉两面隆起。

3. 厚叶冬青（S. Crassifolia）——常绿小乔木，小枝无毛，叶厚革质，椭圆形，前端短尖，基部楔形，花常5朵呈穗状花序。

（四十）紫草科（Boraginaceae）

1. 粗糠（Ehretia Dicksoni）——落叶乔木，叶长卵形或长椭圆形，边缘上半部具浅锯齿，表面具倒生之粗毛，背面密生短柔毛，花有柄，呈顶生伞房状之圆锥花序。

2. 厚壳树（E. Thyrsi Flora）——落叶乔木，此种与前者之主要区别除叶为倒卵形至长椭圆状倒卵形外，叶背面脉腋有簇毛。

（四十一）马鞭草科（Verbenaceae）

1. 牡荆（Vitex Cannabifolia）——落叶灌木，小枝方形，叶对生，掌状复叶，小叶3～5片，边缘有粗锯齿，叶两面绿色，并有微细之油点，花淡黄紫色，集成圆锥状之花序。

2. 黄荆（V. Negundo）——落叶灌木或小乔木，此种与前者的主要区别在于小叶全缘或呈浅波状，以及小枝和叶背面密生灰白色细绒毛。

（四十二）杜英科（Elacocarpaceae）

杜英（胆八树）（Elacocarpus Decipiens Hemsl）——常绿乔木，小枝无毛或有短毛，叶薄革质，披针形，长7～12cm，宽1.6～3cm，顶端渐尖，基部渐狭，边缘有浅锯齿，叶背面脉上有短毛，总状花序腋生或生叶痕的腋部，长3～5cm，花白色，下垂，核果椭圆形，分布在中亚热带以南地区。庐山见于秀峰寺。

（四十三）茜草科（Rubiaceae）

香果树（Emmonopterys Henryi）——落叶大乔木，叶对生，椭圆形，全缘，节部有线状之托叶痕，花漏斗形，黄色，果纺锤形，长3cm左右，前端常留存一片叶状之萼片，种子周围有不规则之翅。

（四十四）忍冬科（Caprifoliaceae）

1. 庐山忍冬（Lonicero Madesta Var Lushanensis）——落叶灌木，叶椭圆形或长方形，边缘波状较显著，表面中脉上有毛，背面平滑灰绿色，花冠唇形，基部白色，上部呈淡紫色。

正种（L. Modesta）——与其他科主要区别在于叶背面密生有茸毛，以及花初开放全为白色，后变为金黄色。

2. 海仙花（Weigela Coraeensis）——小枝粗壮无毛，叶阔椭圆形以至倒卵形，边缘有锯齿，背面脉上有毛，花冠漏斗形近于整齐，初开为淡红色，后变为深红色，常1～3朵集成聚伞花序，蒴果长圆形，前端有喙。

（四十五）禾木科（Gramirnceae）

1. 祭竹（Sinarundinaria Nitide（Mitford）Nakai）——灌木状竹类，茎每节分枝一枚，分枝较主细甚，主茎节间呈圆筒形，叶片细上。分布在海拔 1 000m 上下。

2. 箭竹（Sinarundinaria Nitide（Mitford）Nakai）——灌木状竹类，茎每节分枝数枚，分枝较主茎细，主茎节间呈圆筒形，叶片细小。分布在海拔 1 000m 上下。

3. 苦竹（Pleioblastus Amarus（keng）keng f）——小乔木状竹类，茎每节分枝数枚，但有三主枝，主茎节间为圆筒形，近分枝处则稍扁平，茎壁之髓呈粉末状，笋壳迟落，其基部留在主茎上成为一圈木栓质之环，分布在海拔 800m 以下。

4. 毛竹（Phyllostachys Pubescens Mazcl）——大乔木，茎粗 10 余厘米，茎每节分枝两枚，节间除下部不分枝者为圆筒形外，其余的节间在分枝的一侧有纵沟，幼时有白粉；笋壳背部密生金色毛茸和黑斑。茎壁具有薄膜状的髓，多分布在海拔 800m 以下。

5. 淡竹（Phyllostachys Nigra Munro Var. Henonis）——与毛竹同一属，故基本性状相同，但植株较细小，笋壳背部无毛，只有少数斑点为异。

三、植物群落的数量标志及其调查

群落调查中定量测取植物个体、种群、层片、层等大小单位的生长和分布特征，可以更为确切地反映植物群落发展变化的幅度和速度，阐明各种因素间的联系和影响，估计潜在的植物资源，判别群落间类型差异程度等，从而提高调查工作的科学性和实效性。

通过样地调查群落的数量特征，其做法有多种，下面介绍的是一些最基本的而且较简易可行的方法。

1. 多度和密度　它指的是在单位面积（样地）上某个种的全部个体数，或者叫做群落的个体饱和度，很多人把多度视为密度的同义词。通常用若干样方进行统计计算。相对多度或相对密度是指样地中特定种个体数占各个种的总个体数的百分数，它表达出某个种的个体数量是否占优势的情况。草本群落一般与乔本群落不同。

草本植物可通过小型统计样方测算或使用估算多度级。但困难在于不易区分根茎植物、匍匐植物、分蘖丛生植物的个体。这里需要明确规定，按照地上茎数目或者加上相应的系数作为个体数计算。

2. 频度　含有某特定种的样地数（或统计样地数）占样地总数的百分数，称为该种的频度。它反映群落各组成种在水平分布上是否均匀一致，从而说明植物与环境或植物之间的某些关系。

建议使用下列经验值：乔木层 100m^2；高大灌木层 25m^2；矮灌木和高草层 4 m^2；草本层 0. 1 ~ 1m^2。

样地数目多少会影响频度，统计小样方或小样圆一般不应少于 30 个，采取随机布点或均匀布点。统计小样地面积总和应当大于群落量小面积，否则，可能出现较大误差。

3. 盖度　是指样地中全部植物个体覆盖地面的面积，或它们的地上部分（枝叶等）垂直投影所覆盖的土地面积。一般用目测估计，按所占单位面积的百分率或十分数表示。其部盖度又称纯盖度（基盖度或真盖度），是指植物基部实际所占的面积。

盖度和基盖度都可以按照每个种、每层以及整个样地来统计，分别求算出种的分盖度和样地（群落）总盖度。由于各株间枝叶常常交错重叠，总盖度可能超过 100%。

乔木树冠的盖度又称郁闭度，简单的目测法可估计树冠间露出天空的面积比例，如占样地30%，则树冠郁闭度为70%。一般使用十位制，即写成0.7。

4. 显著度（又称优势度） 是指一个种全部植株树干胸高（1.3m处）断面积的和除以样地面积。每种乔木的显著度所占全部树种总显著度的百分数，则称为相对显著度或相对优势度。灌木的显著度和相对显著度可以用枝叶覆盖地面的百分数与相对值表示。

5. 重要值 是一个综合性指标，它较全面地反映种群在群落中的地位和作用。密度、显著度（或盖度）和频度三种不同测量值，可以表示一定种属植物的绝对数量特征，而它们的相对值（即对所有种测量总值的百分比）则反映该种植物在群落全部成员中的重要性。因此，把这三个测量数据的相对值合并，便构成特定植物的重要值。

6. 植株高度 调查每种植物的个体高度和最大高度。低矮的植株用尺直接量取自然生长的高度。较准确测量树高需使用仪器，如测高仪。简单的可以用直尺自制简易测高仪或目测估计。量测树高的同时需要测定枝下高，就是树干上最下面一个活枝所在径的树木的高度，求出其平均值即是。但是，需分树种进行。

7. 样地调查数据的初步整理 数据整理是将野外调查所得的原始资料条理化，并演算出一些反映群落特征的数量指标，其中最基本的指标计算如下：

(1) 多度 =（某一种植物的个体总数/同一生活型全部植物个体总数）×100%

(2) 相对多度 =（一个种的多度/所有种的多度和）×100%

(3) 密度 =（一个种的个体数/样地面积）×100%

(4) 相对密度 =（一个种的密度/所有种的密度）×100%

(5) 频度 =（某种植物出现的样地数/所调查的样地总数）×100%

(6) 相对频度 =（一个种的频度/所有种的频度和）×100%

(7) 显著度 =（某个种的所有个体胸高断面积之和/样地面积）×100%

(8) 相对显著度 =（该种所有个体胸高断面积之和/所有种个体胸高断面积总和）×100%

(9) 重要值 = 相对多度 + 相对显著度 + 相对频度

将上述初步整理的数据列入群落分析表格（见表7.2.8），以便进一步进行群落分析用。

8. 植物群落特征的初步分析

(1) 重要值和总优势度分析 通过分析确定植物群落乔、灌、草本层的优势种，并予以命名。重要值主要用于乔木层，也可在灌木层试用。总优势度多用于分析草本植物和许多灌木层种的重要性。计算总优势度由于使用的相对值参数数量不同，有不同的表达式，其中最简化的为：

$$SDR_2 = \frac{C' + H'}{2}\%$$

式中：C'为相对盖度；H'为相对高度（即某种草的高度占各种草高度总和的百分比）。

路线踏勘式调查时，一般采用简易法，以目测法估计（即盖度与多度结合的方法，类似目测多度法）来分析植物的优势程度。该法将植物的优势程度分成以下几个等级：

5　个体数任意，盖度 >75%；

4　个体数任意，盖度 50% ~75%；

3　个体数任意，盖度 25% ~ 50%；

2　个体数很多，或个体不多而盖度 5% ~ 25%；

1　个体数虽多，但盖度 < 5%，或个体数少而盖度约 5%；

+　个体数少，盖度也非常小；

r　个体数极少，盖度极小。

此外，如果条件允许，还可以进一步分析植物群落多样性和种间联结性。

（2）植物群落的生活型组成分析　生活型是生态类型特征的综合与概括，可以通过调查生长型、生活型谱并进行统计分析。

（3）填写调查表格要注意以下几个问题：①植物名称一栏，一个植物名称代表一个个体，整理时可把相同名称的加以累计。②胸茎周长是指离地 1.3m 处的茎周长，以便用来计算胸高断面积，而测定周长比起测定直径来要容易得多。③胸高断面积、基部面积等都是对于乔木、灌木、丛生草等大个体的种通用的量度指标，由于从地表来测定基面积已不常用（因为许多植物由于板根、支持根等而使其基部呈扭旋状），所以，普遍采用一个适宜的高度（1.3m）来测量胸高直径或胸高断面积。

四、调查路线及其内容

（一）东谷—黄龙寺—电站大坝

属于庐山北部南端的沿谷地的一条路线，海拔高度在 800 ~ 1 000m 左右。内容：自然植物、人工栽培植物。属于常绿与落叶阔叶混交植被特点。

1. 识别植物及认识针叶林、常绿与落叶阔叶混交林、竹杉阔混交林以及植被与其生境的关系，野外航片判读，勾绘植被分布图。

由东谷至黄龙潭一线可见的有代表性的植物很多。落叶树种有法国梧桐、枫杨、朴树、短柄枹树、灯台树、四照花、檵木、映山红、满山红、茅栗等。常绿树种有小叶青冈栎、绿叶干缰、山胡椒、油茶、白楠、白栎等，随着海拔降低、气温增高，常绿树种可见率越来越高，黄龙潭附近常绿阔叶树种已占很大的比重（有的学者称黄龙潭是常绿阔叶林分布的上限）。黄龙寺附近可见毛竹、柳杉、阔叶树种组成的竹杉阔叶组成的混交林。大致在海拔 800m 以上分布的亚热带针叶林是人工栽培的黄山松林。

柳杉一般分布在海拔 800 ~ 1 000m 以下的亚热带东部湿润地区，适生于温暖静风的山坳、谷地，土层深厚，排水良好的酸性土壤上。毛竹在庐山主要适生于海拔 800m 以下的气候温暖湿润、土层深厚、肥沃和排水良好的环境。常绿阔叶树种和落叶阔叶树种对生境的要求主要体现在气温、湿度、光照等方面的不同。一般来说，常绿阔叶树种都属于阴生树种，对光照要求不是很高，但要求气温高、湿度大；落叶阔叶树叶则属于阳生树种，要求光照充足，气温和湿度要求相对前者要低。沿着实习路线的海拔高度降低、地形地势的变化，环境条件也发生一系列变化，由此可见到植物种类类型、种类数量、分布地和生长发育状况等方面的差异。

2. 根据航片的影像特征，沿着实习路线可以观测到植被类型的有规律的变化，出现黄山松林—人工纯种柳杉—竹杉阔叶林—常绿落叶林。基于庐山山体的高度和所处的纬度位置，按植物的垂直地带分布规律，本实习路线应只观察到常绿—落叶混交林（属于过渡类型）和常绿阔叶林两种类型，这说明实习地区的人为干预比较大。如果此后不发生人为干预，可以预料本地带的植被类型将向地带性植被方面演化。

（二）东谷—大校场—庐山植物园

属于向山体东部的一条路线，海拔高度在 900~1 050m 左右。内容：自然植物、重点人工栽培植物。属于常绿与落叶阔叶混交植被特点。

1. 沿线植物的认识，主要是一些落叶的乔木或灌木。

2. 庐山植物园栽培引种的植物认识。

（三）小天池

属于山体北部北段的一条路线，海拔高度在 1 000~1 100m 左右。内容：自然植物、人工栽培植物。属于常绿与落叶阔叶混交植被特点。

认识针叶林（黄山松林）及其生境特点，并进行野外航片判读。

黄山松林属于亚热带针叶林，在庐山大部分系人工栽培树种。黄山松为阳性树种，一般分布在海拔 800m 以上的地带，能适应温凉湿润的山地气候，具有耐旱、抗风特性，耐瘠薄土壤，在悬崖陡壁上也能生长，在土层深厚、排水良好的生境地段上，才能生长成高大的树木。庐山上部的不同地点，由于海拔高度的不同，地貌部位的差异，环境条件变化很大，如气温、湿度、风速、土层厚度、水分条件等不同，黄山松的发育状况和形态等方面也有与其相适应的变化。

从航片上可以看出小天池附近的黄山松，有的散生在灌木丛中，有的则成片成林。一般来讲，随着树林的密度增大，林下逐渐缺乏光照，黄山松的种子在林下不能萌发生长，黄山松林失去更新能力，与此同时林下的其他落叶或常绿（少量的）灌木则不断生长，如果不进行人为的定向干预，黄山松林将逐渐被其他阔叶树种取代。

（四）仙人洞—大天池—石门洞瀑布

属于庐山北部向南部过渡的地带，海拔高度 600~1 000m 左右。内容：自然植物。属于常绿与落叶阔叶植物特点。

认识植被的垂直分带性，并辨清落叶阔叶-落叶与常绿阔叶混交-常绿阔叶林-竹林。

（五）秀峰、白鹿洞、观音桥

属于庐山东部向南部的山麓平原地带，海拔高度 30~200m 左右。内容：自然植物。属于常绿阔叶植物特点。

认识常绿阔叶林和马尾松林、常绿阔叶林的代表性树种及生境特点。

秀峰、白鹿洞和观音桥等庐山山麓的名胜古迹附近残存有小面积的常绿阔叶林，代表性的乔木树种有苦槠、樟树、青冈栎、杨桐等，代表性灌木树种有檵木、油茶、牡荆、山胡椒、枸木等。

马尾松林属于亚热带针叶林，一般分布于我国东部的长江中下游地区的低山丘陵上。在庐山主要分布在海拔 800m 以下地带。马尾松具有耐干旱和喜光的生态特性，可在全光照的裸地上生长成林。在秀峰、白鹿洞、观音桥附近的低山丘陵地带，由于人类无节制的砍伐，原来的植被完全被破坏，水土流失十分严重。为了防止进一步水土流失和增加植被的覆盖率，新中国成立后，本地带裸露低山丘陵区，普遍栽培先锋植被马尾松。马尾松在土层深厚、土壤肥沃地带生长得更好。

（六）日照峰—好汉坡—老莲花洞

属于庐山北部地区，海拔高度 30~1 200m 左右。内容：自然植物。属于温带落叶阔叶、亚热带常绿阔叶植物特点。

1. 沿线植被类型的变化与海拔高度之间的相互关系；

2. 复习和记忆植被调查中已认识的植物；

3. 庐山北部（坡）植被的垂直分布规律。

（七）太乙峰—含鄱口—太乙村—栖贤寺—观音桥

属于庐山南部地区，海拔高度 30~1 200m 左右。内容：自然植物。属于温带落叶阔叶、亚热带常绿阔叶植物特点。

1. 沿线植被类型的变化与海拔高度之间的相互关系；

2. 复习和记忆植被调查中已认识的植物；

3. 庐山南部（坡）植被的垂直分布规律。

§7.4 植被调查报告的撰写

在室内，一般先对样地中所有的植物种类进行准确的鉴定。同时进行土壤和植物的化学分析，以及岩石鉴定，调查区气象气候记录和其他图表资料的清理。在把上述各项原始记录整理就绪以后，才能着手资料的归纳。

资料归纳中，要进行大量的分析对比工作。按群落分布的调查来说，要把群落特征和分布地段生境条件相似性程度很大的样地调查资料归纳在一起，把由这些样地所代表的群落联合成为一个类型。这就是群落分类的工作。

群落分类的基本单位是植物群丛。属于同一个群丛中的各个群落（虽然它们在分布上并不连成一片），必须在主要植物种类、群落结构和所在地段的生境等几个方面的特征上基本相同。这些"基本相同"的特征也就是一个群丛的特征，而有别于其他不同的群丛。

随着调查地区范围的扩大，植物群丛的数目也相应增多，就需要进一步向上逐级归纳。群丛以上各级分类单位依次为群丛组、群系、群系组、群系纲、植被型。我国地域广大，植被类型复杂多样。在群落分类的工作上，目前一般采用以群丛、群系、植被型这三级单位为基础，根据各地植被的实际情况和调查研究的深入程度，再应用这三级之间的其他单位。

应该指出的是，群落分类的不同单位级别，和它们分布的区域范围大小是相应的。分类中越低级的单位，其分布的地区局限性越大，亦即分布的范围越小；分类中越高一级的单位，其分布的地区范围就越大。

一、调查区植物群落类型多样性的分析

在一个较小范围的地区内，通过调查，可以看到群落的类型（群丛）是多种多样的。如何对它们的性质加以分析呢？首先，我们必须区分地带性和非地带性的植被类型，以便掌握型的群落和典型的生境，以及它们之间差异的规律。

1. 地带性植被类型：地带性植被是由许多反映地带水、热条件的植被群落所构成，这些群落分布在每一个地区的具体地段上。因此，例如在亚热带温暖湿润的气候条件下，凡属常绿阔叶林类型的植物群落，都是地带性植被的一个构成部分。但是，在已开发地

区，可能这些群落已没有成片的天然分布，或者全遭破坏，就得从其他方面寻找线索。例如，在森林植被的区域中，可以从以下几个方面寻找：

①游览区所保留下来的小片天然林；

②村寨附近天然生长的零星树木；

③如果有山地，则可以从山地保留下来的森林，按垂直带谱的规律向下推算；

④根据调查区的气候资料，参照相同气候条件的其他地区的群落来作推断；

⑤根据本地特有的经济作物，农作物品种及熟制等进行推断。

当然，根据上述这些线索所作的推断，只能提供地带性植被类型的一般概念，而不可能具体到一个群落。

2. 非地带性植被类型：在一个地区的范围内，除了地带性植被类型以外，还有一些非地带性植被类型的群落，例如沼泽、水生植被以及盐碱植被等，因为它们所处的生境条件特殊而明显，是很容易区别出来的。但是，一个地区中的非地带类型的多样性还不止于此。在地形或地质条件复杂多样的情况下，常常可以见到有一些群落，它们是在相邻地带内占优势，而在我们调查的地带内只是嵌入式或零散分布。例如，在我国云南南部热带雨林分布的地区内，一些背风的河谷中具有特殊的干、热条件，又出现稀树草原类型的群落；又如在干旱的荒漠地区内，沿河的走廊状森林，有泉水处所形成的"绿洲"等。这些非地带性因素制约下分布的植物群落，都是当地的非地带性类型。

3. 关于次生植物群落：上面说到的地带性与非地带性植被类型，都是天然的、相对稳定的原生植物群落，由于自然和人为的原因，还形成多种多样的次生植物群落。这些次生群落以一定的次生演替系列与原生植物群落相联系，每一个次生植物群落类型也都反映了一定的生境条件和干扰因素。研究次生群落的分布规律以寻求合理地加以利用和改造，对于荒山荒地的进一步合理利用有重要的意义。有些地区现在广泛分布的次生植被甚至可以延续相当长的地间。例如，亚热带东南部的马尾松林，以云贵高原为中心包括四川、广西部分地区的云南松林等，它们也都受地带性因素的制约，但它们现有的大面积分布，与原生的常绿阔叶林群落受到破坏有关。这类群落的一个共同之点，是组成群落的主要树种都是阳性树种，能适应干燥和瘠薄的土壤条件。但这绝不是说它们只要求贫瘠的土壤条件，相反，在原生群落所形成和留下的优越土壤条件下，它们更能生长健壮和迅速成材。至于长江中、下游广大地区广泛分布的杉木林、毛竹林，有些是人工栽培，有些则是栽培后天然更新而呈半野生状态。属于后一种情况，也把它作为次生群落。

一个地区人工栽培群落的分布也同样受到植被分布的地带性和非地带性因素的制约，人类在这个基础上按照社会生产的需要，加以控制和改造，因此对人工群落现有的分布及与产量的关系，也是调查研究内容的一部分。

二、野外记录和标本整理

野外记录是原始资料，应该妥善保管。对植物标本也要进行妥善的、珍藏式的整理、编序、注明。

三、调查报告的撰写和植被分布图的绘制

1. 调查报告的撰写

在植物地理野外调查结束时，应撰写实习报告。调查报告是植物地理野外调查内容的图文并茂的全面总结、分析和成果的展示。

报告的内容一般应包括如下几个方面：

①引言。主要写调查的时间、地点、方式及前人的工作等。

②调查区的自然概况。主要包括地形、气候、水文、土壤等条件。根据调查的内容和目的应有所侧重。

③工作方法。主要包括所研究区域的生物类群调查方法（观察的地点、时间、方式等）。

④分析与结论。这部分是报告或论文的主体。应根据选题，灵活地运用前面提及的各种内容和方法。对生物群来说，不仅要注意其生态学方面的研究，更要注意生态地理规律的探讨，同时也要注意其实践意义。

⑤讨论与建议。根据文章内容的分析与结论，提出自己的看法和建议。如生物群的生态建设以及对生物地理学中一些理论问题的看法等。

⑥小结。将文章的主要内容和主要结论，进行扼要的总结。

最后，附上参考文献。

2. 植被分布图编制

根据航片，制作出指定区域的植被分布图。根据实习路线上的观察，绘制某线路植被的垂直分布图，作为附件安排在调查报告的最后，或者作为插图配合植被调查的文字报告。

思 考 题

1. 试述庐山的常绿阔叶林、落叶阔叶林、针叶林的代表种属、空间分布及其相互关系。

2. 试述庐山的灌木林的代表种及其空间分布。

3. 庐山植物分布与气候有什么关系？

4. 为什么在海拔 850m 的黄龙寺一带分布有毛竹？

5. 讨论从西谷谷源至石门涧悬索桥的植被类型和分布特征，分析预测庐山植被类型及其空间分布规律。

第八章　庐山地区土壤地理调查

§8.1　庐山地区土壤地理概况

土壤是自然环境的组成要素之一，它同植被一样可直接反映自然景观的特点。同时，土壤的发育、发展和性质、形态特征又受到当地自然条件的综合影响。

一、土壤形成的自然条件

土壤类型及其属性是与成土的自然条件紧密相关的，人们通常把气候、母质、地形、生物和时间作为土壤发育/发展的基本条件，即五大成土因素。这五种成土因素相互联系、相互渗透、相互制约，共同对土壤的发生/发展起作用，其中以生物因素对土壤的形成，特别是对土壤肥力的发育/发展具有重要的意义。

第四纪以来的新构造运动对庐山土壤的形成和分布产生了深刻的影响，使庐山沿着断裂上升为目前相对高度达 1 000～1 400m 的山地，为土壤垂直地带的形成奠定了基础，并给予庐山南（坡）部、北（坡）部的气候、生物和土壤的分布以一定的影响。山体内部受外力作用塑造，形成起伏和缓的褶皱构造各种地貌形态。山体外围地势低平，丘陵、阶地广泛分布，丘陵高度一般在海拔 300～400m 之间，为古剥夷面的残存部分。阶地一般可分三级：10～15m，15～40m，80～140m。这些地貌特点，在一定程度上影响到土壤性状的差异和土壤类型的分布规律。

庐山在气候上处于中亚热带的北缘，这决定了山地土壤垂直带谱的性质。庐山因受东亚季风环境的影响，具有鲜明的亚热带季风湿润气候的特色；同时，山地随着海拔高度的增加，水热状况存在着垂直分异；并具有明显的山地气候的特点。因此，就山地土壤垂直带谱的类型而言，庐山属于湿润型。

庐山在自然植被上，其水平地带是常绿阔叶林。随着海拔高度的增加，地表水热状况的垂直分异，深刻地制约着植被的垂直分布，由山麓到山顶植被的分布规律是：常绿阔叶林—常绿、落叶阔叶混交林—落叶阔叶林，土壤的发育和类型与其相适应。形成丘陵平原的红壤—山地黄壤—山地棕壤的垂直带谱。

地貌和水文条件对土壤的形成和发育也起着一定的作用，影响到局部地区土壤发育的方向，形成某些非地带性的土壤，如仰天坪一带，地形平缓，地面相对低洼处，因排水不畅，多生喜湿沼泽植被，普遍发生沼泽化过程，从而发育着山地沼泽土。在江边和湖滨平原地区，因地下水的影响，往往形成草甸土。

庐山成土母质的类型多种多样，在山区剥蚀和侵蚀作用强烈，成土母质一般以坡积、坡积—残积为主，其上发育的土壤一般土层浅薄，且多含碎石块。在丘陵和山地平缓之处，却广泛分布着一定厚度的残积母质，其上发育的土壤较深厚，质地较细，向下粗骨部分逐渐增加。在湖滨及河谷地区的成土母质主要是第四纪的沉积物，其上发育的土壤组成物质较细，土层深厚。第四纪风积母质分布也较广泛。

庐山海拔 900～1 200m 处，广泛分布着网纹红土母质，其中 SiO_2/Al_2O_3 在 2.0～2.3 之间，SiO_2/Fe_2O_3 在 1.70～1.86 之间，它们与山下及江西其他地区红壤的硅铝比率和硅铝铁比率基本一致，而目前海拔 900～1 200m 处，已是山地黄棕壤分布的地区，网纹红土已经成为现代土壤的母质。据研究，这种网纹红土形成于更新世（Q_2），而中更新世时，我国东部的气候大都较现代湿热，适合于网纹红土发育的湿润的中亚热带森林气候区的北界可达北纬 34° 左右，大致相当于现在山地黄壤的上限，同时，中更新世的庐山海拔较现在为低，庐山发生强烈的断块上升，中更新世以后的新构运动使网纹红土抬升到目前这样的高度，中更新世以后，庐山大约抬升了 200～300m，因此，山上网纹红土母质是在庐山新构造运动抬升之前的中更新世时形成的。

二、主要土壤类型

庐山的土壤与上述成土条件相适应，具有多种多样的土壤类型，现将主要土壤的形成和有关特性分别简介如下。

1. 红壤

广泛分布于山麓地带，植被为常绿阔叶林，马尾松林以及灌丛草本。成土母质主要为花岗岩、片麻岩、石英砂岩等残积、残积-坡积物。

在山下岗丘地带还广泛分布着一种古老的红壤，它以具有明显的网纹层而区别于其他母质上发育的红壤。网纹红壤主要形成于第四纪中更新世，它的成土母质多样，既可是基岩的风化物，又可是各种沉积物，由于中更新世的红壤过程一直延续至今，因此，这种第四纪的网纹红壤不应是母质，应属于红壤的组成部分。其剖面形态特征是：土层深厚，但表层一般浅薄，除表层略带棕灰色外，全剖面土体均呈深红色、棕红色或黄红色；结构块状或棱块状，结构面有棕黑色胶膜和斑点；坚实板结；质地粘重；各层次均有大小不一、数量不等的铁锰结核；发生层次不明显；剖面底部可见由红、黄、白三色交错而成的网纹层，侵蚀严重的土壤，网纹层裸露。

2. 黄壤及山地黄壤

黄壤分布于山麓地形较低平的部位，或发育在粘重而排水不良的母质上；山地黄壤分布在 900（800）m 以下的地带，局部地区可达 1 000m 左右，两者母质大都为花岗岩、砂岩混合岩及第四纪沉积物。

黄壤及山地黄壤，其富铝化程度与红壤相近或略低，由于黄壤受局部低洼地形影响，排水不良，而山地黄壤所处海拔较高，空气湿度较大，因此，它们经常处于湿润状态，其自然含水量及吸湿水含量均较红壤为高。在亚热带湿润气候条件下以及有机酸的作用下，岩石风化强烈，原生矿物遭受破坏，产生游离的硅、铁、铝的氧化物，其中氧化铁与氧化铝便与水结合，形成含水的铁铝矿物，使土壤呈黄色。

3. 山地黄棕壤

分布于海拔 800（900）～1 200m 地带的各种母质上，植被为常绿、落叶阔叶混交林，或灌木、草本植物。

4. 山地棕壤

分布于海拔 1 200m 以上的山地，植被为落叶阔叶林，由于森林植被遭受破坏，目前大都成为灌丛草类，母质主要为砂岩、板岩的残积物，局部地区以风积物为主。

5. 山地草甸土、浅色草甸土

这类土壤分布于山地比较平缓地段，植被为茂密的山地草甸群落。这类土壤曾分布在大月山、汉阳峰一带，现在由于人类建筑的利用，已逐渐减小。草本植被生长高大而旺盛，不论地表或地下，都积累了大量的有机质，因此，土壤形成的生草过程旺盛，但由于暖湿的生长季节不长，土壤经常保持湿润，有机质分解缓慢，较深的土层积聚了大量的有机质，形成暗黑色或灰色的腐殖质层。

6. 山地沼泽土

该土类分布于地势平坦、低洼、容易积水之处。例如，仰天坪、大校场等处。

7. 水稻土

庐山地区山麓、岗丘和江、湖冲积平原均有分布，水稻土为自然土壤经人工耕种而成。本区水稻土主要为岗丘上的网纹红壤发育而成。

三、土壤的主要成土过程

在自然界中，土壤形成过程的基本规律是统一的，但是，成土条件的复杂性，决定了土壤形成过程总体中的内容、性质及其表现形式是多种多样的。因此，根据土壤形成中的物质（能量）迁移、转化过程的特点，可将土壤形成过程的总体，划分出以下几种主要成土过程：

1. 原始成土过程

原始的土壤形成过程，是土壤形成作用的起始点。在裸露的岩石表面或薄层的岩石风化物上，低等植物，如地衣、苔藓及真菌、细菌等起着重要作用，它们使矿物分解，从中吸取养分，借少量的水分生长，固定空气中的氮素，在母质中进行有机质的合成和分解，使土壤肥力发生，并为高等植物的生长发育创造了条件。原始土壤的基本特点是土层浅薄，腐殖质累积量少，无明显的腐殖质层。

2. 腐殖化过程

土壤形成中的腐殖化过程是指在各种植物作用下，在土体中，特别是土体表层进行的腐殖质累积过程。它是土壤形成中最为普遍的一个成土过程。由于植被类型、覆盖度以及有机质的分解情况不同，腐殖质累积的特点也各不相同。腐殖化过程的结果，使土体发生分化，往往在土体上部形成一个暗色的腐殖质层。

3. 粘化过程

土壤形成中的粘化过程，是指土体中粘土矿物的生成和聚积过程，尤其在温带和暖温带的生物气候条件下，一般在土体内部（20～50cm 左右）发生较强烈的原生矿物分解和次生粘土矿物的形成，或表层粘粒向下机械地淋洗。因此，一般在土体心部粘粒有明显的聚积，形成一个相对较粘重的层次，称粘化层。

4. 富铝化过程

土壤形成中的富铝化过程，即土体中脱硅富铝铁的过程。在热带、亚热带高温多雨并有一定干湿季节的条件下，由于硅酸盐发生了强烈的水解，释出盐基物质，使风化液呈中性或酸性环境，盐基离子和硅酸大量淋失，而铝、铁（锰）等元素却在碱性风化液中发生沉淀，滞留于原来的土层中，造成铝、铁（锰）氧化物在土体中残留或富集，而使土体呈鲜红色，甚至形成铁盘层。

5. 泥炭化过程

土壤形成中的泥炭化过程，即指有机质以植物残体形式的累积过程。主要发生于地下水位很高，或地表有积水的沼泽地段，湿生植物因空气环境不能彻底分解，而以不同分解程度的有机残体累积于地表，形成一个泥炭层或粗腐殖质层。

6. 潜育化过程

土壤形成中的潜育化过程，即指在土体中发生的还原过程。在整个土体或土体的下部，因长期被水浸润，空气缺乏，几乎完全处于闭气状态，Eh 一般均低于 250mV，有的甚至为负值。有机质在分解过程中产生较多的还原性物质，高价铁锰转化为亚铁锰，从而形成颜色呈蓝灰或者青灰的还原层次，称为潜育层。

7. 潴育化过程

土壤形成中的潴育化过程，即指土壤形成中的氧化-还原过程。主要发生在直接受到地下水浸润的土层中。由于地下水在雨季升高，旱季下降，使该土层干湿交替，从而引起铁、锰化合物发生移动或局部淀积，形成明显有锈纹、锈斑以及含有铁锰结核的土层，称为潴育层。

四、土壤的垂直分布

山地由于海拔的增加，土壤形成的生物、气候条件产生相应的变化，致使土壤形成的类型和分布产生垂直变化的现象，称为土壤垂直地带性规律。

庐山地处中亚热带，其基带的地带性土壤是红壤、黄壤。因此，庐山土壤的垂直带谱是建立在红壤、黄壤这一基带基础之上的。同时，庐山又处于我国东部季风湿润区内，其土壤垂直地带谱属湿润性质。庐山山势雄伟，但相对高度只有 1 400m 左右。这些因素，对庐山土壤垂直带谱的组成和结构产生了深刻的影响。

庐山土壤的垂直结构类型比较简单，自山麓至山顶，依次分布着红壤、黄壤、山地黄壤、山地黄棕壤、山地棕壤。

海拔 400m 以下的山麓及附近岗丘地区属中亚热带，植被为常绿阔叶林、马尾松林及草类，广泛分布着纬度地带性的红壤和黄壤；海拔 400~900（800）m，气候湿润暖热，植被为常绿阔叶林、马尾松林及杉木等，发育着一种具有明显富铝化特征的山地黄壤；海拔 900（800）~1 100（1 200）m，气候温暖湿润，植被为常绿-落叶阔叶混交林，发育着具有山地黄壤性质，又具有山地棕壤特征的山地黄棕壤；海拔 1 200m 以上的地区，植被为落叶阔叶林和灌丛，分布着山地棕壤；山顶由于气温低，风速大，木本植被少，多灌丛，草本植物生长茂盛，形成山地草甸土；局部洼地，排水不良，生长喜湿植物，形成山地沼泽土。

由上述土壤垂直地带谱的组成和结构可见，基带土壤的上限海拔较低，带幅不足400m，山地黄壤海拔 400~900（800）m，带幅达 400~500m，成为庐山山地的主要建谱类型。山地黄棕壤的带幅，虽只有 200m 左右，但在山地土壤垂直带谱中占有重要的地位。庐山南、北坡土壤主要是由四个地带组成垂直地带谱，因此，它们的组成和结构在南、北坡之间无明显差异，但是，坡向的不同，却影响到各个土壤带分布的高度，如山地黄壤带在南坡分布的上限为海拔900m左右；而在北坡的上限只达海拔800m左右。山地黄棕壤的上下限与山地棕壤带的下限也有类似的情况，其界线，南坡高于北坡100m左右，从湿润程度来看，南北坡差别不大，均属于湿润型，但从热量条件来看，南坡向阳，北坡向阴，同一海拔高度，南北坡之间存在明显的差异，南坡高于北坡（见图8.1.1）。

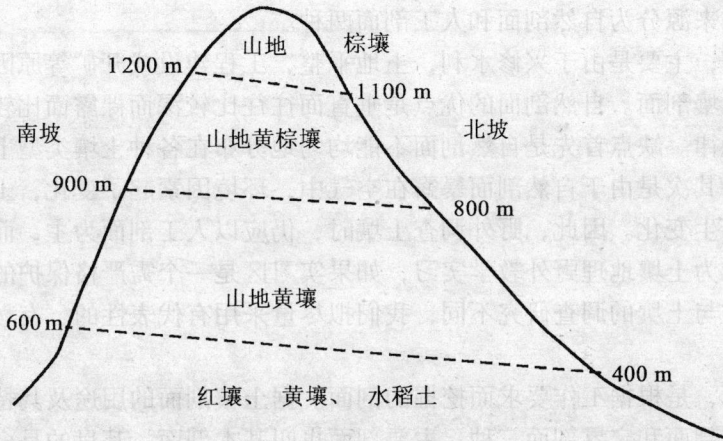

图8.1.1　庐山土壤垂直分布图

§8.2　土壤地理调查与研究方法

野外的土壤调查工作一般可分为概略的路线调查和详细的全面普查。对于实践时间有限的学生的土壤地理调查而言，通常都是进行验证性的路线调查。

一、土壤调查路线的设计

为了较准确地了解某一特定区域的土壤地理规律，设计和选择一条合适的调查路线是至关重要的。通常，调查路线应该穿越具有不同成土环境的景观类型，以便观察在各种成土条件的组合作用下土壤发育的差异。例如，在山区选线时，就要考虑调查谷底、谷坡、山间盆地、山鞍、丘顶等不同地貌部位的土壤发育情况。如果山体比较高大，还要考虑不同海拔高度可能产生的垂直分异以及山坡的朝向影响等问题。在性质比较均一的广阔平原地区，土壤的变化要简单得多。土壤性质的差异多出现于中、小地形的起伏变化处，如河流的阶地、天然堤、岗地等。

如果调查区域范围不大，土壤基本上处于相同的生物气候地带背景条件下。因此，区内土壤的差异或变化通常是由地貌和母质条件决定的。地形的高低、凸凹、陡缓，导致地表物质侵蚀堆积的变化，引起土壤水分状况的改变；不同性质的母质母岩条件，也导致土壤理化性质的差异。所以，在设计区域调查路线时，要特别注意通过这些有地形及母质变化的地段。

二、土壤剖面的选址和挖掘

土壤调查的一个突出特点是以点带面。虽然在一个较大的空间范围内进行土壤的踏勘，但最后是以一个选定的剖面点的记录和分析作为某一类土壤的代表。因此，土壤剖面的选点非常重要，关键是要有典型性和代表性。

1. 土壤剖面的种类

土壤剖面按来源分为自然剖面和人工剖面两种。

①自然剖面，主要是由于兴修水利，土地平整，工程建设或开矿等原因，使土壤垂直面裸露的现代土壤剖面。自然剖面的优点是垂直面往往比较深而裸露面比较广，有利于研究土壤的分布规律。缺点首先是自然剖面不能均匀地分布在各种土壤类型上，位置也不一定具有代表性；其次是由于自然剖面暴露在空气中，环境因素起了变化，土壤的理化性质不可避免地会产生变化。因此，野外调查土壤时，仍应以人工剖面为主，而自然剖面只能起辅助作用。作为土壤地理野外教学实习，如果实习区是一个需严格保护的国家级的风景名胜区，其要求与土壤的调查研究不同，我们拟尽量采用有代表性的、有教学意义的自然剖面。

②人工剖面，是根据工作要求而挖掘的剖面。据土壤剖面的用途及其特点，又可分为主要剖面、检查剖面和定界剖面三种。主要剖面也叫基本剖面，其目的是全面确切地掌握土壤的发生、发育的全部特性及其生产性能，因此，主要剖面都要求挖大坑，自地表向下，贯穿全部土层，直至没有什么变化或者变化很弱的母质和基岩为止。检查剖面，又叫对照剖面或次要剖面，是为检查主要剖面所观测的土壤特性的稳定性和变化程度而设置的，一般在 1.0~1.5m 的深度。定界剖面，有的叫检查剖面，是为检查和修正土壤分布界线而设置的，其深度只要求能确定土壤类型就行，一般不足 1m 或更浅，常用土钻取土观察。

2. 土壤剖面的设置和选择

人为地开挖土壤剖面，必须选择在代表性强的地段，选点正确，才可能得到对土壤正确的判断。选点不当，不仅浪费精力和时间，还可能根据不恰当的剖面得出片面的结论。因此，土壤剖面的设置，必须慎重进行。一般来说，设置土壤剖面点有三条原则可遵循：①根据比例尺和地形、土壤的复杂程度，在地形图上布置剖面点；②每种土壤（制图单位）至少有一个以上的主要剖面，其位置必须设置在每种土壤最典型、最有代表性的部位上；③适当考虑剖面点的均匀性。这里主要是指地理景观变化不大而面积较大的区域，要按一定面积比例设置土壤面积，确保调查精度。

土壤剖面点虽已预先在地形图上做了设置，但并非每个土壤剖面都能挖在预先布定的地点。这是因为野外许多具体情况的变化，在地形图上难以估计，而且许多微小地形的变化在地形图上也看不出来。因此，到野外还需做具体的校正。其选择原则是：①要有一个比较稳定的土壤发育条件，即具备有利于该土壤主要特征发育的环境（通常是要求小地形平坦和稳定），否则土壤剖面易缺乏代表性。②不宜在路旁、住宅四周、沟渠附近、粪坑周围等一切人为干扰很大而没有代表性的地方挖掘剖面。③如果发现母质或人为熟化等预先在地形图上观察不出的因素而使土壤发生变化时，则应改变剖面地点，或重新设置。

3. 土壤剖面的挖掘

研究自然土壤时，土壤剖面的规格，一般要求宽 1m，长 2m，深 2m（或达到地下水层），石质母质要求挖到基岩。对一般的耕地土壤，宽 0.8m、长 1.5m，深 1m 也就够了（如果采取整段标本时，要求土坑大一些）。对盐渍土要求挖到地下水层。剖面形状见图8.2.1，挖掘土壤剖面时，应注意以下几点：观察面应向阳，以便观察；底土和表土层应分开堆放，以便填坑时恢复原状，在农业耕作区更应如此；观察面上方不应堆土或任意走动踩踏，以免破坏表层结构，影响剖面形态的描述及取样；剖面挖好后要进行修正，一边修成光面，以便观察颜色，新生体等，一边修改粗糙面，以便观察结构。

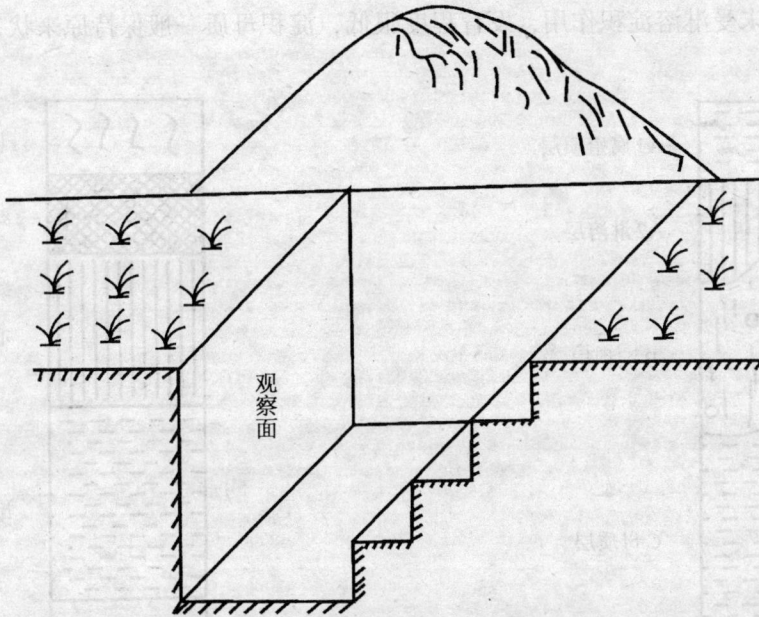

图 8.2.1　土壤剖面（土坑）形状示意图

三、土壤剖面的观测和记录

1. 土壤剖面的一般形态

在土壤发育/发展中，土壤内部物质的转变和迁移主要过程有：矿物质和有机质的形成和分解，矿物质、有机质及其分解产物的淋溶和淀积，各种新生体如铁锰结核、钙结核，以及网纹、锈斑的形成。由于这些过程的综合作用，使土壤中物质以不同的方向和速度迁移转化，而在土壤剖面上则表现出明显的分异，形成一系列组成和性质不同的层次，这些层次是成土因素综合作用的结果，也是土壤发育/发展的结果，故称发生层。当然，在不同的成土因素作用下形成不同的土类，具有不同的发生层次组成的土壤剖面形态，但一般来说，土壤剖面形态具有如下特征。

（1）自然土壤，剖面一般分为以下三层（见图8.2.2）。

腐殖质层或淋溶层：在剖面最上部，生物活动过程强烈，累积较多的腐殖质，一般具有良好的结构，呈暗色，故称腐殖质，但此层同时进行着物质的淋溶和转移过程，故又称淋溶层。

淀积层：从腐殖质淋溶的物质，移动到一定的深度，即淀积成层。此层积聚的物质较丰富，有各种有机、无机胶体，铁、铝、锰的化合物等。

母质层：位于淀积层之下，受成土作用影响小，发育程度低，一般为岩石风化层。

（2）农业土壤，剖面一般也分以下四层（见图8.2.3）。

耕作层：经常耕翻的表土层，疏松，结构较好。

犁底层：在耕作层之下，由于受农业生产活动如农具机械的踏压和来自耕作层物质的淀积，土层较坚实，一般水田土壤较明显。

心土层：受耕作影响小，物质淀积作用明显。

母质层：未受淋溶淀积作用，发育程度很低，淀积母质一般保持原来状态。

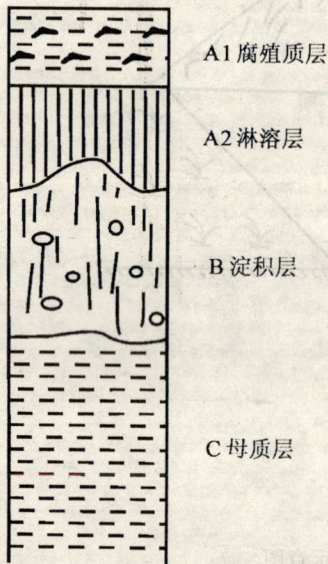

图 8.2.2　自然土壤剖面示意

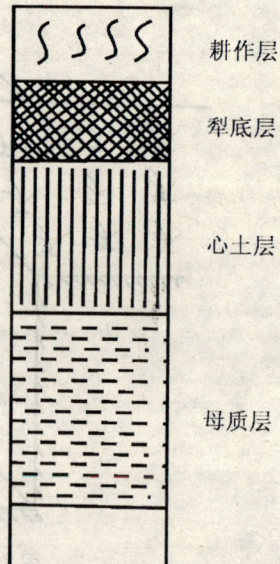

图 8.2.3　农业土壤剖面示意

2. 土壤剖面的观测

（1）土壤发生层次的划分

土壤发生层次是指在土壤形成过程中，在垂直地面的方向出现的性状上有差异的层次。划分土层，首先可根据剖面的形态特征，如颜色、结构、松紧度、质地、植物根系分布等的差异，粗略划分土层界线，然后再以物理作用、化学作用、生物作用、耕作利用所表现的特征（如物质的淋溶、淀积和新生体的情况等）确定。同时应注意各土层的变化和它们之间的相互关系，划分的各个土层应具有鲜明的特点。

土层划分后，应从上到下连续记录各层厚度，这对了解土壤的发育，决定土类、制定土壤的合理利用和改良措施都有密切的关系，如茶园土壤耕作层的厚度，或下部粘重的网纹层或心土层的厚度，位置都应仔细观测记录。这些特征不仅反映了茶园土壤成土过程的特点，同时为今后的耕作深度、排水改良等措施提供了可靠的依据。

需要注意的是，在自然界中的土壤剖面，尤其是山丘地区的土壤，剖面的构层并不一定是完整的 O—A—B—C—R 构层。由于发育条件的制约，很可能会缺失某些土层。

（2）剖面形态的记述

①土壤颜色

土壤颜色是土壤剖面表现最显著的特性，土壤主要的色素为黑、白、红、黄四种，由这些色素以不同的比例混合而成各种颜色（见图8.2.4）。

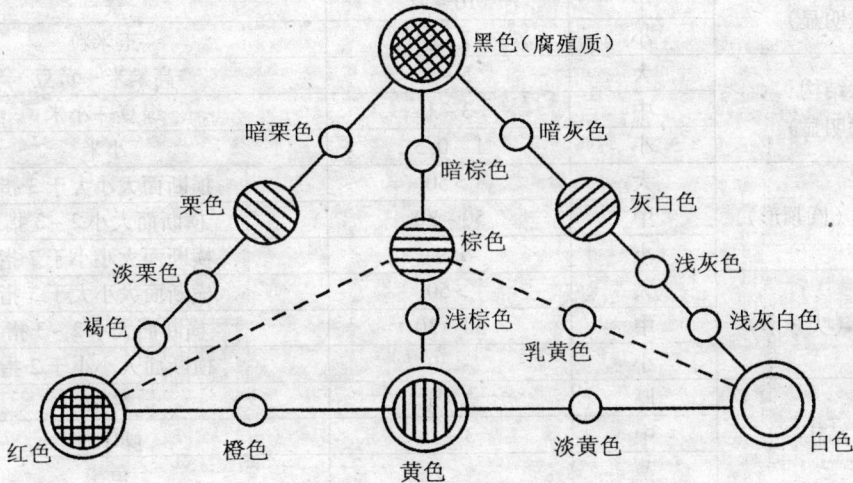

图8.2.4 土壤颜色表

辨认土壤颜色时，常因光线的强弱、向光或背光、土壤湿度等不同而有所差异，因此必须就近观察，先看深色或先看浅色，或用已观察过的土样进行对比，以免产生视觉上的错误。记录时，应注意主色、次色和杂色的区别，通常次色在前，主色在后，如灰棕色，即表示以棕色为主，灰色为次，杂色如锈纹、锈斑，棕色胶膜，红、黄、网纹等。

②土壤结构

各种土壤或同一土壤的不同层次，都可能有不同结构，按照结构体的长、宽、高三轴长度相互关系分成如表8.2.1所列类型。

进行土壤结构描述时应注意：第一，只有在土壤湿度较小情况下，对土壤结构的测定，才比较容易进行和得到良好的结构，含水太多时，结构单位膨胀，很难分辨结构的真实面貌；第二，土壤的结构常常不是单一的，对于这种情况应该进行详尽的描述，既要说明其结构的种类，又要阐明其剖面内的变化。

③土壤质地

土壤团体部分由大小不同的土粒所组成，土壤中大小不同的土粒按不同比例组合的状况，称为土壤质地。在野外粗略地了解土壤质地，通常凭手指的感觉和土壤在一定湿度下的外形表现鉴别。这种方法称指感法或卷搓法，具体如下：

表 8.2.1		土壤结构类型分类表	
结构类型	大小	直径/mm	实物比较
块状结构	大	>100	大于拇指
（面棱不明显）	小	100~500	大于拇指
团块状结构	大	50~30	胡桃
	中	30~10	黄豆—胡桃
（面棱不明显）	小	10~5	小米—黄豆
核状结构	大	20~10	小栗子
	中	10~7	蚕豆
（面棱明显）	小	7~5	玉米粒
粒状结构	大	5~3	高粱米—黄豆
	中	3~1	绿豆—小米
（面棱明显）	小	1~0.5	小米
柱状结构（圆顶形）	大	>50	横断面大小大于3指
	中	50~30	横断面大小2~3指
	小	<30	横断面大小小于2指
柱状结构（尖顶形）	大	>50	横断面大小大于3指
	中	50~30	横断面大小2~3指
	小	<30	横断面大小小于2指
片状结构	厚	3~5	薄板
	中	3~1	硬纸片
	薄	<1	鱼鳞

砾质土：肉眼可看出土壤中含有许多石块、石砾（山地多为砾质土），根据 >3mm 直径的砾石含量可分为：

轻砾质土：>3mm 砾石含量 5%~15%。

中砾质土：>3mm 砾石含量 15%~30%。

重砾质土：>3mm 砾石含量 >30%。

砾质土：干时将小块置于手中，轻轻的便可压碎，所含细砂粒肉眼可见，湿时可搓成小块，但稍加压即散开。

砂壤土：湿时可搓成圆球，但不能成条。

轻壤土：湿时能搓成条，但裂开。

中壤土：湿时能搓成完整的细条，如果搓成环时即裂开。

重壤土：能搓成细土条，并可弯成带裂缝的环。

粘土：干时有尖锐角，不易压碎，湿时可搓成光滑的细土条并能弯成完整的环，压扁时也不产生裂缝，还似有光泽。

④土壤松紧度

指土壤疏松紧实状况，也称坚实度或硬度。通常分为：

松散：铁铲、土钻放在土面上不加压力就能插入土中，土钻拔起时，很难带取土壤。

疏松：手指可以插入土中。

紧实：用手指插入土中感到困难，用铅笔、树枝可插入土中。

极紧：铅笔、树枝不能插入土中。

⑤土壤湿度

指土壤的含水情况，在野外通常分：

干：用嘴吹气，有尘土飞起。

稍润：比干土的含水量略高，用手试之，有凉的感觉。

润：用手可捏成团块，放在纸上，很快使纸变湿。

潮：使手湿润，并可能粘在手上。

湿：这时水分饱和，可以看出水分从土粒中流出而土体平滑、反光。

⑥土壤新生体

土壤新生体指土壤形成过程的产物，如铁锰结核、粘盘、胶膜、锈斑、网纹等，应详细记载土层中各种新生体的颜色、形状、分布特点。

⑦土壤侵入体

土壤侵入体是指外界侵入土壤中的物体，不是成土过程的产物，如土壤中的砖头、瓦片、陶瓷碎片和文物等，这些物体标志了土层曾被人为的经济活动作用过，应详细记录。

⑧ 植物根系

表示植物根系在土层中的分布情况，一般分为：

多：根系密集，约占土体体积的40%以上。

中：根系较多，约占土体体积的20% ~40%以上。

小：根少，约占土体体积的20%以下。

无：肉眼难见到根系。

此外，应说明是木本或草本，根的粗细也应记录，用以判断扎根的难易。

⑨ 动物活动

调查土壤中动物活动，可以作为判断肥力的间接指标，如蚯蚓、田鼠、蚂蚁、昆虫及幼虫等。还可以结合特定的病虫害防治而配合进行特殊的土壤调查。

⑩ 地下水位

观测地下水出现深度及静止深度。

⑪ 土壤酸碱度

在白瓷盘或汤匙内用酸碱指示剂数滴和土样（如黄豆大小）混合，与标准比色卡相比确定酸碱度。

⑫ 石灰反应（碳酸碱反应）

石灰反应是指用1：3的盐酸滴在土块上有无泡沫的情况，起泡则证明土壤中有石灰存在。根据气泡多寡，判断土壤中石灰的含量：

微：缓缓放出小气泡，或难看出气泡，可听到声音，含量约在1%以下。

中：明显地放出气泡，但很快消失，含量约在1% ~5%。

强：气泡急剧，历时很久，含量在5%以上。

3. 土壤剖面的描述和记载

土壤剖面性状表（表8.2.2和表8.2.3）

（1）土壤分布的环境条件：

地形部位：

成土母质：

侵蚀和排灌情况：

地下水位与水质：

农业利用或自然植被：

（2）剖面形态描述。

表 8.2.2　　　　　　　　　　　　　　土壤剖面性状观测记载表

土壤剖面野外编号：　　　　　　　　室内编号：

地点：　　　　　　　　　　　　　　日期：

土壤野外命名：　　　　　　　　　　室内命名：

土体构型										新生体			其他		剖面形态特性小结
简图	层次	深度/cm	干湿度	颜色	质地	结构	紧实度	pH值	泡沫反应	类别	形态	数量			

表 8.2.3　　　　　　　　　　　　　耕层土壤理化性状简易测定结果

土壤养分性状					水气	热状况			耕作性质		
有机质	速效养分			其他	田间最大持水量	透水性	通气性	其他	质地	容重	其他
	N	P	K								

四、土壤标本采集

1. 纸盒标本的采集

纸盒标本，目的为在室内进行比土、评土用。土壤剖面观察记载完毕后，按土层从下到上分别采取土样，可用小刀在各层土的中心部位切取土块，大小以能放入土盒空格为度，土样取下后切勿用手挤压，应保持土壤原来状态。土样放入标本盒后，应立即在盒盖上注明土壤剖面编号、土名、地点、层次深度、采样人、时间等，同时在盒底也注明剖面编号和土名。

2. 整段标本的采集

有代表性的土壤剖面，为教育、宣传、展览的需要，可采集整段土壤标本。采集时，事先应准备好装土的木箱，木箱的大小，一般内径长 100cm，厚 100cm，宽 20cm，底和盖可取下（用螺钉固定在木框上），先在土壤剖面上修正凸凹的土柱，将木框套在土柱上，然后将土铲平，加木箱底，用螺钉固定，再用刀将土柱连木盒一起铲下，上好盖，注明剖面编号，采集时间、地点和土壤名称。

3. 分析标本的采集

为了进一步了解土壤的特性，某些土壤必须采集分析标本进行化验分析，土样数量根据分析内容而定，一般每层取 0.5 ~ 1kg。采集时，仍是从下到上分层采取，用报纸或土袋或塑料袋装好，内外要注明剖面编号、剖面深度、该层深度，以免混淆、遗漏。

五、土壤地理制图

1. 路线土壤图的测制

（1）首先，利用 1 : 5 万或 1 : 10 万地形图，根据土壤调查要求，在图上确定调查路线。

（2）采取重点观察，沿线填图的方法。调查时，必须全神贯注观察沿途土壤、地貌、地质和植被的连续和变化情况。遇土壤及成土条件有显著变化时，要注意详细观察，在有代表性的地段，要设置主要剖面，进行详细观测记录，取土样，根据土壤剖面的性状及其与外界环境的关系，分析土壤发育阶段及其特点、初拟土壤类型，确定土壤分析的界线，同时，以目的所及，观察沿线两侧土壤分布情况，推测沿线土壤分布宽度，并在地形图上勾画出来，此外，对沿线地貌、母质和植被变化情况，也尽可能填绘于路线图上。对于地形图上距离、方位、地物等误差，应随时修正，这样才可能正确地画出土壤界线。

（3）如沿线土壤和成土条件变化不大，或对调查地区土壤分析规律已有所掌握，停留观察土壤的次数可减少，但每隔 2 ~ 5km，仍需挖对照剖面或定界剖面观察土壤，以便深入了解同一类土壤中局部性状的差异，为划分土壤类型和制定改良利用措施提供实地材料，同时也可避免遗漏某些土壤类型。

（4）调查路线附近，如有特殊的地貌、母质和植被区域，应前往观察。如遇山地，应登高观察土壤的垂直分布规律，远眺周围的土壤和自然条件，使测制土壤图时能获得更多的实地观测资料，并可为以后编图时推测类似区域的土壤分布状况提供依据。

（5）向沿线群众访问，以便深入了解当地土壤资源分布及其自然条件和社会情况，对当地一些特殊的土壤问题，应虚心求教，向地方居民学习，为土壤资源的合理利用、改良提供材料。

2. 区域土壤分布图的测制

区域土壤分布图测制的技术方法相对较为复杂，属专业部门深入调查的项目，本次实习拟采用航空像片进行土壤判读和编制区域土壤概图。

土壤虽然也是一种自然实体，但在航空像片上并不能直接地被反映出来，土壤剖面构型、土层厚度及各土层的理化性质，都不能被反映出来。但是，土壤是反映外界环境条件的一面镜子。它的发育/发展和分布是在地形、母质、植被和农业利用方式等因素共同制约下形成的。因此，根据土壤的发生学和地理景观学理论，便有可能推测出土壤类型、分布、成因及某些属性。而某些成土因素，尤其是植被（植物地理调查详细介绍），却常常能直接反映在航空像片上，并由于它们内在理化性质和表面特征的不同，反映在航空像片上就会形成具有不同的光学和几何学特征的影像。如不同的形状、大小、色调、阴影、图案等，也有可能被判读出来。

植被覆盖好，分异性强的区域，很容易根据植被分布与土壤分布的相关性，将土壤图编制出来（见图 8.2.5）。

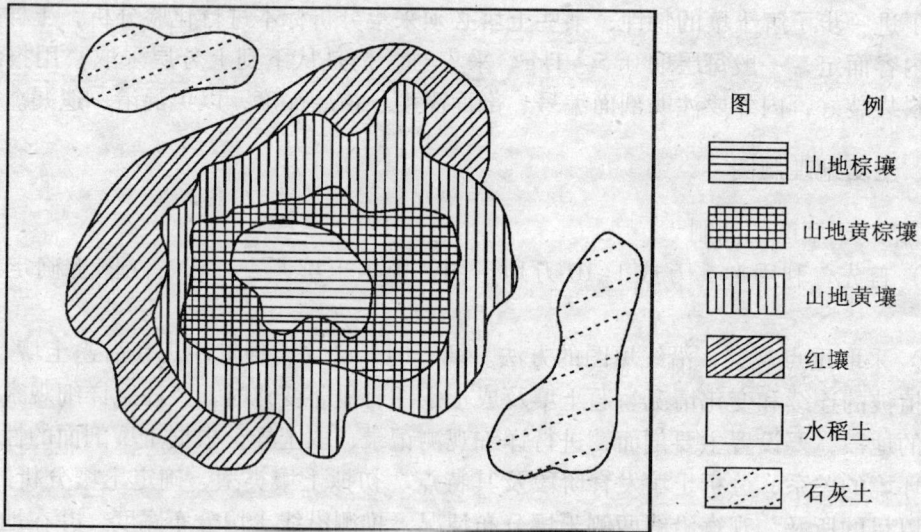

图 8.2.5　土壤分布图

图例

山地棕壤
山地黄棕壤
山地黄壤
红壤
水稻土
石灰土

§8.3　庐山地区土壤地理调查路线与内容

土壤地理野外调查的目的，是促进理论联系实际，在野外调查过程中印证所学理论，加深对土壤地理基本知识和基础理论的理解；将学过的知识和理论应用于实际；学习和掌握从事土壤地理野外研究的调查方法，学会独立从事土壤地理的野外研究。

土壤地理野外调查的主要任务在于了解调查区域的气候、植被、地貌、母质等成土因素的特点及其和土壤发生的联系，掌握主要土壤类型及其发生演变和分布规律；拟定土壤分类系统，确定制图单位，绘制土壤路线图和区域土壤概图。

一、仪器和用品的准备

野外土壤调查需要的仪器和用品，大致可归纳为以下两类：

1. 填图和绘图仪器用品

主要包括罗盘仪、高度仪、三角板、量角器、彩色铅笔、铅笔、小刀、橡皮，以及绘图仪器、透明方格纸、坐标纸、地形图等。

2. 取样和记录用具

主要指挖掘土坑和采集土壤标本及分析样品的用具。一般常用的有：土锹、土镐、土铲、土钻、取土刀、土壤标本盒、土袋、标签、钢卷尺、剖面记录表、记录簿等。

二、调查路线、观察点和调查内容

可以与地质、地貌、植物调查路线匹配，选择剖面地理位置，地形图定位，挖掘和修整剖面，观察和描述记录土壤剖面特征，采集标本。注意随海拔高度的土壤形态变化。

1. 仙人洞（佛手崖）

海拔高度 900～1 000m，东南坡向。

（1）自然土壤剖面点的选择和修整；

（2）土壤剖面层序划分、形态描述和记录；

（3）山地黄棕壤成土条件和成土过程的分析，土壤类型初定。

2. 一级发电站（西谷谷底）

海拔高度 700m，西南朝向。

（1）网纹红土剖面性状和特征；

（2）土壤发育和植被、母质、年龄的关系。

3. 黄龙寺

海拔高度 800～900m，东北坡向。

（1）山地黄壤剖面性状和特征；

（2）土壤发育和植被、母质、年龄的关系。

4. 大校场（庐山博物馆附近）谷底

海拔高度 1 050m，朝向西南。

（1）山地黄棕壤的剖面特征及其形成条件；

（2）土壤发育与气候、地质、地貌的关系。

5. 含鄱口（植物园大门口，太乙峰北坡）

海拔高度 1 100m，北坡向。

观察山地黄棕壤的剖面性状、发育状况及其成土因素之间的相互关系。

6. 五老峰、仰天坪、汉阳峰

海拔高度大于 1 2000m。

（1）山地草甸土、山地棕壤的剖面形态；

（2）山地草甸土、山地棕壤发展趋势；

（3）分析山地草甸土、山地棕壤的发育与成土因素之间的关系。

7. 好汉坡

海拔高度 1 000m、700m、300m 左右选剖面。

（1）土壤路线调查的意义和选线原则；

（2）路线调查中土壤剖面点的选择依据和要求；

（3）沿线成土条件的变化和主要土壤剖面描述；

（4）绘制路线土壤垂直分布图。

181

8. 秀峰、白鹿洞、观音桥、海会、高垅、莲花洞、蛇头岭、东林寺、赛阳、温泉

（1）红壤的发育和性状特征；

（2）母质对红壤发育的影响；

（3）低丘红壤的合理利用和改良。

三、土壤地理调查总结

1. 野外记录、土壤标本以及与之联系的植物标本的整理。

2. 实习报告的撰写和有关图件的绘制。

（1）实习报告的撰写

土壤调查报告是在深入研究、综合分析各种调查成果的基础上撰写的，应尽量为生产服务。调查的目的不同，报告的内容亦应有所侧重，既要充分反映土壤调查的成果，又要突出其重点，特别要把土壤在生产上的矛盾以及解决矛盾的途径，作为报告的重要内容。文字要简明扼要、分析透彻，提出的措施切实可行。

撰写前应先拟定编写提纲。提纲的内容可包括以下几个方面：

①前言　说明调查地区的地理位置、行政区划、范围、面积；调查的目的和工作方法，完成的时间；过去对本区土壤调查研究资料及其评价；工作经验及问题等。

②土壤形成的环境条件　说明调查地区各种自然成土因素的特点，成土因素对土壤形成和土壤特性的影响；成土因素与农业生产、土壤改良的关系；农业生产活动情况及对土壤形成的作用。土壤形成的环境条件主要有：地质地貌、气候水文、植被或土地利用情况、社会经济概况等。

③土壤性质　土壤类型及其分布规律、土壤分类系统，各种土壤性质综述（对各种土壤分别论述）。

④土壤质量评价。

⑤土壤利用改良问题及建议。

⑥结束语。

（2）绘制土壤图

要求绘制土壤路线图、土壤剖面图和典型地区土壤分布图，进行土壤分布规律研究。这些图作为附件安排在调查报告的最后，或者作为插图配合土壤调查文字报告。

思　考　题

1. 庐山山体中不同高度的红壤说明了什么？

2. 庐山土壤垂直带谱中同一种土壤为什么在山南、山北的分布高度不同？

3. 试论土壤剖面中散布的巨大石块的特征与成因。

4. 为什么山顶部分布沼泽土或者泥炭土？

第九章 庐山地区资源与利用评价

资源是人类生存与发展所依存的自然和人文要素。

旅游资源理解为因某种客观和主观物体或者现象的存在，使得组织观览活动产生经济价值和社会效益的因素和条件；凡对于旅游者能够产生观赏吸引力的资源都是旅游资源。随着人类文明社会的进步，社会生产力水平不断提高，人类享受生活的意识增强，旅游逐渐成为生活的重要组成部分，不断有新的旅游资源被发现和创造出来。人们常按其属性将旅游资源分为两大类，即自然旅游资源和人文旅游资源。在同一旅游地，两者不能绝对分开。两者巧妙融合，相互促进和借鉴，共同构成旅游景观。

§9.1 庐山地区自然旅游资源及其利用

庐山地区自然旅游资源由地貌、水体、气候、生物等自然要素组成，是天然赋存的。

一、山俊

庐山是一座由近期断裂作用而抬升的断块山，挺拔于江湖平原之上，气势雄伟，景色秀丽。这个景观的最佳观赏点在庐山东麓为高垅、海会、观音桥、秀峰寺、星子县城；庐山西麓为赛阳、东林寺等处。

庐山山体高大，垂直断裂发育，山峰俊美，山坡陡峭，悬崖峭壁险峻，岩石怪异，具有雄、险的美感；山势起伏蜿蜒，植被良好，具有秀、丽美感；谷地山环水美，植物葱郁，具有幽、深美感。因此，庐山的山极富形态美，这可从山峰名称上窥见一斑，如虎背岭、佛手岩、犁头尖、太乙峰、铁船峰、日照峰、玉屏峰、月轮峰、香炉峰、双剑峰、屋脊岭、蚱蜢岭、五老峰、大马颈、牯牛岭等；而山体之间为深邃狭窄的断裂谷，也同样富有形体艺术美，如剪刀峡、石门涧、玉渊、龙潭、天桥、莲花谷、白鹤涧、青玉峡等峡谷。苏轼赞曰："横看成岭侧成峰，远近高低各不同……。"李白诗曰："庐山东南五老峰，青天削出金芙蓉……。"

庐山的山用奇峰险崖、幽谷深涧、龙潭飞瀑、妙境幽雅来概括恰如其分。（见图9.1.1）

二、水灵

庐山的地表水即谷地中运动的水，来自大气降水、植物滞留水、岩石裂隙的渗透与汇流水。庐山多年平均降水量据统计为1 833mm，而年蒸发量为1 008mm，水分充裕。

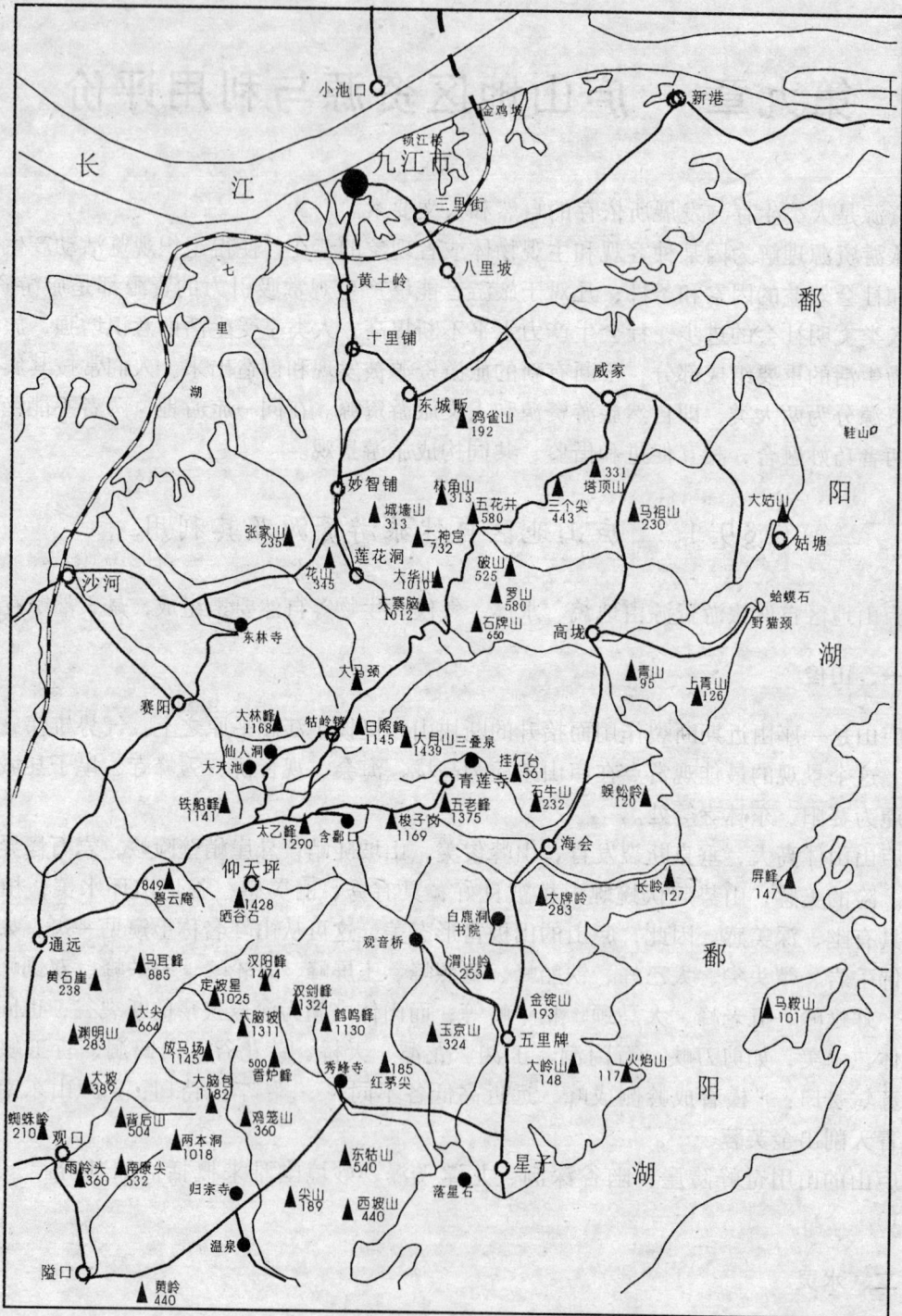

图 9.1.1 庐山山峰分布图

庐山的地表水既是风景名胜的组成部分，也是常驻人口和旅游者生活的水源。由于庐山地质地貌条件特殊，为瀑布的形成提供了十分有利的环境条件。新构造运动使得庐山断块抬升产生断裂纵横交错、岩性差异悬殊、流水差别侵蚀等，使庐山广布瀑布，成为庐山的独特景观，著名的有三叠泉瀑布、黄岩瀑布、石门涧瀑布、大口瀑布（白鹤涧瀑布）、王家坡谷地双瀑、青玉峡串珠瀑布等，李白一首"日照香炉生紫烟，遥看瀑布挂前川，飞流直下三千尺，疑是银河落九天"就是对庐山瀑布的绝妙写照；其次，还有与瀑布并存的许多深潭，著名的有黄龙潭、乌龙潭、玉渊潭、青玉峡等天然胜景。

人工截流建造的水库一方面储备生活用水，另一方面也构成了具观赏价值的山间明镜景观，例如，芦林湖、石门涧水库，如琴湖等灿若星辰。

三、清凉世界、山舞银蛇、雾迷真貌

随着海拔高度变化，气候呈现明显的差异，这一点在中低纬度地区极为重要。在中低纬度地区，夏季酷热和潮湿的气候使人们向往到凉爽的地区避暑，山区则提供了这样的条件，一般认为，避暑疗养以海拔 2 000m 以下的中山为宜。庐山海拔最高为 1 472m，山顶平均高度 1 200m 左右。适宜于避暑疗养的地貌环境在 1 000～1 100m 左右，在这个高度谷地宽阔平缓，水资源丰富，提供了容纳众多旅游者的广大区域。目前主要集中在东谷、西谷上游段、窑洼凹地（牯岭镇）。庐山夏季气温比同纬度平原地区低 7℃，若平原为 38℃时，牯岭为 31℃左右，再加上山高风大，植被密布，因此，空气清爽洁净，使人感到极为舒适。

寒冷的冬季，平原地区即使降雪也在几天内全部融化，难以构成人们向往的冰雪世界，同纬度地区的庐山冬季比平原气温低 5～8℃，降雪量大，气候寒冷，雪能较长时间保留，为同纬度平原地区观赏冰天雪地提供了条件。庐山的冰雪景观不是北国而胜似北国，具有冰凌、雨淞、雾淞等特有景观，加上庐山的山景、水情，"银装素裹"的景色十分诱人。

庐山地区鄱阳湖及其河湖密布，水分蒸发强烈，空气中水汽含量比较丰富，相对湿度增大，气流随山地抬升，温度降低，有利于水汽凝结，因而多云雾。庐山东南部的王家坡、大坳里、栖贤谷、狮子口，西南侧的庐山坞等，西北部的剪刀峡、锦绣谷、石门涧等，这些开口的谷地成为气流抬升的通道，云雾气流循谷地抬升，并深入山地内部。庐山的云雾线高度通常在 500～700m 左右。庐山常有云海现象出现。若云顶高度在 1 000m 高度，此时庐山海拔 1 000m 以上的山峰便似飘浮于云层之上富有动感的"仙山"。观赏云海的最佳处当数小天池、窑洼、仙人洞、含鄱口。有时会观赏到云像瀑布一样从山顶上向下沿山坡倾泻，有时如飘纱布幔、似白链，有时尤如白龙窜跃深谷。这种忽隐忽现、虚实似若的景色，以大马颈、日照峰、大月山、女儿城、五老峰、犁头尖峰出现较多。庐山的雾景美在动中、如影随形，若在佳期，连续多日不见山峦和谷地，苏东坡赞曰："不识庐山真面目，只缘身在此山中"，醉倒了多少慕名者。

当云雾弥漫之时，人背太阳而立，如角度适中，在太阳相对方向之云雾中，可见围绕人影的彩色光环，人与景物俱映于光环之内，凡称"佛光"。笔者曾于 1991 年在锦绣谷访仙路的险崖台上偶遇此景，实为罕事。

其次，在大、小天池，仙人洞，五老峰，含鄱口都有佛光出现，只是可遇而不可求。

四、庐山的彩衣——植物

庐山分布有全温带、亚热带至温带、亚热带、东亚至北美以及我国特有的植物类型，庐山植物为庐山增添了无限风采。春末花开锦绣灿烂，锦绣谷之名即为逼真的描述；夏季满山苍翠、绿茵铺地；秋天如火如荼；冬季黄山松傲立冰雪世界。植物自身构成了诱人的景观，与俊俏的山体、灵动的水体巧妙组合，提供了休养娱乐环境、观览对象。随着旅游业的发展，生物正在占有越来越重要的位置。

庐山植物园是我国亚热带地区温带植物园的一朵奇葩，坐落在海拔 1 200m 的含鄱岭北的盆形谷地中，年降水量 2 000mm 以上，春、夏、秋、冬大多为云雾笼罩，一年之中雾日在 190 天以上。它的前身是庐山森林植物园。1934 年我国老一辈植物学家胡先骕、秦仁昌、陈封怀等教授在此踩出第一个脚印，1954 年改名为庐山植物园。植物园内有高等植物 2 600 余种，其中 1 500 余种有经济价值，有一批国家一级保护植物（13 种）。引种有世界各地的珍稀植物数百种，极具研究价值，同时也具有观赏效果。

最具特色的是金钱松，为国家二级保护植物，为落叶乔木，是我国东部亚热带中低山地有代表性的珍贵速生针叶树种之一。树形优美，叶圆形似一枚硬币，色橙黄（秋季），是国际著名的园林绿化观赏树种。

鹅掌楸属国家保护类乔木，为亚热带地区优良速生珍贵的落叶阔叶树种。

黄龙寺的"三宝树"为一棵银杏、两棵柳杉，树龄约 1 600 岁，相传为晋朝僧侣所植，由于历史悠久，被人们视为宝树，这也证明人类对植物的崇敬和保护的意识。

庐山山顶最为广布的针叶树当属松树，有黄山松、华山松、庐山松。当游人拾级而上，或行进在弯曲小径中，强劲的山风越过松林，松涛怒吼，形成极具乐韵的松涛声。聆听大自然的声音，这难道不是一种享受吗？

植物是环境的生态因子，是环境的组成部分，植物具有食用和药用双重价值，植物具有生命象征，具有生气与活力。

五、举世瞩目的珍禽王国——与鸟共舞

在鄱阳湖西岸，赣江和修水的汇合处，有一个举世瞩目的珍禽王国，它以修水吴城镇为中心，周围水网纵横交织成 9 个湖泊，总面积为 4 224km²。每年 4～9 月为丰水季节，保护区的 9 个湖泊便与鄱阳湖连成一体，各类水生植物、浮游生物大量繁殖，迅速生长，11 月至次年 2 月为枯水期，水退滩出，留存于湖池中肥美的丰富的鱼蚌虫虾，为栖息水禽带来了丰盛的食物。

目前，保护区内的鸟类已达 200 科种，珍禽达 20 多种，属国家一类保护的有多种，如白头鹤、灰鹳、鹈鹕；二类保护的有五种，如灰鹤、小天鹅；三类保护的有四种。珍禽资源在我国独一无二，在世界也属罕见。候鸟保护区是鸟类的乐园，是鄱阳湖西部的一颗明珠，它对维持自然生态平衡，开展科学研究，丰富人们生活，都具有重要意义。

六、体验自然气候带，气温的反差

无论你是乘车还是步行，都可尽情享受亚热带气候与温带气候的差异。在春、夏、秋季节时，从山下上庐山就能领略到。

庐山是一个中山，同纬度平原属亚热带，山顶牯岭的年平均气温 11.5℃，与北京属中温带的年平均气温 11.6℃几乎相等，这相当于牯岭的纬度向北推移了 10°N。因此，由山下到山上，能感受到气温、气压、湿度等气象要素的明显变化。从旅游的角度看，步行上山优于乘车上山，上山的小径不少，这里简单介绍几条捷径。

（1）从莲花洞登小天池。在九江乘车到庐山北麓的莲花洞，这里海拔高度约 150m。游者拾级而上，山坡上青松翠竹，常绿阔叶的树木正在茁壮成长，如樟树等，显示出亚热带风光，游人一定要留意观赏，铭记脑海。如果是春季，杜鹃漫山盛开，加上林中鸟鸣声声，洞中流水淙淙，林荫遮道，幽深阴暗，宛如步入仙境，这样的自然景观，一直延伸到海拔 500m 左右。再拾级而上，你就会感到气温变得凉爽了，自然景观也开始有变化了，冬季落叶的树种开始多起来，变为常绿与落叶阔叶混交林。过了一小亭——竹林窝，旅游者就将领教好汉坡的考验，到望江亭稍事休息，这里海拔 1 050m，亦是观赏大自然的好地方，上可揽山城牯岭街，下可阅田园村舍，万里长江，湖光山色，苍松翠柏。游者亦可从东林寺沿山道攀登，会有同样的领受，明代地理学家徐霞客就是从赛阳走石门涧翻狮子崖上山的（见图 9.1.2）。

（2）从观音桥登含鄱口。在九江乘车到庐山南麓的观音桥，此处海拔约 160m，这是从东南坡登山的主要道路之一。从这里登山要比北坡费力，坡陡、路窄、无石级。这一带残存着一片常绿阔叶林，主要有青冈栎、甜槠、苦槠、樟树、紫楠等，指示着亚热带湿润的气候。攀登南坡时，我们会发现，庐山南坡的气候比北坡相同高度要温暖，亚热带常绿阔叶林一直分布到海拔 800m 左右，比北坡高 200 多米。800m 以上才见常绿与落叶混交林，属于暖温带自然环境。在这样的高度看鄱阳湖，碧波万顷，水天相连；看五老峰，削壁千丈，岿然屹立；看汉阳峰，挺拔秀丽，峰顶入云。登上含鄱口，海拔已是 1 100m。此外，沿此道还可观赏观音桥——我国古代四大古桥之一、玉渊潭（壶穴）、栖贤寺。因此，从此路登山，自然景色比北坡更为壮观。

（3）从海会（海会海拔高度为 120m）登临青莲寺，在九江乘汽车到海会，沿大坳里峡谷直到三叠泉的第三叠水潭（600m）。然后，沿石阶路垂直上升 450m 到第一叠高处，沿宽谷步行 3km 到青莲寺汽车站。大坳里峡谷东北侧为挂灯台悬崖峭壁，又称为"九叠屏"，西南侧为五老峰绝壁陡崖，林木葱郁，灌草掩路，为另一地貌景观。

另外还可从海会进海会寺，沿五老峰下小径，上达梭子岗与五老峰中第一老之间进入山上。此一路更为艰险，非一般游人所能及。

（4）从秀峰登双剑峰顶，在九江乘汽车达秀峰寺，此处海拔高度 100m。秀峰并非一峰独秀，而是群峰竞秀，不仅峰秀，还有瀑秀、峡秀、水秀、石秀，诸秀汇集。这里有形如鸣鹤飞翔的"鹤鸣峰"，其西有酷似龟碣行云的龟背峰，其西南有姿态俏丽的赛云峰，其西北有倚天三尺的双剑峰，酷似牛头的犀牛峰。双剑峰南有如锥屹立的文殊峰，西南有烟雾环绕的香炉峰，还有如婵娟两女的姐妹峰。群峰之口，黄岩、马尾瀑布飞流直下。黄岩瀑布下端有黄岩寺故地，前左侧是文殊峰，沿文殊峰与瀑布峭壁间有一小道，可登黄岩。有兴攀登者可达双剑峰顶、纵览姐妹峰等群峰。

（5）从石门涧登天池寺，在九江乘车到赛阳，经庐山二级水电站，拾级而上，直达大天池寺文殊台，沿途有景点十余处。卧龙岭是植物王国，高度为 300m，又有白衣观音塑像遥相呼应；沿卧龙岭上到 600m 处，进入石门第一关，左右各有一岩，遥遥相向，一

图9.1.2 登山路线图

岩名"钓鱼崖",一岩名"危楼耸阁",坐在石岩上可观赏洞中风光;卧龙含珠地,来此可以经历"石门精舍"、"三贤亭"(陶渊明、慧远、谢灵运)、"小石门坎",此处是欣赏庐山西域奇峰峻岭和饱赏石门奇胜的最佳胜地,抬头遥望天池、铁船、上青、九奇重重叠叠的山峰争雄竞秀。此后,在闲心园附近,可游览鸟儿洞、报国寺、文殊寺、遗爱寺、白居易草堂、天池草堂、讲经台、青龙宫等遗址。

七、洞不在深,有仙则灵

风景中石灰岩异洞并不少见。砂岩中发育的洞穴中,笔者认为最著名的当数庐山仙人洞。毛泽东一首诗词"暮色苍茫看劲松,乱云飞渡仍从容,天生一个仙人洞,无限风光在险峰"使得仙人洞世人皆知，成为风景名胜。原洞相传是八仙之一吕洞宾在此洞修炼成仙而得名。仙人洞是坚硬的含砾石英岩之间所夹的石英片岩因其抗外力作用弱，易于破坏，再加人工雕凿加工而成，并非仙人所至。

另有五老洞，位于五老峰第三老（实为五老中第二高峰）的西北坡向下 100m 处，两山峰之间的鞍部，事实上是几块巨石相互自然集聚围成的。

山下，东部湖口县的石钟山，西部九江县、瑞昌县分布有大范围的石灰岩，在亚热带气候条件下，形成地下石灰岩溶洞，例如狮子洞、涌泉洞、腾龙洞等，成为地下天然艺术宫殿，极富观赏价值，这是大自然赐予人类的礼品。

八、湖光山色，鱼米之乡

山因水而秀，水因山而灵，庐山地区有长江、赣江、鄱阳湖、浔阳湖、八里湖等江湖汇聚，青山、马祖山、竹排山等丘陵簇拥。庐山周围平原广阔、地势低平，庐山山上大马颈、五老峰、含鄱口、龙首崖、仰天坪、太乙峰诸处可居高临下，尽揽群山奇峰与江河湖泊巧妙组合的胜景；在石钟山可观江、湖、山崖三者的相聚，和谐而存；在西北，可远眺众多大小湖泊星星点点散布在广饶的平原之上，在阳光照射下频频闪光，如同夜空中的群星。大好河山，美不胜收。

§9.2　庐山地区人文旅游资源及其利用

庐山文化历史悠久。自公元前 126 年，司马迁南登庐山始，历代名人就络绎不绝登临庐山采幽索奇，例如，陶渊明、谢灵运、李白、李渤、白居易、苏东坡、沈周、唐寅、王守仁、徐霞客、紫霞真人、康有为、石涛、许从龙、康熙皇帝等。近代，西方国家英国、法国、荷兰等国殖民者曾在庐山活动，美国将军马歇尔曾多次到庐山与蒋介石会面，蒋介石及其国民政府高级官员，毛泽东及其中国共产党的高级领导人，都曾为庐山的自然风光所倾倒，留下了不可胜数的诗篇、题记、名画、碑刻、轶文趣事，汇集成了庐山灿烂的文化景观。

一、政治文化

自 1932 年起，国民政府主席林森来庐山避暑，住牯岭；国民政府军事委员会委员长蒋介石暑期住在庐山。由此国民政府的内政、外交等轴辖皆聚于庐山，蔚为全国政治、军事之中心。因而享有"夏都"之称谓，亦有"京都"、"夏京"之称号。自 1926～1948 年有 13 个年度在庐山常驻（除 1938～1945 年因庐山被日寇侵占，蒋介石在重庆外），1948 年 8 月 19 日，蒋介石离开大陆之前曾最后一次到达庐山。

早在 1927 年，中国共产党便在庐山召开过一次庐山会议，李立三、瞿秋白、林伯渠、叶挺、聂荣臻等 9 人在庐山东谷举行秘密会议，主要研究部署南昌起义问题。

中华人民共和国成立后，中国共产党曾在庐山召开三次会议。1959 年的庐山会议以罢免彭德怀等人产生重大历史影响，1961 年中央工作会议对中国社会主义工业建设（工业七十条）和高等教育（高教六十条）产生深远影响，1970 年对林彪反党集团给予了严重打击，加速了林彪集团的覆灭。庐山是中国共产党中央委员会全体会议在北京之外召开会议的惟一的地点。

二、科技文化

1. 观音桥——南国桥梁建筑的一颗明珠

观音桥又称为栖贤桥，建于 1014 年（宋祥符七年），是庐山古代科学技术的杰作，国务院 1988 年把它列为全国重点文物保护单位。桥为单孔石拱桥，长 24.45m，桥面宽 4.94m，高 10.7m，桥孔跨径 10.33m。桥身原以大石平铺，两侧有石栏杆，桥两端原来有石阶四级；桥孔环洞形，内圈的七道券石弧形排砌，总计用 107 块花岗岩石，每块重约 1 吨，凿有子母榫，首尾相衔，凹凸楔接，极为坚固。据《中国地震资料年表》记载，仅 1600～1668 年的 68 年间，星子县曾发生过 6 次大的地震，"房屋尽皆摇动"，然而观音桥却岿然不动。桥中心券石上刻有阳文："维皇宋大中祥符七年岁次甲寅二月丁巳朔建桥，上愿皇帝万岁，法轮常转，雨顺风调，天下民安，谨题。"另外有，东侧第二券第七石上刻有"建州僧文秀教化造桥"，西侧第一券第七石上刻有"福州僧智朗勾造桥"字样，东侧第一券第六石上刻有"江州匠陈智福，弟智汪、智洪"等字样。

在山溪涧上建造拱形桥，一是便利山洪急泄；二是因高崖而就势；三是为了增加桥梁的强度与跨度，这一点最为重要。观音桥所在处地貌上称为"三峡涧"。

2. 地理考察与冰川研究

我国古代地理科学考察与研究名著，当推《山海经》、《禹贡》、《徐霞客游记》等，这三部著作，都有庐山的记载。特别是《徐霞客游记》中关于庐山的定论，具有较高的科学价值。徐霞客于明万历四十六年（公元 1618 年），精确细致地考察了庐山，写出了 3 000 余字富有科学价值的"游记"，首次对庐山的地貌与水文等方面进行了综合研究、给出定论。其一，此前庐山的五老峰与汉阳峰谁为最高峰，向有争论，当时无测高仪器设备，徐霞客一语定音"汉阳峰为庐山最高顶"，诸山在汉阳峰前"无不俯首失恃"；其二，庐山的分水岭是以仰天坪为界，北水北流，从九江入长江，南水南流，经星子入鄱阳湖。其科学的认识达到了前无古人的高度。对于今天，仍然具有科学价值。

著名地质学家李四光的"庐山中国第四纪冰川"学术观点享誉全世界，学术争论迄今仍在进行，遗留给科学界一个待解的谜团。1931 年，42 岁的李四光任北京大学地质系主任，带领学生来庐山实习，发现了冰川地貌遗迹。1932 年夏天，李四光重上庐山，进一步审慎、详细地考察和研究。1933 年，他正式发表了《扬子江流域之第四纪冰期》，同年 11 月召开的中国地质学会第十次年会上，李四光作了关于中国第四季冰川问题的学术讲演，与会中外专家均持怀疑态度。1937 年，李四光写成了专著《冰期之庐山》，1947 年正式出版。被美国誉为亚洲地理学家的克瑞西（Cressey，Geoge Babcock），1944 年在《亚洲的国家与民族》一书中写道："第四纪中国无冰川发生，因南方太暖，而北方又嫌过于干燥之故"，在一个长时期内，对于中国是否存在第四纪冰川这一问题，国内外一些学者和学术权威均持否定态度。20 世纪 50 年代后期，独有前苏联纳里夫金院士对中国第四纪冰川"深信不疑"。20 世纪 60 年代、70 年代、80 年代通过会议、考察、学术刊物讨论进行过 3 次影响较大的学术争鸣。以中国科学院兰州冰川冻土研究所施雅风研究员、北京大学崔之久教授为代表的非冰川论学术权威，经过多年研究后，于 1989 年由科学出版社出版他们的研究成果《中国东部第四纪冰川与环境》一书。以何培元为代表的学术专家经过呕心沥血的研究，作为研究成果，于 1992 年由地震出版社出版《庐山第四纪冰期与环境》一书，可见学术争鸣的针锋相对性。这也正是学术研究的百花齐放、百家争鸣的良好气氛的见证。

三、教育文化

我国具有学校性质的书院，已经有一千多年的历史，积累了相当丰富的经验。庐山白鹿洞书院，是我国古代最负盛名的书院。它因朱熹的重建而复兴，成为数百年中旧中国各地创立书院所遵从的模式。作为古代一所著名的大学，白鹿洞书院的历史经验有代表性。白鹿洞书院位于庐山五老峰南麓九屏山下，西有左翼山，南有卓尔山，山岭从北至南汇成环状，俯视如洞。又因，唐李勃曾在此读书，养一只鹿为娱，故称白鹿洞。

白鹿洞环境优美静谧，这儿无市井之喧，有泉石之胜。南唐开元年间（公元 937 ~ 942 年），李善道、朱弼等人，在此置田聚徒讲学，成为庐山国学。宋初扩为书院，与睢阳、石鼓、岳麓并称为四大书院。公元 1054 年，书院毁于兵火。公元 1179 ~ 1180 年，南宋著名理学家朱熹出任南康（今星子县）知军，到白鹿洞察看书院遗址，请孝宗批准，筹款重建白鹿洞书院，并亲任洞主，聘请名师，广集书徒，亲自讲课，制定校规，大力经营，使书院很快地恢复与发展，达到历史上的鼎盛时期，并超过各地的书院，"为海内书院第一"。自宋至清 700 年间，朱熹亲自制定的白鹿洞书院教规一直是封建社会教育的宗旨。白鹿洞书院也一直是我国文化教育和宋明理学的中心学府。1988 年，国务院把白鹿洞书院列为国家重点文物保护单位。

四、诗、画文化

有人统计，与庐山有关的典籍近 200 部，自晋至清末民初 1 600 年间，千余作者所作的与庐山有关诗词达 3 700 余首，陶渊明、李白、白居易、慧远、苏轼等古代文学巨匠是最典型的代表人物。现代，毛泽东感悟于庐山，以领袖的气概而抒发出的庐山诗词是写山水，又超越其境，使庐山的山水诗上升到一个新的层次。

顾恺之是魏晋南北朝惟一有画迹传世的画家，又是中国绘画史上第一个著有画论的理论家。他创作的《庐山图》被认为是完全独立的、真正意义上的中国第一幅山水画。晚唐荆浩创作了《匡庐图》（现藏于台北故宫博物院），南宋马远创作了《庐山雪霁图》（现藏于北京故宫博物院）明代沈周和唐寅分别创作了《庐山高图》（现藏于台北故宫博物院）、《庐山图》（现藏于安徽省博物馆）。明代画家吴振（1631 年）创作了《匡庐秋瀑图》（现藏于北京故宫博物院）。清代"四高僧"之一的石涛创作有《庐山观瀑图》、《庐山断烟图》、《庐山游览图》、《匡庐懿寂图》。近代，一生喜好游山历水的张大千虽然没有亲临目睹过庐山的风采，但创作的《庐山图》（现藏于台湾历史博物馆）仍是对其深情的寄托。

五、历史古迹

在所有的人文旅游资源中，历史古迹是最重要的内容之一。一个地区的历史古迹，是那里人类文明的结晶。历史古迹的形成，与当地的自然因素有密切关系，往往是由于风景优美，气候宜人、湖光山色吸引了人类活动。人类建筑与自然相互映衬，配合巧妙，也增加了山水的知名度。

历史古迹比较著名的在庐山山下有石钟山、浔阳楼、浪井、白鹿洞书院、烟水亭、锁江塔、点将台、落星石；山上有近代和现代的美庐别墅、国民党军官训练团旧址等，毛泽东旧居（现为庐山博物馆）、中共庐山会议会址等。

六、宗教文化

宗教是中国文化的组成部分之一。就庐山而言，宗教文化在庐山文化中具有独特地位。庐山素有"神仙之庐"的美誉。

庐山道教的起源与中国早期道教派别"五斗米道"和"太平道"相伴而生。自东汉至清代，庐山道教源远流长，南北朝时期陆修静把庐山道教推向了一个较高阶段，在唐宋时期达到鼎盛，明朝时期得到朱元璋的垂青，此后逐渐衰落。

庐山地区的佛教在魏晋时期得以大发展，佛教著名僧人"慧远"开创了佛教"中国化"的业绩，创立了东林寺，代表了寺院由城市走向山林的趋势，以东林寺为基地翻译佛经、组织僧团、结社、升堂讲座——佛法佛经，致力于从事佛教中国化的活动，大大加快了佛教中国化的进程，赢得了世俗的广泛认可和普遍欢迎，同时也确立了他与庐山在中国佛教史上的不可替代地位。

庐山自唐宋以来，以禅宗称盛，名震江南。延至明代，由于朱元璋曾受益于庐山与庐山佛教僧人的渊源关系，庐山宗教又盛极一时。庐山有著名的"三大名寺"与"五大丛林"。

①三大名寺——大林寺、西林寺、东林寺。大林寺位于庐山山上大林峰下，东林寺与西林寺位于山下西部山麓。西林寺和大林寺皆毁于日本侵华战争，被日本人用大炮摧毁，只剩下东林寺和离寺不远的西林塔。东林寺的创始人是东晋名僧慧远，他在这里创建简便易行的净土宗。慧远精通佛、儒、道三家经典，极有辩才，拥有大批信徒。东林寺曾是我国南方佛教的中心。东林寺背倚东林山，面对北香炉峰，虎溪流水从门前潺潺流过。西林寺是慧远的师兄慧永的寺院，且比东林寺早建 19 年，目前已重建恢复。

②五大丛林。它们是海会寺（庐山东北麓今海会镇处）、栖贤寺（庐山东麓观音桥处）、归宗寺（秀峰西南今归宗村址）、秀峰寺（星子县城西秀峰脚下）、万杉寺（秀峰西南）。海会寺、万杉寺、秀峰寺、归宗寺、栖贤寺尽皆毁于日本侵华战争，由日军放火烧毁，殿堂僧舍、佛像宗物被劫。目前，海会寺得以重建。万杉寺是独以树命名的寺庙，因寺院周围原种有万株杉树，内有一棵珍奇大树为五爪樟树，一棵珍奇大树为离寺不远的罗汉松，胸径 180cm，树冠遮荫面积 400 多平方米，树龄 1 500 多年，为全国最大的一株。但现在寺已毁，惟独罗汉松存在。

封建社会的历史时期，庐山地区道观、寺庙不计其数，甚至西藏教派也建有喇嘛寺院和喇嘛塔。正如朱熹对它的赞赏又饱含对书院的遗憾一样，"庐山境内佛寺道观钟鼓之声相闻，唯独书院埋埋于榛箐荒草中"。

19 世纪末 20 世纪初是西方宗教在世界范围内加紧渗透和不断深入的时期。庐山因靠近武汉汉口、江西九江的英租界，又隶属汉口教区而备受青睐，格外引人瞩目，成为西方宗教和西方文化的繁衍地和示范区，成为西方文化进入中国腹地的代表。据记载，庐山基督教教堂有 13 座，教派有 16 个；天主教教派有 9 个。1922 年，世界佛教联合会会致函庐山清丈局局长，请求帮助修复大林寺，作为每年暑期讲演佛学之地。目前，留存下来具有代表性的教堂有三处：庐山中五路，美国修建的基督教堂，以庐山石头建筑而成，墙体全为石头砌成，墙柱石头参差不齐，有放荡不羁的外貌。香山路，法国修建的基督教教堂；东谷河西路为宋美龄建造的基督教教堂。

中西文化的交融演绎出庐山独特的文化现象。西方教会学校、教堂建筑、服务设施涌进庐山。

七、融东、西方园林与建筑艺术的别墅群文化

庐山牯岭地区、太乙峰东南高 1 000m 处，随着山势起伏的森林中掩映着一栋栋造型洋溢着异国情调的别墅。

牯岭地区东谷、西谷、芦林盆地密布西方 20 多个国家的建筑风格各异的千余栋别墅，数量之多、类型之齐全在世界上都比较少见，成为欣赏各国别墅园林建筑精华的展览馆。庐山别墅群与其所在的自然环境协调一致，独具特色，即使上海旧租界的花园别墅的宏大豪华，青岛"八大关"高峻别致的别墅，与其相比也显逊色。德国著名建筑师贝歇尔称赞庐山别墅"以尊重风景作为最高目标"，胡适概括为"代表了西方文化侵入中国的大趋势"。鸦片战争以来，一批批西方人涌入长江流域。1886 年（光绪十二年），英国传教士李德立登上庐山。他惊喜于庐山气候的凉爽和自然条件的优越，从 1895 年正式开始，对庐山进行了科学、合理的规划，使西方 19 世纪的当代规划和风景建筑学与庐山的自然风景和谐地融合在一起。到 1917 年，庐山有别墅园林 560 栋；1933 年，发展为 848 栋，形成了一个有欧洲、美洲、亚洲等 18 个国家的居民同住一山的小社会。庐山现存别墅具有英国、美国、德国、日本、法国、俄罗斯、瑞典、丹麦、葡萄牙、意大利、芬兰、荷兰、捷克、加拿大、澳大利亚、奥地利、爱尔兰、中国等 20 多个国别的建筑风格，蔚为壮观，是西方建筑文化的集中体现，又是在庐山独特的地理环境中所出现的产物。建筑艺术与优美环境的完美结合并且形象地融入了一个时代的文化特征，成为可居、可游、可赏的统一体。1996 年，国务院将庐山近代别墅群列入全国文物保护单位，对庐山别墅群的历史价值和文化价值作了高度评价。

1922 年，广东籍的古汉语、古典文学家古层冰与友人曾晚归，来庐山太乙村开辟别墅新区。康有为游览此地后书写"太乙"二字，接着国民党政府军政厅长、第十师师长蔡廷锴、庐山商贾等来此建别墅。至 1930 年，已经有别墅 17 栋。蒋介石曾多次来此小憩休养，1931 年 6 月，蒋介石险些在此被刺杀。1939 年春，日寇进攻庐山时，太乙村别墅群被破坏殆尽。1984 年开始，此地别墅群的大部分房屋已原貌恢复。因为太乙别墅村曾主要是国民党高级将领的避暑疗养集中地，现已辟为旅游、休闲疗养、避暑娱乐区。含鄱口有空中索道直达。

庐山别墅群的出现，是西方建筑文化的集中体现，又是在庐山独特的地理环境中所出现的产物，也是文化风尚和审美风尚紧密联系的产物。据分析比较，庐山别墅群是"世界现存的最大木拱券式古典别墅群"。

牯岭山城的形成，为 19 世纪末期至 20 世纪早期中西文化交流提供了极好的场所和环境。随着长江流域各大中城市上山购地筑屋的外国人逐渐增多，西方的文化、习俗、教育也日渐兴盛，打破了庐山传统文化的固定模式，并通过庐山，又辐射到各地。

庐山自古就是儒、佛、道名山，随着牯岭的开辟，基督教、天主教、东正教、伊斯兰教又逐渐盛行于庐山，形成了"一山六教"并立的独特的宗教奇观。

八、中国第一个萌芽"国家公园"

把庐山作为"国家公园"来规划，是1936年江西省政府向国民党政府行政院提出的。其雏形启示于庐山英国租界的总体规划。其基础是以英国文化为主体，融汇了美国国家公园学说文化，其次还渗进了欧洲其他一些国家及中国的传统文化。庐山牯岭地区现在绿树葱茏，从1895年开始至今，人工植树众多和重点保护是主要原因。

§9.3　庐山旅游资源调查

庐山地区自然旅游资源和人文旅游资源独特而丰富。

自然旅游资源的"山、水、峰、洞"、气象和气候景观独具风韵，山以险、峻、秀、美的集成性享誉国内；水以湖、江、瀑布共存为内在美，峰以山为基，又独具形象化的韵律；洞则与"仙"同在。庐山气候的旅游价值体现在亚热带与温带在垂直空间的并存，人体对温度的感受是一方面，植物的变化具有直观性是另一方面。气象的旅游功能主要为云的景观：云海、"乱云飞渡"、雾弥万物。庐山的自然旅游资源处在边开放、边投资建设中，资源利用方向以自然为主。

人文旅游资源概括为历史古迹、历史建筑、政治风云、科学秘密。近现代的历史遗迹保存尚好。古代的除白鹿洞书院、东林寺、观音桥、能仁寺等留存至今外，皆毁于日寇侵华战争中，且由日军炮火所为，实不能不让人痛心和愤慨。目前，已有多处部分或者全部维修或者重建。近代人文旅游资源以国民党、共产党两党包括领袖人物的活动点和住处享誉世界，独一无二。近代西方国家、东方国家不同建筑风格的数百座名人别墅留下了灿烂的建筑文化，也是外国侵略中国的真实写照。人文科学在这里提出一个问题，为什么国、共两党先后都选定庐山举行一定的政治活动？

庐山作为旅游目的地，部分自然和人文资源已经开发用于旅游，应该还有自然的、人文的、历史的、近代的资源有待开发。因此，旅游资源的调查实习，可以集中在：（1）对已经开发和利用的进行开发利用深度、广度和环境质量的调查分析。（2）进行新的旅游资源探索、评价和开发利用调查。

一、旅游现状调查

旅游资源利用现状调查是指现在已经建成、对旅游者开放或者已经接待旅游者的景点、景区。

1. 资料收集

尽可能多地收集待调查区的资料，例如，地方志、专著、旅游地图（导游图）、传记、专论、史书、音像、照片、美术作品，等等。对调查的旅游地区对象有了较充分的了解，才可能有重点、有目的地，或者全面地进行核对、充实、深化已有的认识，获得最佳效果，而不致于在缤纷的事物面前眼花缭乱，使最有意义的目标失之交臂。

还要求有感情上的准备，即主观上要有强烈的发现美、体验美的欲望，尤其是在面临对象时，要摒弃冷漠、充满激情，方可以"观山则情满于山，观海则情溢于海"，而获得丰富的感受，感悟景点、景观的外貌、含意、寓意，体会和再发掘具有观赏性和满足人性需要的景观。

2. 观赏位置和路线的探查

不同的观赏位置，由于距离、角度、俯仰的变化造成了透视关系、纵深层次、视野范围的差别，所产生的美感是不同的。全景须远观，仰视是以显示其雄伟，高峻；平视是以展现其开阔，辽远；俯视最见其纵深、层次。

选择观赏位置的重要性尤其表现在对造型地貌、植物和园林的观赏中，某种地貌酷似某一生物或者生活用品的造型只能在特定的观赏点才能看到的，否则便不相似或形象改变。

根据旅游图上标注的景点、景区，仔细研究它们之间的交通形式、距离、所需时间，计划调查路线，以不重复或者较少的路线重复为原则。

可分为粗略调查和重点调查。粗略调查是全面地调查现有的景点景区，以全面地掌握和进行全面地分析。重点调查独特的、具有进一步开发价值的景点景区，或者存在环境和有损原景点景区风貌的事实。

调查中作详细记录并在旅游图上作详细标注。

调查路线：按照旅游路线进行是适合旅游资源调查的最佳选择。

3. 现状调查的内容

对于景观资源的分布位置、产生规律、数量、特点、类型、利用功能和价值的调查。

风景点：可容纳的旅游者数量，旅游者停留的时间，旅游者的兴趣点，旅游者的观感，旅游者身份和文化知识。风景类型，自然与人文的关系和配合。

旅游路线：乘车、步行的交通配置，各景点之间距离、所需时间，路线的组织结构，例如重复或者环形，等等。

服务设施：卫生间、饮食、导游服务。

旅游密度、旅客容量、旅游的节律性、景观的艺术特色、科学价值、文化价值、景点的地域组合。

景点景区环境问题：环境因素、自然环境利用、旅游服务设施组织匹配及其与环境的协调、相容相克性。

4. 庐山别墅旅游资源调查要点

考察庐山别墅，西方几种主要建筑形式在庐山都有体现。

（1）罗马式建筑。厚实的石墙、半圆形拱券、逐层挑出的门框装饰、交叉拱顶结构为主要结构。例如法国教堂。

（2）哥德式建筑。线条轻松的石拱券、造型娟秀的小尖塔、轻盈通透的飞扶壁、修长的立柱和簇柱、彩色玻璃镶嵌的花窗。例如美国圣公会教堂。

（3）北欧式的陡坡度屋顶。

（4）南欧式的缓坡度屋顶和小窗。另外，注意东洋日式建筑和伊斯兰教清真寺建筑。

（5）多姿多趣的铁皮瓦。压有一道道水槽的铁皮瓦，原是英国的建筑用材，庐山别墅群由英国人筹划建设，在 20 世纪初期，从九江上庐山只有烧木炭的樵夫踩出的小道。其一，中国的土制砖瓦难以上山；其二，为了体现英国的殖民者霸主思想，启用英国的山地建筑材料；其三，与庐山的气候条件相适应。目前，绿色的、蓝色的、灰色的、红色的铁皮瓦成为庐山又一道亮丽的建筑风景。

调查路线：

①小天池地区现代中西结合风格别墅群——1 天

②东谷欧陆风格古典别墅群——2 天

③白云观地区美国建筑风格别墅群、芦林俄罗斯建筑风格别墅群——1 天

④太乙村中国建筑风格别墅群——1 天

二、旅游资源利用评价

1. 以可持续发展的理念对已经利用的旅游资源从社会效益、经济效益、环境质量和容量等方面进行评价；

2. 以市场理念利用比较法、投入产出法、是否具有经济效益，对自然资源从观赏性、艺术性、可开发性、自然遗产保护、生态环境的原则等方面，进行评价与规划。

3. 对庐山旅游地区的旅游项目开发、行政管理方面进行分析评价。

例如，庐山的别墅群资源有充分的优势，但是目前保护、利用、开发水平低下。部分别墅年久失修，破损严重，尤其是木制结构的别墅；部分别墅仍由山地土生居民占据，乱搭乱改导致别墅失去了本来的面貌。这些问题主要是产权不明、管理失控等原因造成的。庐山虽然已经列入世界文化与自然遗产名录，但前途堪忧。

§9.4　庐山水资源调查及评价

庐山是著名的风景游览胜地，每年接纳百万游客，固有居民 2 万多人，暂住人口数千人。了解它的水资源及水质状况，一方面论证庐山自然环境质量，另一方面对旅游事业的发展也有重要意义。

一、水资源与水环境

庐山水源来自大气降水，有 800mm 的冗余，比我国西北及北方地区全年降水量还多。

庐山是一断块山，山体内断裂节理发育，为地表水储存、排泄提供了较好的水文地质条件。山上植被覆盖度大，对水源的涵养、径流的调节有一定的作用。

新中国成立后，为适应旅游事业的发展，解决生活用水和用电，相继建成了多个山地人工湖，例如，①芦林盆地所在，在盆地出口处筑坝成湖，目前为庐山牯岭镇重要水源；②西湖（如琴湖），原为西谷谷地一部分，在天桥和花径两处附近筑坝成湖；③石门涧水库，利用石门涧接纳乌龙潭和黄龙潭诸水的条件筑坝，并建成水力发电站；④大月山水库，原为大校场谷地一部分，上下游分别筑坝而成；⑤其他谷地上游或山顶都修建有蓄水池储水。

庐山目前没有工业，不存在工业污染水体问题。庐山有本地常驻人口接近 2 万人，另外还有各种疗养院、招待所、众多的宾馆、饭店、商业门店，旅游旺季时每天接纳 2 万人次的游客，生活污水排放量较大，直接排入河、湖，造成自然水体一定程度的污染。如琴湖的水体具有异味，东谷河床被污水染为灰黑色。

二、水质的一般理化指标

南京大学原地理学系对庐山的雨水、地表水及泉水，进行了采样分析。

（一）水的化学性质

1. pH 值，水体 pH 值的范围划分为：

中性水的 pH 值：6.5～8.0

弱酸性水的 pH 值：5.0～6.5

弱碱性水的 pH 值：8.0～10.0

强酸性水的 pH 值：5.0 以下

强碱性水的 pH 值：5.0 以上

庐山各种水体 pH 值范围为 6.66～8.06，均属中性水，多数在一般天然水体 pH 值分布的范围（7.2～8.5 之间）内。如作为饮用水源的汉口峡自来水源，水质 pH 值为 7.36，符合饮用水 pH 值卫生标准。所以，庐山各种水体，无论作为生活饮用水源或风景游览场所，供游人洗、游乐，其水体 pH 值均在国家卫生标准许可范围，为优良水质量。

2. 矿化度

水中所含无机可溶盐类的总量称为水的矿化度。矿化度的大小是决定水质类别的主要标准之一，按矿化度对水分类为：

淡水　　　　<1 000mg/L

矿化水　　　1 000～5 000mg/L

盐水　　　　>5 000mg/L

当水中矿物质含量大于 1 000mg/L 时，水具有咸味，不宜饮用，水的矿化度大于 1 500mg/L 时，饮用后可使肠胃功能降低。

庐山各种水体矿化度均较低，其离子总量范围 34～134mg/L，多数在 60mg/L 以下。因此，庐山各种天然水体属低矿化度的淡水。

3. 硬度

硬度指水中除碱金属以外的金属离子沉淀肥皂的程度。通常指的总硬度为钙、镁离子含量。天然水的硬度，主要由钙、镁离子的含量决定。

硬度单位可用毫克当量/升表示：

 <3 毫克当量/升　　　　　　　　　　软水

3～5.4 毫克当量/升　　　　　　　　中等硬水

5.4～10.7 毫克当量/升　　　　　　　硬水

 >10.7 毫克当量/升　　　　　　　　极硬水

硬水工业使用，能生成锅垢，不宜饮用，易出事故；硬水洗衣服，浪费大量肥皂；饮用硬水，导致肠胃功能暂时紊乱。

庐山雨水、地表水、泉水水质硬度均很低，属软水，作为饮用水，是合适的。但饮用水硬度过低时，不习惯者饮用后，也易引起肠胃不适。

（二）水的某些物理性状

水体的物理性质通常指水色、水温、臭味、混浊度或透明度等。

1. 色

纯洁水的水层浅时为无色，深时为浅蓝绿色。生活污水及某些工业废水带入水体的氮（N）、磷（P）等植物营养物质，可导致水体的富营养化，在过度富营养化的水体中，由于藻类等浮游生物的大量繁殖和腐败死亡，水色混浊呈黄绿色，水质严重恶化。

庐山各种水体均少杂色，无论是自来水源或风景区水域，水体多为无色，水层深厚时则呈蓝绿色。如芦林湖、黄龙潭、青玉峡、玉渊，可谓清池碧潭。

2. 嗅

清洁的水不具任何气味，而被污染的水往往产生一些不正常的气味。天然水中如含有绿色藻类、原生动物类，均会发生腥气，水中含有分解的有机体或矿物质，以及工业废水进入饮用水源后，都能产生各种不同的气味。

庐山各种天然水体，大多无臭或气味极微弱，甚为洁净。

3. 味

纯净的水无味，天然水如果溶有杂质时，可使水具有味道。各种不同的化合物引起不同的味觉，它们的浓度不同，味觉也不一样。溶解在水中的化合物，一般须有一定浓度，才能引起味觉。能感觉的最低浓度，称味觉浓度。

物质	水味	味觉浓度（mg/L）
NaCl	咸味	166
$CaSO_4$	微甜	70
$MgCl_2$	微苦	250

庐山水体中矿物含量很低，因而，多数水体尝后无味，属洁净自然水体。

4. 透明度（混浊度）

清洁水是透明的，当水中含有悬浮物或胶体化合物时，透明度便大大降低，而混浊度便越大。庐山水均较洁净透明，大多无混浊悬浮物混杂于水中。

三、庐山水质调查

1. 调查内容：各河溪的水量、水质、污染源及其成因。

2. 调查所需器材：数字水质仪、量桶、样本瓶，流量仪，pH试纸等。

3. 调查方式：沿河溪流路，自源头至河口，在汇流处的上下游、住宅区的上下游、湖库的上下游、水色与气味感官明显变化处，进行测试、采样。

在每一测试或者采样处作详细记录，地理位置、地名、高度、地貌特征、岩石组成、标本瓶编号、周围环境状况、污染源及其成因。

4. 调查路线：

（1）东谷水：汉口峡及其大校场谷源、东谷电影院、解放军疗养院、庐山大厦、乌龙潭、黄龙潭等处。

（2）西谷水：如琴湖饭店、如琴湖、花径、司法招待所等处。

（3）青莲寺谷水：七里冲谷口、青莲寺、三叠泉等处。

（4）仰天坪、汉阳峰处。

（5）秀峰：观瀑亭、青玉峡。

（6）观音桥：玉渊潭。

5. 观察水质感官物理性态，记录。

6. 采集水样，室内分析 pH 值、重金属、硬度、矿化度、浊度等。

四、水环境评价

庐山，由降水为供给源的各种地表水体物理性状基本良好，大多为无色、透明、无臭、无味、水化学成分为洁净天然水体，pH 值多在中性范围，硬度低，属软水，重金属铜、锌含量甚微。

从上述分析，庐山水体基本上属于未受污染水质，不失为山青水秀。但有个别水域如花径、如琴湖、东谷，由于近几年来进入的生活污水量不断增大，因而水体 pH 值较其他水体明显为高，感官性状在某些季节有偏差。

庐山水作生活饮用水，从主要化学成分及某些物质感官性来看，都符合卫生标准，但未加处理地直接饮用是不正确的做法，还必须进行严格的卫生检验，否则对肠胃产生不良影响。

庐山之水亦是风景名胜的重要组成部分，有些风景点主要由水环境构成。

潜在的问题：

（1）随着旅游事业的发展，到庐山旅游的人数逐渐增多；

（2）人口自然增长增加人口数量；

（3）服务于旅游的流动人口增加，由此还会产生一定量的常驻人口。

由此而引发人工截留自然水增加，用水量增加，污水量增加。自然河流中水量减少，损坏自然水景观；污染自然河道，改变河道本色而破坏自然景观。这些问题应该给予极大的关注。

思　考　题

1. 庐山气候资源对周围平原有什么影响？

2. 庐山资源的开发利用存在什么问题？提出解决建议。

3. 庐山的人口、交通工具对庐山资源环境有什么影响？

4. 庐山旅游资源的特点是什么？提出可持续发展建议。

5. 如何解决庐山固体废物处理、水质污染及处理问题？

第十章 地理野外摄影与素描

§10.1 地理野外摄影

地理景观摄影同野外绘制的各种图件与地理物体素描一样,是野外获取的直观的地理物体图像资料。

一、地理野外摄影的意义

地理景观摄影可以快而准确地记录地理事物。通过野外摄影所获取的地理影像,可以为室内回顾与分析野外地理现象与地理过程提供重要的地理信息,因此,野外地理摄影是从事野外调查不可缺少的手段和技能。

二、摄影机及胶片的选择

1. 模拟照相机选择

野外摄影使用 135 型相机比较适宜,135 型相机可拍摄 36 张负片(正片)。尽可能使用具有手动调焦功能的相机,不使用"傻瓜"或者自动调焦相机,便于能很好控制光圈与快门速度、距离之间的关系。特别情况下,采用非常规摄影方法,可获得意外的效果。

如有可能,应配备广角镜头和变焦镜头。广角镜头可拍摄较宽的视野,因其视场角较大,在同一景框内,在距离限定时,可拍摄所需的场面及景物,变焦镜头可在远距离拍摄较微小的地理现象。在大多数情况下,标准镜头已能满足野外地理调查的需要。

2. 胶片的选择

目前,市场上有全色黑白负片、彩色负片、黑白及彩色正片(或称反转片)。

彩色胶片拍摄后,冲洗的影像与实物色彩一致。当然,色彩是事物的真实再现,色彩效果还决取于冲洗工艺过程。对地理摄影,彩色胶片的表现力大于黑白胶片,故一般均采用彩色胶片。彩色负片冲扩后的相片,也可反拍成为正片;彩色正片也可反拍成相片。

野外摄影使用的是自然光,应选用日光型胶片。胶片选用中国制 GB21°,或德国制 DIN21°,或美国制 ASA100°、200°、400°,效果较好。感光慢的胶片,需要较大的光圈或者较慢的速度,当光线黑暗时,达不到拍摄的条件,图像效果不理想,因此尽可能使用感光指数大的胶片。

3. 数码相机的选择

数码相机逐渐成为地理摄影的首选。一般选择像素大于 400 万,分辨率大于 800 × 600,当储存卡为 64M 时,可以拍摄 242 张照片。在专业软件下,可以进行影像构图,色彩、色调处理和直接打印。

三、地理摄影的要求

地理摄影必须突出表现地理事物的特征，在取景构图上要有重点的突出摄影主体——地理对象，并尤其注意陪衬的地理事物，背景与被拍摄事物在色彩、明暗度、对主题突出程度方面的关系。

取景时，要注意拍摄景物的大小、位置、角度以及与周围环境的关系，并根据地理摄影的需要调节距离、角度和构图。

野外摄影只有一种日光，日光摄影有正面光（顺光）、侧面光、背面光（逆光）和顶光。正面光被摄事物无阴影，顶光阴影向下，背光被摄物体发暗。野外摄影一般采用侧光，特别是45°角的侧光较为理想。一般不要把镜头对着日光摄影，地理主体景物的光线不宜太暗，但是，在森林地区摄影，若有意让阳光少量进入镜头，可产生奇妙的彩色效果。

距离（焦距）在摄影中占有特别重要的地位，对被摄的物体必须调准距离，才能保证照片或者数字图像不至于模糊不清。

四、地理专题内容摄影

1. 地质摄影

野外地质摄影多以拍摄地质剖面为主。要注意选取摄影的角度和距离，突出所要表现的地质内容。注意不同岩性的反差对比和岩层的产状、构造状况、接触关系。同时要注意拍摄波痕、干裂、交错层、化石以及有标志意义的矿物等。在剖面上的恰当位置放一个笔记本、放大镜、罗盘、米尺等，通过照片分析地质现象时可以概略确定对象的比例尺度。

2. 地貌摄影

野外拍摄地貌一是距离较远，二是场面较大。对于远距离的地貌形态，如山峰、谷地、沙丘、台地、阶地、谷源等，拍摄时可使光圈尽量小些，以增加景深，也可用望远镜头拍摄，以增加景深，影像清晰。对于近距离拍摄大尺度的地貌，一定要调准距离，要放一个实物做比例尺，也可缩小光圈，以便前后地貌同样清楚。在拍摄积雪的山峰、山地冰川、海洋、湖泊及河流等反射强的水体时，可缩小光圈，并快速曝光。在黑暗的岩溶洞中，可用闪光灯照明，因闪光灯的照明范围有限，一般以拍摄3m以内的近距离的地貌形态为宜。

3. 气象摄影

一般来说，气象摄影主要是针对某些特殊的天气现象作为气象观测的补充。对云海、云彩、日出、晚霞可以用彩色胶片，如用黑白胶卷，则应加黄色滤色镜。拍摄狂风以树作为目标，通过树的变形来说明风力、风向等要素；拍摄降雨、降雪、冰雹以慢速大光圈为技巧；拍摄雪景或雾凇等现象时，有阳光的晴天拍摄为好，由于雪地反射光线强，应将光圈缩小一档或将快门速度调快一级。

4. 土壤摄影

野外土壤摄影主要是拍摄土壤剖面，选择自然剖面或者人工剖面，加以修理，以拍摄宽0.5m、高1m的剖面为宜。注意拍摄成土母质，及其以上土壤各个层次的完整性。采用彩色胶片，可以直接拍摄各层的颜色。要注意拍摄土壤表层的植被覆盖层，以便说明植被与土壤的关系。可以用铁铲或米尺等物作为剖面厚度的比例物。此外，还要注意拍摄土壤剖面周围的地貌、水文等环境条件。

5. 生物摄影

野外植物摄影，主要拍摄植物群落和植物个体的照片。拍摄植物群落要选择典型的植被地段，要注意植被的生态环境和植被的层次结构，最好用彩色胶片拍摄，要尽量在阳光充足的天气用小光圈拍摄。拍摄植被个体照片要在较近距离内，选取植物的根、茎、叶、花、果实等拍摄。

动物地理摄影，主要拍摄动物及其生态环境。拍摄时最好用望远镜头，因动物有时移动很快，要注意调快快门速度。

6. 人文地理摄影

人文地理摄影的内容十分广泛。主要有工业、农业、交通、聚落等方面。人文景物离不开自然，许多人文景物与自然融为一体，相互辉映。

工业地理摄影主要拍摄厂矿的位置及所处的自然条件、生产规模和经济条件及生产流程等。

农业地理摄影主要拍摄农田的自然条件，土地利用状况及主要作物品种、灾害场景等。

交通摄影主要拍摄铁路、公路、乡路、航道、桥梁、隧道、车站、港口等与自然环境的联系。尤其注意，由交通线路的建设所引发的滑坡、坡面蠕动、地面塌陷等情况。

聚落地理摄影要注意聚落的自然条件、城镇、村落的全貌，主要街道、闹市区以及典型建筑物的外貌、结构等，尤其注意代表历史和现代特色的建筑。在可能的情况下，可以在高处俯拍城镇的鸟瞰照片。

§10.2　地理景观野外素描

素描，简单地说就是用单色线条在平面上表现出立体物象的方法。一般用铅笔描绘，用绘图笔着墨，当然也可以使用钢笔、有色笔、碳素笔或毛笔等多种工具。

一、地理景观素描的意义

素描和摄影一样是地理工作者在野外调查中经常采用的方法。我们知道，许多自然现象，即使对它们有细腻而精彩的描写，也还是常常难以把它们准确而详细地记录下来，而素描和摄像恰恰都可以成为文字描述的最好补充，素描图和照片一样常常是调查报告或研究成果的重要的组成部分（图10.2.1）。

野外素描和摄影都形象地表现地理现象。素描优于摄影的主要特点是，面对繁杂纷乱的地理现象，可以去多取精，去乱存律，经过作者的取舍和概括，把最重要和最本质的现象明确表现出来。摄像则不同，虽然经过摄影者的取景，但它毕竟是毫无遗漏地摄取了所取部分的地面景象，因而常常使一些最重要的和最本质的现象隐蔽在各种各样的细节之中。此外，摄影虽然操作简单，但常受天气、光线、距离等环境条件的限制；素描则要求的条件不高，只是操作起来稍为费时。另外，在方法的掌握上，往往也需要花更多功夫。

图 10.2.1　石门涧谷地上游的悬崖峭壁素描

根据繁简程度，素描可分简画和精描两种。简画一般只勾画出描绘对象的轮廓及主要块面，其线条精练，节省时间，但立体感或质感较差。精描一般线条比较繁杂，明暗反映得细腻，具有较强的立体感和质感，同时，也能表现许多细微的特征，只是描绘比较费时。野外途中素描多以简画为主，必要时可在回到驻地后进行精描。

地理素描属科学的专业素描，通常包括景观素描、剖面或露头素描、标本素描等。这种素描要求如实地描绘客体对象，突出素描者对客体的认识深度。因此，它与风景速写是有很大区别的。在风景速写中，作者可以根据自己的构思，运用形式美的法则，处理画面的意境，可以用夸张和想像来表达作者的思想感情或加强景物的艺术感染力。

二、透视法则

透视法则是素描构图的基本法则。不论什么素描，尤其是远景素描，只有严格遵守透视法则，才能使素描具有真实的立体感，不然素描就会歪曲，并给人带来各种各样的错觉。

所谓透视法则，就是物体在平面上的几何投影法则。通过透视，实物反映在平面上才能给人以高低、远近、大小或各种形状等立体的感觉。

我们知道，远处的山实际上比眼前的任何树木都要高许多倍，但看起来，近处的树尖总是比远处的山还高；路旁树木看起来总是越远的越矮小，最远以至消失为一点；平行的铁轨，远处似乎也逐渐合拢，以至会合为一条线或一个点（图 10.2.2）。此外，离视者远近不同，物景的色彩、轮廓的清晰程度等在视觉上也有不同。这些现象都是来自于透视

203

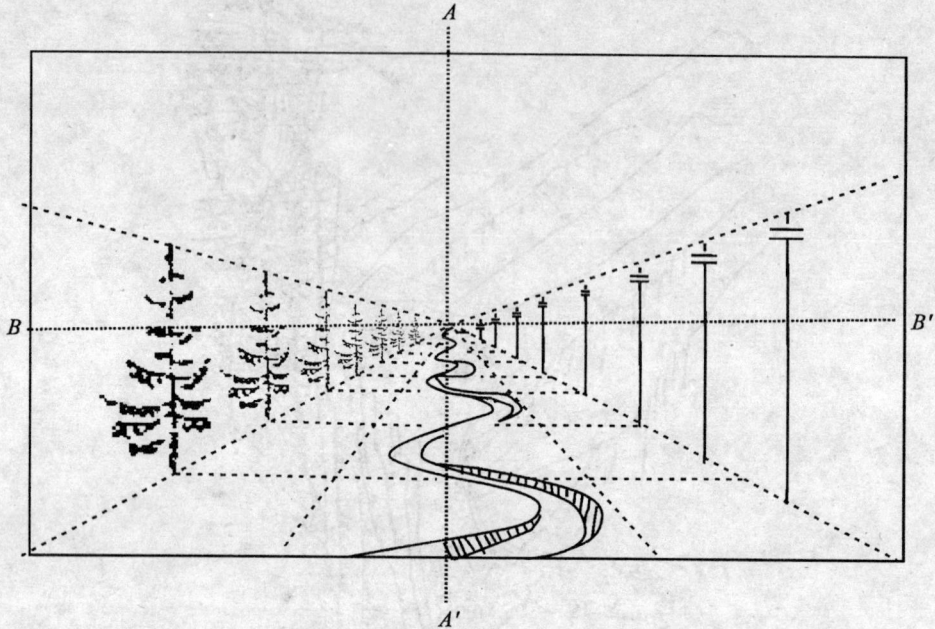

AA′—视中线　BB′—视平线

图 10.2.2　透视原理示意图

原理。

在视域范围内，由于视者与景物之间的距离和位置不同，有仰视、俯视、平视、侧视和正视之分（图 10.2.3）。眼睛向前平视，与视中线相垂直的一条假想的水平线，称视平线。观看视平线以下的景物称为俯视，观看视平线以上的景物称为仰视，观看视平线上的景物称为平视。在正前方看景物为正视，离开正前方向左右看景物为侧视。通常因素描的视域较广，往往在一幅素描图上既有平视，也有俯视、仰视和侧视。素描时必须掌握这些透视关系，才能正确地表现一个物体的不同侧面。选择不同的素描位置，对同一个客体对象常可以获得不同的景物（图 10.2.4）。

根据透视法则，实物在画面上有如下规律：

①一幅素描图只有一条视平线和一个中心点（视平线与视中线的交点），而消失点则可有无数个；

②等大的物体，近者大，远者小，最远（即到达视距极限）消失于视平线上（如图 10.2.2 中的树）；

③等长的距离，近者长，远者短，最远成一点与视平线重合（如图 10.2.2）中的地面等距线。

④等高的物体，在视平线以上的部分，愈近愈高，并向视平线接近。视平线以下的部分，愈近愈高、愈远愈低，并向视平线接近。视平线以上或以下的等高各点，最远处均集中于视平线上而消失（图 10.2.3）。

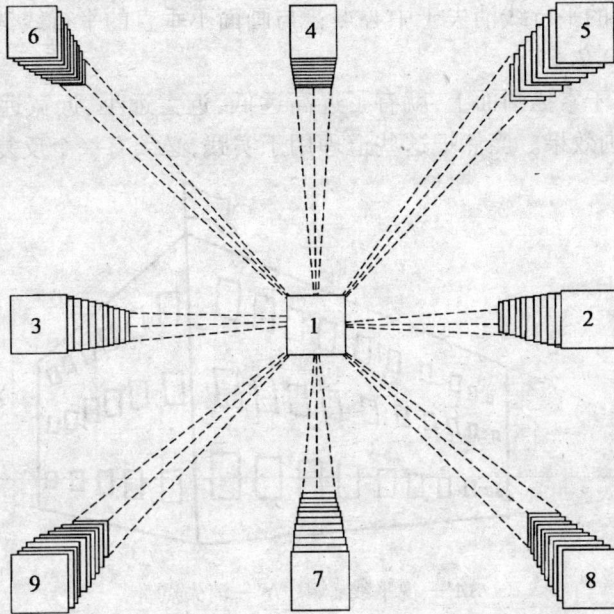

1—正平视；2—右侧平视；3—左侧平视；4—正仰视；
5—右侧仰视；6—左侧仰视；7—正俯视；
8—右侧俯视；9—左侧俯视

图 10.2.3　平、仰、俯、正、侧视示意图

AA'—视平线

图 10.2.4　由于透视关系不同引起景物的变化

⑤与画面成垂直的平行线消失于中心点；与画面不垂直的平行线消失点交集于视平线上的左右两侧（图10.2.5）。

把上述规律运用于素描画面上，就有了近高远低、近大远小、近宽远窄、近前远后、近弯远直、近清远朦等绘画效果。当然把这些道理用于实践，必须有一个反复练习的过程。

AA′—视平线；M，N′—消失点

图 10.2.5　成角透视

三、块面的应用

用块面来概括地景外部的特征或地景各部分形态的变化，是长期以来人们在素描实践中总结出来的一种有效的方法。

块面是构成形体的基本单位。不管地景形态如何千变万化，通常都可以把它们的各个组成部分设想为由块面组成的几何形体，这样就可以使复杂的地景形态简化，利于素描者抓住对象的基本框架和特征，并为进一步精绘提供基础。

面对描绘的对象，首先要对块、面的组成，包括它们的形状、大小、方位、明暗及空间的位置关系等，进行整体的和局部的反复对比。素描中首先是勾画出大的块面，用大块面控制和掌握描绘对象的基本轮廓（图10.2.6）。

勾画块面必须符合透视法则。大大小小块面的轮廓线，都不外是平行的、辐射的或辐聚的，轮廓线的走向和长短只有符合透视规律，才能准确地显示出地景物体的位置、大小及其陡、缓、水平、直立、延伸、转向等变化（图10.2.7）。

四、主要线条的应用

地理景观素描图是由各种线条构成的，能够运用自如地绘出各种线条是素描成功的重要条件。对于不同的描绘对象通常要采用不同的线条。线条的粗细、虚实、疏密、刚柔不同，可以表示宏观实体多种多样的差别，但共同的要求是尽量做到精练而准确，肯定而明快。一般将素描中的线条划分为轮廓线和阴影线（晕纹）两大类型。

1. 轮廓线

轮廓线是勾绘物体外形及其各部分明暗界线的简单线条，在多数情况下亦即大小块面的轮廓线。因此，画轮廓线必先凭借目测，正确地确定描绘对象各组成部分的大小比例及

图 10.2.6　用块面控制地景轮廓——示例 1

图 10.2.7　用块面控制地景轮廓——示例 2

其相对位置。

　　轮廓线是素描的骨架，因此要符合透视法则。此外，还要根据物象的特点或者选择刚直有力的线条，或者选择轻柔舒缓的线条，或者画得尽量准确清晰，或者画得稍为模糊。在进行地貌和地质体的素描时，要尽量用长短不一的直线勾画轮廓。用直线勾画便于快速地抓住主要特征；相反地用曲线勾画则容易使注意力分散到局部的精确性上，从而常常忽略了大体的特征。对此，初学者尤其要引起注意（图10.2.8）。

图 10.2.8　山、谷轮廓线示意图

对于不同的地理现象，轮廓线通常也有许多不同的习惯画法。如绘画谷地的轮廓，常用倒"人"字线，线条愈陡说明谷坡愈陡，两个线条相距愈远说明谷地愈宽。绘画山岭则常用"人"字线或"八"字线。线条愈陡说明山坡愈陡，两个线条相距愈远说明山岭顶部愈宽。

2. 阴影线

阴影线是表明物象明暗差别的线条（有时用疏密不同的点），合理地使用和摆布阴影线条，才能使画面产生更逼真的立体效果。如果线条混乱，即使轮廓画得准确，素描仍会前功尽弃，画阴影线要掌握如下要领（图10.2.9）：

（1）方向性。阴影线条的方向一般应与实物的倾向一致，斜度与实物倾斜的表现角度一致，要"线随面走，面变线也变，面直线也直"，一般情况下忌用两线交叉的线条。

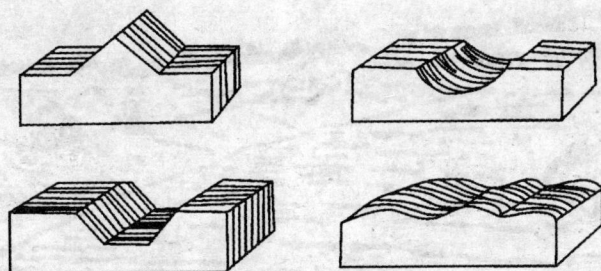

图 10.2.9　晕线方向的变化

（2）疏密性。即根据物象光线的明暗差别决定阴影的疏密，明亮部分少画甚至不画阴影线，阴暗部分画密而浓的阴影线，最暗处甚至可以全涂成暗色（图 10.2.10）。

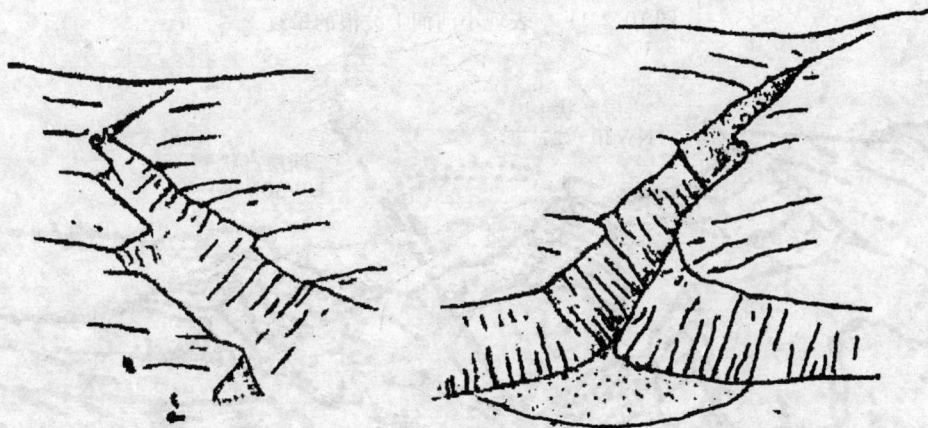

图 10.2.10　　沟谷的阴影线

（3）灵活性。即线条要灵活，其方向、长短、粗细、曲直和连续性等都要适当变化，不要过于呆板和单调，这样才能使画面真实自然，并富有质感和美感。当然要做到以上这些，并非是一日之功所能达到的(图 10.2.11)。

为了突出某一地物，如界线、岩层、地质构造等，还常用专用线，如图 10.2.12 中的断层线和岩层的短线符号等所示。

野外素描的对象大多是地貌、地质体、水体和植被。描绘植物常用特殊的线条，一般需要认真地观察和认真地训练，才能掌握绘画植物的要领。

绘画树干常用较坚实的线条，绘画被风吹而摇摆的细枝要用飘逸的线条，绘画草丛则要用纷乱细软的线条。当然，对于整个树冠或草丛，由于植物种类的不同，其轮廓和质感也有很大的区别。画树画草，要善于化繁为简，如果走近树木和草丛一看，初学素描的人会觉得不知用几千笔几万笔才能把它们画完。可实际上世界上没有任何的画是这样画出来的。植物的素描也是这样，重要的是抓住要点，采取略写几笔就表现出它们的特征。如图 10.2.13 左、中、右分别勾绘了柳、枫、松树的轮廓。当然，在野外更多遇到的是绘画植

209

图 10.2.11　表现小河面上波浪的晕纹

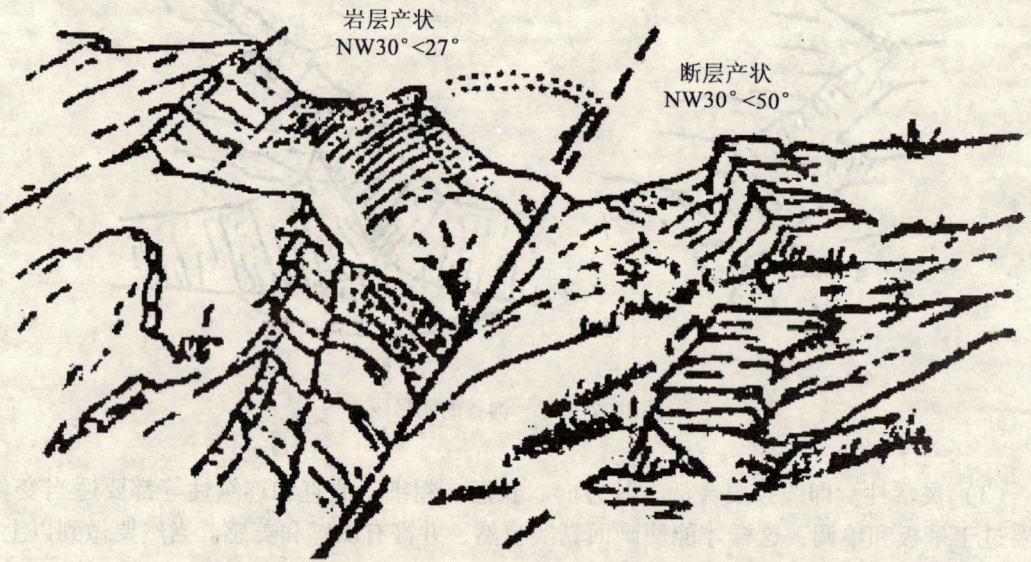

岩层产状
NW30°<27°

断层产状
NW30°<50°

图 10.2.12　用专用线和符号表示的岩层和断层

物群落景观，如图 10.2.14 表现的是稀疏的云杉景观，图 10.2.15 表现的是冬季落叶松林景观。

　　对于人文景观的素描，目前应用得较少，在区域地理研究中，偶尔附有这类素描图，多用于反映聚落、工厂、交通、水利工程等特殊的或有标志性意义的建筑、设施等景观，还有旅游地的名胜古迹等（图 10.2.16）。在这类素描中，取景非常重要，一定要画那些有特殊意义的人文现象，而且根据人文地理实习报告或论文的需要，对附图要有一定的说明，决不能把没有意义的或意义不大的写景素描盲目地充斥在报告或论文中。

图 10.2.13　　树木的概略画法

图 10.2.14 云杉的简单画法　　　　　　图 10.2.15　　冬季落叶松林的简单描绘

五、野外素描的一般程序

野外素描一般采取如下基本步骤：①在野外现场确定描绘对象，选择素描位置和方位，然后在画纸上大致画出图框，并通过中心点画出水平线和垂直线，分别代表视平线和视中线；②按物体各部分的几何形态和相对位置，用铅笔轻轻勾绘出简单的图案；③在图案的基础上勾绘轮廓线。轮廓线的勾绘一般按先近后远，先主后次的顺序进行。为使各部分轮廓的大小比例符合实际，可手持铅笔，伸出胳臂，用实物与铅笔杆上截取的长度比，确定各部分轮廓的尺寸比例（图 10.2.17）。

轮廓线画完后再加阴影线，并刻画细部。阴影线比轮廓线稍细，但必须疏密适中。涂完阴影，素描本身就已大体完成。但对素描内容常常要有说明和注记，如方位、地名、典型部分的类型名称、高程、角度等，有时还要注上地质代号、比例尺。最后还必须写上图名、素描点的位置、素描日期及有关文字说明。

图 10.2.16　某古城的城门面貌

图 10.2.17　用手臂法确定各部分轮廓的尺寸比例

野外的素描图，要在室内及时整理着墨，使图面更加清晰美观，并利于保存和利用。

思　考　题

1. 在具有数字摄像机和数字摄影机的今天，为什么还提倡素描？

2. 专题摄影与一般风景摄影或者人物摄影在构图和创作思想上有什么差异？

3. 摄影中如何解决比例尺度问题？摄影有变形吗？若有，如何估算和处理？

4. 在实习报告或者研究报告中，摄影和摄像、素描各起什么作用？

参 考 文 献

1. 南京大学地理系．科学庐山．南昌：江西人民出版社，1983

2. 杨达源．自然地理学．南京：南京大学出版社，2001

3. 罗时叙．庐山别墅大观．南昌：江西美术出版社，1993

4. 张根寿．地貌学．武汉：武汉测绘科技大学，1999

5. 徐顺民．庐山学．南昌：江西人民出版社，2001

6. 金瑾乐，黄杏元．地景素描与块状图的绘制原理和方法．北京：测绘出版社，1983

7. 南京农学院．土壤调查与制图．南京：江苏科学技术出版社，1988

8. 肖荣寰，吕金福．地理野外实习指导．哈尔滨：东北师范大学出版社，1988

9. 李天杰．土壤地理学．北京：高等教育出版社，1983

10 张根寿．庐山地区地貌、自然地理综合实习指导书．武汉：武汉测绘科技大学，1987

11. 陈家琏，张绅．庐山野外教学实习计划及实习任务书．上海：华东师范大学，1991

12. 武去华，张坤．植物地理学．北京：高等教育出版社，1983

13. 宋春青．普通地质学．北京：高等教育出版社，1988

14. 杨士弘．自然地理学实验与实习．北京：科学出版社，2002

15. 景玉川，罗　环．庐山风景话趣．南昌：江西美术出版社，1992

16. 刘南威．自然地理学．北京：科学出版社，2000

17. 袁宝印．地貌研究方法与实习指南．北京：高等教育出版社，1991

特别说明：
　　文中某些插图选自上述参考书，恕未一一列举出处。

附录　庐山地理研究论文精选

　　庐山的地理考察和记录始于我国明代的地理学家徐霞客，他的论断被证实而无争议。20 世纪，著名地质学家李四光关于庐山地理研究的结论受到国内外地理学家的质疑，形成两种完全不同的学术观点，更引起学者们的关注。众多地质、地理、地貌、气候等学科方面的学者，从不同学科领域、不同学术思想、不同技术方法等方面对庐山进行了研究，得出了卓有见识的结果，为庐山科学研究的进展作出了贡献。本章选编具有代表性的几篇研究论文提供给读者，以了解学术争鸣的焦点和目前研究动态。根据现在书刊出版编辑规则对原文中的个别字词有所改动，敬请原文作者谅解。

1　庐山地形的初步研究

任美锷

（南京大学）

　　庐山位于江西省九江以南约 13km 处，兀立在鄱阳湖西北，主峰海拔 1 473m，高出附近平原约 1 400 多米，为江南名山之一。1933 年，李四光教授在这里首先发现了冰川遗迹，1937 年完成他的《冰期之庐山》名著（1947 年出版），从此以后，庐山便成为我国研究冰川地形的典型区域之一。1951 年 5 月，南京大学地理系同学由马溶之教授和著者领队，前往庐山作土壤和地形的实习，同行者尚有地质调查所于天仁同志、中国科学院地理研究所祁延平和汪安球两位同志以及南大地理系文振旺和刘振中同志。我们于 5 月 5 日离开南京，5 月 31 日返回南京，在庐山及其邻近地区工作时间共 11 天。因为时间的短促，我们所到的地方不多，观察也不够深入，不过有几点可以补充庐山地形的知识，所以大胆地把它写出来，以求教于国内的地形工作者。

一、地质基础

　　庐山是一个由断层作用而上升的块状山（block mountain）。构成山岭的岩层很复杂，主要为震旦纪和五台纪的变质岩，但在汉阳峰一带，则有许多火成岩侵入体。关于庐山的地质情况，李四光教授已有详细论述，这里不再重复。

变质岩系包括许多不同的岩层，主要有牯牛岭层、大月山粗砂岩、仰天坪页岩、匡顶板岩和片麻岩等，它们抵抗风化的力量差异很大，再加以褶皱的影响，因此造成了各种很不相同的地形。在庐山，岩石和构造对地形的影响，表现得特别清楚。

牯牛岭层主要分布在牯岭附近，包括两种不同的岩层，即（i）女儿城砂岩和（ii）砂质页岩与千枚岩。它们往往交互成岩，其中女儿城砂岩较为坚硬，页岩和千枚岩则较为软弱。在褶皱地带，女儿城砂岩往往凸起成山，页岩和千枚岩则被侵蚀成为次成谷地。例如，小天池附近的谷地，就是这样造成的。大校场谷地居大月山背斜的西北翼，这里的地层大致向西北倾斜，自下至上为大月山粗砂岩、页岩和千枚岩与女儿城砂岩，因差别侵蚀的结果，页岩和千枚岩发育为大校场次成谷地，而粗砂岩和砂岩则耸起为山，即大月山和女儿城。牯岭镇位于大月山西北的一个向斜中，这里的岩层是砂岩及千枚岩交互成层，页岩和千枚岩被蚀成中谷、西谷和窑洼等谷地，砂岩则凸立为牯牛岭、猴子岭等小山。在中谷与西谷之间，砂岩向东南倾斜54°，因此，次成山成为猪背岭。岭上的道路两旁，种了很多黄山松，称为松树路，是牯岭附近著名的风景之一。在大天池和佛手岩一带，女儿城砂岩因断层的关系，成为极陡的崖壁。著名的仙人洞则在女儿城砂岩夹有页岩和千枚岩的岩壁中，这里，岩层倾角很小，几成水平，侵蚀作用把软弱的页岩和千枚岩很快蚀去，因此，形成岩洞。

大月山粗砂岩多由粗粒石英加以矽质结合而成，非常坚硬。在庐山，都成为高大山岭，悬崖峭壁。在五老峰一带，粗砂岩向西北倾斜约20多度，形成了显著的单面山地形。在东南一面，受断层影响，为极高峻的悬崖，西北一面的倾向坡（dipslope），坡斜平缓。在五老峰悬崖的陡坡上，溪流向源侵蚀很快，在若干地方，已切到悬崖顶部，造成显著的垭口，如狮子口等；从大月山顶上望去，这些垭口非常清楚。将来溪流循着垭口方向切割，七里冲的河流便要被其劫夺了。大月山粗砂岩和女儿城砂岩中，节理很多，凡岩层倾斜较平的地方，节理几乎直立，尤其是在大断层地带，溪流切割成为深邃的峡谷，峡谷的谷底上，常有宝塔状的孤峰，孤峰使峡谷和峭壁的风景格外奇险壮观，它们就是溪流循着岩层的节理切割而成的。

仰天坪页岩是一种破碎很强烈的砂质页岩，质地软弱，在仰天坪以南，常成为浑圆的山峰，与片麻岩或大月山粗砂岩所造成的峻巍山岭大不相同，这大概是由于风化作用沿着侵入体的表面进行，火成岩表面层层剥落，所以就成为圆顶的山峰。站在大汉阳峰的最高点向东南眺望，附近尽是圆顶的山峰，山上疏疏落落地长着苍老的黄山松，景色别具一格。

二、冰川地形的讨论

庐山在第四纪时，曾经有过冰川，目前冰蚀地形和冰川堆积物都非常显著，这是毫无疑问的。我们这里所要讨论的是，庐山冰川侵蚀的数量问题，换句话说，庐山的U形谷、冰斗、悬谷等地形主要是由冰川侵蚀造成的呢？还是主要由流水和风化作用造成？还是冰川仅把原来地形略微加以改变？作者的观察，认为后者较合乎事实。

研究冰蚀地形，必须与河流和风化作用所造成的地形联系比较来看。现在的某一种地形，是由多种营力造成的，我们决不能把某一种营力（例如，冰川作用）孤立地来观察。庐山的地形处处显示，河流上游的地形发育原就已达壮年阶段，山上的U形谷、冰斗等都是冰川在原有河谷的基础上，加以修饰而成的。

为什么我们认为河流上游原来已达壮年呢？这可以从河流的纵剖面和横剖面来加以证明。在纵剖面上，庐山的河流在下游几乎都是幽深狭窄的峡谷，河旁少平地，也少耕地和房屋。但到上游，则谷地较宽，可以耕种，庐山山区的房屋几乎都分布在上游的宽谷里。这种宽广的壮年的上游谷地，与狭窄的幼年的下游峡谷，成为极明显的对比。两者相交的地方，河流纵剖面的坡度突然改变，成为显著的裂点（knickpoint），例如石门洞在四野*子弟学校和茭芦桥以下，坡度极陡，峡谷深，河旁山岭高出谷底的相对高度多在 400m 以上，但在子弟学校以上，其相对高度一般不过 100 多米。从子弟学校到石门洞出山的地方，相距 4.5km，高差约达 820m，即河流纵剖面的比降为 18%。反之，从子弟学校到庐山管理局，距离 1.4km，高差 110m，即比降仅 7%。站在茭芦桥上眺望，桥以下是陡峭的峡谷，水流湍急，成为瀑布；桥以上则为平广的芦林盆地，水流潺缓，宛然是两种全然不同的地貌。子弟学校和茭芦桥就是石门洞主流和支流的裂点所在。

这种上游壮年、下游幼年的地形，在庐山的许多河流上都可以看到，如西谷的河流，窑洼的溪流，都有这种情况。仰天坪以南，页岩和板岩成为许多馒头形的小丘，溪流蜿蜒曲折于其间，流势平缓，但仰天坪以北，则峡谷深邃，地形完全不同。大汉阳峰北面的簸箕洼是庐山垅河流的上游，谷地平宽，但其下的庐山垅谷地，则切割极深，相对高度至少在 400m。又如三叠泉为庐山胜景之一，峡谷陡峭，瀑布高约 300 多米，但其上游的七里冲则是一个宽平的谷地。

以上这些事实充分说明庐山在断层没有发生以前，山上的河流已循向斜构造或软弱岩层而发育，成为壮年或壮年初期的谷地。后来山地因断层上升，河流的下游迅速向下切割，造成幼年期的深邃峡谷，并迅速向源侵蚀，把峡谷逐渐向上游推进，破坏原来的壮年谷地。只有在向源侵蚀还没有到达的地方（即裂点以上），壮年谷地保存较为完好。在峡谷两旁，我们有时也可见原来的壮年谷地残留在峡谷以上，成为小块的台地。例如在石门洞的庐山垅，可看到这种台地。这种台地的形成并不是由于构造的关系，如大天池寺和天池塔，都位于一块宽平的台地上，这台地就是切平倾角 40° 的女儿城砂岩和千枚岩而造成的。

用冰川侵蚀来解释山上这些壮年谷地也是不够的。冰川无疑曾经侵蚀这些谷地，但在冰川未发生以前，这些宽谷显然已经存在，冰川不过把原有的地形略加修饰而已。据作者的观察，庐山最显著的 U 形谷是王家坡、大校场和七里冲谷地。这里谷地笔直，谷旁的山嘴（spur）似乎曾被切去（truncated），所以谷底宽平。但王家坡和七里冲（应该是青莲寺）谷地都在向斜中，向斜槽中的牯牛岭层抵抗力较弱，所以发育为较广的谷地。大校场谷地是一个次成谷地，切割于页岩和千枚岩中，这里的页岩和千枚岩的厚度大概较宽，所以也发育为极宽的平谷。反之，在较弱的地层较狭的地方，虽然也曾经有冰川流过，谷地却没有这样宽广，形状也并不成为显著的 U 字形，由此可见王家坡等宽广的 U 形谷，并不完全是冰川侵蚀造成的，而是主要受构造控制，由河流和风化作用造成，经冰川侵蚀的修饰，才成为目前的形状。否则，芦林盆地周围的谷地，据李先生的地图，都曾经有冰川流过，但为什么标准的 U 形谷却只见于构造上最适宜的大校场谷地呢？

窑洼位于牯岭胡金芳馆*以北，是一个显著的凹地或宽谷，谷旁山顶平缓，高出谷底约百余米。显然它是一个原来的壮年谷地，并不是完全由冰川侵蚀造成的。窑洼以北，溪流深切，成为陡峭的剪刀峡峡谷，在峡谷谷底以上一定高度，可见零星的台地，高度约与窑洼谷地相同，台地地面切平倾角约30°的女儿城砂岩。这种台地不但成为窑洼出口处的狮子山，并且在狮子山以北，也见有小块台地。按窑洼宽谷在狮子山（即虎背岭）以内，已为两旁山嘴所束，假如这些台地都是原来冰窑的一部分，则照地形来说，窑洼冰窑应限于山嘴以内，在山嘴以外，似不应再见这种台地。因此，作者认为窑洼代表原来的壮年宽谷，它可能曾为冰雪储积的场所，但其地形的造成，却主要并不由于冰川的力量（当然，庐山也有典型的冰斗，如大月山东北端的大坳冰斗）。

在裂点以下的深切峡谷中，我们一般看不到冰川侵蚀的痕迹，这些峡谷成为深狭的V字形，且常可见标准的交错山嘴的地形（interlocking spur），如石门涧，这些事实指出峡谷是未曾经冰川流过的，换句话说，即峡谷是在大姑冰期以后造成的。因为假如大姑冰期时候已有峡谷，则冰川一定要在峡谷里流过，冰川在较平缓的上游壮年谷地里流动，已有的侵蚀力量一定更大，对于峡谷的形状就不可能不有所修改。现在，峡谷里几乎毫无冰川侵蚀的痕迹。假如以上的解释合乎事实，我们从河流地形和冰川地形的研究，对于庐山上升的时代，可能作新的推测，在石门涧和庐山垅*等处，我们看不到现代V形峡谷深切于冰蚀U形谷之中，由此也可见庐山的冰川侵蚀在这些地方是很不强烈的。

据李四光教授在《庐山志》中所述，庐山造山运动的时代约在白垩纪末期，但在《冰期之庐山》一书中，李教授也认为"山体上升，今日仍未歇止"。从上面地形现象看起来，庐山的大断层和主要上升运动的发生，时代应较为新近。假如主要上升运动在白垩纪末期，距今约三千万年，则上升后，循断层崖或山坡发育的河流，侵蚀很久，早已呈壮年或老年地形，不可能成为幼年峡谷。在中国其他地区，就是保存较好的断层崖或峡谷地形，地面上升运动的时期大都在第三纪末期（或更晚），庐山恐怕也不能例外。在湖南南部，杨锺健先生等曾见第三纪红色岩层受强烈褶曲和断层，他们把这种造山运动称为衡阳运动，其时代大概在第三纪末期。衡山东面大断层的发生，大概也在第三纪末期，因此，断层地形还十分显著。庐山河流的下游毫无例外的是陡峭的峡谷，河道上有许多急流和瀑布，断层崖的切割也刚在幼年时期（如五老峰等），这些都证明庐山的主要上升运动和断层的发生，最早不过在第三纪末期，可能与衡阳运动的时代相似。在第四纪初期，由于庐山高度升高，气候更冷，山上就发生了冰川，冰川漫溢到周围的平原，当时离上升运动的时间或许并不很久，峡谷尚未充分发育，冰川主要循着原来的壮年谷地下流。现在庐山周围的深陡峡谷，大概主要是大姑冰期以后流水所切割的。这样，庐山的峡谷未曾经强烈冰川侵蚀，就不足为奇了。

三、鄱阳湖的湖滨地形

为了研究冰碛物，我们曾在鄱阳湖西北岸姑塘、白石嘴和定江王庙*一带调查过，小山起伏，高出湖面都不出100m，大部分在100m以下。这些小山主要由志留纪的砂岩和页岩造成，白石嘴一带的小丘，则由黄龙灰岩造成。山上和湖滨，常有很厚的黄色土、红土和冰碛层。这些小山，在向湖一面，受湖水的不断冲蚀，常成为显著的湖蚀悬崖，在上下青山和西高岭一带，这种湖蚀悬崖高达30m左右，但在内部的汊港沿岸，波浪较弱，湖蚀悬崖的高度也较低，如白石嘴的向鄱阳湖一面和向谷山湖一面，崖壁的高度就相差很大。在谷山湖滨的黄泥嘴，黄色土和红土（即红泥）被湖水蚀成高约6m的峭壁，峭壁底部的红土为深红色，土中有很密的白斑，因受湖水冲蚀，白斑已被蚀去，成为蜂窠的小孔。这种蜂窠状的小孔，尤以在最下部0.8m一段最为发育，这一段崖壁微向内凹（成为湖蚀凹口（notch）），显然是目前鄱阳湖和湖波浪冲蚀所成。湖水冲蚀山丘，有时蚀余的一部分岩石兀立湖上，成为湖蚀柱，如著名的蛤蟆石就是如此。蛤蟆石由黄龙灰岩组成，高约16m，它的向湖一面（即东南面），历受波浪侵蚀，下部向内凹入，底部并已溶蚀成为岩洞，因此，它的上部就显然向湖中凸出，空悬在水面上。这种头重脚轻的形状，完全是由于向湖一面波浪侵蚀较烈所致。现在，波浪继续打击它的下部，所以下部露出的灰岩，岩石面极为新鲜。这样继续下去，蛤蟆石在不久的将来是一定要倒塌的。

湖滨港湾很多，大部分是湖水淹没丘陵中的低谷而成。最显著的姑塘镇公公岭北端的一个小汊港，就是湖水浸淹一个小向斜而成，向斜构造非常明显。现在的许多岬角，过去本为湖中孤岛，后来因沙滩逐渐堆积，才与陆地相连。如姑塘镇原来是湖中的一个小岛，后来岛的西南沙滩堆积，现在就在沙滩的基础上，修了两条石堤，作为姑塘通到九江和星子的大路。姑塘北面的定江王庙位于砂页岩的一个低丘上，本来也是一个小岛，现因连岛沙嘴的生长，才与陆地连接。白石嘴也是以连岛沙咀与大陆相连，这个连岛沙咀很长，当地称为野猫颈。在定江王庙附近，沙砾沿着湖岸沉积，把一部分湖水围在沙滩里，成为两个很小的泻湖。

从浸淹的汊港、湖蚀悬崖等地形来看，鄱阳湖西岸在最近时代可能有下降运动。随着地面的下沉，湖水侵入谷地，造成港湾和岛屿，山岭也直接与湖水相接触，开始被侵蚀后退，或为湖蚀悬崖。同时，湖滨丘陵的岩石受湖水侵蚀和风化作用而碎裂，成为沙砾，这些沙砾被沿湖的水流挟带，堆积在湖滨的其他地方，造成连岛湖咀、沙咀和洲滩。这一切都是幼年期下沉湖岸的特色。

四、总结

综上所述，庐山地形发育的历史大致可以分做三个阶段：

1. 山顶壮年谷地的造成。从大校场等次成谷地发育的情形来看（大校场次成谷地与其东北的次成谷间，分水岭极为低平），山谷河流似已充分适应构造，这表示地形发育至少已达壮年初期。在山顶区域，相对高度很小，坚硬岩石（如大月山粗砂岩、女儿城砂岩等）所造成的山岭，高出其附近山上的谷地，一般不过100多米。大月山为庐山的最高山峰之一，海拔1 512m。但高出其西北侧大校场谷地的上部，也不到150m。在仰天坪以南的页岩和板岩区域，相对高度只有30~50m，小山低缓，河谷曲折，宛然是壮年中期的景象。这种壮年地形的造成，决不能完全用冰川来解释，尤其是仰天坪以南的曲折河谷和低丘，更不可能是由冰川作用造成的。

2. 大断层发生，庐山剧烈上升。上升运动的时代大概在第三纪末或第四纪初，随着庐山的上升，其东面的鄱阳湖岸可能发生下降运动。庐山上升以后，就发生了冰期。

3. 现代河流的下切。随着庐山的剧烈上升，河流迅速下切，开始造成谷地深狭如刀形的幼年期峡谷。但在峡谷还未充分发育之前，冰期已经发生。目前的峡谷大概主要是大姑冰期以后所切割的，庐山冰期的范围限于山上较高的地方，对于峡谷的发育可能没有阻碍。现在峡谷向源侵蚀大概已到海拔1 000m左右的地方，1 000m以上的壮年谷地尚未被峡谷切割破坏。庐山的奇险伟丽的风景，主要就在现代峡谷区域里。

（摘自《地理学报》1953年第19卷第1期）

注：1. 原文中"公尺"、"公里"长度单位名称改为国际通用的"米"、"千米"长度单位；

　　2. 原文中插图删去；

　　3. 标有＊的地名为旧时所称，今日已难以寻觅。

2　庐山真的有第四纪冰川吗？

施雅风

（中国科学院）

庐山突峙于江西省北部、长江南岸，是驰名中外、风景秀丽的旅游胜地。在学术上，由于已故杰出地质学家李四光教授倡导，庐山被看成我国第四纪冰川的标准地点。早在1931年，李四光教授率学生考察，发现第四纪冰川遗迹，尽管当时受到一些学者的反对，李四光力排众议，于1937年完成《冰期之庐山》专著（1947年印行），详细论述庐山多种地形和沉积物并给予冰川成因解释，划分出鄱阳、大姑、庐山三个冰期，认为在前两个冰期，庐山存在大规模冰泛，即山麓冰川，直达鄱阳湖边；在后一冰期庐山有规模较小的山谷冰川，限于山上，未达山麓。以后李四光进一步将这三次冰期与欧洲阿尔卑斯山的恭兹、民德、里斯三次冰期对比，加上抗日战争前德国来华学者费斯曼教授提出的大理冰期（相当于阿尔卑斯山的玉木冰期），首次给予中国第四纪以冰期、间冰期相间出现、中国东部中低山区第四纪冰川广泛发育的观念。李四光的冰川学说已为很多中外学者所承认和应用，但也有许多学者表示怀疑和反对。20世纪60年代，《科学通报》曾一度对此问题展开讨论，可惜当时条件不允许充分的辩论，以致中途停止，未得结果。近年来怀疑论者更为增加，可以毫不夸张地说，以庐山为代表的中南、东部第四纪冰川问题是我国地质、地理学家争议最大、认识最具分歧的重大问题，有必要认真求得解决。笔者多年从事我国西部山区冰川研究，也关注于东部地区古冰川问题的争论。1980年6月，我有机会参加兰州大学地质地理系和兰州冰川冻土研究所联合组织的冰川沉积物研究班，在庐山工作了一段时间。笔者认为庐山某些地形和沉积物与冰川遗迹有相似之处，但并非冰川作用所成。李四光先生对第四纪冰川现象的认识是值得商榷的，"我爱我师，我尤爱真理"，这里坦率陈述一些看法，以引导进一步的讨论和深入研究，求得问题的彻底解决。

一、对冰川侵蚀形态的误解

李先生叙述的庐山多种冰川侵蚀现象中，以冰斗和U形冰川槽谷最为重要。冰斗是位于雪线附近或稍高处，为冰川提供物质来源的粒雪盆所在。U形谷则是雪线以下山谷冰川刨蚀谷地所成两侧陡峻底部宽展的槽谷，它和山地河流侵蚀的V形谷不同。李氏所举出的庐山最显著的代表性冰斗是海拔 1 453m 的大月山西北侧的"大坳冰斗"。这个"冰斗"是一个陡峭的半漏斗形凹坡,其上部半圆形后壁与冰斗有相似之处,但不具备一个典型冰斗所必有的斗门槛和平坦或下凹的斗底,因之,不宜称为冰斗。其上部半圆形后壁是位于背斜构造倾伏处坚硬砂岩地层受不均匀侵蚀的结果,其坡脚的倒石堆和坡上的流水沟表明这个"大坳冰斗"实是山坡块体运动和流水侵蚀共同作用的产物,和冰川无关。一般地说,一个山区的古冰斗常在雪线所在高度上成群出现,但在庐山地区,在"大坳冰斗"所处海拔 1 000～1 300m 高度上,没有其他"冰斗",相反的是山坡一条条冲沟所表现的流水侵蚀形态。

李先生所举典型的 U 形谷,即"大坳冰斗"下侧的王家坡宽谷。该谷作西南至东北走向,长 6km,高度从源头 1 200 多米降至沟口的 200 余米。这个宽谷确具类似冰槽谷的 U 形,但它完整位于一向斜构造中,两侧谷壁是向斜两翼的硬砂岩,谷壁的陡峻程度和硬砂岩的倾角一致,谷地中央原有一套较弱的砂岩地层,已被流水侵蚀掉。这样王家坡 U 形谷由受侵蚀的向斜构造谷来解释原是极其方便的。李先生想不通的是宽谷中河道不流于谷中央软弱地层上而是流在谷地西侧硬砂岩中切出数十米的 V 形小峡谷,于是他就用现在冰川旁常见的冰融水沟现象来推测这个切入基岩的河道就是冰川侧缘流水沟在冰川退却后就地下切成峡谷所致。其实李先生的猜测是多余的。在没有受到冰川影响的常态河流侵蚀地区,常可以看到叠置河流遵循故道位置切入坚硬的基岩而舍弃不远处较软弱的岩层,不需要用冰川成因解释。相反,由于冰川进退变化频繁,冰融水道经常迁移其位置,其侧缘冰融水稳定地切入谷地边缘坚硬岩层的现象倒是少有的。王家坡西侧支沟承受雨水面积较大,水量较丰,侵蚀能力较强,可能是王家坡宽谷中河道偏流于西侧的原因。李先生所提出的庐山地区几条 U 形谷都是向斜谷或被软弱地层控制的次成宽谷。而更多的横切构造或横过地层走向流向山麓的许多沟谷,虽也被李先生解释成冰川经过的谷地,但几乎都是 V 形峡谷,而不是 U 形谷,这也可以反证这些河谷与冰川发育无关。

二、是冰川堆积还是泥石流堆积

李四光教授所说的庐山冰川堆积主要是指大小混杂、分选性很差的称之为泥砾的堆积物,其粒径粗大、远离母岩而带条状擦痕的石块,更被看做冰川搬运的重要证据。

我们观察该山上部宽谷中的堆积物,一部分是坡麓的重力堆积或融冻泥流堆积,虽然大石块散乱出露于地面,甚至以长垅状横拦谷地,但岩性非常单一,同于附近山坡基岩,不能认为是冰川堆积;一部分是泥沙岩块的混杂物,如王家坡宽谷中的裁缝岭,是一列纵卧在谷地中的低垅。李先生称之为古代冰川的侧碛垅,我们观察到,石块都呈次圆或次棱角状,充填于石块间的小石砾、砂、粘土,有粗分选和层理,小砾石磨圆较好,肯定经过流水搬运。这类堆积与其用冰川成因解释,不如说更接近于泥石流堆积。

庐山山麓的泥砾堆积分布广泛而复杂,它构成相对高十多米至四五十米的丘陵地,除表面覆盖的黄色土层外,整层为红色没有层理的粘土、砂、砾以至直径二、三米的块石的混杂堆积,最远的堆积地点已距庐山 10km。对其中的大部分,李先生称之为大姑冰期的前碛(或称终碛)和冰水排泄物(即冰水沉积)。这和一般河流相堆积显然不同,但能否就此推测为冰川沉积呢?我们观测,这些泥砾的分布和特征与正常的冰川堆积也不同,它更像古代泥石流堆积,理由如下:

（1）庐山各谷口外的泥砾堆积都作扇状分布。例如李先生称为"莲花冰泛"（编者注："莲花"即"莲花洞"村处）的扇形地，在庐山西麓，扇顶高330m，扇缘在7km外，高50m，扇缘的宽度达8km，我们在泥砾剖面量测了几百块最大一级石块的直径，发现这些大石块在扇顶的长轴平均直径为1.5m，棱角完好，向扇的中下部粒径渐小，磨圆度转好。如在2km外的羊角岭，扇顶高度降至220m，最大一级石块长轴平均粒径降至1.26m，都呈次棱角形；至6.5km外的罗家大屋，其长轴的平均粒径更降至0.5m，多数有较好磨圆。这一现象显然不同于冰川堆积而接近于山洪泥石流堆积，因为冰川搬运过程是带塑性的巨厚冰体夹带着泥沙石块缓慢运动，可以而且必须将冰川源头处的直径数米以至二三十米的巨石直接运至冰川末端堆积，而不出现大块石粒径迅速变小的现象。另外，冰川流出山中后冰体可适当放宽，甚至相互联结成山麓冰川，但必须以其上游有充分的补给冰源为条件。但是莲花扇形地的上游即山口以上地段是很小的，只有扇形地面积的十分之一，即使在冰期时发育冰川，也决不可能形成那样规模的山麓冰川。

（2）泥砾中砾石的排列方向，粗看是混乱的，但经过量测统计，发现较大石块的扁平面（即AB面）多数向上游倾斜，倾角多数在20～40度间。这和我们在若干现代泥石流堆积中所看到的现象一致。泥砾中大石块的填充物多见到的是经过流水作用的磨圆的细砂砾层，并有较高的粘土成分，这也接近于山洪泥石流堆积。

（3）厚度在十余米以上的泥砾剖面，整层都现红色，红色泥层中有网状的蚯蚓状的白条（主要成分为高岭土），偶然出现铁盘，这样厚层网纹红土表明它是长期湿热气候强烈化学风化作用下形成的，不可能是寒冷的冰川环境的产物。李先后解释泥砾原始堆积时不具红色，只是堆积后经历了间冰期湿热变化才形成网纹红土的，那么究竟剖面中有什么物质表现原始堆积时的寒冷环境呢？至今无人能够指出。

（4）李先生著作中多次提到石块上具有擦伤的条痕和基岩上的擦面和为冰川流动的证据。诚然，在冰川区经常可以看到明显的条痕石和石壁上粗大的擦痕。但形成条痕石和基岩擦面的动力不限于冰川作用，泥石流、山崩、滑坡和断层都可以导致这种形态，其具体特征也有所差别。我们曾在庐山上下将近50个地点的泥砾剖面中搜寻，可是都未找到一块具有清楚新鲜的粗而深的擦痕和撞击。在庐山东麓秀峰寺的深切峡谷中，在高距河床数米处的谷壁上存在若干平行于河床的粗而深的擦痕，这也不可能是冰川所致，而是现代山洪泥石流产物。在李先生《冰期之庐山》著作中发表的七块条痕石照片中，有六块是次圆形的，长径均小于1m，这就意味着这些石块先经过相当长距离的滚动，磨成次圆形以后才出现擦痕的。这可能是山洪泥石流的特征而不应是冰川作用的证据。

总之，庐山周围广泛分布的泥砾堆积更像是特殊气候地形条件下的山洪泥石流堆积而不像是冰川堆积。

三、冰期庐山气候不允许发育冰川

在距今二百万年以来的第四纪，全球气候出现过多次冰期、间冰期的冷暖交替。冰期气温比现代低数度至十二三度，雪线下降数百米至一千米，冰川规模比现代大3倍左右。那么，冰期时庐山气候有无可能发育冰川呢？

中国东部属季风气候，夏季炎热多雨，冬季严寒少雨，中国东部中低山地发育冰川必须夏季大量降雪为主要条件。据庐山牯岭气象站记录，该站海拔1 165m，年平均气温

11.4℃，其中 7 月为 22.6℃，1 月为 -0.4℃，年降水 1 834mm，主要降于 4~7 月，庐山的降雪只出现在 300m 高度温度低于 -6℃ 时，那时牯岭地面温度低于 6℃，如要 7 月就降雪，则温度下降值至少为 16℃，这样剧烈的降温幅度远超过一般中纬度冰期的降温幅度，其出现的可能性是很小的。

根据李先生所编《晚近地质时期庐山冰川分布图》推算"大姑冰期"时雪线高度在 400~600m 左右。第四纪末次冰期的雪线高度根据确切的古冰斗遗迹，陕西太白山和台湾玉山均在 3 500~3 700m 左右，前者位置偏北，而降水较少，后者位置偏南而降水丰富，雪线出现在相近高度上。日本本州中部高山降雪多而位置偏北，末次冰期的雪线高度出现在 2 500m 左右。庐山介于上述三地之间，估计末次冰期时的雪线高度在 3 000m 左右，"大姑冰期"相应于中更新世的民德冰期。当时气温比末次冰期冷一些，冰川规模大一些，但并非很悬殊。要如李先生意见，庐山在"大姑冰期"发育那样规模的冰川，使雪线降至 400~600m，比末次冰期雪线还低 2 500m 左右，气温相差 15℃ 左右，这是难以想像的，实际是不大可能的。

为保持冰川发育的平衡状态，冰川在雪线以上的积累区和雪线以下消融区面积应有一定比例。一般地说，积累区面积大于消融区，欧洲阿尔卑斯山的"大姑冰期"冰川分布图上，即使在雪线低于 400~600m 的条件下，积累区面积仍不到 20%（兰州大学姚檀栋统计），如此小的冰川积累区而能伸展出超过积累区面积 4 倍以上的消融区，是违背冰川学常理的推测。

上述从侵蚀地形、堆积特征和气候条件三方面论证李四光教授关于庐山地区第四纪冰川学说的不能成立。李氏学说提出于五十年前，当时学者对冰川发育条件、冰川的侵蚀和堆积过程、冰缘冻土现象和泥石流现象等所知很少，对第四纪历史发展缺乏系统认识。李先生把大小混杂、缺乏分选的泥砾堆积，把具有条痕的石块，把 U 形宽谷等一般流水侵蚀区不常见的现象统作冰川成因看待，提出自己的见解，是可以理解的。新中国成立以后，我国第四纪研究有了很大进展，古孢粉、古冰川与冰缘资料不仅定性甚至定量地说明冰期气候条件，对于现代冰川和现代泥石流的研究，也有助于古冰川遗迹的确定。这样，我们对五十年来长期争论的问题有可能在新的认识基础上加以解决。科学在不断发展，我们的认识也应该不断提高，不能停止在原先的水平上。科学研究的任务是探索未知，追求真理，科学家的态度是实事求是，笔者衷心希望我国关心第四纪冰川问题的学者不囿于成见，从各方面进行调查研究，展开讨论，以求得问题的合理解决。

（本文初稿承邓养鑫、李吉均和刘东生同志阅读提示若干修改意见，顺致谢忱，作者）

（摘自《自然辩证法通讯》1982 年第 4 期）

3 庐山真的无第四纪冰川吗？

景才瑞

（华中师范大学）

直到目前为止，我认为庐山的第四纪冰川遗迹，在某些方面虽与山洪泥石流有相似之处，但并非山洪泥石流作用所致，而是第四纪冰川作用所形成的。李四光先生对庐山第四纪冰川现象的认识是有根据的。

一、对冰川侵蚀形态的确定

冰川作用是地球的外力作用之一。而地表形态的形成，正是地球的内力作用与外力作用矛盾斗争的产物。所谓地球的内力作用一般指地壳运动、地质构造、岩石性质等，而所谓地球的外力作用一般指流水、冰川、风力、海浪、地下水与地表水的岩溶、重力、融冻作用等。冰川作用是地球的外力作用之一，所以对冰川侵蚀形态的确定，就必须既考虑到外力作用，同时也考虑到内力作用。内力作用在大的地貌形态形成中有时起着主要作用，表现为地表形态往往受地质构造的控制。庐山当然也不会例外。

譬如位于庐山顶北部的王家坡谷地，谷壁整齐，谷底宽广，它既确实具有冰川槽谷的U形外貌，也确实位于一向斜构造中，从西南伸向东北，其方向基本上与向斜构造一致，但并不完全相符，它的下游一段是斜切岩层走向的。谷地中央原有的一套较软弱的砂岩地层，确被侵蚀掉了，但其侵蚀动力并非流水作用，因为庐山无源远流长的大河，流水是充满不了整个宽谷的，而且庐山是一个褶皱断块山，第四纪以来山体仍处在缓慢的抬升过程中，山间溪流借助较大的坡度（河流的纵比降较大），以线状的下切作用为主，旁蚀作用微弱，它只能形成切割的峡谷，是无力把谷地中原有的一套较弱的砂岩地层，都毫无保留地完全侵蚀殆尽的，必须要留下一些残余部分。但目前宽谷两侧谷壁是向斜两翼的硬砂岩，谷地宽广整齐，这只能是第四纪中期时积少成多的冰雪，久积加厚地沿谷地整个向山下滑动的山谷冰川，像刨子一样，把谷地中央原有的一套较软弱的砂岩地层，都刨蚀掉了，而且搬运至山下，形成一些冰碛垄（主要是前碛，也称终碛或尾碛）。否则，若说谷地中央原有一套较软弱的砂岩地层，已被流水侵蚀掉，这不仅山中溪流无此巨大的侵蚀能力，即使是已被流水侵蚀掉的，那么为什么被搬运至山麓堆积下来的不是具有分选与层次的二元相结构明显的流水相沉积，反而是无分选无层次的泥砾混杂的冰碛相堆积物呢？即或有人把它说成是泥石流堆积，也与山上的流水侵蚀掉的物质，被搬运至山麓堆积下来的又不是流水相的沉积相矛盾。

况且王家坡冰川槽谷底部被冰后期流水所切割出来的一条窄狭的V形套谷，位置不在宽谷底部中央最低处，反而在谷地西北侧阳坡坡脚较高的地方，还正是第四纪冰期时阳坡下冰雪融水较多，西侧冰面排水道较大，对谷底进行着侵蚀，冰雪不断融解，冰水对排

223

水道不断侵蚀加深，待冰雪完全融解后，流水便继续叠置下去，没有迁移至谷地中央最低的部分了。若把这说成是因为王家坡西侧支谷承受雨水面积较大，水量较丰，侵蚀能力较强可能是王家坡宽谷中河道偏于西侧的原因，那就适得其反了。因为根据不对称水系发育规律，若一条主谷两侧承受雨水面积较大，水量较丰的一侧的地表径流，迫使主河道向较小的一侧迁移所致。既然像有人所说王家坡西侧支谷承受雨水面积较大，水量较丰，侵蚀能力较强，那么王家坡宽谷中河道应该偏于它的东南侧，而不是偏于西北侧。假如再估计到北半球的运动物体的向右偏转力的话，王家坡宽谷中河道就更应该偏于它的东南侧。但客观事实偏偏不是如此，王家坡宽谷中河道偏于西北侧，而不是偏东南侧，这只能用阳坡下冰融水较多，在第四纪冰期时冰面排水道就较大，冰融后河道即沿排水故道继续下切来解释。

讨论中有人认为，李四光先生所提出的庐山地区几条 U 形谷都是向斜谷或软弱地层控制的次成宽谷，而更多横切构造或横过地层走向流向山麓的许多沟谷，虽也被李先生解释成冰川经过的谷地，但几乎都是 V 形峡谷，而不是 U 形谷，实际情况可以反证这些河谷与冰川发育无关。其实客观情况并非如此。所谓更多的横切构造或横过地层走向流向山麓的许多沟谷，几乎都是 V 形峡谷，而不是 U 形谷的说法，是只看到事物的表面现象，而未探求事物的实质。庐山的石门涧、庐山垅与窑洼中下游谷地等，均是横切构造的。现虽表现为 V 形峡谷，但均处在各 U 形槽谷的裂点以下，它为近代流水作用，在第四纪冰川 U 形谷的基础上，经过溯源侵蚀，使裂点逐步向上游推移、切割而成。加之庐山山体不断地上升，河流下游迅速向下切割，造成深邃的剪刀形峡谷，并迅速地溯源侵蚀，破坏了原来的冰川 U 形谷，只有在溯源侵蚀还没有达到的地方（裂点以上），U 形谷地才保存比较完好。即使如此，目前在 V 形峡谷两侧，还能见到原来的 U 形谷底部残留在峡谷边上的小块台地。如石门涧和庐山垅等处，均能见到残留的台地。这些台地的形成显然并不是由于构造的关系，最显著的如大天池寺和天池新塔，都位于一块宽平的台地上，这台地就是切平倾角约 40°的女儿城砂岩和千枚岩所形成的。它们均为当时第四纪冰川下滑而刨蚀成的 U 形谷底部的残留部分。今日之所以不存在完整的 U 形谷，是经过后期流水侵蚀破坏的结果，而原来 U 形谷底部被切割破坏所剩台地仍残留在 V 形峡谷的两旁。若说这些 V 形峡谷与王家坡宽谷中偏于西北侧的 V 形谷套 U 形谷一样，其形成与冰川发育无关，则非，因为它们正是第四纪冰川作用所刨蚀形成的。否则，庐山内力作用相差不大，为什么在第四纪时形成的为 U 形谷，而在现代则形成的是 V 形峡谷呢？这正好可以反证这些 U 形谷与残留在 V 形峡谷两旁的所剩台地，其形成与冰川发育不是无关而是有关。

另外，有人认为位于庐山王家坡宽谷东南侧，大月山北坡的大坳冰斗，是山坡块体运动和流水侵蚀共同作用的产物，和冰川无关。据说一个山区的古冰斗常在古雪线所在高度上成群出现，但在庐山地区，在"大坳冰斗"所处海拔 1 000~1 300m 高度上，没有其他"冰斗"，相反的是山坡一条条冲沟所表现的流水侵蚀形成。事实究竟如何呢？首先，在庐山地区，在"大坳冰斗"所处海拔 1 000~1 300m 高度上，并不是没有其他"冰斗"，在芦林盆地西南还有黄龙冰斗，在汉阳峰东坡还有鼓子寨冰斗和五乳冰斗等。其次，至于说到那些山坡一条条冲沟所表现的流水侵蚀形态，这正也说明它们的形态与大坳冰斗等不同，其形成的外动力也不同，规模较小的山坡上一条条冲沟是现代流水作用所形成的，规模较大的山坡上半漏斗状洼地——大坳冰斗等，所表现的冰川侵蚀形态是第四纪冰川作用所形成的。否则，同在岩性一致的大月山粗砂岩上，又处在同一的位置——大月山北坡，却有的是规模较小的一条条冲沟，有的又是规模较大的半漏斗状洼地呢？所以既不能因为山坡上有一条条冲沟所表现的流水侵蚀形态的存在，就否定山坡上半漏斗状洼地——大坳冰斗等的冰川成因，同样也不能因为大坳冰斗等所表现的冰川侵蚀形态的存在，去否定山坡上一条条冲沟的流水成因。

二、是泥石流堆积还是冰川堆积？

庐山冰碛物包括山中的冰碛物与山下的冰碛物，尤其以山下的冰碛物比山中的冰碛物更多。但有人认为山中的冰碛物一部分是坡麓的重力堆积或融冻泥石流堆积，虽然大石块散乱出露于地面，甚至以长垅状横切谷地，但其岩性非常单一，同于附近山坡基岩，不能认为是冰川堆积；一部分是泥砂岩块的混杂物，如王家坡宽谷中的裁缝岭，是一列纵卧在谷地中的低垅。李先生称之为古代冰川的侧碛垅，但这类堆积与其说用冰川成因解释，不如说更接近于泥石流的底部，两侧虽有比较高的山岭，但谷壁切削光滑整齐，有一定的坡度，谷旁的山嘴都被切去，堆积物下伏的基岩形态却不刨蚀成 U 形谷底，这个在庐山大校场 U 形谷口的流水切割的 V 形谷剖面处，表现得十分清楚，堆积物中的砾石多有一定的磨蚀，从堆积相上看，根本不是重力崩坍堆积。至于冰碛物表面在冰后期里从山坡上滚下来的一些砾石，也改变不了其下厚层的冰碛物性质。决不能以表面现象掩盖其下的事物的本质，更不能简单地以其岩性非常单一，同于附近山坡基岩，就不能认为不是冰川堆积。因为整个庐山北半部都是由震旦纪的大月山粗砂岩与女儿城细砂岩等所组成的，不管是什么成因类型的堆积，其岩性都应是非常单一的，同于整个庐山北半部山坡基岩，为什么从这一点上说就只能是重力堆积与泥石流堆积，而不能认为是冰川堆积呢？再说，以泥沙岩块的混杂物组成的，位于王家坡宽谷中的裁缝岭，明明是一列纵卧在谷地中的低垅，偏在小天池支谷底部之东南侧较高位置，而不是平铺于小天池支谷底部最低处，所以过去李先生称之为古代小天池冰川之侧碛。这不论从堆积物本身的组织结构与其所堆积的地貌形态上看，把这类堆积与其用泥石流成因解释，不如说更接近冰川堆积。因为第四纪冰期时，谷中有冰面中央上凸的冰川存在，为什么泥石流不沿谷地中央最低处流动堆积，而却堆积在小天池支谷一侧较高的位置上呢？

关于数量更多的山下的堆积量，大家都承认这和一般河流相堆积显然不同，但究竟是泥石流堆积还是冰川堆积？根据我们的观测，这些泥砾的分布和特征与正常的泥石流堆积也不同，它更像第四纪冰川堆积。说明如下：

第一，庐山山外的泥砾堆积在平面图上虽大体都作扇状分布，但确切地说更像舌状分布，而且从纵剖面图上看，不是像洪积扇那样，出口扇柄部分堆积物较厚、高度较高，向扇面伸展逐渐变薄降低，而是沿舌状边缘向内形成一道道弧形状的堆积地貌，这正是李先生所说的冰川终碛垅，而且在出口处不仅没有扇柄似的较厚的、高起的堆积物，而且是冰川下山到山麓而刨蚀成的浅洼地，李先生称为冰川盘谷。虽然据说有人量测，说山上积累冰雪区只有扇形地面积的十分之一，认为前者面积太小，即怀疑在冰期时冰川发育的规模有多大，都是可以进一步商榷的，而且在理论和实践中一定能够得到正确解释。

第二，泥砾堆积中砾石的排列方面，基本上是杂乱无章的，但是经过我们多次实地观测，发现大小石块的扁平面（即 AB 面）显然不是倾斜于一个方向，而是因地而异。以山体为中心，弧形垅状内侧的较大石块的扁平面多数向上游倾斜，而外侧的多数向下游倾斜，有的甚至直立于泥中，这正符合终碛的规律，冰舌前缘稳定时，冰舌前的砾石多沿冰舌前坡下滑，扁平面多向下游倾斜。当冰舌融化后退时，前缘砾石滑动沿冰面下滑地面走，跌落于泥中，扁平面多向上游倾斜，尤其是当冰舌遇到前进路上高起的基岩小丘障碍物，爬坡前进时，扁平面就多数倾斜上游了，一旦越过小丘下滑时，扁平面又多数倾斜下游了。若冰舌又向前挤压时，有些砾石就被挤近乎直立了。而大石块间磨圆的细砂砾石，有较高的粘土成分，就表明它更接近于冰川堆积。若说与泥石流堆积有某些相似之处的话，也只是从堆积相上其结构与泥石流有些相似，而与流水占相当大比重的山洪泥石流堆积则不同，因为这种泥石流达于山麓平地，分选作用就逐渐显著了，大石块间磨圆的细砂砾石，就不会有较高的粘土成分了。

第三，山下堆积虽然整层都现红色，但尚有深浅与其中白色条带的多少及粗细不同，这一方面说明它们都是在长期湿热气候强烈化学风化环境下形成，但绛色泥砾比赭色泥砾风化时间较长，程度较深。加之山中的橙色泥砾形成较晚，尚未经受湿热风化作用，就在另一方面说明它们在堆积之初并不是红色的，气候当然也不是湿热的了，而是在堆积之后，受到长时间的湿热气候强烈化学风化之后，才变成红色的。所以虽然至今还无人明确指出，剖面中有什么物质表现其原始堆积时的寒冷环境，但其原始堆积时的颜色不是红色，便可在一定程度上表明其堆积时的气候不是偏于湿热，而是偏于寒冷。况且随着现代化科学实验手段的加强，其堆积时的气候是热是冷，将来一定有人能够指出的。

第四，虽然冰川、泥石流、山麓、滑坡和断层都可以导致擦痕这种形态，但毕竟它们之间还是有所区别的，在庐山不仅冰碛物中所含砾石上可以找到较细而长、不同方向的擦痕，而且山麓白石嘴附近具有极为清晰的冰溜面擦痕，在李四光先生《冰期之庐山》一书中有其照片。虽然现在已被人工采石所破坏，但其遗迹尚可辨出，而冰川条痕砾石还不断有所发现。从1956年开始，到现在我们几乎每届学生都到庐山进行地貌野外实习，人多眼多，发现了不少条痕砾石。至于有人说可惜都未找到一块具清楚擦面真正由冰川形成的条痕砾，相反，在河床中长轴3m的大石块上看到擦痕，于是就肯定说这是近代山洪泥石流暴发时石块间相互磨擦和撞击所成。姑且如此吧！其实在庐山近代河床中发现条痕砾倒是很自然的，因为这些堆积物中一部分正是搬运第四纪冰碛物而来的，在泥砾混杂的冰碛物中，砾石表面的条痕有时被泥所糊，一时反而看不清楚，被冲至水中一洗，自然显露了出来。例如大校场口切入泥砾层中的冲沟底部小溪中，是可以找到条痕砾的，涓涓溪水无法使砾石撞击，如此小溪也从未发生山洪泥石流，那溪水中砾石上的擦痕从何而来？这正是溪水冲刷，两侧上部的冰碛物倒入水中，经过冲洗，条痕石上的擦痕因为泥土洗去，就显露了出来。

总之，庐山周围广泛分布的泥砾堆积，更像是特殊气候条件下的第四纪冰川堆积，而不像是山洪泥石流堆积。

三、自然现象规律不以人的主观意志为转移

近二三百万年的第四纪时期气候的典型特征，就是干冷的冰期与湿热的间冰期互相交替出现。从时间上来说，冰期发育冰川，间冰期时大部分冰川消融，所以世界上凡是发育过第四纪冰川的地方，就保存下一些冰川遗迹，面对现实，从实际出发，根据这些冰川遗

迹，实事求是对待，就可以逐步恢复第四纪古地理的原始面貌，而不附加任何的主观成分。再从空间上来说，各处的地理位置不同，所以即使同处在冰期时，具体情况也有差异，即除具有冰期这个共性之外，还各具有自己特殊气候地貌条件的个性。庐山位于距海洋不远的长江中下游地区，本身又是一个具有海拔 1 000m 以上的孤山，在这种特殊的气候地貌条件下，冰期时水汽沿山坡被迫上升，遇冷凝结，是大量降雪的良好地方，山中又有一些向斜和次成谷的原生凹地，是良好的囤集冰雪的场所，天时地利，庐山就成为第四纪冰川发育的地方。从冰雪物理性质上来说，它是属于海洋性冰川，降雪多，雪线低，气温并不太低，时冻时解，冰川主要依据丰富的固体降水所提供的物质条件而发育，进行着有活跃的冰融水渗透与成冰过程的暖型成冰作用速度加快，补给充足，冰川作用力大，运动速度较快，水分循环速度快，冰川作用活跃，加之庐山上岭谷相间，可以积存冰雪，又终年云雾缭绕，湿度大等，均是冰川发育的有利条件。正因为如此，所以庐山的面积虽不太大，冰川的规模也不太大，积累区更不算大，但冰川却十分活跃，能够形成像王家坡、大校场等这样巨大的 U 形谷，大坳冰斗等冰川侵蚀形态，并在 U 形谷的底部及山麓平原上停积了广泛分布的冰碛物与冰水沉积物。中国西部的现代高山冰川则不然，它是干冷气候下形成的大陆性冰川，补给少，雪线高，活动性差，二者所具有特殊的气候地貌条件不同，是不宜加以对比的。那些认为大姑冰期比末次冰期雪线还低 2 500m 左右，气温相差15℃左右，这是难以想像的，实际是不大可能的看法，其中的 2 500m 与 15℃ 等本身不是推测出来的，怎么又说如此小的冰川积累区而能伸展出超过积累区面积 4 倍以上消融区，是违背冰川学常理的推测呢？当人们对一些事物的规律还未认识时，超出自己已认识了的范围，就觉得它难以想像，违背常理，太特殊，太偶然了。当认识之后，就会觉得自然而然了。

　　本文从庐山的侵蚀形态、堆积特征和特殊的气候地貌条件三方面论证李先生关于庐山地区第四纪冰川学说是能够成立的。当然，时代在前进，随着我国四个现代化的进程，它也将不断发展与充实，更加客观地反映事物的本来面目。

（摘自《自然辩证法通讯》1982 年第 4 期）

4　庐山的形成与庐山构造地貌

刘振中　俞序君

（南京大学）

　　庐山位于江西省九江市的南郊，兀立于长江、鄱阳湖之间，南北长约25km，东西宽约10km，主峰汉阳峰海拔 1 474m。
　　庐山并不像一些同志所说的是一个古陆或古半岛，它的形成演变是相当复杂的。

一、庐山的形成

庐山处于江南台背斜与下扬子准褶皱带之间，具有两者的部分特征。

庐山位于淮阳弧顶端的东翼，燕山期受淮阳弧和江南台背斜北西——南东向主压应力作用，形成复背斜。虽由于断层错动，地层排列不够整齐，但中部地层最老，向两侧逐渐变新是很清楚的。庐山地层在中段出露最宽，向南、北两端收敛，表现为一个短轴背斜。这一构造型式对庐山的形成有着决定性影响。

由于短轴背斜中部上升量大，活动性强，断裂特别显著。燕山期中酸性花岗岩类侵入，以岩株、岩墙、岩脉大量侵入断裂带。庐山南、北端则较少侵入岩。

庐山自前震旦纪到整个古生代的漫长地史时期，除吕梁运动和加里东运动使本区短期成为陆地外，大部分时间都在缓慢沉降中，堆积了厚达 7 100 ~ 9 600m 的浅海相和滨海相岩层。庐山南段主要由前震旦系古老的变质岩系组成。这一方面说明庐山南段接近江南台背斜，基底较浅；另一方面说明庐山后期上升，南部上升量最大，不但使古老岩层出露地表，而且庐山主峰汉阳峰也位于南段。

自古生代末到整个中生代，本区地史发展发生了质的变化。中生代燕山运动使庐山地区褶皱上升，自此以后，一直成为陆地。这和下扬子准褶皱带相一致。

庐山在燕山运动以前并不存在古陆或半岛，几乎持续整个中生代的燕山运动，也并未形成今日这样高大的庐山，而是较大面积的缓慢上升。这表现在以下几方面：

（1）庐山处于江南台背斜和下扬子沉降带之间，长期维持广阔的浅海或滨海环境，所以自前震旦纪到几乎整个古生代，沉积的都是浅海和滨海相岩层，而无陆相岩层沉积。

（2）现在分布在庐山山麓的古生代石灰岩，特别是厚层石灰岩，大都为生物碎屑亮晶石灰岩或颗粒亮晶石灰岩。这种石灰岩要在宽广的高能浅海和浅滩才有发育。如果庐山是古陆，在这样孤立的山脚下是很难发育厚层亮晶石灰岩的。

（3）庐山雏形系由燕山运动褶皱而成。这表现在：1）所有燕山运动以前的地层，除断裂错动外，其走向基本都与燕山褶皱走向一致；2）庐山出露的地层，以轴部最老，向两翼顺序逐渐变新，一直到二叠纪地层，不但相互平行，而且两翼出露宽度近似；3）古生代下部地层大都与震旦系地层整合接触；4）江南燕山期褶皱轴部多出露寒武、奥陶系地层，而庐山则出露震旦系和前震旦系地层，这就是庐山地区接近江南台背斜，基底浅带来的特点。如庐山早已为古陆，就决不会出现这些现象。

（4）今日庐山周围山麓地带，包括鄱阳湖底部，普遍缺失二叠系中、上统、三叠系、侏罗系和白垩系下、中统地层。这说明中生代庐山地区是一个较大范围的缓慢上升的剥蚀区，而不存在古陆或庐山上升的相关沉积。

（5）只在白垩纪晚期，庐山才褶皱断裂上升，在山麓地带，如庐山东麓的星子、火焰山、万家、长岭、大岭山和西麓的双塔及江边普遍分布有上白垩系的砂岩、砂砾岩和砾岩。砾岩中的砾石，最大的直径约30cm，一般在 2 ~ 5cm 之间，且多来源于庐山背斜两翼的古生代地层，很少来源于庐山中部的变质岩系。这说明庐山背斜形成不久，中部老岩层尚未出露地表，也说明庐山虽有上升，但上升量不大。

（6）庐山地区，包括山麓地带，第三系地层基本缺失。这进一步证明白垩纪晚期庐山的上升量不大，在第三纪初就被侵蚀，使整个庐山地区成为高度不大的较平缓的剥蚀地区。

庐山主要是在第四纪沿老断裂强烈抬升逐渐形成的，且目前还在上升之中。在庐山上升形成过程中，庐山东麓相应不断下沉，形成鄱阳盆地和鄱阳湖。

（1）庐山山麓地带，基本缺失第三系地层，而第四系砂砾层则普遍堆积于山麓地带，甚至到达10km以外地区（如鞋山、长江边），并多巨砾。目前山麓分布的岗地、扇形地和阶地都覆盖第四系砂砾层。这一现象说明，庐山在第三纪并无明显上升，也无明显高度差，只在第四纪才强烈抬升，形成高大的断块山地，受寒冻、冰雪和流水作用，在山麓地带广泛堆积了巨厚的砂砾层和巨砾。

（2）庐山东、西两侧的断层崖新鲜、高峻、陡立。断层崖上的瀑布、裂点（如海会、秀峰寺等处）高差都在几十米或百米以上，但都未溯源切入山内，证明断层崖形成时间是不久的。

（3）庐山山顶沿地质构造发育的背斜山、向斜谷、次成山和次成谷，比较宽平，基本形态特征与附近山麓一带相似，可见庐山山顶的构造地貌是在高度不大的条件下长期发育形成，而在近期被抬升的。

（4）Q_2网纹红土一直分布到庐山海拔1200～1300m。风化成棕色黄土堆积在海拔1 474m的主峰汉阳峰上。这些较疏松的堆积物，分布到目前这样的高度，且未被侵蚀，是与庐山近期断块上升密切有关的。江西北部庐山自晚更新世到现在，仍在上升之中。

（5）庐山山麓的扇形地的发育，东牯山东坡上的近期湖相沉积高出鄱阳湖平水位约10m左右。这说明庐山目前仍在上升之中。

（6）在庐山上升的同时，鄱阳湖盆地不断沉降扩大，形成今日的鄱阳湖。鄱阳湖湖口是湖水通往长江的咽喉，北北东向，与庐山走向一致，长达60km，水面宽一般6～8km。据研究，湖口是形成于更新世以后的断层地堑湖。在鄱阳湖洼地的东边，有一条弯曲的水下古河道，比降为万分之一，现已沉入湖底，沉溺型的湖湾是鄱阳湖的特点之一。由于鄱阳湖盆地不断沉降扩大，产生了一些大型湖湾和港汊众多的河谷型湖群。这都是河口段沉降，湖水沿河谷向上扩展而成。

由以上论证可以看出：该山是在第四纪沿燕山期断裂和构造轮廓不断抬升形成的断块山。庐山目前还在上升之中。

二、庐山构造地貌

庐山的基础和雏形是在燕山期形成的。

庐山为一短轴复背斜，其中包含几个次一级的背斜和向斜，如虎背岭背斜、牯岭向斜、大月山背斜、青莲寺向斜和五老峰背斜等。

庐山第四纪的上升量基本上是和原来构造型式一致的。由于庐山中段活动性强，第四纪上升量也大，庐山的高峰、大断层崖都分布在中段。地势也是中部最高，向南、北两端逐渐降低。所以通往庐山牯岭的公路是由南、北上山的。

中生代燕山期，庐山受北西—南东向主压应力外，还受西部淮阳弧向南的挤压力和东部古陆的制约，产生北北东向的压扭力，因而产生了一系列断裂，庐山后期是沿这些断裂块断上升的。如北北东向的张性断裂通远正断层（西南坡）、庐山垄正断层（南段中部），北北东向扭性断裂的莲花洞正断层、好汉坡正断层、温泉正断层（东南坡）等，以及压扭性的九奇峰冲断层和压性红石崖冲断层、憩肩亭冲断层等。这些断层为后期庐山块断上升提供了有利条件。

第三纪末第四纪初，庐山开始沿东、西两侧张、扭性大断裂抬升。上升量较大的有东南侧的温泉正断层和西北侧的莲花洞正断层和好汉坡正断层。断层在山体一边均为下盘，相对上升，形成陡峭的断层崖。

庐山南、北两段地质、地貌上的差异也是以中部九奇峰的红石崖一线的一系列断裂为界的。

庐山南段由本区最老地层前震旦系变质岩组成。沿通远断层、庐山垄断层和温泉断层不等量块断上升，形成典型的长方形断块中山。庐山垄断层与温泉断层之间的东南块上升量最大，庐山主峰汉阳峰位于本块北部。本断块东、西两则断层崖平直陡峻。东侧从秀峰寺到白鹿洞一带，可见断崖壁立，瀑布高悬。特别在秀峰寺一带，可见三级阶梯状断层，断崖直立，阶面平缓，形成高悬在陡崖上的三级瀑布。断块西侧，沿庐山垄断层发育了庐山垄峡谷。谷底平缓，谷坡峻峭。断块上的河流几乎都与断层崖走向或庐山垄峡谷垂直交汇，表现出断块山地的水系特征。庐山垄断层与通远断层之间上升的西南断块，上升量小于东南断块，山脊的高度由东北的1 300多米向西南倾斜到300多米。可见一个断块并不是各处等量上升的，而是愈接近庐山中部上升量愈大，愈向西南上升愈小，这和庐山的整个活动性质是一致的。因此，西侧的断层崖愈近庐山中部愈高大陡峻，向西南逐渐减低减缓。

庐山北段全由震旦系下统南沱组地层组成，变质轻微，层次整齐，且各层岩性不一，燕山期形成的一系列北北东向的背斜与向斜，经长期剥蚀，发育成岭谷相间的构造侵蚀地貌。第四纪庐山整体抬升，原来发育的岭谷仍完整地保存在山顶。原来牯岭附近的地质构造为一系列北北东向平行的背斜和向斜，由西北向东南依次为虎背岭背斜、中谷向斜、大月山背斜、青莲寺向斜和五老峰背斜。在长期地貌发展过程中，上部松砂岩和长石砂岩多被侵蚀，所以，目前虎背岭、大月山和五老峰等背斜部分均由南沱组下部粗砂岩组成。青莲寺向斜谷因汇水面积过小，未被切割破坏，仍保持原来的向斜谷地。中谷向斜在发育过程中，在两翼的松砂岩上发育了两条谷形不对称的次成谷，即西翼的西谷和东翼的大校场谷地。相应地在西翼形成牯岭，在东翼形成女儿城和玉屏峰两次成山脊。在庐山块断上升过程中，虎背岭背斜的西翼和五老峰背斜的东翼被大断层切割，成为高耸的断层崖。这样，在牯岭附近就形成虎背岭、牯岭、女儿城、大月山和五老峰五条山脊，其间夹有西谷、中谷、大校场和青莲寺四条谷地。由于牯岭附近，岭谷相间，高差不大，谷底平缓；周围断崖直落山麓，岭谷地形凸立其中；山高多云多雨；砂岩裂隙发育，水源丰富，溪流众多；满山绿树成荫，红顶小楼点缀其中；公路交通便利。所以，庐山牯岭已成为驰名中外的游览和避暑胜地。

河流袭夺是庐山水系发育的一大特点。庐山上的构造谷地和次成谷地，大都是庐山抬升前发育的北北东向纵向谷地，其中发育的河流，比降较小，下蚀较弱。而在东、西两侧断层崖上或山岭斜坡上发育的横向河，坡陡流急，下切力强，加上岩层中断裂、节理发育，溯源侵蚀较快，常切穿山岭袭夺纵向河。在袭夺处常形成直角袭夺弯、高大的裂点和瀑布。因袭夺时间不久，宽平的风口、分水岭不仅靠近袭夺弯，而且还保持原来的谷底形态，没有明显的变化。如庐山西部石门涧一条支流在花径袭夺了西谷河流；另一条支流在黄龙潭附近袭夺了中谷河流，女儿城、玉屏峰西的中谷支流在汉口峡、庐林桥等处分段袭夺了大校场河流；海会河在三叠泉袭夺了青莲寺河流；剪刀峡袭夺了小天池河流。

就整个庐山来看，中段上升量最大，向南、北两端逐渐减小，所以，高大的断层崖都集中在中段两侧。同时，沿庐山北北东走向，愈近轴部上升量愈大，愈向两侧高度愈小，因此，在庐山中段两侧表现为阶梯状断层崖，如秀峰寺附近的三级断层崖以及五老峰和莲花洞、好汉坡一带的阶梯状断层崖都很明显。

庐山是在第三纪末第四纪以来，在中生代燕山期形成的短轴复背斜和断裂基础，块断抬升的断块山。庐山各段的活动量和上升量基本是和原来的基础成比例的，因此，从庐山目前的平面轮廓和形态轮廓来看，仍很像一个短轴背斜，中段两侧断层崖比较明显而已。

（摘录自《中国地理学会第一次构造地貌学术讨论会论文集》，科学出版社，1984 年）

注：未提供原文中附图。

5　利用地形图进行庐山谷地的数值研究

张根寿　祝国瑞

（武汉大学）

摘要　本文以地形图作为主要信息源，局部辅以航空遥感像片，对冈底斯山脉东段南坡的啊拉塘冰川谷地和庐山王家坡谷地，从图解解析、形态比值和趋势分布三方面进行地貌形态的数值研究，获得了较为客观的结果，展示了地形图在地貌形态定量研究中的可行性。

[**Abstract**] This papermaker full use of the digital information provided by the topographic map, and under the assist of aerial photographs in the part areas. The researcher studies the landforms of the A La Tang glacial valley, being in the east section of Mount. Gang Di Si , and of the Wang Jia Po valley (WJPV) that is in the Mount, Lu Shan. And the WJPV is compared with AL-TGV, and both past record is analyzed. The work is completed through the graphic method, the ratio of wide for a valley, and the trend surface analysis. It provides a practical and statistic result the saluted problem. This paper advances a new avenue studying geomorphology, and develops the depth of topographic map use in the geoscience's field.

1. 引言

依据地图进行地貌形态研究，过去一直采用定性的观察分析。它是通过等高线图形的高程判别、疏密程度和图形结构获得一些结果，这要求分析者既具有良好的地貌知识，也要有地图科学的较全面的理论作指导，还要有判读分析的经验作为基础。在分析研究中，分析者本身的经历、主观意愿会不自觉地掺进分析过程，使分析结果带有较多的主观性。

比较客观的一种分析是采用数值方法，通过在地形图上量测，采集数据及数据处理等过程，进行地域内的地貌特征分析和域际间的对比。这种分析不仅可建立起现象间一致性及变异性的客观性，亦可揭示现象之间和同一现象内部存在的联系。不论多少人按不同流程从事分析研究，其结论应是相同的。基于这种理论，我们对庐山北部地区的两条谷地与藏东南冈底斯山脉东段的一条典型海洋性冰川谷地进行了形态对比研究，为庐山谷地形成原因解释提供了一些科学依据。

自 20 世纪 30 年代，著名地质学家李四光教授在庐山发现第四纪冰川遗迹以来，庐山成为研究我国东部地区第四纪冰川地貌的热点，概括起来所进行的研究集中在古气候、孢粉、堆积物和谷地形态的定性描述方面。在地理界，对庐山第四纪冰期时是否发育过冰川存在争鸣。一种观点认为，第四纪时庐山曾有过三次冰期，且冰川规模颇大，冰川作用强烈，遗留下典型的冰川地貌形态[2,3,4]；另一种观点则持相反意见，否认第四纪时庐山曾发育过冰川，故无冰川地貌痕迹，仅存在冰缘气候条件下的对构造地貌和次成地貌的修饰。据研究，庐山古冰川属海洋性冰川[4]，与藏东南冈底斯山南坡发育的冰川性质相同[5,6,7]。在多种外营力中，冰蚀作用力最强大，它可以改变地域内原地貌形态，尤其是对谷地和山峰。即使在不同自然环境下（无论是构造原因，岩性影响及某种外力）形成的原谷地，经历冰川作用后，虽然地域不同也都呈现出基本相同的地貌特征。

本文是利用地形图的信息特征，对庐山谷地地貌的形态、类型进行数值研究，得到了比较客观的研究结果。

2. 研究地域的基本特征

啊拉塘谷地位于青藏高原冈底斯山脉东段南坡（东经 93°12′，北纬 29°10′~29°30′），从海拔 5 600m 下降到 3 305m（谷地中现代流水汇入雅鲁藏布江）。受湿润的海洋气候影响，降水量较丰富，它是海洋性冰川作用遗留的古冰川谷，谷地延伸平直，虽然已经历了数十万年的其他外营力修饰，但冰川侵蚀作用遗留的地貌特征仍十分典型。谷源处有冰斗湖，主谷两侧谷坡悬谷满布，整齐排列，切平三角面（冰蚀三角面）形态逼真，谷底平缓开阔达 500m 左右，谷坡陡峭（30°以上），主谷两侧支谷数量均等且直角相交。

庐山峙立于鄱阳湖西岸，北邻长江，是一座断块山，整个山体南北长约 25km，东西宽约 10km（位于东经 116°，北纬 29°25′~29°45′之间）。山地最高海拔 1 474m，大多数在 1 250~1 350m 左右。大约 1 000m 以上，相对高度为 200~300m，起伏和缓，谷地较宽；1 000m 以下，地势起伏明显，悬崖峭壁，谷地狭窄。王家坡谷地自西南伸向东北，从 1 310m 下降到谷口 90m，主支谷锐角相交，主谷两侧支谷数量不等，主谷的西北侧有支谷 10 条，东南侧仅 4 条。大校场谷地自东北向西南倾斜，从 1 310m 下降到 1 000m，无支流。按资料[2,4]，这两条谷地均是庐山最典型的古冰川谷地貌。但是，不存在冰蚀三角面、悬谷、冰斗湖等地貌，这与啊拉塘谷地已有明显差别。

3. 谷地形态的图解分析

图解分析是通过对原图形变换，增加图形的直观表现力的方法，为目标分析提供较高的解像力，基于比较分析原理，完成分析过程。

3.1 横剖面图能充分显示出谷地横断面的整体形态特征

为了加强直观性，往往对垂直比例尺进行放大。从谷源到谷口几个横剖面图形的叠加构成的连续剖面则展显了谷地形态的变化，可作为同条谷地不同地段及不同地区的谷地比较分析的依据。

图1是依据1:10万地形图绘制的啊拉塘冰川谷地的横剖面叠加图形。谷底宽度从谷源段700m至谷口段减小到500m。谷坡对称，呈等齐形坡特点，坡度35°~40°。图形直观地展示了上游段宽，下游段窄，三维空间呈典型"U"形的冰川谷特点。

图2是从1:5万地形图上绘制的王家坡谷地四个横剖面图形，（选自王家坡谷地最宽段），与图1相比较，整个谷形有明显差异，三维空间不呈深槽形，两坡不对称，谷坡形迹不同。

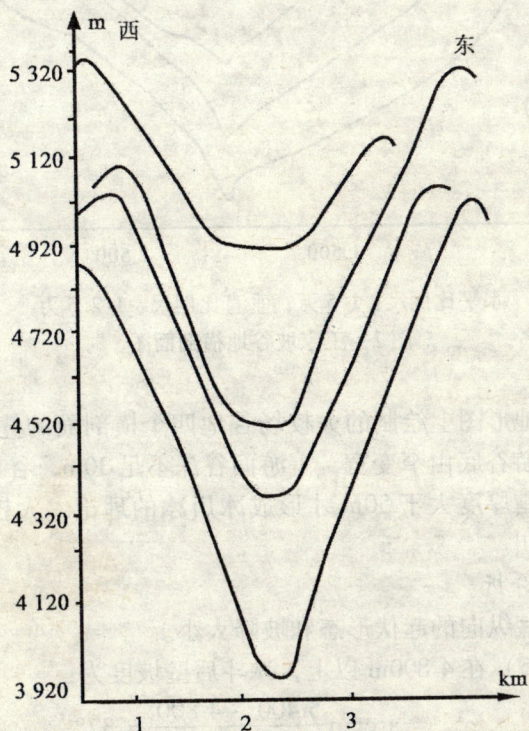

水平比例尺：1:10万；　　垂直比例尺：1:2.5万

图1　啊拉塘谷地横剖面图

从图2中可看出，庐山王家坡谷地中近代流水作用的小河谷发育在西北侧，即阳坡坡麓（东南坡），而不在向斜谷最低点。根据资料[2,3,4]，冰期时，阳坡冰雪消融量大，丰富的冰融水在阳坡坡麓汇集，水流的下蚀作用则形成小河谷。

从褶曲构造因素，大马颈山是一个倒转背斜，它的东南翼岩层倾角大于大月山背斜的西北翼，因而前者地面坡度亦大于后者，故谷坡流水汇集于陡坡坡麓，在线状流水下蚀作用下形成小河谷，其次，啊拉塘谷地的西坡亦是阳坡，但谷地中近代流水小河谷并未发育在西侧，而是在中间。那么，王家坡谷地中近代流水小河谷发育在阳坡坡麓，并非是冰融水所致。

233

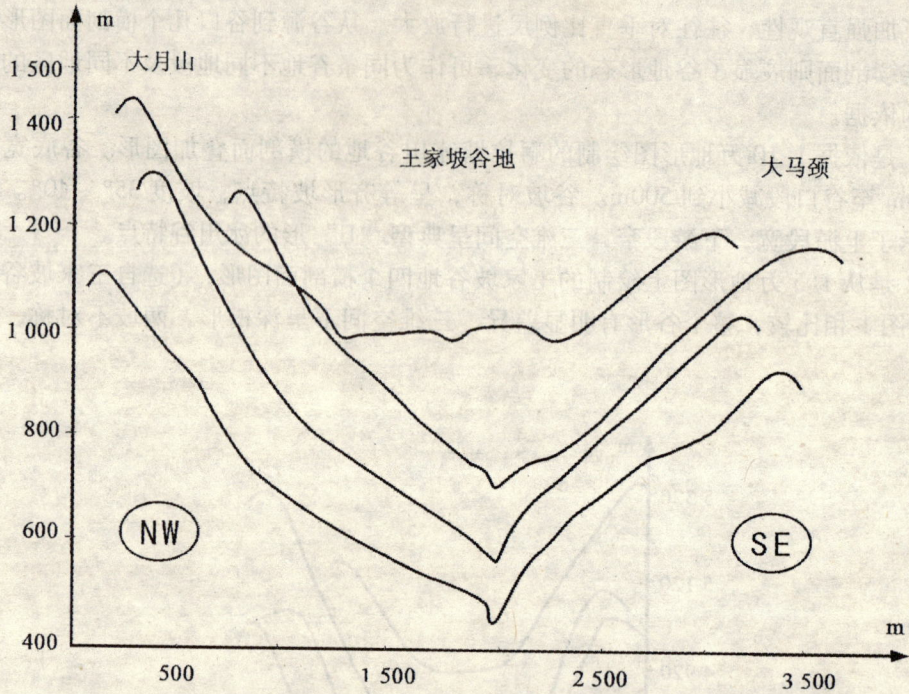

水平比例尺：1:5万；垂直比例尺：1:2.5万

图2　王家坡谷地横剖面图

　　图3是从1:2.5万地形图上绘制的大校场谷地四个横剖面的叠加图形。与图1比较，完全相反地从上游至下游谷底由窄变宽，上游面谷深不足30m，谷口深不足60m，是一典型的河流谷地。按照粒雪厚度大于50m才形成冰川冰的理论，大校场谷地无发育冰川的地形条件，更谈不上冰川。

3.2　纵剖面图形分析

纵剖面图形显示谷底纵向的起伏形态和坡降大小。

①啊拉塘谷地（图5）在4 800m以上，冰斗后壁坡度为：

$$\alpha_{11} = \arctan \frac{5\ 400 - 4\ 800}{1\ 000} = 37°$$

在4 800m以下，谷底纵向坡度为：

$$\alpha_{12} = \arctan \frac{5\ 000 - 3\ 800}{1\ 000} = 2.3°$$

在4 800~5 000m，有一冰斗湖，并有冰斗槛。

②王家坡谷地（图6）上游面两支谷（实际有三支谷，因小天池支谷短小未绘制）在海拔700m汇合处以上，纵剖面起伏形态各异。白沙河为等齐形坡，坡度为：

$$\alpha_{21} = \arctan \frac{1\ 325 - 700}{2\ 500} = 14°$$

而莲花谷在700m以上又可分为两段：1 075m以上谷底纵向坡度为：

$$\alpha_{22} = \arctan \frac{1\ 250 - 1\ 075}{1\ 500} = 14°$$

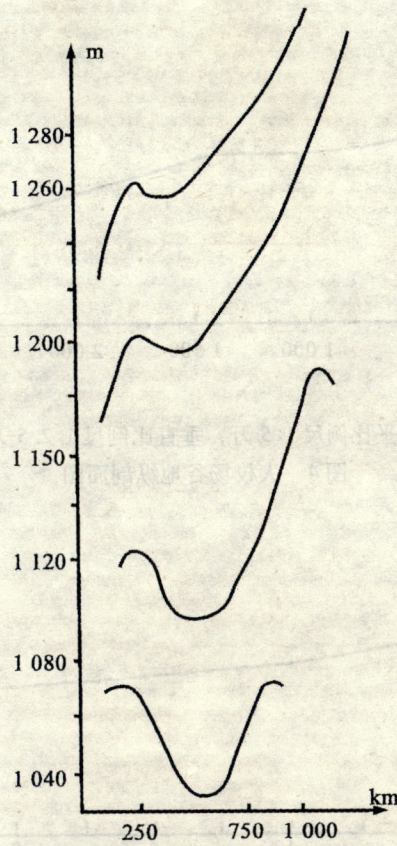

水平比例尺 1∶5 万，垂直比例尺 1∶4 千

图 3　大校场谷地横剖面图

在 700m 以下，王家坡谷地主谷底纵向坡度为：

$$\alpha_{24} = \arctan \frac{700 - 200}{3\,300} = 8.6°$$

③大校场谷地（图 4）纵向谷底坡度为：

$$\alpha_3 = 7.3°$$

该值与王家坡主谷谷底纵向坡度 α_{24} 相近，这从另一个侧面表明两谷地经历的外力作用形式相同。

由上述数值可以得到，庐山谷地在谷源处不存在坡度达 37° 左右的冰斗后壁；而在中下游段却坡度大，平均在 10° 左右。据我们研究，典型冰川谷中下游段坡度小于 5°。因此，庐山谷地不似冰川谷形态。

3.3　切割深度图形分析

切割深度是局部倾斜地面最大斜坡线到最近谷底线的高差。一组等切割深度相互之间距离大小揭示了谷坡的陡缓。若是同一种成因形成的地貌形态，应有相近的等切割深度线的图形。

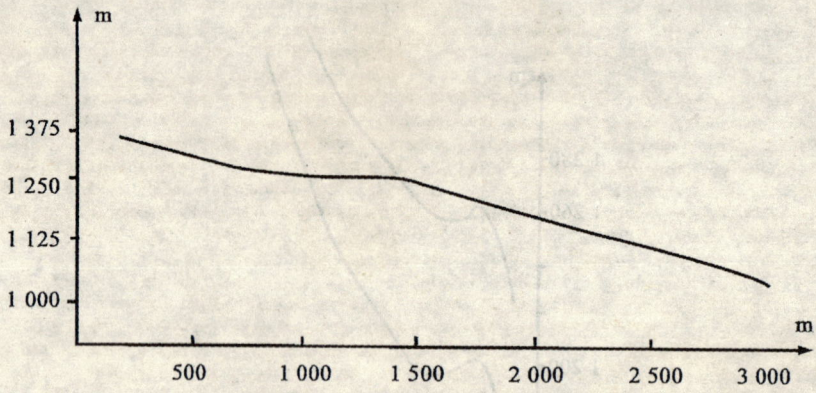

水平比例尺 1:5 万，垂直比例尺 1:2.5 万

图 4　大校场谷地纵剖面图

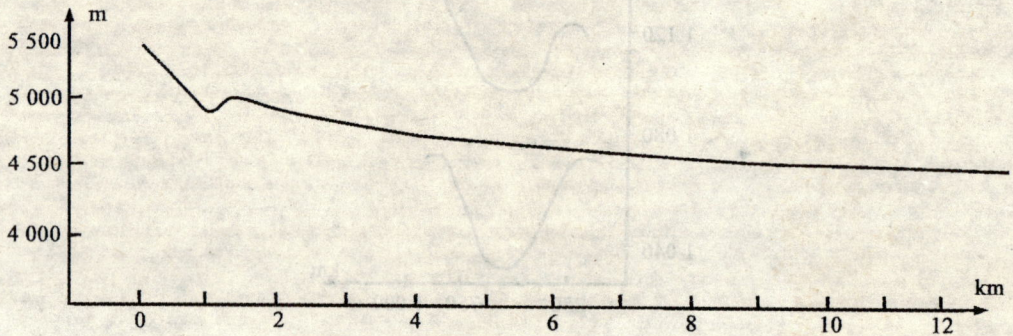

水平比例尺 1:20 万，垂直比例尺 1:10 万

图 5　啊拉塘谷地纵剖面图

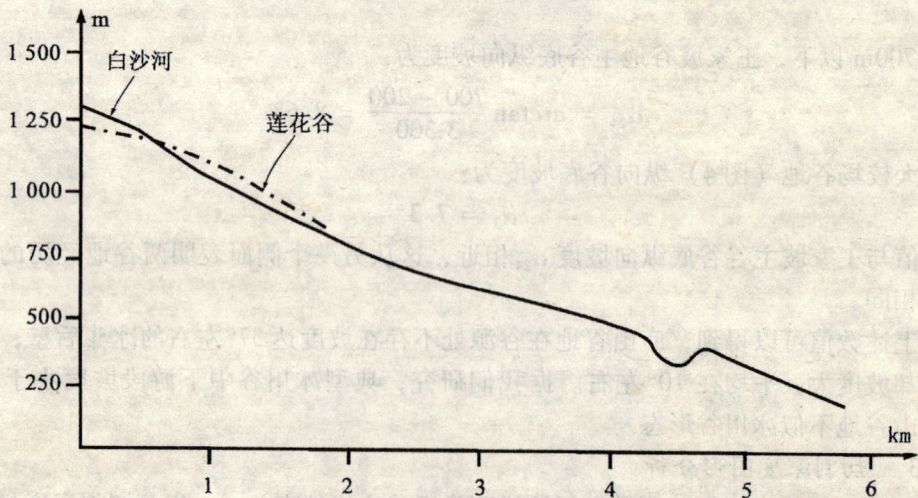

水平比例尺 1:10 万，垂直比例尺 1:5 万

图 6　王家坡谷地纵剖面图

图 7 和图 9 都是依据 1∶10 万地形图制作的等切割深度图的局部，取自"冰川谷"最典型处。图 7 中，河床两侧等切割深度线的密度、延伸图案一致和对称，最低一条等切割深度线（40m），总体延伸与河床弯曲不一致。图 8 中，河床以北等切割深度线较密集，以南相对稀疏，即两坡对称，南坡 Q 处有一平台，高出河床 100m 左右，如果说这是原冰川谷底，那么冰后期河流下切深度达 100m，依次推断，啊拉塘谷地流水下切深度至少也应有相近数值，因新构造运动在青藏高原表现为上升幅度更大，流水下切深度应更大，但事实并非如此。其次，在同一座山体内，大校场谷地根本不存在"平台"。

由上述三个方向的比较分析，可得到如下初步结论：

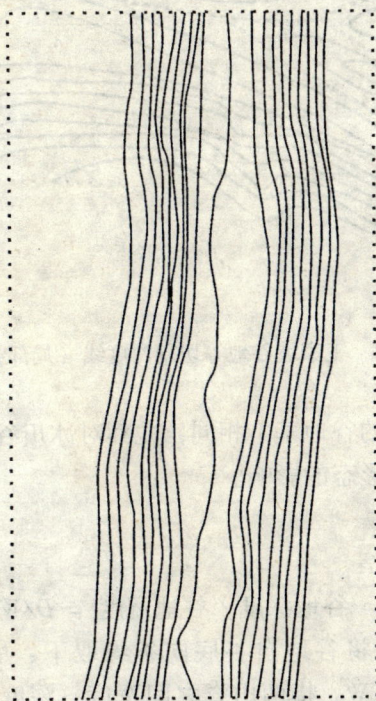

图 7　啊拉塘谷地等切割深度线（局部）

①庐山王家坡和大校场谷地与藏东南啊拉塘冰川谷地形态差异甚大。

②庐山谷地的形态在不同的小流域亦有明显差别，地若曾经冰川作用，虽有构造及岩性因素，形态仍应是相近的。

③庐山谷地与啊拉塘谷地在地质历史上外力作用形式不完全相同，尤其在第四纪冰期时。

4. 谷地形态比的研究

由于原谷地规模上的差异，引起冰期时谷地中冰量大小不同，经冰川作用后，冰川谷的规模也大小有别。冰量大形成宽而深的谷地，冰量小形成（相对）窄浅的谷地，这是冰川侵蚀力大小不同所导致的必然结果，但是，正如 $12/3 = 4$ 与 $8/2 = 4$ 一样，谷地的深

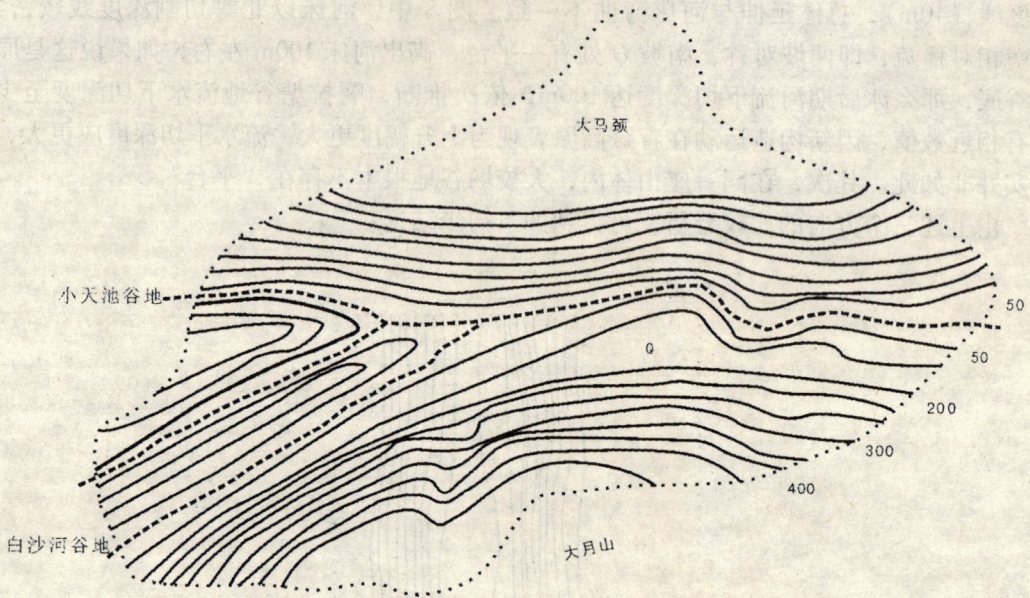

图8　王家坡谷地等切割深度线（局部）

与宽的形态数值比对同样成因的谷地基本相同，尤其对冰川谷。因为冰川作用的强度在相当程度上超越其他条件对谷地形态的影响。

4.1　形态比定义

定义式（1）为谷地形态比：

$$F = 谷地深度 / 谷地宽度 = D/W \tag{1}$$

为使研究结果更加客观，将谷地自谷底向谷缘取下、中、上三个部位的宽度，即 $W_上$，$W_中$，$W_下$ 值。无谷缘时，$W_上$ 指两山脊之间宽度。深度取左谷 $D_左$ 与右谷坡 $D_右$ 的平均值，即

$$D = (D_左 + D_右)/2 \tag{2}$$

由式（1）和式（2）有：

$$F_上 = D/W_上, F_中 = D/W_中, F_下 = D/W_下 \tag{3}$$

4.2　量算形态比

谷地的横剖面位置选择往往带有主观性，形态分析结果受到怀疑的挑战。为此，采用形态比分析方法，可解除这一疑难问题。在西藏地区 1:10 万地形图上，对啊拉塘冰川谷地设置了 62 条系统抽样线；其次还另选择了一条冰川谷——多里躲，设置了 20 条系统抽样线。在庐山地区 1:2.5 万地形图上，对王家坡谷地设置了 63 条系统抽样线。为了将庐山北部和南部谷地进行形态对比研究，在南部选择了长垅涧谷地，设置了 66 条系统抽样线。每个剖面线均量算 D 和 W 值。结果列于表 1 中。

表1 几条谷地的形态比例

指标项目		谷地宽度（m）			谷深（m）	形态比值		
		$W_上$	$W_中$	$W_下$	D	$F_上$	$F_中$	$F_下$
谷地	多里躲	1 719	1 132	526	282	0.164	0.249	0.536
	啊拉塘	1 787	1 159	574	311	0.174	0.296	0.541
	王家坡	1 749	1 343	875	204	0.115	0.149	0.219
	长坞涧	1 237	532	30	395	0.318	0.621	14.510

4.3　量算结果分析

由表1所列，冈底斯山脉地域内选择的两条冰川谷地的形态比值几乎相同。庐山南部长坞涧谷地是在断裂基础上由流水作用形成的，其形态比值充分揭示了流水作用谷地的典型特征，而王家坡谷地的形态比值既不与冰川作用谷地形态比值相同，又不与流水作用谷地形态比值近似，说明它受另外一种关键因素的控制，才形成这种特殊的形态。王家坡在地质构造上是不对称向斜，据我们多年的实际考察，王家坡西北侧的岩层倾角与地形面坡基本一致，即构造面与地形面吻合。王家坡谷地东南坡也有类似结果。我们认为，王家坡谷地的形态主要受向斜构造形式控制。不难得到以下几点结论：

①庐山整个山体长轴方向长度（25km）与啊拉塘谷地长度（30km）相近，既然山北部王家坡谷地为"古冰川谷"，那长坞涧谷地也应是。同一山体在250km²范围内外力作用在一定地质时期应是无本质差异，不存在阴坡、阳坡或山北山南的根本区别。

②啊拉塘谷地是已被证实的海洋性冰川形成的典型谷地。若王家坡也是"冰川谷"，那么应有近似的形态比值。据量算结果，却截然不同。

5. 趋势面模拟分析

在谷地研究中，为了抓住分析目标的本质，抽象出高度概括的基本规律，采用把研究的现象进行分解，即将原表象分解为突出基本结构的"背景表面"或称趋势面，和原表象之间的差构成的偏差表面或局部异面。我们把谷地作为研究对象Z，把Z_b作为Z的趋势面，Z_r作为偏差表面，则有

$$\begin{cases} Z_r < Z_b \\ Z = Z_b + (Z_{r_1} + Z_{r_2} + \cdots + Z_{r_m}) = Z_b + Z_r \end{cases} \tag{4}$$

这时，趋势表面的形态等值线图形中任何点的高程Z_{b_i}将大于或等于现状（变换前）表面上同一位置点的高程Z_i：

$$A_{r_i} = Z_i - Z_{b_i} \leq 0 \tag{5}$$

负值意为趋势表面下层是偏差表面，即被外力剥蚀掉的部分。

分解变换在于建立趋势面方程来描述现象的区域分布规律，并对背景面提出科学解释，获得现象本质特征的概念和结论。

5.1　一般理论

设以$f(x_1, y_1)$表示谷地特征的值在空间的实际分布，(x_1, y_1)为平面点坐标$Z_i = f(x_i, y_i)$为谷地中任一点的绝对高程，Z_{b_i}为对应于$f(x_1, y_1)$趋势面上值，为了使趋势面更好地逼近原始谷地数据，采用最小二乘法，使每一个观测值Z_i与趋势Z_{b_i}的残差平

方和为最小，即

$$Q = \sum_{i=1}^{n} (Z_{r_i} - Z_{b_i})^2 \Rightarrow \min \tag{6}$$

趋势值用多项式表示，如三次多项式为：

$$Z_{b_i} = a_0 + a_1 x_1 + a_2 y_1 + a_3 x_1^2 + a_4 x_1 y_1 + a_5 y_1^2 +$$
$$a_6 x_1^3 + a_7 x_1^2 y_1 + a_8 x_1 y_1^2 + a_9 y_1^3 \tag{7}$$

将式（7）代入式（6），分别求 Q 对 a_i 偏导数并令其为零，整理可得到有 9 个方程的联立方程组。解方程组获得 a_i，将 a_i 代回式（7），就获得趋势面表达式。

$$F = [1 - \sum (Z_i - Z_{b_i})^2 / \sum (Z_i - \bar{Z})^2] \times 100\% \tag{8}$$

用式（8）来衡量拟合程度，式中，$\bar{Z}$ 是全部观测值 Z_i 的平均值。

5.2 观测值获取

建立空间模拟模型，采用系统抽样方法。样点距大小取决于地图比例尺和等高距。啊拉塘谷地观测值在 1:10 万地形图上量测，样点距定为 5mm，匹配了 428 个样点（栅格为 $5 \times 5 \text{mm}^2$）。王家坡谷地观测值在 1:2.5 万地形图获得，定样点距为 8mm，布置了 328 个样点。落在相邻两条等高线之间的样点观测值采用插值法获得。

$$Z_5 = 4\,646.44 - 17.92x + 62.56y + 1\,232.45x^2 + 3.43y^4 + 461.99x^5 - 1\,247x^4 y$$
$$- 69.82xy + 15y^2 - 269.3x^3 - 123.3x^2 y - 154.35x^3 y^2 + 62.74x^2 y^3$$
$$+ 52.89xy^2 - 13.23y^3 - 794.53x^4 + 14.52xy^4 + 1.072y^5$$
$$+ 136.7x^3 y - 94.69x^2 y^2 - 14.69xy^3$$

5.3 模拟结果分析

两条谷地趋势面拟合程度结果列于表 2 中，啊拉塘谷地的五次、六次趋势面 F 值达 60% 以上，已基本反映出谷地的趋势特征。图 9 是依据五次趋势面方程式（9）绘制的趋势面图。

表 2　　　　　　　　　　　两条谷地趋势面模拟 F 检验表

谷地趋势面	一次	二次	三次	四次	五次
啊拉塘	8.531 8	35.356 0	41.662 5	53.776 7	61.762 3
王家坡	5.088 1	94.508 1	96.978 9	98.009 3	

比较图 9 和图 10,有如下几点差别：

①谷底等值线的转折形态不同,图 9 中上游宽向下游减小;而图 10 中,从上游到下游基本是同一形式。

②谷底与谷坡转折不同,图 9 中有较明显的坡度变换,而图 10 中逐渐缓缓过渡。

③谷坡陡缓差异明显。图 10 中一坡陡一坡缓。

因此,两条谷地在外力作用形式上不可能相同。

6. 结论

地貌形态千差万别,无绝对相同,只有近似,这是内因和外因相互矛盾和斗争的结果。地貌形态类型的研究不能只限于几个山峰、几条谷地,重要的是将一定地域看做整体研究基

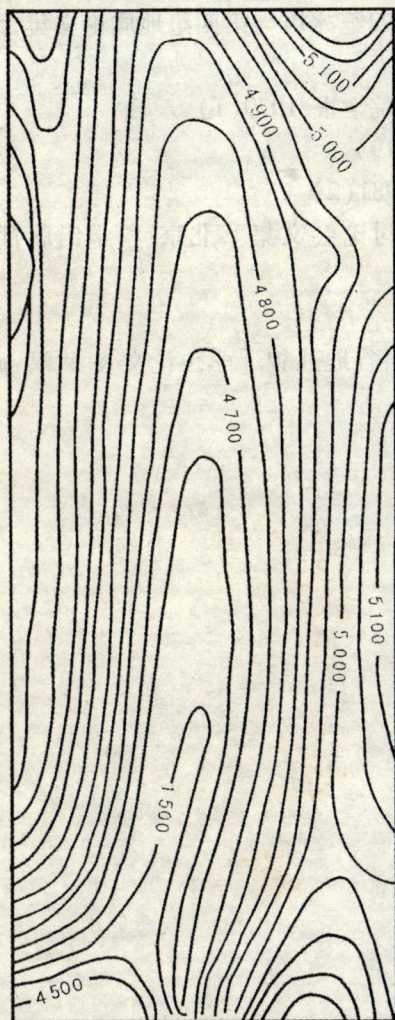

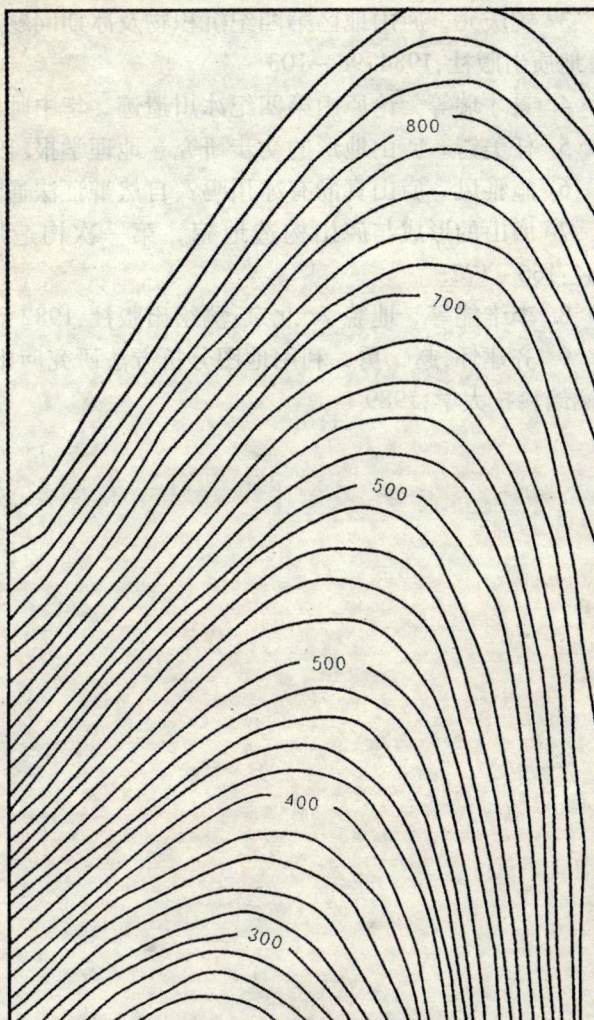

原图比例尺 1:20 万

图 9　啊拉塘谷地

原图比例尺 1:5 万)

图 10　王家坡谷地

本的趋势特征,冈底斯山脉东段谷地有几处相同的冰川地貌形态,说明距今不远的第四纪冰期内,完全受冰川作用控制,那么,庐山就长度 25km 的整个山体而言,应有基本相同的地貌总体特征和外力作用过程,不应有"南水北冰"的截然不同的外力作用方式。

局部个体形态的深入研究,尤其是客观的数值分析,既揭示了个别形态,又一定程度上代表了区域地貌特征。事实说明,地形图数值分析在地貌形态及成因研究中有独特功能,有广阔的应用前景。

参 考 文 献

1. 中科院青藏高原综考队. 西藏冰川. 北京:科学出版社,1986
2. 李四光. 中国第四纪冰川. 北京:科学出版社,1975

3. 姚庆元．庐山地区第四纪沉积物及冰期问题．第四纪冰川与第四纪地质论文集,北京:地质出版社,1984:98~103

4. 景才瑞等．论庐山第四纪冰川遗迹．华中师范学院学报.1979(1)

5. 任美锷．庐山地形的初步研究．地理学报.1953(19)

6. 施雅风．庐山真的有冰川吗? 自然辩证法通讯,1981(2)

7. 庐山的形成与庐山构造地貌．第一次构造地貌讨论会文集．北京:科学出版社,1984:166~172.

8. 李维能等．地貌学.北京:测绘出版社,1982

9. 齐建怀,赵　勇．利用地图分析方法研究庐山冰川谷地地貌.［学位论文］．武汉:武汉测绘科技大学,1989